Derek Bok

HIGHER EDUCATION IN AMERICA

アメリカの高等教育

デレック・ボック

宮田由紀夫 訳

玉川大学出版部

HIGHER EDUCATION IN AMERICA

by Derek Bok

Japanese translation published by arrangement with Princeton University Press
through The English Agency (Japan) Ltd.

キャメロンとニコラス
そして
エリックとアニカへ

原著の脚注は（i）（ii）（iii）……として側注とした。
原著の注は（1）（2）（3）……として巻末に記載した。
本文中の［　］は訳注である。

アメリカの高等教育　＊　目次

謝辞

この本を書くことは、高等教育に関して私が直接の経験をもっていなかった多くの事柄を学ぶ機会を与えてくれた。多くの友人や同僚に相談を求めることができなければ、私はこの仕事を引き受けはしなかったであろう。彼らの多くは特定の章を読んでくれて、有益なコメントをくれた。サンディ・バウム（Sandy Baum）、ヒラリー・ボック（Hilary Bok）、ジョー・ボウワー（Joe Bower）、ビル・フィッチモンズ（Bill Fitzsimmons）、ディビッド・ガービン（David Garvin）、エリザベス・ヒューデコーパー（Elizabeth Huidekoper）、アンディー・カーフマン（Andy Kaufman）、ラケッシュ・クラナ（Rakesh Khurana）、ディビッド・コーン（David Korn）、リチャード・ライト（Richard Light）、マイク・マクファーソン（Mike McPherson）、マーサ・ミノウ（Martha Minow）、ベル・ネイア（Vel Nair）、ディビッド・ネイサン（David Nathan）、ジョン・サイモン（John Simon）、ロイド・ワインレブ（Lloyd Weinreb）である。

アメリカ教育評議会（American Council on Education）でともに働いたときからの僚友ボブ・アトウェル（Bob Atwell）は、第I部のすべてを読んで有益なコメントを寄せてくれた。私の友人であり同僚でもあるヘンリー・ロソフスキー（Henry Rosovsky）は原稿全体を読み、私が書いた内容とともに表現の仕方についても類い稀な洞察力でコメントしてくれた。もう一人の古くからの親愛なる友人であるビル・ボーエン（Bill Bowen）には、私への助言以上のことをしてくれたことに特別の謝意を表する。彼は細心の注意で全体を読み、オンライン教育についての非公表のレポートを共有させてくれた。彼が紹介してくれた彼のアシスタントであるジョハンナ・ブラウネル（Johanna Brownell）は、原稿の校正に並々ならぬ技量を示し、全編にわたり足りないところを補う一連の論文や研究レポートを私に提供してくれた。

プリンストン大学出版局の三人の外部リーダーにも感謝したい。彼らは私の原稿を改善するための詳細なコメントをくれた。そしてリーダーに限らず、同出版局は本書の執筆に当たり私に助言と励ましを与えてくれた。ローレン・ルポウ（Lauren Lepow）は、私の文法的誤りを的確に探し出してくれて、文章を改善した。私の長年にわたる編集者であるピーター・ドーハーティ（Peter Dougherty）は大小さまざまな点で私を支援した。どんな編集者にも、彼のしてくれたこと以上のことを求めることはできない。

いつものように、私は私のアシスタントであるコニー・ヒギンズ（Connie Higgins）にもたいへんお世話になった。彼女は入力と限りない修正、脚注の確認、数えきれない本や論文の検索、さまざまな民間機関や政府機関からのあまり知られていない報告書の入手、彼女が役に立ちそうだと判断した新聞記事の切り抜きまでさまざまな仕事をしてくれ、彼女の助けなしにはこの本の完成は不可能であった。

最後に、とりわけ妻のシセラ（Sissela）に感謝する。彼女は草稿全体を何度も読んで、文体や筆の運びについて、親しい友人でも遠慮しそうな、率直なコメントを寄せてくれた。最初から最後まで、彼女は私を励まし続けてくれた。執筆することが、五〇年以上にわたり単なる仕事ではなく楽しみとすることができたのは、彼女のおかげである。

アメリカの高等教育

はじめに

現代世界では、大学〔原著でcolleges and universitiesとある場合、とくにカレッジ（大学院のない単科大学）とユニバーシティ（複数学部と大学院を持つ大学）の意味でなく、大学全体を指すときは単に「大学」と訳す〕は過去よりもずっと大きな重要性を持つと考えられている。大学は国家の発展に必要不可欠な三つの要素の主要な供給源である。第一は科学、技術、その他研究分野での新発見、第二は多くの重要な組織での仕事に不可欠な専門知識、そして第三は専門職を遂行し、多様な組織を管理し、技術的に洗練された先進国経済でますます求められる職務をこなす、よく訓練された人材である。(i) 加えて、大学は将来のリーダーを育成し、学生を行動的で知的な市民に育て、政府のプログラムや政策の問題点を知らしめることによって、民主主義を強化することにも貢献する。それだけでなく、大学は新しい産業を生みだす知識やアイディアを供給し、疾病からわれわれを守ってくれ、われわれの文化を豊かに

(i) 全米知事協会によれば、「二一世紀以降の経済の原動力は知識であり、人的資本の開発が繁栄を確実なものにするのに最適な方法である」。National Governors Association（2001）, Policy Position H-R44, Postsecondary Education Policy（http://www.nga.org/）を参照。同様に、経済学者は教育と研究への投資の増加を長期的経済成長のための連邦政府政策として最も重視する。たとえば、Claudia Goldin and Lawrence F. Katz, *The Race between Education and Technology*（2008）を参照。

して後世に伝え、歴史、環境、社会、そしてわれわれ自身のことをわれわれに教えてくれる。

大学が果たす本質的な役割を考えると、ほとんどすべての人にとって、大学が健全でないと困る。いくつかの尺度では、大学は見事に成功している。中国の研究グループによる最近の調査では、世界のトップ二〇校のうち三校以外はすべてアメリカの大学である。(ii) 第二次大戦後の科学と経済学のノーベル賞受賞者の半数以上がその主要研究業績をアメリカの大学であげている。アメリカの学部・大学院は長い間、留学する機会を得た世界中の学生にとって憧れの場所であった。これらの成果から、多くの国々がアメリカに倣った高等教育システムを導入している。

アメリカの高等教育に対する世界中からの尊敬のまなざしは、大学関係者だけでなく、多くの一般の人々を満足させてくれる。しかしながら、皮肉なことに最近注目されているアメリカの大学の強みは、同時にまた多くの問題も引き起こした。大学はもはや自分たちさえよければよいという存在ではなくなった。大学は規模と重要性を大きくしたために、その活動に影響を受ける関係者から精査されるようになった。州議会議員は高等教育に財政支援する中で、納税者と保護者が何を得ているか知りたがる。政治家や識者は大学が何を教えているか、教員が公共政策に関してどんな意見を持っているかに注目する。企業経営者は、大学や専門職大学院が送り出す卒業生が、企業が求める職務をこなすのに充分な訓練を受けているかを問うている。地域のコミュニティは大学が地元経済にどんな貢献をしているのか、大学は所在する地元自治体にもっと納税すべきでないのか、ということに関心を持っている。

最近、アメリカの大学が精査されるにつれて、多くの問題点も指摘されるようになった。世界がどんなにアメリカの大学の質の高さを語っても、国内の人々の満足にはほど遠い。保護者は大学の授業料が高すぎ、経費削減努力が小さすぎると感じている。学生は学費ローンの返済に汲々としている。政治家は、大学の無駄、非効率性、低い卒業率、学力向上への説明責任の回避に不満を持っている。企業経営者はあまりに多くの卒業生が、論理的な文章を書いたり、分析的に思考したり、他人と共同作業をしたり、相手にうまく対応したり、適切な倫理的基準を遵守したりできないことを批判する。保守派は教員が著しくリベラルに偏向していると言い、左派は大学が企業の利益に奉仕することに傾倒しすぎると考えている。一方、マスコミの論説委員は大学学長が自分の大学の将来ビジョンを示せず、国家的問題に対しても賢明な意見を述べないことを批判している。

これらの批判を軽視して、世界的に見てアメリカの大学は比類ないことがアメリカの大学の秀逸さの証だと言いたくもなる。しかし、この海外からの評価を重視しすぎることは誤りである。アメリカの大学の世界ランキングでの好成績は少数の優秀な大学の、それも教育の質ではなく、主に研究の水準の高さによるものである。(iii) アメリカの大学の教員がいかにうまく教え、学生がどれだけ多く学んでいるかは、外国との比較は言うまでもなく、誰も測定できていない。

アメリカの大学の世界ランキングでの好成績は、アメリカの強さというより海外の大学の弱さによるところが大きい。海外の大学は長い間、政府からの厳しい規制を受ける一方、財政支援は不充分で、二〇世紀末に経済にとっての大学の重要性が認識されるまでは政府から軽視されてきた。しかしながら近年、ヨーロッパ連合(European Union, EU)の国々は高等教育へのより多くの投資に合意し、二〇二〇年までに世界の科学をリードしようと共同決議をした。(1) ドイツとフランスは最近、国際的に傑出した大学を育成するため特別な資金を予算化した。中国は、驚くべきペースで大学を拡充し学生数を増加させている一方で、科学者と研究論文の数でも著しい

(ii) Jonathan R. Cole, *The Great American University: Its Role to Preeminence, Its Indispensable National Role, Why It Must Be Protected* (2009), p.515 を参照。他の世界ランキングは、中国が作ったものほど研究水準を重視せず、教育も重視しているので、アメリカの大学の順位は多少悪くなる。イギリスの雑誌が出した二〇一一 – 一二年の Times Higher Education では、アメリカの大学は上位二〇校のうち一四校であった。(http://www.timeshighereducation.co.uk/world-university-rankings/2011-2013/top-400.html)

(iii) いわゆる CQ World University Ranking は教育の質も考慮に入れようとしている。興味深いことに、二〇一一 – 一二年の順位で、アメリカの大学は上位二〇校のうち一三校、つづく三〇校の中では七校しか入っていない。(http://www.topuniversities.com/university-ranking/world-university-ranking/2011/)

増加をとげている(2)。

たしかに、これらの国の野心的な計画は、立案者の想定した期間内には実現しないかもしれない。立派な大学をつくり、傑出した研究成果を出すのはもちろんとして、大規模な大学改革というのは政策担当者が考えているよりもはるかに時間がかかり、より多くの資金も必要となる。国家と同様、大学は世界の頂点に立った途端に衰退が始まることもある。

そのような運命がアメリカの高等教育にも降りかかるのではないかという前兆を、すでに見てとることができる。何世代にもわたって、アメリカの大学は世界のどの国よりも高い大学進学率と卒業率を誇ってきた。しかしながら過去三〇年、世界の他の諸国も高等教育の大衆化を推進し、多くの国々が進学率・卒業率でアメリカを凌駕し始めた。海外から留学生を引き付ける点でも陰りが見られる。アメリカは依然として外国人留学生の数が世界最大だが、世界の留学生全体のうち、アメリカに来る留学生の比率は過去一〇年で大きく下がり、多くの国で、その国の大学在籍者数に占める海外からの留学生の比率はアメリカよりもずっと高い(3)。

海外からの挑戦に加えて、アメリカは、大学を取り巻く環境を変えるさまざまな大きな変化に直面している。技術進歩は教育と研究の新しい方法を生みだした。通信技術の進歩、とくにインターネットは、潜在的な受講学生を世界のすべての地域のすべての年齢の人々を含むまでに拡大した。新しい高等教育提供者である営利大学やオンライン大学は新しい教育法を考案し、伝統的な大学の職域に侵入を始めている。ますます多くの勤労者、親が大卒者ではない学生、都市部の荒廃した高校の卒業生が学士号を求めていて、誰が彼らを教育するかということは新たな問題を生みだしている。一方、大学に通っている若い学生は、これまで以上に優れた教育を必要としている。なぜならば、今日、彼らが就けるはずだった会計、コンピュータプログラミング、企業での研究職は、はるかに安い給与で海外にアウトソーシングされうるからである。

アメリカの高等教育が直面する挑戦は、いくつかの疑問を生じさせている。大学は新たに発生したこれらの問題とチャンスに、いかに精力的に対応しているのか。大学への多くの批判のうちどれが本当に議論する価値があり、どれが根拠のないものなのか、どれが誇張されたものなのか。大学の生みだす成果をよりよくするために何ができ、そのような改革はいかにして実現されるのか。

これらの疑問に答える中で、私はアメリカの高等教育を包括的に見ていく。学部教育だけでなく、大学院や専門職大学院もカバーする。博士号授与大学だけでなく、二年制、四年制、さらに営利大学も含める。しかしながら、ひと言申し上げておきたいことがある。私は本書のさまざまな箇所で政府の役割を議論するが、本書の主たる目的は大学が自身を改善するために何ができるかを考察することで、大学を繁栄させるために他の組織が何をすべきかを議論することではない。

このような包括的な取り組みによって、私は高等教育と利害を共有する関係者——政治家・政策担当者、大学幹部、教員、理事、さらに学生と保護者——に興味深い何かを提供できることを望みたい。私はとくに「大学行政」という分野に籍を置くことを選んだ読者を気にかけている。この道に進んだ多くの人々と同様、私は高等教育について、職務上必要となるまで詳しく勉強する機会を持たなかった。現役を退いてから、私の人生を四半世紀ものあいだ占めていたこの分野の本を詳しく読む時間を持った。そうする中で、私は今になってありがたみがわかった知識を、もし現役中に知っていれば異なった行動をしたのではないか、といくらか悔しい思いで過去を振り返っている。もしまだ仕事で活かす機会のある現役の人々に何か有益なことを提供できるのであれば、この本を書いた価値があると思う。

第I部
背景

序論

高等教育の研究を組織だって行うにはいくつかのやり方がある。一つは本書が行うように大学の最も重要な役割――学部教育、専門職訓練、研究――ごとに議論することである。一九六〇年代に影響力のあった David Riesman and Christopher Jencks の *The American Revolution* のように、リベラルアーツ・カレッジ、研究大学、宗教系大学など、大学のタイプ別に議論するのも一つである。[1] もちろん、他にも適切な分析方法はあるであろう。

どのような方法をとるにせよ、大学が動くシステム――大学のそれぞれのタイプ、その設立目的やめざすもの、政府がそれらの行動に与える影響力、それらが組織化され統治される仕方――を概観することから始めるのは有益であろう。これらの情報は、そこから何を成し遂げるかを予想するのに役立ち、大学の進んでいる方向性や、大学の強み・弱み、必要な改革を起こせる見込みを明らかにしてくれる。

そのような概観を把握することが、本書第I部の目的である。第1章では高等教育システムの性質――大学の主要なタイプ、政府によって支配・影響を受ける程度、大学同士が互いに影響を及ぼしあう仕方、そして大学の財務――を分析する。われわれのシステムについての大事なポイントを明らかにするためには、その主な特徴を他の先進国と比較する必要がある。驚くべきことではないが、それらの特徴が、アメリカの大学を世界の羨望の的としているのである。同時に、この同じ特徴が問題を引き起こし高等教育が成し遂げるべきことをできなくする、緊張と脆弱性をもたらすのである。

これに続いて第2章は、大学の行動を形作る、大学の目的を考察する。大学はすべて何らかの形で学生の教育をしているが、同じ目的を持っているわけではない。いくつかのカレッジ［学部のみの単科大学］はしばしば同じ目的を持つが、多くのユニバーシティ［複数学部・大学院を有する大学］はそれぞれさまざまな目的を持つ。複数の目的を持つ場合、目的同士が矛盾することもあるし補完しあうこともある。いかに大学が賢明に目的を選び、それらを達成するためにどのようなプログラムを持つのかは、実際にいかに有効にこれらの目的が達成され、システム全体として社会が大学に期待するさまざまなニーズに応えていけるか、ということに大いに関係する。

第2章では、大学が常に成長を遂げてきた結果、学長が管理し組織を導いていくことに限界が迫っていることを考察する。そのようなプロセスは、多くのチャンスが存在し、それを活かそうと考えている多くの才能のある人々がいる組織では不可避である。しかし、ある種の成長は不必要で誤った方向に導かれている。この章の議論は、この善悪の区別をつけ、分別のある成長と賢明でない成長との違いを明らかにする。

第I部の最後に当たる第3章は、大学統治の典型を紹介する。誰が影響力と権力を行使し、権力の分布がいかに彼らの行動の仕方に影響を与えるのか。識者からは、現行の統治システムの欠点が、変化しているニーズやチャンスに対応する能力に支障をきたすまでに大学を弱体化しているという批判もある。この批判が多くの注目を集めるのはもっともなことだ。この批判が正しいか否かにかかわらず、われわれは、問題が生じたら誰が責任を持つのか、望まれる改革を実現するためには誰の支援が必要なのかを認識するために大学の統治を理解しなければならない。

第I部をまとめるにあたって、大学がいかにその責務を果たすかに影響を与える価値観を紹介する「小括」を設けた。この価値観は、「学問の自由」のように、有効な教育と研究のためには不可欠だと広く考えられているさまざまな権利と特典を含んでいる。大学の教員や幹部に帰属すべきと考えられてきた責任も含まれる。これらの規範は明文化されているものもあれば、されていないものもある。そしてこれらの規範は、秩序というものをもたらす大学内で共有される目的と方法を定義してくれる。これがなければ大学は独立した教員・学者の不完全な集合体になってしまう。

大学の価値観は、大学幹部による大学を維持・発展させる努力にもまた影響を与える。これらの価値観に合わない改革が提案されても、教員からの抵抗に遭い、結局失敗する。あまり理解されていないことだが、大学の価値観はまた、建設的な変化のための強い原動力になることができる。なぜならば、教員は通常、現状に何らかの不満を抱いており、その現状と、彼らの専門家としての地位の礎となり、彼らに存在意義を与える他人からの尊敬の念の源となっている原理原則や責任とが矛盾していることに納得したならば、教員は現状の改革に賛成するからである。

第1章　アメリカの高等教育システム

アメリカの高等教育の領域における最初の取り組みは、将来の成功を予見させるようなものではなかった。一六三八年にマサチューセッツ州ケンブリッジにたどり着き、アメリカで最初のカレッジ［現在のハーバード大学］に入学した何人かの若者たちも、アメリカの大学の将来像などまったく描いていなかった。その年の暮れまでに、その小さなカレッジの長であったイートン（Nathaniel Eaton）は同僚教師を暴行して半殺しにしたことを咎められていた。彼の妻は学生にビールを少ししか出さないとか、食事の質を落としたと批判されていた。イートン校長は最終的には解雇され、逃げ出したが、その際に資産の多くを持ち逃げしたとされ、そのためカレッジは一年の学年暦の間、閉鎖された(1)。

この偉大とは言えない始まりから、アメリカの高等教育は四五〇〇もの大学、二〇〇〇万人もの学生、一四〇万人もの教員、四〇〇〇億ドルもの予算の規模に成長した。この高等教育システムの中には、数百人規模のカレッジから五万人を超える巨大なユニバーシティまである。そこで、高等教育を素描するためにシステムを目的と特徴に応じていくつかのタイプに分けてみたい。

研究大学

このカテゴリーには、合衆国独立前に設立されたコロンビア、エール、プリンストンのような学問の中心となる有名大学、一九世紀にさかのぼるかなりの数の旗艦州立大学〔州名を冠した、その州で最もレベルの高い州立大学〕、南北戦争後、産業資本家の寄付で設立されたシカゴ、スタンフォード、コーネルなどの私立大学、第二次大戦後にできたブランディス、カリフォルニア大学サンディエゴ校などのいくつかの新興大学がある。

研究大学は二〇〇ほどだが、博士号授与数の大部分を占め、最も多いのは法律と医学で、四分の一以上を占める。(2) 最も傑出した六〇校が国内外のランキングを独占し、博士号授与数の半数近くを占め、連邦政府が大学に支給する数十億ドルもの年間研究費の大部分を受け取る。これらの大学は、大学システムの中で最も大きな予算、資産、専門職大学院、大きく多機能な図書館を持つ。多くの研究大学は志願者の半分弱のみを受け入れている。いくつかはきわめて入学が難しく、数人に一人しか受からない。

総合大学

相応の研究を行い、多様な専門職大学院や博士号授与大学院を持ついわゆる総合大学は、七〇〇以上ある。(3) 多くの大学が州立で、膨大な数の学部学生を抱えている。学生は多様で、〔寮でなく〕通学する学生が多く、非白人、パートタイム学生、三〇歳以上の学生が多く、彼らは高校を出てすぐに入学する研究大学の学生とは異なる。入学が難しいことは稀である。むしろ、これらの大学は志願者のほとんどを受け入れ、入学する学生は高校時代の成績も統一テストの点数も研究大学の学生に比べれば低い。

総合大学は、技術系専門学校や公立高校の教員養成大学から発展したものが多い。これらの大学は規模を拡大して多様な職業訓練的学位プログラムを持つようになり、独特の使命を定義することに苦労している。いくつかは研究大学になることができたが、多くの大学は都市に所在して、近隣の都市問題に取り組むという責任を担い

「都市大学（Metropolitan University）」と名乗っている。これらの大学は都市や周辺部の雇用機会に適用するプログラムの提供に専念しており、研究の大部分は地元の経営者、政府機関、コミュニティ組織の抱える現実的問題の解決に向けられている。加えて、彼らの専門知識や技術支援で恩恵を受ける地元の公立学校、コミュニティ・カレッジ、中小企業などの組織のために特殊な貢献を行う。

四年制大学

これら研究大学や総合大学とまったく異なるグループが、ほぼ一〇〇〇校ある主に私立の非営利大学［カレッジ］である。(4) このうちの一部は二〇〇年以上の歴史を持ち、宗教諸宗派が創設したことに始まる。これらの大学は研究大学や総合大学よりは小さく、しばしば二〇〇〇人未満である。一世紀前には主にリベラルアーツを、場合によってはリベラルアーツ科目のみを提供していた。しかし若い人々が次第に就職目当てに大学に来るようになったので、私立大学は生き残りのために学生を確保しなければならず、実学的科目を提供するようになった。半数弱の学士号がリベラルアーツ分野という四年制大学はごく少数となり、わずかに二五校ほどの大学がリベラルアーツのみの教育を維持している。

アマーストやウィリアムズのような、いくつかの名門カレッジは優秀な学生を集め、最高水準の教育を施している。受け入れ数以上の志願者があり、寛容な卒業生から大きな資産の寄付があり、これらの大学は大いに成功し財政的にも堅固である。しかし、こうした幸運な数校以外に目を向けると、事態は劇的に変化する。残りの私立大学の大部分は、州政府から支援を受けているため安い授業料を課せる州立大学と学生の獲得を競っている。多くは絶えず財政のバランスに苦心していて、過去五〇年でいくつかは負けを認めて大学を閉鎖しなければならなかった。(5)

コミュニティ・カレッジ

大学院のある研究大学、総合大学（ユニバーシティ）と私立の四年制大学（カレッジ）のほかに、二年制非営利のコミュニティ・カレッジが一〇〇〇以上ある。(6) 八五校を除いては、州政府か自治体によって資金援助されている公立である。合計で学部在籍学生は全体の四〇％近くを占める。

コミュニティ・カレッジ運動は二〇世紀初めに始まったが、それは、学士号をめざす学生に地元で安い授業料で最初の二年間の授業を提供し、その後、四年制に編入できるようにするために創設されたのであった。多くのコミュニティ・カレッジはリベラルアーツ科目だけでなく職業訓練的な科目も提供していたが、後者が在籍学生の大多数にとっての目的になったのは第二次大戦後である。現在では、リベラルアーツ科目に加え、近隣の企業との協力関係を築き学生を特定の仕事に向けて訓練する短期コースなど、実学的な科目が多いが、短大卒の学位［（日本では）短期大学士］が広範に提供されている。

四年制大学の教員とは対照的に、コミュニティ・カレッジの教員のごくわずかしか博士号を持っていない。かつては、教員の多くは高校の教員出身であった。今日では、企業人が職業訓練プログラムの中で実践的スキルの教育を行っている。これらの教員の多くはパートタイムであり、彼らはフルタイムの仕事を持っていたり、パートタイム教員を異なる学校でかけもちしている。

コミュニティ・カレッジは過去数十年でブームになった。一九六三年から二〇〇六年までに、在籍者数は七四〇％も増えた。四年制大学のそれは二〇〇％であった。コミュニティ・カレッジには、合計で七〇〇万人以上が単位を求めて在籍している。機会の平等というアメリカの理想を維持するため、コミュニティ・カレッジはさもなければ大学で学べなかった人々に高等教育の機会を提供する。この目的のために、典型的な「都市大学」に比べても、なお一層多様な学生が在籍している。在学生の六〇％がパートタイム学生で、八〇％がパートタイムかフルタイムで何らかの仕事を持っている。四五％が非白人で、四二％は親が大卒ではない。多くは読解、作文、数学での基礎学力が不充分であり、単位取得のための通常の授業を受講する前に、補修を受け修了しなければならない。

コミュニティ・カレッジが実際に四年制大学で最終的に学士号を取得する学生数を増加させているのか、減少させているのか、という論争は続いている。地域で廉価に学部授業を受け始められることは、学士号取得を促進したという意見がある。しかし、入学生の学力の不充分さを考慮したとしても、コミュニティ・カレッジは卒業率が低い。四年制大学に合格する能力のある高校生も、高等教育をコミュニティ・カレッジで始めてしまうと、編入しないことが多い。コミュニティ・カレッジではカウンセリングが不充分で編入の指導がなされなかったり、熱心に教えられなかった授業によって勉学意欲が萎えてしまったり、四年制大学に編入する際の単位読み替えの対象にならない職業訓練系科目の履修に関心が移ってしまったりするからである。全体で、コミュニティ・カレッジに入学するときは三分の二以上が四年制大学への編入を希望していたのが、実際にはもっと少ない二〇～二五％のみが最終的に四年制大学に編入する[7]。コミュニティ・カレッジがなかったならば、より多くの学生が四年制大学に進学していたかどうかは、熱く議論されてきたが、結論は出ないままである[8]。

営利大学

上記のいくつかのタイプの大学以外には、一三〇〇校以上から成る、巨大で成長著しい営利大学がある。ほぼ半分が二年制大学学士〔短期大学士〕と美容・調理のような特殊な職業の訓練プログラムの修了証書を出す[9]。営利大学は主に職業訓練の授業を提供し、とくに年長者がよりよい給与を求めて転職するために受講する。合計では、大学が出す学位の一〇％が営利大学からのものである。

営利大学のほとんどは小さな専門学校であるが、いくつかには何千、何万人もの学生が在籍している。規模において上位一五校が営利大学在籍者の六〇％近くを占めている。多くの州、場合によっては海外にも分校を開設し、メガ大学は高等教育システム全体の中で伝統的な対面授業でもオンライン授業でも、最も急速に伸びている部分を支えている。[i] しかしながら、過去二年間は営利大学への在籍者数は頭打ちか減少している。これは問題ある学生勧誘、低い卒業率、（学費ローンの）高い返済不能率などのマイナス面が報道されたからである。[10]

州立やほとんどの非営利私立大学と異なり、営利大学はほぼすべての収入を授業料に依存している。大多数の学生はそれほど多くの所得を得ていないので、彼らはペルグラント〔連邦政府から困窮学生への給付型奨学金〕や連邦政府からのローンに依存している。二〇〇八－〇九年の営利大学の学生は、学部生全体の一〇％を占めるにすぎないが、ペルグラント受給者の二四％、連邦政府ローン受給者の二六％を占め、非営利大学学生よりも大きな負債を抱えている。[11]

営利大学は、リベラルアーツ・カレッジや研究大学とは直接競合しない。典型的な学生は年長のパートタイム学生で、仕事を持っていて、より給与の高い仕事への転職のためのスキルを得るために在学している。一年を通して開講し、賃貸校舎を使い、研究・スポーツ・課外活動・その他の不要不急なアメニティ施設やサービスをカットすることにより、営利大学は私立の非営利大学に比べて低い授業料を課しても、しっかり利益が上がっている。営利大学は通学に便利な場所を選び、夕方や週末など勤労者に便利な授業スケジュールを組み、卒業生の就職を支援し、企業が労働者に求めるスキルに適合する授業内容になるよう努めている。通学に支障のある社会人学生の利便性を考慮し、オンライン授業にも積極的である。年長の職業訓練志向の学生のニーズを効果的かつ効率的に満たすことで、コミュニティ・カレッジに進学するか、もしくはまったく高等教育を受けなかったであろう層の人々に別の選択肢を提供している。

これらのプラス面にもかかわらず、営利大学の実績を見れば、問題がないわけではない。いくつかの営利大学はよくやっているが、中には退学率が高く、それをめざして学んだはずの仕事に学生を就職させることに限定的にしか成功していないところもある。営利大学は学生勧誘にたいへん積極的で、教育以上にお金をかけている学校もある。いくつかの大学は卒業できても希望する仕事に就く可能性があまりない、能力の低い学生も勧誘して入学させてしまう。会計検査院の最近の調査によれば、調査した一五の営利大学すべてにおいて、志願者をできるだけ集める努力の中で、欺瞞的で誤解を招く勧誘が行われていた[12]。

一旦、営利大学に入学しても、多くの学生は卒業する前に退学する。したがって、営利大学の学生は、他のどのタイプの大学よりも高い確率で学費ローンが返済不能になる。営利大学に入学した学生の六年後をみると、同じ能力の学生が非営利大学に入学した場合より、失業していたり大学にも行っていないことが多い。また、彼らの給与は平均より八〜九％低い傾向がある[13]。したがって、連邦政府が支給する奨学金や学費ローンは営利大学の収入に消えてしまうわけで、営利大学は高等教育のタイプの一つとして清濁を併せ持っている。

アメリカの高等教育の特殊な性格

その歴史の大部分において、アメリカの高等教育は他の民主主義・先進経済国の大学制度と比べていくつかの異なる点を持っている。その差異は近年、小さくなってきたが、われわれのシステムに独特の特徴を与えている。アメリカの高等教育についての称賛されるべきもの（同時に問題を生じさせているもの）の多くは、これらの

（i）　フェニックス大学は最も大きく、また注目されてきた営利大学である。アメリカの三八州に加えて、首都ワシントン、プエルトリコ、カナダ、メキシコ、オランダ、イギリスで分校をつくり、総在籍者数は少なくとも四〇万人に上る。二〇〇九年、三七・七億ドルの収入のうち八六％はペルグラントなどの連邦奨学金であった。学生のうち少数のみがリベラルアーツの学位をめざす。科目の多くはパートタイムの職業訓練プログラムで、リベラルアーツ科目は認証基準を満たすためだけにある。学生会館、大きな図書館、手の込んだ建物、学外活動などはなく、飾り気のない賃貸の建物で授業は行われる。少数の幹部教員はフルタイムで雇用され、授業負担は軽いが、監視・管理の責任を負う。残りの教員は主に実務家で、少なくとも修士号は求められるが、五年以上の実務経験があり、パートタイムで教えている。教員は社会人向け授業教育法、オンライン授業、採点、評価、質問への対応などの講習を受ける。授業内容は本部で専門スタッフが作成し、学生の意見や企業の要望を反映して定期的に改定する。

特徴と互いに結びついている。

大学の多様性

アメリカの大学は他国に比べてきわめて数が多く、また多様である。多くは私立大学だが、在籍者数では二〇%を占めるにすぎない。学生数が数百人の小さな大学もあり、五万人以上のきわめて大きな大学もある。資源が限られているところもあれば、資産が数十億ドルで巨大な予算を組んでいる大学もある。多くは独立したカレッジで、他は大学院や専門職大学院を持つ大規模なユニバーシティである。いくつかの大学（約一〇%）は入学定員をはるかに上回る志願者が来る難関大学である。残りは少なくとも過半数の志願者を、そして多くはすべての志願者を受け入れる。大多数は男女共学だが、女性のみの大学もある。私立大学の中には宗教組織に関係しているものもあるが、多くは無宗教である。さらに黒人や先住民族のみを受け入れる大学もある。一〇〇〇校以上の大学は経営学、芸術、保健・医療など一つの分野に特化しているが、他は複数の専攻を持っている。そのような多様性の中で、学生は、演劇、外国語、宗教的価値観の維持など、自分の特定の目的を満たす大学を見つけることができる。

プリンストン、スタンフォード、アマーストのような入学難関校は他国の大学に比べて、学生に対してしばしば、より濃密で多様な経験を提供してくれる。これらの大学では、ほとんどの学部生は寮で寝食を共にする。学生は、スポーツ、オーケストラ、学生新聞、政治クラブ、ボランティア組織など、大学が提供する、当惑するくらい数多くの課外活動に参加できる。学生はまた、自治会に入って、カリキュラムや学生生活について少なくとも大学に対して要望はできる。大学の寮やフラタニティ［学生の社交団体が運営する男子寮］とソロリティ［同女子寮］はダンスパーティ、飲み会、その他の交流活動を催し、大学の学生課はさまざまな講演会、コンサート、学生演劇、学内スポーツを提供している。ひと言で言えば、これらの大学は学生の徒歩生活圏内で、教室の中でも課外活動でもさまざまな料理を提供するレストランのようなものだ。そうすることで、アメリカの名門大学は、大学は教育のみを提供し、学生生活の楽しみは自分で見つける、という外国の大学とは異なる経験を提供する。

こうした寮生活が主になっている名門大学は、人々の大学に対するイメージを代表しているが、今日、このような学生生活を経験しているのは、二〇％足らずの学生である。コミュニティ・カレッジも含めて、大多数の大学では寮生活している学生は大きな比率ではなく、大学は学部生の社交活動、課外活動を組織だって行うことに積極的役割を果たしていない。代わりに、学生は実家や大学近隣に借りたアパートから通学している。彼らは学外で仕事を持ち、多くはパートタイム学生で卒業に四年以上かけている。彼らの大部分は実学系分野を専攻し、卒業すれば専門職大学院で学ぶよりは就職する。

他の大多数の国に比べて、アメリカは二度目（三度目、四度目も含めて）のチャンスがある国である。高校での成績の悪い学生も大学に進学し学士号を取るチャンスがある。大学を退学してしまった人も、人生の中で再び大学にフルタイムやパートタイムで入り直すことができる。彼らはオンライン授業を受講して、仕事を辞めたり引っ越したりしないで学位をめざすことができる。現在、学部学生の四〇％以上が二四歳以上で、四〇％近くがパートタイムで学んでいる。

ヨーロッパの伝統と異なり、アメリカではいわゆる知的専門職、とくに法学、医学関係の職業に就く人のほとんどは、学部教育を終えてから初めて専門職教育を受け始める。大学教員になろうとする学生も、本格的な専門の訓練は大学院に進んでからであるが、多くの学生は博士号を取ろうとする分野を学部で専攻する。実学系専攻でさえ少なくとも一年間は勉学の広範な基礎を与える授業科目を履修する。ヨーロッパのやり方との対照は事実だが、その違いは見かけほど大きくない。なぜならば、アメリカの学生が大学で学ぶ範囲のいくらかはヨーロッパの専門職教育に組み込まれていたり、高校で与えられていたりして、アメリカの高校生が学ぶより多くをヨーロッパでは高校で教えているからである。

政府の役割

アメリカの大学は、他の国々に比べて政府からの監督が緩い。フランスやドイツのような国では、ほとんどすべての高等教育機関は公式には国の機関として扱われ、教員は形式上は国家公務員であり、予算と管理運営は政府の管理下に置かれている。ヨーロッパ全体で、大学はいまもなお、ほとんどすべての資金を政府から受けているが、これらの国々の政治家・官僚はいま、大学に対して他の資金源を開拓することを促している。

アメリカの高等教育システムは大学の資産調達と監督がそれぞれの州政府によって行われている連邦システムであるが、多くの私立大学があるので、一貫性があり効率的な高等教育政策を国家レベルで持つことは他の多くの国々よりも難しい。州政府からの研究予算は小さいので、連邦政府が国家レベルの研究ポリシーを設定する権限を持つ。しかしながら、この分野でさえ、複数の省庁が自身の研究資金を大学に分配している〔言うまでもなく、企業や非営利財団も大学に研究資金を提供している〕という事実によって、国が大学に対する単一の研究支援政策を有効に行う能力は複雑なものにされてしまう。強力な国家政策がないことが、大学の研究を助けるのか、妨げるのかは人々の政府に対する考え方に依存する。

もちろん、アメリカの大学は国の影響力から自由ではない。他の諸国と同様、薬物の使用禁止、人種、宗教、年齢、性別、性的嗜好〔同性愛か否か〕などで差別はしてはならない、という一般的法律の規制を受ける。大学の授業料が高くなり、市民にとっての役割も増すと、大学の行動は規制の対象となることが多くなった。いくつかの州議会は、州立大学が特定の講義を行うことを求め、教員の担当授業コマ数の下限を定める法律を通した。しかしながら、多くの州の政治家・官僚はカリキュラム上の問題や教育方法について規制を行うことは自重している。

連邦政府は大学が行う研究と学生へ支給する奨学金の主要な資金源であり、政策担当者は自然と、大学がいかに資金を使ったかに関心を示すようになった。しかし、奨学金は直接学生個人にわたり、大学の行動への規制と関連づけられるのは稀である。研究支援は、政府資金の使用に関する説明責任を取り決めた細かな規制や、安全性やヒト被験者の保護のための適切な規制の対象になる。しかし、ほとんどの研究資金は大学の研究者に直接わたり、どの研究者に分配されるかは著名な研究者——大学教員であることが多い——から構成される委員会が審査して決める。したがって、政府は大まかな優先順位を決めるが、いかに資金が分配され、誰が受け取るかについては大学教員が大きな影響力を行使する。

私立大学は州政府からは直接の資金援助をほとんど受けていないので、通常は州政府から予算や授業料について指図を受けることはない。州立大学はまったく異なった立場である。なぜならば、彼らは常に州政府や自治体から大きな財政支援を受けているからである。しかしながら、ここ数十年、州政府からの資金は州立大学の予算に占める比率が低下している。事実、いくつかの有力州立大学では、州政府からの資金が大学の予算に占める比率は、授業料収入や連邦政府からの研究資金よりも小さくなっている。しかしながら、皮肉なことに、州政府からの資金は減っているのに、州政府からの影響力はそうなっていない。その対応策として、いくつかの州では、州立大学が州政府に対して、州政府からの資金を減らす代わりにその監督からも自由になることに同意を求めた。(14)

資金源

アメリカの大学は、州立でも私立でも伝統的にどこからでも自由に資金を求めることができた。州立大学は授業料を取ることが認められていたが、ヨーロッパではそれは最近になってあまり大きくない規模で認められたものである。結果として、アメリカの家庭は高等教育の財源として諸外国よりも大きな貢献をしている。複数の源から資金を得ることによって、われわれの高等教育は予算の過半（五五％）を民間から得ている。(15) さまざまな資金源を探すことにより、アメリカの大学は世界のどの高等教育システムよりも予算規模が大きい。すべての資金源からの資金を含めて、わが国の高等教育支出は国民所得の二・四％にあたり、これはヨーロッパ諸国の平均の

ほぼ二倍の水準である。(ii)

アメリカでは私立大学が有力な位置を占め、政府以外の資金源を求める長い伝統があったので、規模、資産、名声での大学間格差がヨーロッパよりも大きくなっている。寛大な寄付者のおかげで大きな資産が蓄積され、その運用益が毎年の大学運営支出の支払いに貢献できるようになってきた大学は、少数だが数が増えつつある。少なくとも、七五の大学が現在、一〇億ドル以上の資産を持ち、これに匹敵するヨーロッパの大学はほとんどない。しかしながら、同時に、ほとんどのアメリカの大学はもっと小さな予算、安い給与、小さな図書館、平凡な施設でやりくりしている。

競争

われわれの教育システムの最後にあげる特徴は、大学間の激しい競争である。競争は、学生獲得、教員引き抜き、資金集め、最も目立つ大学スポーツなど、大学の活動のほぼすべての分野に広がっている。より有力な大学は名声を求めて互いに激しく競争していて、評判が良ければ良いほど、資金を集め学生や教員を勧誘するのに有利になると認識している。コミュニティ・カレッジや「都市大学」は名声をめぐっての競争にはそれほどのめり込んでいない。しかし、彼らは学生獲得に積極的な大規模な営利大学との競争に直面している。また、多くの小規模私立大学は、充分な数の学生を獲得することをめぐって授業料の安い公立大学と争っている。

高等教育での競争は、互いに争い、また州立大学とも争う私立大学の存在によって、長い間、促進されてきた。第二次大戦後、交通機関の発達によって、学生勧誘が全米規模で行われるようになり、連邦政府からの研究資金分配が競争原理に基づいて行われるようになったので、大学間の競争は激しさを増した。一九七〇年に議会が奨学金は学生個人に直接与えられることとし、学生は自宅近くの大学だけでなく遠くの大学への進学も考慮するようになったので、大学は有望な学生の獲得を広範な範囲で争うことになった。

競争はこの数十年、非常に注目されている雑誌がランキング形式で数百の学部、大学院、専門職大学院の比較をするようになったので、さらに激しくなった。これらのランキングによって、教員の研究での評判や入学生の学業成績で他校を上回ろうという大学間の激しい競争に火がついた。ランキングの作成方法は繰り返し（またそれは適切に）批判されるが、ランキングの結果は学生の大学選び、さらに一般個人からの寄付にも影響を与えているようで、大学はランキングの階段を上がるために努力せざるを得なくなっている。[16]

起こりつつある収束

これまでの議論では、アメリカの大学を海外のそれと区別している特徴について強調してきた。しかしながら、過去二五年、先進国の高等教育システムは徐々に似たものになってきた。研究と教育が経済成長の重要な要因とみなされるようになったので、知識を基盤とする高度に発展した経済を持つ国家は大学を強化するという共通の望みを持つようになった。そうする中で、多くの国はアメリカのシステムの成功に影響を受け、その特徴の多くを意識的に導入しようとした。

加盟国の教育方法を調和させ大学間の学生の移動を促進する努力の中で、ヨーロッパ連合は最近、アメリカとほとんど同じ学位の制度——学士号、修士号、博士号——を採用した。[17] 世界から学生を獲得するため、ヨーロッパなどでは今日、多くの学科が、またいくつかでは大学全体が授業を英語で行っている。オランダはアメリカのアマーストやウィリアムズをモデルとした英語で授業する三年制のリベラルアーツ・カレッジの設置を開始した。

多くの国はまた、教員や研究者の養成でもアメリカの博士課程に倣って変更を行っている。研究への財政支援もアメリカのレベルに近づいてきている。中国、韓国、フランス、ドイツ、さらにサウジアラビアまでがアメリ

（ii） しかしながら、アメリカでは大学の予算のかなりの部分が、厳密に言えば教育・研究とは関係のないスポーツや附属病院のような活動に使われていることは、指摘されるべきである。

カに似た「世界クラス」の大学の設立を計画している。(18)

［エリート教育から］高等教育の大衆化を経て、ヨーロッパの政府はわれわれと同様、一流の研究能力を維持しながら、これまでにない数の学生を教育することの重い財政負担に苦労している。対応策として政府は国から直接支給する金額を減らすことで、大学に学外から競争で資金を獲得するよう圧力をかけている。アメリカと同様、ヨーロッパでも政策担当者は大学の幹部に産学連携、大学発ベンチャーやその他の営利事業を促している。また、（スカンジナビア諸国を除いて）ヨーロッパ全体で政府が大学に授業料を取ることを許すことになった。ただ、その金額はアメリカに比べればはるかに安い。これまでのところ、新しい資金源を開拓することは部分的な成功しか収めていない。ヨーロッパ全体で、政府からの資金は依然として大学の予算の七五〜八五％を占めている。しかしながら、ゆくゆくは外部資金は高等教育の拡大する費用を賄う大きな役割を担うことになるであろう。

改善を促す試みの中で、ヨーロッパの多くの国では、競争的研究資金の採用や大学のランク付けによる競争を導入し始めた。多くの政府は大学の計画、予算、日常的な運営での規制を緩和し、学長と事務局職員に学内での裁量権を与えることで活発な企業家精神を促している。その代わりに、政治家・官僚は研究と教育を評価する精巧なシステムを作成して、大学により大きな説明責任を求めている。いくつかの国では大学の成し遂げた成果や質の評価と政府からの予算とを結びつけている。この試みはアメリカでいくつかの州が行い、限定的な成功しか得ていないものでもある。

こうした変化を容易にするため、ヨーロッパの政府は大学の統治システムを変更した。国のニーズに適用しやすくするため、政府は、理事会や審議会を設けることで、大学と利害を共有する関係者、とくに産業界の声を反映させることを求めている。(19) 学長や事務局の力を強める努力の中で、かつては学内のことに広範な力を行使できた教授評議会の力が、学長・学部長の選出、人事、予算、戦略的計画策定などにおいて弱くなった。ベテラン教員、若手教員、職員、さらには学生までも含んで構成される学内自治組織は、一九六〇年代末の学生運動ののち

に多くの国で義務づけられたのだが、いまでは意思決定の権限は薄れ、主に諮問機関になっている。(20)

これらの新しいしくみは、ヨーロッパで導入されたものであり、アメリカではすでに存在していたので新たに採用する必要性は見られない。アメリカの大学は伝統的に強い学長とそれを支える事務局職員がいて、国家の管理からかなりの自由を与えられている。利害関係者、とくに産業界は理事会に入っている。アメリカの大学は長い間、収支を均衡させる際に〔政府からの資金以外の〕授業料収入のような学外の資金源に依存してきたし、大学間で互いに激しく競争することにも慣れている。

アメリカのシステムの強み

上記のように、他国との違いは小さくなっているとはいえ、アメリカの高等教育はいくつかの重要な点で際立っている。それは依然として大学が多様であることである。学生の能力、教員の質、使用できる資源における大学間の差は非常に大きく、海外では見られないものだ。私立大学の広範な役割と〔州の連合体としての〕連邦政府機構の存在とによって、アメリカの高等教育は他の先進国に比べて分権的である。大学に費やされる金額の大きさ、民間からの財政支援の規模、学生、教員、資金、そして多くの場合、認知度と名声をめぐる大学間の激しい競争も、アメリカが際立っている点である。

アメリカの高等教育の特殊な性格は、多くの利点を生みだしてきた。複数の資金源はどの国よりも高い水準の資金調達を可能にした。大学の数と多様性があるおかげで、いかに特殊なニーズや好みを持つ学生でも自分に合った大学を見つけられる。大学間の競争は学生のニーズに適合することへのプレッシャーを与える一方で、改善と向上のための大きな努力を生みだす。失敗はしばしば起こるが、五〇の州と数千の大学があるので、個々の大学の失敗は地域限定的な影響しか持たず、システム全体に損失を与えることはない。大学の数の多さと享受している裁量権の大きさのおかげで、アメリカでは新しい試みを始める拠点が多数あり、革新と実験が促される。たとえば、最近の数十年で、この企業家精神のおかげで、アメリカの大学は教員が企業と協力したり、新製品を生みだす企業を設立したり、場合によってはカリフォルニアのシリコンバレーやボストン市とその近郊のように地域全体の経済発展にも貢献することを大学が支援することで、政府の求めた要望に迅速に対応できた。

もちろん、アメリカの高等教育のすべての成功がわれわれのシステムの特徴に起因するものではない。幸運な偶然も助けになった。この点で最も重要なことは、アメリカの大学の財政面での強さはアメリカの例外的な豊かさと民間慈善運動の強い伝統の賜物であるということである。歴史の偶然でアメリカは第二次大戦の破壊からは免れ、また、一九三〇年代にヒトラー（Adolf Hitler）から逃れたい傑出した科学者、学者にとっては自然の成り行きでアメリカが天国となった。英語が科学や学問での国際共通語になったことも、フランス、ドイツ、日本など他の諸国に比べて、アメリカが世界中から有能な教授を勧誘することを、はるかに簡単にした点で重要である。

これらの幸運をすべて認めたとしても、アメリカのシステムの優位性が傑出していることは事実である。それらは過去においてもそして将来にわたっても、アメリカの成し遂げることに大いに貢献するものである。アメリカのモデルに近づこうという世界中の傾向がアメリカのアプローチの強さを雄弁に物語っているといえよう。

アメリカのシステムの脆弱性

いかにアメリカのシステムの貢献度が大きいとしても、それらの特徴が今後の成功を保証するわけではないことはいうまでもなく、すべての問題を自動的に取り除いてくれるわけでもない。逆に、将来、大学の成し遂げる成果を深刻に損なう多くの危険性も見つけることができる。

いくつかの脅威は大学の外部に存在するものであって、国全体に関わるものである。たとえば、政府資金の長期的かつ深刻な減少から生じるダメージを、機先を制して防ぐことはできない。非営利団体、授業料、その他民間から支援を得るという伝統は政府資金の減少の影響を和らげるかもしれないが、完全に解消することはおそらくできないであろう。さらに、たとえ政府が安定した資金を充分に出したとしても、政治家はさまざまな政治的プレッシャーや誤解に満ちた考え方から大学には好ましくない形で資金を分配する恐れがある。外部資金の不安定さに加えて、アメリカのシステムは、忍耐強くない政治家が大学に拙速な成果を求めるような、明確な意思に基づきながらも誤った考え方に基づく規制に弱い。高等教育にコストがかかるようになる一方、国にとっての重要性も増すと、このような政治家の介入の弊害は大きくなる。そして最後に、われわれ大学が達成する成果は、大学入学以前の段階の教育に依存する。若いアメリカ人の大学進学率が上がれば、広く認識されている公立学校［公立の中学・高校］の問題点が大学にとって大きな問題になってくるであろう(iii)。

本書で取り上げるべきものは、高等教育の性格そのものに由来する大学の質への脅威である。なぜならば、これらは解決するために大学の学長や教員が少なくとも何らかの力を持つ事柄だからである。アメリカのシステムの成功と数々の顕著な優位性にもかかわらず、社会が必要とし期待することを大学が達成することを難しくする脆弱性やストレスにはさまざまなものがある。潜在的な困難の中で、とくに次の事柄が重要であろう。

考えられる困難の第一は、大学という組織の特徴から生じる。大学は測定がたいへんに難しい努力を一生懸命行っている。とくに、教育プログラムの質と有効性は、長い期間を経てでないと認識できない。それでも無理か

(iii) 公立学校の問題点が大学にとって外部的な問題であるということには異論もあるかもしれない。なぜならば、初等・中等教育の問題は教育学部の教員養成に原因があるかもしれないからだ。教員養成と公立学校との連携において、大学にできることがたくさんあることは事実である。しかし、教員養成は公立学校教育の抱える問題の小さな一部でしかない。はるかに重要なことは、家庭、子育て、近隣の環境、とくに低所得者層の住環境、さらに公立学校教員が有能な大卒者にとって魅力的な仕事でないなど、よく報道されている問題である。Richard Murnane and Greg Duncan (eds.), *Whither Opportunity? Rising Inequality, Schools, and Children's Life Chances* (2011); McKinsey and Company, *Closing the Talent Gap: Attracting and Retaining Top-Third Graduates to Careers in Teaching* (2010)を参照。

もしれない。大学の研究の質については、論文として発表され、同じ分野の他の専門家が評価をするので、よりよい情報があるかもしれない。それでも、多くの個々の科学者や学者の研究者としての評価を総合してとらえるのは難しく、大学全体の評価はしばしば疑わしかったり、最近の評価ではないということになる。

大学の成果についての、曖昧で偏った情報のため、大学の幹部は大学のゴールと優先順位について賢明でない判断を下しがちである。もし学長や理事が大学がいかに成果を上げているかわからないのならば、彼らは自己満足に陥り、緊急の注意が必要な重要な問題を看過してしまうであろう。目に見えるゴールは過剰な注目を集め、評価の難しい目的は軽視されるかもしれない。成功度を測る信頼できる尺度がないと、大学幹部は大学のイメージや一見価値がありそうだが実際にはまやかしの成功に力を注ぐ。

大学の成果について信頼できる情報の欠如はまた、政策担当者の判断をも間違った方向に導く。大学に説明責任を求める中で、政策担当者は大学を明確かつ正確に測れる成果に集中させ、同じくらいに重要だが目に見えにくい活動を犠牲にさせる。同様に、高等教育の最低限の質を保証することで市民の利益を守る努力も、極端に独断的になるか、あるいは粗野で不確実な証拠に基づいて厳しい制裁を加えることに躊躇するため、規制がきわめて緩くなる。独立した大学が数多く存在し、州、個人、団体、さらに企業でさえ新しい大学を作ることができるアメリカのシステムの下では、大した水準にない大学も永久に存続しうるという危険性がある。

大学の質とそれらが提供する価値についての明確なデータがないことは、大学が提供する教育の価値を損なう方向に働く競争のあり方に影響を与える。競争は商業市場ではうまく機能する。消費者は自動車の性能や香水の匂いと価格を比較し、判断を下すことができるからである。しかしながら、高等教育では学生はどこの大学で最も多くを学べるのか、長期的に最も有益なのは何を学ぶことか、前もって知ることができない。代わりに、彼らの判断は間違った優先順位によって曇らされる。彼らは大学を卒業して最初に就く仕事に直結するスキルの取得を過剰に重視したり、大学スポーツやパーティがさかんな大学に憧れ、良質の学部教育を受けることの長期的な便益は軽視するかもしれない。こういった状況下の競争では、もし大学が優秀な学生を数多く集めるために学生の好みに敏感になりすぎるならば、学部教育のカリキュラムとプログラムを問題のある方向に曲げる可能性がある。

加えて、多くの財・サービスと異なり、大学の提供する教育の質は、学生だけでなく社会全体にも関わる。学生がそれを習得することに強い関心を持つか否かに関係なく、彼らが雇用者の求めるスキルを身につけることは経済にとって重要である。彼らがそれを重要だと思わなくても、学部卒業生が能動的で賢明な市民、倫理的に責任のある人間になることは社会にとって重要である。結果として、より多くの優秀な学生を獲得しようと競争する中で、大学幹部が学生の要望を満たすことばかり気にしてプログラムを作るのならば、競争は最適な結果を生みださない。

競争はまた、大学が学生以外の集団の要望にも過剰に反応することにつながる。学部長や学長は大学の評判を気にするため、反発を招くかもしれない論争への発言を躊躇する。彼らは教育の質についての論争を始めたがらない。有力教員を怒らせないように、教員の行動規範について議論するのを控える。教員による学外でのコンサルタント活動に対する規制は骨抜きになる。研究における金銭的利益相反〔真理を追究する大学教育本来の目的と、金銭的利得など別の目的との矛盾。詳細は本書第16章参照〕の制限も弱くなり、充分に機能しなくなる。

同様の理由で、資金集めでの激しい競争でライバル校に後れをとるまいとすることは、卒業生や寄付者の要望に迎合することにつながる。卒業生という「後援者」を満足させるため、アメリカンフットボール（アメフト）やバスケットボールで勝てるよう、優秀なスポーツ選手を獲得しようと成績基準を緩めたり、いい加減な入学選抜や選手勧誘をすることになる。企業からの資金を得るため、科学分野の教員は長期的に忍耐強く行う基礎的な研究テーマを犠牲にして、短期的で実用的なテーマに走るかもしれない。同様に、大学の成長発展戦略は富裕な寄付者の関心・優先順位から過剰な影響を受けることもありうる。資源を増やしたいという気持ちの強い大学幹部は、有力な寄付者がその多額の寄付金を通してカリキュラムの性格や研究のテーマにまで影響を及ぼすことも許してしまうかもしれない。

大学が大きくなり運営にお金がかかるようになると、改善・向上しようとすれば、資金獲得の絶え間ない努力が必要になる。そして、その努力はウイルスのようにじわじわと大学のすべての面に影響を及ぼす。学長は学術面の判断力や教育についてのビジョンでなく、寄付集めの能力によって選ばれうる。理事は見識・経験でなく大口の寄付をしてくれる財力で選ばれ、入学基準では成績の良好な学生よりも裕福な親を持つ学生が優先され、新しいプログラムや活動を始める基準は知的な意義よりも収益の可能性になるかもしれない。教員の任用基準も政府や企業からの資金を集める能力が影響する。さらに憂慮すべきは、これまでにない多額の資金を獲得しようと、大学幹部が大学の評判を傷つけたり、大学の成功を左右する価値観を損ねるような疑問のある商業的な活動に関わることである。

大学が次第に大きくなり、活動が多様になることは、高等教育にさらなる危険をもたらす。大学が教育のニーズや研究のチャンスに対応して新しいプログラムや活動を次々と開始すると、大学はますます複雑になり管理が難しくなる。この傾向は学長、副学長、学部長の選任者たちにジレンマをもたらす。というのも、一方で、大学は大きく多様になった組織を円滑に運営する経営能力と資金集めのスキルを持った指導者を必要とする。他方、教員の尊敬を集め学術組織としての大学を導く知識と経験を持ったトップであるためには、教員・学者として優秀な経歴を持つ人から選ぶ必要がある。しかし、両方の資質を持つ人は少ない。経営や資金集めのスキルに優れた人は、学術面の資質が不充分で、逆に学術面での評判の高い人は、学内行政経験があまりなく、経営・資金集めに必要な能力に欠ける。この問題では、理事会はどちらかの資質の著しく欠けた人物を学長にしてしまい、大学に深刻な問題を生じさせる恐れがある。

最後に、規模や複雑さとともに、高等教育の性格そのものが潜在的な弱みとなっていることをあげたい。そもそも大学を効率的に統治することは可能であろうか。企業、軍隊、政府機関とは異なり、大学はトップダウンのピラミッド型組織によって支配されたり導かれたりすることが難しい。大学幹部が教員によりよい授業を行うことを命令して教育の質を向上させたり、教員によりよい本を書くことを命令して大学の評価を上げることはできないのである。大学の成果を向上させるためには、教員の自発的な参加と協力が不可欠である一方、第一級の教育や研究のために教員が自分が最善と思うことを実践できる自由と独立性を持っていることが必要である。結果として、大学というのはその活動の性格から、必然的に無政府状態になりがちである。この状況下では、衝突、行き詰まり、停滞のリスクはわれわれがよく目にする他のタイプの組織よりも大きくなる傾向がある。

ここまで紹介した困難と複雑さは、いかにアメリカの高等教育システムが、その堂々たる強さにもかかわらず、社会が求め期待するものになることを妨げ緊張と弱点を抱えているかを明らかにしている。これらの危険はまだ表面化せず深刻なダメージは生じさせていないかもしれないが、今後大きくなるかもしれない問題がさまざまあることを示唆している。以後の章では、これらの弱点を一つずつ検証し、大学の成し遂げることへの影響と、大学がその悪影響を最小限にするためにできることを考察する。

第2章　目的、目標、成長の限界

一九九六年、カナダ人のリーディングス（Bill Readings）は挑発的な題名の本 *The University in Ruins* を出版した。[1] 同書によれば、大学はさまざまな活動を束ねる統一した目的を失ってしまったので、深刻な混乱の中にある。彼によれば、大学は初期には国家の文化的思想を生みだし、守り、教え込む役割を果たした。現代ではグローバル化が進み、国家というものが重要でなくなり、大学がかつて持った役割が意味を失ってきた。大学のプログラムは「秀逸さ」の追究だけを例外として、根本となる目的を持たずに拡散した。しかし、「秀逸さ」というのは目標ではなく、単なる基準であり、きわめて曖昧な基準なので、真の意味での指針とはならない。混乱の中で、リーディングスは初期の目的を代替するものが現れていないと考える。彼は、代わりに大学キャンパスは混沌とした競争の世界における大学の使命について議論する場となるべきだと提案している。

大学の目的

リーディングスの本をどう思うかは別として、彼は大学の努力と優先事項を決定づける目的というものを大切にしている点では正しい。アメリカの大学が単一の目的を持っていないという点でも正しい。しかし彼の意見とは異なり、これは最近の現象ではない。アメリカの大学は、一〇〇年以上にもわたって統一された目的を共有してこなかったのである。

複数の目的の成長

アメリカのほとんどの大学は、南北戦争まで、エリート階層の若者を知的専門職や社会のリーダーにするために教育するという、単一の目的を持っていた。この目的に向かって、大学は、厳格に規定されたカリキュラム、厳しい校則、必修の礼拝での宗教教育によって、学生の精神を鍛え人格を形成した。[2] しかしながら一九世紀の後半、この統一した目的は支持を失い、それぞれが積極的な目標を持った三つの動きが現れた。

新しい動きの第一は、学生に仕事に役立つ実学を教える必要性の重視である。アメリカ経済が発展し産業化が急速に進むと、実学教育への需要が高まり、一九世紀初め、州立大学で家政学、工学、経営学、体育、教員養成、公衆衛生などの科目が提供されるようになった。一八六二年に、議会はモリル法を成立させ、農学と工学を教えるランドグラント大学［同法によって連邦政府の土地が州政府に払い下げられ、その売却益でできた大学。土地付与大学］の発展を促進した。一方、東部の私立大学は医学、法学での専門職教育を強化し、ペンシルバニア大学のウォートン・ビジネススクールを嚆矢とする経営学・商学のプログラムを拡充した。

第二の動きは研究の重視であった。一八七六年、ジョンズ・ホプキンス大学が研究の遂行と科学研究・学術研究を職業とする人材の育成のために大学院を作った。すぐにスタンフォード、シカゴ、コロンビア、ハーバードなども大学院を作り、学士号や専門職大学院修士号と並んで、研究志向の博士号を授与するようになった。それ以降、ほとんどの主要大学は使命の一部として研究を含むようになった。

第三の動きは、かつてのエリート教育への取り組みから生まれたもので、人文学の重視であった。そういった大学の教員は文学、外国語、歴史、哲学の研究を行い、全人的なリベラルアーツ教育を通して学部学生の精神を豊かにすることに傾倒した。

すべての大学が三つの動きすべてを請け負ったわけではない。長い間、リベラルアーツ・カレッジは研究を重視せず、ランドグラント大学が重視するような実学は避けてきた。教員養成大学も研究は重視していなかった。しかし、第二次大戦後、徐々に多くのリベラルアーツ・カレッジが、州立大学と学生獲得競争をするためには実学系科目を教えなければならないと考えるようになった。教員養成大学が総合大学に改組され、専門職での修士号を出し、実学科目とリベラルアーツ科目を学部生に提供するようになった。その結果、多くの大学が博士号取得者を教員として採用するようになり、次第に研究業績が教員の任用・昇進の条件になった。

一九七〇年代までに、一つの目的のみのために存在する［高卒者が進学する］高等教育機関は芸術学校や専門学校などだけになった。他のすべての大学は、少なくとも二つの目的を持つ。コミュニティ・カレッジは研究はしないが、職業訓練を重視しつつも、四年制大学への編入をめざす学生向けにリベラルアーツ科目も提供している。ほとんどの私立の四年制大学はリベラルアーツ科目と実学科目を提供している。依然としてリベラルアーツを固持している大学でも教員に研究業績を上げるように求めている。一方、アメリカの一流研究大学は折衷的に何でも取り込んでいる。オックスフォードやケンブリッジから寮でのリベラルアーツ教育を、ドイツから大学院での研究重視を、スコットランドから実学教育を、中世の偉大なパリやボローニャから専門職教育を、それぞれ取り入れた。

最近の数十年、既存の三つの目的に加え、新たに二つの目的が注目を集めている。はじめに、社会が複雑になり特殊な知識に依存するようになったので、大学は多様な社会貢献活動を行うようになった。地元企業、政府、公立学校の校区に技術的・専門的なアドバイスを行う、近隣に低廉な住居を建設する、海外にキャンパスを作る、公共機関のために教員が一定期間、フルタイムで学外で勤務することを認める、などである。この種の試みは、一世紀以上前の州政府のランドグラント大学による初期の社会貢献プログラムにさかのぼるが、活動の範囲と多様性が広がり、社会貢献は教育、研究と並んで大学の明確な使命の一つになった。

研究大学にさらに追加された使命は、地方、地域、さらに国レベルで経済発展を促進することである。スタンフォード大学がシリコンバレーの発展を助けたのは、初期の大成功例である。多くの大学が専門スタッフを抱えて技術移転担当部署を持ち、大学の教員の活動を見渡して、特許化して関心のある企業にライセンスできそうな発明を探している。政府の支援を受けて、大学の科学者と企業の科学者とは新しい製品や技術を生みだすために協働している。工学部の教員は地元企業に製品改良や生産性向上のための新しい方法をアドバイスする。多くの大学が、教員が自分の研究成果を基に企業を設立し、新製品を販売する支援ができる専門スタッフを雇うようになった。ベンチャー企業が収益を上げて独り立ちできるまで支援を行う「インキュベーター」という施設〔廉価な家賃の貸しオフィスや貸し実験室〕までも作っている大学もある。他の大学では自らベンチャー・キャピタルを立ち上げ、研究室の成果をベンチャー企業が商品化しようとする際、民間の金融機関が投資してくれる段階に成長するまで、大学自らが支援しようとしている。

経済発展を大学の伝統的使命に加えることは、多くの大学にとって現在進行中という段階である。大学幹部は、教育と研究の使命から教員が過度に逸脱することなく、この使命を果たす方法を模索している。経済発展の促進は企業や政府から強く求められているので、高等教育の明確な使命の一つになるのは時間の問題のようだ。

まとめると、リーディングス教授は彼の著作で大学が統一の目的を失ったことを嘆いたが、それは一世紀上も前に起きていたことである。このプロセスの頂点が、カー（Clark Kerr）が一九六三年に出版してその後も版を重ねている *The Use of University*（邦題『大学の効用』）の中で述べた、有名な「マルチバーシティ（Multiversity）」という概念であろう(3)。カーが描いた大学は、リーディングスが描いた混沌の中で、もがき、破滅に向かっていくのではなく、発展し繁栄し世界中の国のモデルとなるものである。

複数の目的を持つ長所と短所

大学が複数の目標をめざすことは、目標は互いに補完的で全体を達成すると個々の目標達成の合計以上のものが得られるため、多くの点で大学にとっては好ましい。たとえば、活発に研究をしている大学院生を指導することは、大学院生が研究者・学者として成功することを助けるだけでなく、教員にも知的刺激を与え、彼らの教育・研究にも役立つ。学部生を教えることは教員が狭い専門分野に閉じ込もることを防ぐとともに、学生に最先端の学者から学ぶ機会を提供する。より実際的な事柄として、学部生は卒業した大学に忠誠なので、学部を持つことは、大学の施設、図書館、講座開設に使える寄付を増やすことになり、それが一流の研究を可能にする。

　経済発展と研究も互いに補完的である。大学の研究室は有用な製品や製法につながる発見を生みだしている。新しい企業を設立したい教員を大学が積極的に支援することは、生産的な教員が企業設立のために大学を辞めてしまうことを防ぐ。同時に、企業との密接な協働は、多くの科学者に貴重なデータベースやリサーチマテリアル〔研究過程でできた遺伝子組換えした生物・細胞株など次の研究に使える材料〕へのアクセスを与えるとともに、重要な発見につながる新しい製品やアイディアに触れることも可能にする。

　社会貢献活動は、資金を出すスポンサーだけでなく大学にも恩恵をもたらす。政府機関、非営利組織、地域の校区と協力すれば、教員は彼らの教育・研究を豊かにするヒントを得るであろう。恵まれない子供たちを助けたり老人ホームを慰問する学部生は、当初はボランティアであっても、自分たちも学ぶことが多いことを認識する。低所得者層の法律相談をしているロースクールの学生や、研修病棟でメディケイド〔低所得者向け医療費補助〕の患者を診るメディカルスクールの学生も同様である。

　最後に、一つの大学でリベラルアーツ科目と実学・職業訓練系科目が提供されることにもメリットはある。強力なリベラルアーツ系教員の存在は、実学教育が過度に即戦力志向になり、社会、倫理、グローバル化への広範な視点という、経営者がより質の高い仕事で成功するために重要だとみなす要素を軽視してしまうことを防ぐ。基本的な学問分野で地位を確立した教員がいれば、専門職大学院の教員が研究・教育がよって立つ知識の発展に後れをとることも防げるだろう。逆に専門職大学院教員は、応用倫理学、憲法、生命医学などの分野の知識を通して、リベラルアーツのカリキュラムの教育に重要な貢献をする。さらに、優秀な文理学部の教員と協力できることは、国際的に著名な専門職大学院の教員を勧誘するときにも助けになる。

大学は複数の目標を同時に達成することのシナジー効果を享受するが、そのような戦略はリスクがないわけではない。一つには、複数の目標は互いに矛盾する。たとえば、研究を重視することで、日常的に教員が教育の責務を軽視するとしばしば指摘されてきた。この批判は説得力をもって証明されたことはないが、少なくとも図書館や実験室での時間を増やすため教育を軽視している教員がいることはたしかである。教育と研究の共存は効率性を妨げ、コストをつり上げる。なぜならば、研究プログラムを成功させるためには学部生の教育に必要とするよりも多くの教員を雇わなければならず、特殊な授業に少数の受講者という状況になるからである。

複数の目標は、他の面でも衝突を生む。実学教育への学生からの強い要望は、人文学を軽視し、学部生に広範なリベラルアーツの基礎を提供するという大学の努力を損なう。教員が自分の発明を特許化したり、企業と協働したりすることを促すことによる経済発展促進の努力は、最終的には教員のエネルギーを基礎研究から逸脱させたり、公表された研究結果の客観性を損ねるような商業的関係を誘発する。結果的にいくつかの目標の中でバランスをとることは大学幹部の必要な役目となった。

成長の限界

その有利さと不利さが何であっても、複数の目的をめざせばたしかに成長へのプレッシャーは増加する。新しい活動の機会は次々と現れる。政府の省庁、企業、財団、その他の寄付者は大学が満たせるニーズに期待している。新しい産業は学生に対して就職のために教員が準備させなければならないさまざまなタイプの職種を提供している。インターネットや他の勃興する技術は、新しい学生層にキャンパスへのアクセスを提供し、教員には、取り組みたい研究の可能性をもたらす。

大学がさらに多くを企てているならば、充分に監督することの負担は重たくなる。一連のプログラムの管理とその成果の監督に有能な人材を見つけるために、より多くの時間が使われている。いくつかの大学では、活動があまりに特殊化してしまい、これらの活動の発展に最終責任を持つ大学の幹部がそれらを充分に理解していない。これを処理する努力の中、事務局中枢は引き続き副教学部長、副学長、財務管理担当者など多くの専門スタッフを雇わなければならない。専門スタッフが増えるにつれて、教員と大学幹部との距離は遠くなり、不信と誤解という大きなリスクが生じる。

プログラムの数が増えると、問題も次々と生じて大学幹部は時間と注意を取られ、大学の中核の業務に専念できなくなる。大学が社会のニーズにさまざまな形で応えるようになると、大学が相談し報告しなければならない関係組織も増える。大学幹部の心は、さまざまな活動を行うための資金を調達することに奪われてしまう。

この問題の証拠はいたるところに見られる。多くの大学で、事務職員の数は過去数十年にわたって、教員数や学生数より速く増加している。大学はますます規制機関や法律、監視当局に関わるようになった。大学が相談・報告しなければならない委員会の数も増えた。学長は管理、資金集め、外部との折衝に一日の多くを費やす。次第に副学長、学部長、さらにはセンターやプログラムの長でさえ、中核の職務である教育・研究への注意が管理雑用の仕事に割かれている。

目標の定義

成長することの重荷は、大学が重要な活動に集中して不必要な責任に時間を取られないように、目的と優先順位を明らかにすることを重要なものにする。明らかな第一歩は使命を明示することである。そうすれば大学幹部、理事会、教員が自分たちの大学の基本的な目的や目標を特定したり、アメリカの高等教育の中でのポジションを明確にするための真剣な議論に取り組む有益な機会が生まれるだろう。しかしそのような機会は頻繁に見逃される(4)。できあがった声明はしばしば、明確な方向性を示すというよりは、入学希望者や寄付をしてくれそうな人に向けて作られた印象を与える。教育、研究、社会貢献についてのありふれた文句の繰り返しにすぎず、実践的価値を持つには曖昧すぎる決まり文句でしかない。

教育や研究という言葉は、大衆娯楽や農場、医療サービスを提供するという、本業とは関係のなさそうな取り組みには無縁だと映るかもしれない。しかし、大学はしばしばこれらの三つの活動に取り組んでいる。バスケットボールやアメフトのチームは競技場で、またテレビ中継を通して多くの観衆の注目を集めている。ランドグラント大学の中には、農業の研究と開発のためにモデル農場を運営しているところもある。多くの大学は研修病院を持ち、その中には国で最高の医療サービスを提供できるところもある。いくつかは実際に前払いの医療保険プログラムを通して何万もの患者に医療を施している。

最近の数十年で、大学の幹部は伝統的な教育・研究プログラムを支えるための資産を稼ぐ努力の中で、さらに離れた分野に進出しようとしている。大学は卒業生向けに世界の観光地へのクルージング・ツアーを運営し、まとまった収入を得るため学部やビジネススクールを海外に開設し、コーヒーカップやTシャツに大学のロゴを使わせて世界中から利益を得る。一旦、学長が教育・研究を支える目的で営利活動の新しい企画を始めたら、そのような活動の可能性は実際には制限がないものになる。

方向性や優先順位を明らかにするために、ほとんどすべての大学は一定の期間内に達成する目標を定めた戦略計画を定期的に策定している。しかしながら、教育・研究に最も関係のある活動は、進歩を測定したり、意味のある目標を立てるのも難しいので、戦略計画はしばしば迷走してしまう。少数の例外を除いて、大学は自分の学生が一〇年前に比べて多く勉強するようになっているのか否かも実際にはわかっていない。研究は、成果が発表され国内外の同じ分野の研究者からの評判を得るので、評価しやすいかもしれない。そうであっても、劇的な変化が起こらない限り、限定した期間で科学と学問における大学全体の質が上がったか否かを判断するのは難しい。

これらの困難さを認識しているにもかかわらず、大学の教育・研究の責任者は、大学の進歩の判断材料になることを期待して、測定可能な目標を立てることに固執する。二人の経験ある大学の幹部が最近の本で、「計画の結果を測定したり追跡する仕方を知らずに、どうやって大学は意味のある戦略計画や現実的な目標を立てられるのだろうか[5]」と述べている。理事は学長を達成度で評価しようとする。学長や学部長は彼らが仕事につぎ込んだ時間とエネルギーが無駄にならないような尺度を求める。卒業生は母校に目に見える改善の証を望む。高等教育の競争においては、誰もが「誰が成功し誰が後れをとっているか」を決める何らかの明示的な方法を求めている。もし最も重要な目標の達成度が測定できないのならば、代わりに他の目標が見つけられるだろう。

尺度がより客観的で測定可能であればあるほど、担当幹部にとっては魅力的である。結果として、学長や理事はしばしば寄付の金額、新入生のＳＡＴ（Scholastic Assessment［一九九〇年まではAptitude］Test）やＡＣＴ（American College Testing）〔日本のセンター試験に相当し、大学入学のためにはどちらかを受けなければならない。以下「統一テスト」と呼ぶ〕の平均点、新たに建てられた建物、新しく始めるプログラムなど、目に見える進歩の証に注目する。そのような証は教育、学習、研究の真の改善を必ずしも反映しない。しかし、よりよい尺度がない以上、これらの証が前進や成功の確固たる証拠として受け止められるのである。

そのような数字は、コミュニティ・カレッジから総合大学、さらに稀に、最終的には研究大学へと大学が進化するプロセスが引き起こされることを助長する。一九九五年から二〇〇六年までに、数十のコミュニティ・カレッジが四年制大学になり、四年制大学のいくつかは研究大学になった[6]。一九九〇年代だけで、一〇五のカレッジがユニバーシティに改称し、大学院生と大学院プログラムの数が増えた[7]。

こうした進化が、実際に教育上の必要性を伴うものであった例もある。人口増加と産業発展は、新しい専攻分野やより高度な訓練を求めている。また、大学卒業者がすでに就いている職業でも経営者や職業団体がより高度な教育を求めるようになったからだ。しかしながら、しばしば大学が高度な大学になる〔短大が四年制、研究大学になる〕ことを望むのは、大学の学長がより高い名声を求め、教育界での階層が上がるほど金額が増える州予算や、国からの研究費が欲しいからである[i][8]。

上の段階に上がる、または「這い上がり作戦」とも呼ばれるものは、お金がかかる傾向がある。これらの努力に伴って、しばしば大きな教員組織、新しい専攻分野、より立派な施設が必要となる。とりわけ、研究の重視、博士課程の設置、新しい実験室、より大きな図書館、より高い教員の給与、教員の軽い教育負担が必要とされる。これらの努力は費用がかかり、授業料の増加につながる。

費用の増加に加えて、経験が教えるところによれば、大学の階層を上昇する、とくに研究大学になろうとすることは、成功するとは限らないリスクの高い戦略である。ライバル大学に勝とうという努力が長らく続けられているにもかかわらず、大学のランキングは企業のそれに比べると驚くほど安定している。アメリカ建国前につくられた九校のうち、二校は二〇一〇年の上位一二校の中に入っており、九校すべてが上位一〇〇校に入っている。同様に、一世紀前の企業でいまも成功しているものは稀で、生き残ってもいないものが多い中で、一九一〇年の上位五校は二〇一〇年でも［順位は異なっても］同じ顔ぶれである。上位二〇校の少なくとも三分の二は、一世紀後もやはり二〇位内に残っている。

一旦、大学が階層の中で高位の位置を占めたら、それを維持する強い力が働く。著名な学者は同僚も著名である有名大学に行きたがる。政府省庁からの研究資金は優秀な研究者のいる有名大学に集中する。非営利財団や慈善家も、彼らが関心のある研究テーマでの研究支援先を探すと、どうしても有名大学への寄付になる。同様に、優秀な学生はどれが本当に良い大学かという情報が不充分なまま、名声に魅せられ、また他の優秀な学生が志望している大学に入りたがるので、有名大学に集まる。彼らはたいへん優秀なので、卒業後に経済的に成功し、母校に気前よく寄付してくれる。つまり、持てる者にますます与えられるのである。この原則は明らかに名声を確立した大学に有利に働き、低位にいる大学の挑戦を妨げる方向に働いている。

成功している大学は、幹部の失敗や判断ミスは短期的にも長期的にも大学へのダメージになることはめったにないという事実からも恩恵を得ている。ビジネスの世界では、誤った戦略や深刻な判断ミスは企業を滅ぼしかねないが、大学の場合は、そのような失敗ははるかに緩やかな影響しか及ぼさない。なぜならば、教育と研究という重要な事柄に関する意思決定はずっと分権化されており、また教育と研究の劣化は時間が経たないとわからないからである。その結果、大学の理事会は、指導力の弱さと間違った判断を認識して永続的なダメージの発生を未然に防ごうと行動するのに、企業の役員よりもはるかに時間がかかる。

低い成功率は別としても、名声の階段を登ろうという努力は社会的利益の面からも不幸なことである。概して大学は、名声をめざすときに革新的なプログラムを作るというよりは、業績をあげている教員をスカウトしたり、優秀な学生を勧誘したり、さもなければ成功している大学のやり方をそのまま模倣する。教育の改善や研究における新発見は社会の誰もに便益をもたらすが、学生の勧誘や優秀な教員の他大学からの引き抜きは大学全体ではレベルアップにつながらない。新たに大きな博士後期課程を作ることも、すでに就職口に対して博士号取得者が供給過剰ならば何も価値を生みださない。発表された論文・著作がほとんど引用されず、もし「まったく」でないにしても「めったに」しか読まれないのならば、教員の研究業績の増加は社会にほとんど貢献していない。全体的に言えば、より多くの自動車メーカーが廉価な小型車から中型車、さらには高級車に重点を移していくようなものである。平凡で安い車は通行人の関心は集めないかもしれないが、高級車と比べて、興奮をもたらすかどうかは別としても、重要性という点では、上回っていないにしろ、同等に重要である。

まったく同様に、名声をめざす競争は、通常の成功の尺度の中では高く評価されないさらに大切なニーズを看過する。コミュニティ・カレッジができる最も重要な貢献は、四年制大学になることではなく、より効果的に既存の学生の教育と卒業実績を向上させることである。そうすることで、コミュニティ・カレッジはそれまでの学習が不充分なきわめて多様な若い学生を入学させ、彼らを卒業させ、希望をかなえさせ、コミュニティ・カレッジに行かなければ決して実現できなかったような地域への貢献を可能にすることができる。同様に、四年制大学

(i) William F. Massey, *Honoring the Trust: Quality and Cost Containment and Higher Education* (2003) は、四年制大学の半数は名声をめざして競争していると述べている。別の著者によれば、「大学は大学院教育とカーネギー財団の分類での研究大学入りをめざしており、現在のニーズに応えるよりも名声と高いステータスを持つとみなされる行動と構造を持つことをめざす」。Christopher C. Morphew, "A Rose by Any Other Name" 25 *Review of Higher Education* (2002), pp.207, 211 を参照。

は総合大学になろうと修士課程や専門職の博士課程を作ったりするよりも、退学率を下げ、提供する教育の質を上げる方法の発見に集中してくれた方が、社会はより多くの便益を得る。「都市大学」もまた、中堅研究大学になるより、教育の質を高めてくれた方が社会にはより多くの価値をもたらす。しかしそうであっても、第一級の教育がもたらす貢献は評価が難しく、市民から称賛されたり多くの名声をもたらしたりはしないので、SATの高得点、新しいプログラム、寄付集めの成功など、より目に見える測定可能な進歩への注目の影に隠れてしまうのが実情である。

大学が競争をやめて改善の努力を放棄すべきだというのではない。それとはまったく逆だ。アメリカの高等教育の成功の多くは、一番になろうという努力とエネルギーによるものである。問題は「一番」の定義が、学生が入学後に学ぶ量ではなく入学時の統一テストの成績であり、教育よりも研究が重視されたり、研究でも論文の数が質や独創性よりも重視されていることである。

進歩を名声と同一視する傾向はここ数十年、*U.S. News & World Report* 誌のような雑誌が定期的に大学ランキングを発表するようになって、一層強まった。(ii) これらのランキングは大学の質を表す明白な証拠たらんとし、順位が上がったか下がったかも正確に明らかにするので、きわめて魅力的に映る。欧米の大学の学長への調査で、七二%が自国でトップ一〇%にランクインしたいと答えている。(9) 成功はこのようなものでは測れないと思っている学長も、ランクが下がる見込みと、それが理事、卒業生、教員から失敗だとみなされることにひるんでしまうのである。

ランキングの作り方を概観すれば、進歩、とくに学生教育の改善についての信頼できる尺度ではないことは明らかである。(10) ランキングが主に反映しているのは、他の大学関係者の目から見た評価と、新入生のSATの平均点である。どちらも教員が与える教育の正確な尺度ではない。他大学の幹部による大学の評価は、研究面での優位性による印象で行われていることが多い。彼らの印象はしばしば古く、外部者がほとんど聞くことがない、教育の質についてはほとんど触れられない。SATの平均点も同様に、教育の有効性や、学生が他大学でなく当該大学に入学したことでどれくらい学べるかについてはほとんど明らかにしない。教員の博士号取得率や校有資産の大きさも、大学の教育や研究の質とは希薄な関係しか持たない。

本当の進歩と達成度のよりよい尺度がない中で、公表されるランキングは大学の意図を超え、度が過ぎた影響力を及ぼすに至っている。[iii] ランキングはまた、秀逸さを一つの定義で表そうとしているが、このことも学生のニーズや教育機関の多様性にはそぐわない。ランキングは正確で客観的に見え、同窓生の寄付や学生勧誘に影響力があるので、大学がより価値のある目標に向かうよりは、通俗的な名声を求めることによって計画や優先順位を決めてしまうことにつながる。[11] 理事会の中には学長に約束したランキング順位を達成したらボーナスを出すところもあるし、州政府も旗艦州立大学に対して同様の目標を定めているところもある。[12] ここでも、大学指導者にとってはより重要な改革からのエネルギーの逸脱であり資源の浪費でもある、新しいプログラムを始めたり、より多くの教員を雇ったり、より多くのメリット基準型奨学金［学生の家庭の経済的困窮度に基づくニード基準型でなく、成績の優秀さを基準にする奨学金］を出したりするための資金獲得の努力を強化するという結末が待っている。

（ii） *U.S. News & World Report* 誌のランキングは、名声を重視する大学にとって唯一の目標ではない。いくつかの大学は大学院の拡充をめざしている。たとえば、イリノイ大学シカゴ校は［カーネギー財団の］「リサーチⅠ」という研究大学の範疇に入ろうと、毎年一つか二つの博士後期課程を設置することを目標にしている。オハイオ州立大学は二〇二〇年までに、一〇の学科を全米研究評議会の順位で上位一〇の中に、二〇の学科を上位二〇の中に入れることを目標にしている。また、六〇校ほどのエリート研究大学の集まりである、アメリカ総合大学協会のメンバーになることをめざす大学もある。Frank Donoghue, *The Last Professors: The Corporate University and the Fate of the Humanities* (2008), p.134 を参照。

（iii） ランキングの影響力はきわめて大きいので、多くの大学はランク向上のために問題のある行為もしている。多くの大学は大学パンフレットに異常なまでにお金をかけて良いものを作っている。これは、何百もの大学に送って幹部の目にとめてもらい、ランキング調査の際、良い点数を付けてもらいたいからである。また、教員にサバティカル［充電のための有給休職期間］を春学期にとることを勧める大学もある。これは、ランキングにおける学生・教員比率は秋学期の数値（秋学期にいる学生の数を教員の数で割った値）に基づくので、教員数を少なくしたくないためである。

不必要な成長の弊害

［シカゴ大学の学長を長く務めた］ハチンス（Robert Maynard Hutchins）はかつて、「大学は他の組織ができることには手を出すべきでないというのが原則だ」と述べた。[13] この諫言にもかかわらず、大学はしばしばこのアドバイスを無視して、他の組織が同様かそれ以上にうまくできることを企てる。これらの多くの企ては費用がかかり複雑で、大学の幹部は多くの時間とエネルギーを費やすことになる。

とくに注目すべき例が、大学スポーツである。それは数百万の人を巻き込む大衆娯楽であり、大学に多くのコストを強いるが、選手勧誘や選手の学業面での不正、選手への不正な報酬などのスキャンダルを起こしている。[14] 大学スポーツは目立つので、多くの学長は大学スポーツ関連のことに時間を費やす。何人かの学長によれば、彼らが最も多く受け取る手紙は、多くはこちらが頼んだわけではなく勝手に送られてくるのだが、監督の人選を含んだ大学スポーツに関するものだという。もちろん、これらは大学の運営とは関係がない。他の諸国も若いスポーツ選手を世界レベルにまで育てあげるため、さまざまな取り組みをしている。しかし、大学のセミプロが多数の観衆の前でプレーするというのはアメリカ独特である。アメリカの中でも一流大学の多くは、最上位の一部リーグに属するスポーツを行っていない。しかしながら、何百もの大学はカネと時間をスポーツ活動に費やしている。

他の組織でも大学と同じようにできそうなのが、病院である。大学によっては、数千人の患者を扱う数十億ドルのビジネスになっている。しかし、大学が病院を所有する必要はない。トップクラスのものも含んだいくつかのメディカルスクールは、近隣の独立した病院と提携している。そうすることで、大規模で複雑な病院を運営する経営コストを節約できる。しかし、直轄の大学病院では問題が起これば学長が直接対応しなくてはならない。問題が生じれば学長の時間とエネルギーの多くを奪うことになる。

また一つの不必要な成長は、大学の中核の使命への本質的な貢献のためでなく、寄付者を喜ばせる、新たに有名な教員を呼ぶ、現有教員を引き抜かれないようにするなどの理由でプログラムを始めると発生する。そのような理由で始める活動はしばしば失望する結果につながり、プログラムは不必要なものとして残ることになる。高額な寄付金を受け入れることは常に誘惑であるが、目的が既存の計画や優先順位と合わないときには問題に陥る。新しい企ては教員の関心をあまり集めないかもしれず、活動は知的価値に欠けているかもしれない。その目的のために与えられた寄付はすべての費用をカバーしないかもしれず、大学のより重要な目的から資源を逸脱させているかもしれない。価値のある教員を引き付け、また引き抜かれないようにすることに関していえば、これまでの大学の目的に合わず、独特の知的成果の上にも成り立っていない、新しい研究所やプログラムを作ってまで勧誘したり引き止めたりするのに値する科学者や学者はほとんどいない。また、そのような追加的投資によって他学から引き抜いてきたり、移籍を引きとめられた教員は、よりよい機会が生じたら大学を去ってしまう。つまり、大学に追加的費用を要するが、その見返りはほとんどないのである。

しばしば不必要だと指摘される活動の最後の例は、研究や教育の価値への潜在的貢献のためではなく、他のプログラムのための支出を賄うために行われるものである。二〇世紀初め、いくつかの主要大学はこの目的のために営利ベースで通信教育を始めた。さらに最近では、大学はオンライン授業、海外キャンパス、〔革新的でなく、学問的意義のない〕新薬臨床試験、教員による科学的発見の商品化などの多様な収益を上げる活動に関与するようになった。

利益をめざす活動は、収益性と大学の学術的・基礎的価値観との相反関係を生みだす傾向があり、特別なリスクを生みだす。この利益相反関係は、実りのない妥協策を生み、大学スポーツに関してよく出るうわさなど、つまらないスキャンダルにつながる。収益性がある活動には、医薬品メーカーのための薬のテストや、企業の新入社員向けの経営学講座などがあるが、収入をもたらす以外には大学にとっても教員個人にとっても価値のないつまらない研究や授業に、教員を強制することになるという弊害をもたらす。職業訓練的な講座は利益を生みだすが、利益率をさらに上げるために質を妥協することになりがちである。教員の研究成果に基づくベンチャー企業への投資や、企業が独り立ちするまでのインキュベーション施設の提供は、倫理的な問題は少ないが、そうであっても、そのような活動は通常の大学で必要なものとは異なるスキルを要するので、本当に成功しているかは疑わしく、監視することも難しい。ベンチャー支援活動の結果の調査によると、大学が関与せず市場に任せておいたのとほとんど差がないことが明らかになっている。[15]

大学は慢性的に資金不足に悩んでいるので、大学幹部は大学の本来の目的に使える利益を稼ぎ出しつつも、ここに述べたリスクを管理できることを期待されて任命されている。時には、彼らは成功する。しかし、記録を見れば失敗がしばしば起きていることがわかる。〔州立大学のスタジアム建設費やスポーツ担当職員の人件費をきちんと大学スポーツの費用に含めると〕大規模な大学スポーツプログラムでは、ほんの一握りの大学しか利益を得ていない。[16] かつて広く報道された営利目的のオンライン・プログラムは赤字に終わった。リサーチパークはたいてい失望する結果に終わる。教員の研究成果を商品化するために設立された企業へのベンチャー・キャピタル投資も、大きな収益をめったに上げることはできず、独立した投資会社や個人投資家が得られないほどの収益にはならない。[17] こうした利益を求める活動が大学管理に負担を加え、スキャンダルを生じさせ、財政面での損失や大学の信用を傷つけるさまざまの問題を引き起こすことは明らかであろう。

成長の必要性

賢明でない企ては不必要な問題を生みだすが、最も慎重な大学でさえ、より大きく、より多様に、より管理が難しくなっていくことを避けるのは、不可能でないにしてもきわめて難しい。アメリカの社会では、創造的で知的で懸命に努力する個人で溢れ、価値のある活動の数と種類を増やす機会に恵まれたアメリカの大学は実際には数少ない。一連の魅力的な可能性に直面して、最も賢明な大学の幹部は不必要または不適切な新しい企てを避けるかもしれないが、カニュート王〔デンマーク出身で一一世紀初めにイングランドなどを統治〕がイングランドの海岸に押し寄せる波を防げないのと同様に、学長は大学の成長を完全には抑えられない。新しいプログラムの開始をやめてしまった大学は、すぐに沈滞を始め、最も創造的で自発的な教員を他の大胆な大学に引き抜かれてしまうだろう。

大学は新しい活動を簡単に追加して、価値をあまり持たなくなった活動をなかなか廃止しないので、大きく、そして、複雑になりすぎるという人もいる。そのような批判はしばしば誇張されたものである。事実、大学は平均して五年間で二つ以上のプログラムや学科そのものを廃止している[18]。識者はさらに多くが廃止されるべきだと批判するかもしれない。しかし、こう主張する人々は廃止にふさわしい活動の数を過大評価している。当初の計画より長く存続する活動に取り組む教員は、たいてい、新しい目的を思いつくのがうまく、プログラム継続の理由を提供できる。もはやどの知的活動が将来性を持たないかを決めるのは想像以上に難しい。たとえば、第二次大戦後、ハーバード大学はコンピュータサイエンス専攻を、真の学術分野でないとして廃止することを決定した。この判断は当時は理にかなっていたに違いないが、その後の歴史に照らし合わせれば、先見の明があったとは思われない。

学科やリサーチセンターを閉鎖することは、外部者が考えるよりもずっと難しく、また経費もたいして節約できない。教員の解雇、とくにテニュア〔終身在職権。これを得た教員の地位は保護される。詳細は本書第17章を参照〕取得済み教員の解雇は、費用がかかり難しい。まもなく閉鎖されるプログラムの在籍学生は注意深く扱われなければならないし、彼らが大学を去れば授業料収入も減る。閉鎖プログラムのための施設は、他の目的には転用しにくく改装費もかかる。寄付金はしばしば寄付者によって使途が特定されているので、閉鎖したプログラムに寄付された資金を他の目的に使うことは簡単ではない。さらに、大学が学部や学科を閉鎖すると決定すれば、学生、教員、学外のその分野の関係者から猛烈な反対が起こり、批判的な報道や最悪の場合、裁判になる。

問題は、どれも本当に賞味期限が切れたプログラムを存続させることを正当化するものではない。しかし、閉鎖すべきプログラムの数が有用な新規活動の数に近いと信じている人は、大学の運営を経験したことがないのであろう。しかし、負担があるとはいえ、現実には大学の拡大は不可避である。大学の幹部ができることは、より重要な目的に充てるべき時間と努力を割く、不適切に考えだされた無駄の多い企てを始めるなど、よくある誤りや誘惑の餌食になって問題を悪化させないことである。

根本的な問題

これまでの議論では、第1章でリスクとして特定した問題の存在をあらためて確認した。提供する教育の質をはじめ、大学の本質的な面のいくつかは概して目に見えず、結果の測定が難しい。進歩を評価する信頼できる方法がなければ、努力は弱まり関心は他に向いてしまいがちだ。結果として、大学の仕事にとって最も大切なことが無視されたり過小評価され、他の目に見える目標を追い求めることが優先されてしまう。しかし、こうした傾向は不可避ではない。実際、いくつかの大学は他の大学よりはるかにうまくこれらを避けている。最終的に、大学がこれらをうまく回避できるか否かにとって重要なのは、学長や理事が一般に重要だと思われている、きらめいて見える陳腐な目標に惑わされずに、大学にとって何が本当に重要かをいかに明瞭に理解しているのか、そのビジョンをいかに一貫して維持しているのか、ということである。

第3章　非営利大学の管理

大学内外の識者で、大学の管理のあり方に満足している人はほとんどいない。ベテランの評論家でさえ、現行のやり方を薦めていない。アメリカ大学管理者協会の委員会によれば、「現行の〔後述するように理事会、学長、事務局スタッフ、教員、さらに学生まで権力が分散している大学運営（Shared Governance）〕共同統治のあり方は身動きが取れない状態を作り出している。問題は変化への提案をする勇気がない学長にあるのか、大学の目標よりアメフトに関心がある理事にあるのか、現状を変えたくない教員にあるのかはわからないが、それぞれが進歩への障害になっている」(1)。二〇〇〇年には、現職や元の大学指導者が「大学はジレンマに面している。重要な時代の必要条件に従う意思決定プロセスを採用するよう大いに努力するか、時代遅れと非難されて、他の形態の教育機関に取って代わられるかである」というより終末論的な声明を出した(2)。

こうした評価は実際、憂鬱なものである。しかしそれらは正確であろうか。もしそうならば、いかにしてアメリカの大学が成功し、世界中から高く評価されているのだろうか。

これらの質問に答えるには、成功するために達成すべき大学の統治システムとはどんな形かを考えてみなければならない。まず、そのような統治システムは、大学がいかに機能するかについて当然、関心を持つ立場にあり、また、貢献できる見識を持ったさまざまな利害関係者に適切に応えるべきものである。たとえば、学生は良質の教育を受けられ、彼らの才能・努力が正当に評価されることに関心がある。教員は教育内容や環境に影響を与えるすべての意思決定や、教育・研究を効率よく行うための施設に関心がある。学長や理事は、大学を運営し健全な財政を維持することに責任があり、このために目標、計画、予算、ポリシーを管理することについて中心的な役割が正当化されている。最後に、市民は大学へのアクセス［入学しやすさ］、授業料、税金を使っての大学への補助、地域、州、国の繁栄と厚生における大学の貢献について、当然関心を持ってよい。

したがって、大学がよりよく機能するためには、大学の意思決定プロセスはまず第一に、市民、教員、事務局スタッフ、学生など主要な利害関係者が意見を述べ、要望を考慮してもらう機会を持ち、なおかつ一つのグループの意見が支配的になったり、必要な改革が阻止されたりしないようにすることである。加えて、統治システムは、大学の長期的な成長を確かなものにしつつ、教育、研究、その他の適切な活動の絶えざる改善が促され、少なくとも阻止されないように、意思決定がタイミングよく行われるという点で効率的でなければならない。

正式な統治構造

一見すると、アメリカの大学の統治形態はこれらの目的にかなっているようである。最終的な権限は、州立大学では知事が任命し、私立大学では卒業生が選んで、理事の互選で決まる［理事たちが任期満了時に次の理事を選ぶ］理事会にある。理事は学長を選び、必要ならば辞めさせる。また、予算を承認し、大学の将来計画に関する議論に参加し、大学における最終的な管理権限を持つ。

理事会は、大学が説明責任を持ち、有能な指導力を発揮し、社会のニーズに応えられるよう、大学に方針を与える。同時に、理事はキャンパスにフルタイムでいるわけではなく、誰かに権限を委譲している。大学の管理運営の責任は学長に委ねられるが、学長は教学部長、副学長、学部長、さらにますます増えている専門スタッフの助けを借りている。ほとんどの非営利大学では、教員の人選、カリキュラム、入学基準、研究など教学については主に教員の判断に任せられていて、学長、教学部長、学部長などの幹部が何らかの監督を行う。

こうした統治システムに加えて、州立大学では州政府が予算執行、州民に提供される教育の質、経済・地域への貢献などについて、さらなる監督階層を設けている。この監督階層の追加がもたらす問題については本章の中で後述する。

ここで概観したように、統治システムはかなり簡潔で理にかなっているように見える。しかし、実際には各々の主体の役割と影響力は、システムが示唆しているものとはかなり異なっている。いかにシステムが実際に動いているかを理解するためには、キャンパスでの主要な主体の強みと弱み、そして彼らがインフォーマルな形で実際にどのように意思決定プロセスに参加しているかを明らかにすることが必要である。

理事

理事は大学の最上位の階層における役割を果たすために種々の人材を提供する。理事にはさまざまな分野の成功者が就いているので、大学が社会の関心から乖離しないように導くことができる。理事の多くは学長よりも、財務、建物建設、人事、大組織管理では長い経験を持っており、運営や財務の点では学長に対して有益なアドバイスができる。個々の理事は寄付金集めにおいて主導的な役割を担ったり、学長の相談に乗ったりする。

同時に、理事は大学人としての生活をほとんど経験していないし、理事会を通して知識を得るには理事会の開催は頻繁でない。在任の長い理事の中には大学のことをよくわかっている人もいるが、彼らは通常は表舞台には出ず、学長を通して大学運営に関与する。理事が表だって人事やカリキュラムの事柄に介入してくると、教員の強烈な反発を招き大学にとって不幸な結果になる。もし理事が学長、教員と直接会って影響力を及ぼそうとしたり、スポーツ部の代表者たちと会ったりすると、大いに悪影響が生じる。

州立大学では、理事会の有効性は理事の選ばれ方によってしばしば損なわれる。多くの州では、理事は人選する委員会の意見を参考にして、最終的には州知事によって選ばれる。多くの理事はとくに州政府との折衝や財務においてたいへん有能だが、知事はしばしば、自分の選挙資金への寄付者、政界での仲間、労働組合、経済団体など利益団体からの推薦で、高等教育に知識のない人を理事に選ぶ[i]。結果として、学長は、実現不可能な提案や自分が関わる特定の団体の利益を過度に主張する理事を相手にして時間をとられることにしばしば不満を持つ。時には理事は高圧的に教学のことに口を出して、結果は混乱をきたすだけになる。さらにより頻繁に起こるのは、単に理事が大学の進歩に大きな貢献をしないという事態である。

　私立大学の理事は、州立大学ほどは問題を生じさせない。ほとんどのメンバーが卒業生で、母校を誇りに思っていて、愛校心でまとまっている。学長に密接なアドバイザーとして、新しいアイディアの相談役となり、良い助言をする理事もいる。しかし、私立大学の理事にも独特の問題がある。メンバーはほとんどいつも母校に忠誠なので、大学の利益ばかり考えて、大学を取り巻く広範な社会が正当な権利として大学に求めることに注意を払わなくなる傾向があるからである。加えて、理事になると大学に寄付をするので、理事会は寄付のできる裕福な人から成る。大学は慢性的に資金不足なので、寄付者が少なすぎることはない。〔理事になってくれれば寄付してくれるので〕大学は寄付が増えることを期待して理事の数を増やし、理事の数は三〇人、四〇人、さらに五〇人にもなっている。このような状況では、理事会は重要な案件を真剣に議論する場から、理事からさらなる寄付を募るため大学について景気の良い現状報告が行われる儀礼的な場に、その性格が微妙に変化している。

大学幹部

　一世紀以上昔、学長は高等教育の大きな改革を起こす主役であった。ハーバード大学のエリオット（Charles Eliot）学長は教員を説得して、すべての学部科目を必修でなくし、二世紀にわたってアメリカの大学の屋台骨だった、明確に規定された古典科目中心のカリキュラムを廃止した。ジョンズ・ホプキンス大学のギルマン（Daniel Coit Gilman）学長は将来の大学教員を養成する博士課程のある大学院を導入した。スタンフォード大学のジョーダン（David Starr Jordan）学長、コーネル大学のホワイト（Andrew White）学長、シカゴ大学のハーパー（William Rainey Harper）学長は、それぞれ大学の創設に尽力した。

大物学長の時代は終わったとしばしば言われ、学長の職は変わってしまい、根本的な改革を始めたり、大きな変化を起こす能力はもはやないとも言われる。大学の運営についてよく引用される文献で、コーエン（Michael Cohen）とマーチ（James March）は「学長は何をすべきかわかっておらず、重要なことをできるという自信もない幹部職である」とまで主張する。(3) しかしながら、事実を見ればそのような記述は無視されるべきものとわかる。いくつかのカリフォルニアの州立大学は、過去五〇年に目覚ましい躍進を遂げた。カリフォルニア大学サンディエゴ校は半世紀前には存在さえしていなかったが、いまでは世界の主要大学の一つである。私立のニューヨーク大学や南カリフォルニア大学は、その前の時代にスタンフォード大学やノートルダム大学が達成したような進歩を過去二五年で遂げた。この種の進歩は常に多くの人の努力の結果だが、卓越した指導力なしには不可能である。同様に、アリゾナ州のマリコパ地区にあるアルバーノ、イーロン、一〇のコミュニティ・カレッジなど、有名な研究大学ではない他の数十の大学も、才能と情熱を持った学長の指揮の下で目覚ましく成長している。

しかしながら、ほとんどの場合、これらの進歩は、経営資源の増強、教員の引き抜き、優秀な学生の勧誘といった伝統的な目標の追求の中で起こる。今日、さらに稀なのは、エリオット学長の選択科目制の学部教育カリキュラムや、ギルマン学長の研究大学の創設のような、学長が研究・教育で革新の担い手になることである。リード（Sister Joel Read）がアルバーノ大学のカリキュラムの革新を指揮し、クラーク（Kim Clark）がブリガムヤング大学アイダホ校の教育プログラム全体を再編したが、これらの成果は例外的である。

（i） 二〇〇七年の調査によれば、州立大学の理事の一五%足らずが理事の責務に対して自分は資格が「充分にある」と答え、四〇%が「まったくない」または「少ししかない」と答えた。Mary Beth Marklein, "College Trustees Feel Unprepared," *USA Today* (May 11, 2007), p.A13を参照。

劇的に姿を変えるような変化は今日ではあまり見られないようだが、この違いを現代の大学幹部の欠点のせいにするのは間違っている。学長はかつての大物学長が経験しなかった異様な困難に直面している。労働組合もなく、州政府からの干渉もなく、反抗的な教員が怒りを露にしても守られるテニュアという制度もなかった昔の学長に比べて、いまの学長の権限ははるかに小さい。にもかかわらず、小さな大学を除いて、今日の学長は一世紀前に比べてはるかに大きく複雑な組織を運営している。したがって、学長の義務は拡大している。彼らは大学のビジョンを作成し、教員に受け入れるよう説得しなければならないだけでなく、資金を集め、数千の事務職を管理するスタッフを組織して監督しなければならず、さらには卒業生、政治家、政府官僚、自治体関係者の前で大学を代表して話をして、多くの行事を主宰し、毎年、次々と限りなく繰り返される大小さまざまな事件に対応しなければならない。

多くの学長は、これらの重荷のために教育・研究の大きな改善を始める機会が失われてしまう。学長の時間の使い方に関するアメリカ教育評議会の調査で、教学関連は六つの主要な活動の中で最下位だった(4)。小さな大学を除いて、学長は見聞を広く持ち、革新的な教育面での指導力を発揮するために必要な勉強や熟考をする時間がない。このため、今日の学長は教学関係のことを教学部長や学部長に任せている。この結果は矛盾したものである。学長というのは教学面での知的指導力を発揮し、教員からの尊敬と信任を得るために、教員の中から選ばれたのに、実際には教育・研究に費やす時間は小さくなり、過去の大学での経験があまり役に立たない財務や管理の案件、行事などに時間をとられているのである。

理事は学長選びに際して、この問題にいくつかのやり方で対応してきた。理事会は大学以外に目を向け、企業経営者や法律家に大学を率いることを任せる。三分の一弱の大学の学長は大学勤務経験がない(5)。時にはそのように選ばれた学長は、とくに職業訓練科目が多く研究をそれほど重視しないコミュニティ・カレッジや総合大学ではうまくいく。しかし、これらの大学でさえ、法律家や企業経営者から転じた学長はしばしば荒天に見舞われる。高等教育に不慣れなために、キャンパスの環境の特殊性を充分に感じ取れず、管理の努力はしばしば失敗する。彼らはピラミッド型階層組織にいたので、教員に命令でなく相談するというやり方を我慢強く行えず、教員からの信頼を勝ち得ることができない。教育についてほとんど知らないので、教育の改善やカリキュラム改定についてまともなアイディアを持っておらず、創造的な指導者としての能力が弱まってしまう。大学での経験の欠如は教育や研究に関することで、自信が持てず、判断力が弱まりどっちつかずになりがちである。

これらのリスクのために、多くの理事会は、教員として大学人の経歴を始め、次第に学部長、副学長、「他大学の」学長として管理職の経験を積んだ人物を学長に選ぶ。そのような人物を選ぶことによって、理事会は教育と研究の第一線での知識を持ち、指導者・管理者としての能力にも優れた稀な大学人という、二つの世界で最良の人物を得ることを期待している。

そのような学長選びは実行すべきものとしては理解できるが、傑出した指導者よりも適任の管理者を選びがちである。理事が選ぶ傾向がある候補者は、教育・研究の現場からかなり以前に離れて、管理職としての好条件を求めて大学を渡り歩いた人物である。そのような人物は予算の調整や大学の管理では手腕を発揮するが、教育・研究の質の向上でのビジョンや創造的なアイディアには乏しい。代わりに、ある元学長が言っているように、彼らは「低姿勢で波風を立てず、次の就職のため履歴書に傷がつかないようにする」[(6)]。彼らのほとんどは六年以下しかその大学におらず、長期的で忍耐強い努力が必要な重要な大学改革を引き起こすには時間が短すぎる。また、彼らは多忙のため、教育や研究についてじっくり本を読んだり深く考えたりする時間を持てない。その結果、彼らの大学への要望は、ＳＡＴの高い点数や寄付の増加といったありふれた短期的な目標となる。これらは教員を満足させ、*U.S. News & World Report* 誌のランキングを少しは上昇させるので、理事や卒業生を喜ばせる。

学長の負担は大きいが、学長は大学全体の知識を最も豊富に持ち、大きなスタッフを擁し、財布のひもも握っており、やろうと思えば学内の誰でも怒鳴り散らすこともできるわけで、大学の方向性に影響を与えるには最も適したポジションであることは変わらぬ事実である。大学の管理、予算、計画、校舎建設の問題について、学長の声は他の誰よりも重みがある。しかし、多くの学長は教育や研究の質を直接コントロールしなくなり、それらは主に教員の才能、関心、やる気に依存するようになった。学長がこの領域に行使できる影響力は、彼が教員から得る信頼と尊敬の念、ならびに学長の性格やスキルによって変化する教員側の感情次第である。たしかに、コミュニティ・カレッジや総合大学では、教員の多くが短期契約なので、学長や学部長は入れ替え教員の人選によって教員に対して権力を持っている。しかし、これらの大学では教員は労働組合を作っているので、専制的な学長は抵抗を受ける。

多くの大学で、学長は自ら教学に関しての論争や、大学自体に疑問を呈するような事柄で意見を表明することを避けているので、彼らの影響力はますます小さくなる。意見を表明すれば、批判的な報道や反論を招き、卒業生、寄付者、理事の機嫌を損ねることを心配しているという面もある。研究大学では、教員を怒らせないことにさらに注意深いかもしれない。アメリカ総合大学協会（Association of American Universities）の元執行部長のローゼンツワイグ（Robert Rosenzweig）は、何人かの研究大学の元管理職の回顧に基づいた本で、彼らが教授陣を恐れ、反対されるリスクを避けようとしていたことの多さに驚いた。元学長の一人は「われわれは教授陣を恐れた。それは、理事会よりもずっと簡単に（不信任投票によって）学長を解任できるという理由からである」[7]と述べている。もし学長がそのような事態を強く懸念するのならば、彼らは、教学プログラムの弱さを指摘して、改善のため教員の支持を集めようというようなことは行わないので、学長の最も重要な指導力の一つを放棄してしまうことになる。

教授陣

非営利の四年制大学における影響力の第三の源は教員である。教員の影響力の大きさは大学のタイプによって異なる。実際問題として、フォーマルな組織形態にかかわらず、究極の権力とは代替が最も難しい人物に宿る。したがって、大学の評判や質が教員の傑出度によって決まる研究大学では、少なくとも特定のポリシーや問題で結束しようと充分に力を行使するときには、教授陣が一番の権力を持つ。しかしながら、コミュニティ・カレッジや総合大学では、うまく組織化され有効な労働組合によって代表されない限り、教員の力は強くない。

組織として、教授陣は教育と研究について最も詳細で最新の知識を持っている。学科を運営するうえで、彼らは教員の採用やテニュアへの昇進の審査ではまじめに効果的によく働く。しかし、教授陣は、新しいカリキュラムの採用や教育法の変更でも重要な存在なのだが、変更を考案する彼らの能力は限られている。一つには、彼らは学科や専門分野に深入りしすぎていて大学全体のニーズを認識していないし、教育法や学習法についての文献はフォローしていない。加えて、研究と教室での授業に関心が行ってしまい、現状に変更をもたらしたり、実施までに時間を要する改革には気乗りしない。

大学全体の計画策定への参加を求められたとき、教員は何が可能か判断するうえで必要な管理面や財政面での知識に乏しいことで不利になる。さらに、彼らは自分の学科のことはわかるが、大学全体の優先順位に基づいて合意を形成することは得意でない。そうするよう求められたとき、彼らはしばしばすべての学科と利害関係者に何か少しでも利益をもたらすような解決策を選び、特定のグループやプログラムの白黒をつけるという、議論を呼びそうな判断は避ける。

教育に忙しくスケジュールに追われていることも、学科での案件を超えて大学全体の統治の問題に積極的に取り組むことを難しくしている(8)。この問題に対応する中で、多くの非営利大学は大学全体の大学評議会をつくり、自分の専門分野よりも広範な大学全体の問題に精通することに時間と関心がある教員に入ってもらっている。

評議員になった教員の中には、有益な仕事をし、大学の重要な問題に教員の視点を与えてくれる人もいるが、残念ながら彼らにも失望させられる。というのも、評議会では大学の方向性という大きな問題でなく、駐車場、スポーツ、学年暦といった問題に時間が割かれている。結果として、評議会には同僚から尊敬され影響力のある教員でなく、どちらかというと研究と教育に時間をとられていないので参加に同意したような教員が集まる。彼らは同僚からの尊敬も集めていないし名声もないので、教員の代表として意見を言っても影響力がないし、大学の方向性といった議論には効果的に貢献できないのである。

学生

学生は大学のポリシーに影響を与える第四のグループである。彼らは正式な統治組織を通して影響力を行使することはめったにないが、もしかすると、大学の委員会や理事会に団体として代表権を持つこともある。しかしながら、実際には、学生はインフォーマルな形で彼らに関係ある意思決定に重要な影響を及ぼす。

一九六〇年代に学生が如実に示したように、彼らは充分に動員されたら、変革の大きな力となる。当時のデモ行動や建物の占拠は、ベトナム戦争終結や労働者搾取企業の製品のボイコットなど学外の問題をめぐってであったが、彼らは大学に対しても、非白人志願者の入学許可、非白人教員の採用、女性学、ヒスパニック系アメリカ人やアフリカ系アメリカ人の文化に関する専攻の開設などを要求した。最近では州立大学の学生が、授業料値上げ、奨学金削減、開講科目・教室の不足などに抗議している。しかしながら、多くの場合、彼らの努力は政治家や政策担当者に向けられ、大学そのものに対してではない。

学生の大学への影響力は、彼らがどの大学を選び、どの分野を専攻するかという選択を通して最も強く行使される。一九六〇年代から七〇年代初めに学生が男女共学を望んだため、男子大学、女子大学の志願者が減り、それらの大学は共学化せざるを得なくなった。就職難への懸念が一九七〇年代から八〇年代に実学系専攻へのシフトを生みだした。一方、一九九〇年代の優秀な学生の獲得競争により、有力大学は寮の高級化やアメニティ施設の充実など学生サービスへの投資を増加させた。

学生はキャンパスで勉学を始めると、微妙な形で大学にも影響力を行使できる。校則・規制への反発が、一九六〇年代の「親代わり［in loco parentis 学生の躾も大学が担当する］」ポリシーを終焉させ、その後に厳格でないカリキュラムが導入された。大学当局は寮での異性訪問規制を廃止し、それまでは決して許されなかった制度である共学の寮や共用のトイレさえも導入した。続く数十年では、多くの学部生が勉学を続けるために仕事を持つようになる一方、課外活動、コンピュータ・ゲーム、その他の娯楽により多くの時間とエネルギーを費やすようになった。そのために、学生は安易な成績評価と少ない宿題を求め無言のプレッシャーをかけた。選択科目を選ぶ広範な自由と、公表される学生による授業評価によって、学生は要望を実現した。過去四〇年にわたって、学部生の宿題に費やす時間は目立って減少しているが、成績は徐々に上がっている(9)。

ここまで見てきたように、大学の行動に利害関係を持ついかなるグループも、少なくともその気持ちを知らしめ、目に見える影響を与える何らかの機会を持っている。しかし、各グループは大学に貢献する貴重な見解を持つとともに、できることの限界と利己主義の側面も持っている。このような状況下では、彼らの交錯の結果は不確実である。関わる問題にもよるが、各利益団体の立場は補完的にもなるし競合もする。そのような全体像は、調和した和音になるかもしれないし、音とリズムがぶつかった不協和音になるかもしれない。結果がこれらの両極端の間のどこに収まるかが、本章の残りの部分のテーマである。

実際のシステム

統治のあり方を観察すると、本章の冒頭で言及した基準に照らし合わせてシステムがうまく働いていない大学をすぐにあげることができる。教員や学生の意見を考慮せず、また理事会がほとんど逆らわない理事で占められている強い権限の学長によって意思決定が行われている大学がある。また、教員の組合や評議会が改革を阻み、自分たちに都合よい雇用ポリシーを維持しようとしている大学もある。しかし、この種の失敗はどんな統治システムでも起こりうるもので、システム全体に欠陥があり改革が必要であることを意味してはいない。大きな改革が必要か否か決めるためには、あがっている証拠をさらに精査しなくてはならない。とくに共同統治と過度な州政府の介入という統治の二つの面については議論の的となっており、注意深い考察が必要である。

共同統治

研究に力を入れ、フルタイムの教員を数多く抱える大学では、大学幹部・事務局と教員は、大学を統治するために重要な役割を果たす必要がある。それぞれは大学の業務遂行に積極的な関心を持ち、意思決定の質を改善できる有用な知識と見識を持つ。学長と教学部長は、大学全体を見渡し、外部の世界が大学に求めるニーズと大学にとってのチャンスやリスクを理解できる有利な立場にいる。彼らは現在の業務を支える支出と新しい機会を活かすための大学の資源について、教員よりもよく把握している。スタッフの助けを借りて、彼らは費用を分析し、注意を要する非効率性や無駄を特定し、追加的な財政資源を得る可能性を評価したりできる。それに、特定の学科や学部に属していないので、学長と教学部長は競合する要望を客観的に評価して適切な優先順位をつけることに誰よりも適した地位にいる。

一方、教員は学問分野について中央の事務局よりはるかによく知っている。学長や教学部長は弦理論［粒子を点でなく弦として扱う理論］、比較政治、エリザベス一世時代の演劇についての教え方を知っているわけではない。教員は学科内における特定のニーズとチャンスを把握しており、人事、図書館、支援サービスが教育や研究の質に及ぼす影響についても知識がある。さらに、これには同意しない学長もいるであろうが、経験的に教員は学長より大学の価値観をよく認識していて、資金集めや競争で優位に立つためにそれを犠牲にする誘惑に負けにくい。

教員と学長の両方が意味のある専門知識を持つ本当に重要な問題に対しては、意思決定への両者の参加は大学の統治を改善することはあっても妨げることはない。大学の士気は高められ、大学のプログラムへの構成員の動員が促されるだろう。寄付者、卒業生、その他の利害関係者に対して大学の活動を説明し理解を求めるためには、大学幹部はその活動を適切なものだと信じていなければならない。教員もまた、もしポリシーを意識的に実行するならば、大学の行っていることに自信を持つ必要がある。大学のポリシー制定と執行の責務を担っていく

のならば、大学幹部と教員とはそれらのポリシーに賛同していなければならない。(ii)

共同統治に関する私の意見は、ハーバード大学での学部教育改革に関する二つの出来事での経験に影響されている。一つ目は一九七〇年代に、長年、変化がなかった学部教育をロソフスキー（Henry Rosovsky）文理学部（College of Arts and Sciences）長が広範に見直したことである。(10) そのような場合の常として、見直しの焦点はカリキュラムにおける共通科目とすべての学生が取るべき必修科目であった。

用いられた手法は、外部の人には恐ろしく面倒に見えた。ロソフスキー学部長は一九七三年一〇月に二二枚から成る手紙を全教員に送り、学部教育の中で見直すべき点について説明した。手紙への多くの返事を考慮してから、彼は［ハーバード大学が育成すべき］教養ある人間の特徴を検討した一九七六年の年次報告書を書いた。多くのコメントを受け取り、個々の教員とも話しあって、彼は七つの独立した委員会を立ち上げ、それぞれに一人か二人の学生も含めて、管理手続きの観点から学部教育のさまざまな面を見直し、専攻・副専攻の基準も検討した。一九七七年一月、一般教育に関する委員会は最初の報告書を出し、八つの知的目標に関連して作られた新しいアプローチを明らかにした。報告書はさらに、インフォーマルな場、学科会議、公開討論などの大小さまざまな討論の場で、引き続き議論にさらされた。次第に、当初推奨された構造は討論で出た意見や議論を反映して変わっていった。その後、改訂版報告書が全教員で議論され、包括的なアプローチが認められた。

(ii) 大きな営利大学は共同統治をしていないが、すべての高等教育機関の中で最も成長している。しかし、営利大学は教学のことは少数のフルタイム教員に任せている。さらに、営利大学は非営利大学とはかなり異なっており、共同統治の必要性は低い。営利大学の授業はほとんどすべてが職業訓練のためで、事務局は企業関係者に相談すればコースを作ることができる。教授陣は主にパートタイムの教員から成り立っていて、彼らは学外に主たる勤務先を持ち、教えるのが好きであることとアルバイト代稼ぎのために教壇に立っている。そのような教員は、四年制大学のフルタイムの教員ほどには、教育に対して個人的な思い入れがなく、教育プログラムや授業の内容を自分で作ることに関心がない。彼らはまた、大学の授業の開発や管理に参加することを可能にするような、長年の専門分野に特化した経験で得た先進的知識を持っていない。

各々の知的目標に対応して設置された八つの小委員会は、必修科目群が満たさなくてはならない授業内容の詳細な基準の草案を策定した。一九七八年一月、一般教育担当の委員会は、教員向けの三五ページの報告書で基準を明らかにした。続く数カ月間、教員は報告書を審議し、提案された必修科目によって優秀な学生がハーバード大学を避けることになるのではないか、科学専攻でない学生に自然科学を二セメスターもかけて教えることで何か価値あるものが学生に残るのか、といったことが議論された。長い議論、さまざまな小さな修正案と確認作業ののち、ついに最終投票が行われ、新カリキュラムは一八二対六五で可決された。

こうした手続きは、何人かの読者にとってはきわめて複雑に見えるであろう。しかし、大小さまざまな集まりでの多くの議論はいくつかのことを成し遂げた。教員は次第に、カリキュラムは彼ら自身のものであり、特別な委員会が作ったものを是認するよう求められるのではなく、自分たちが策定に参加するものだと考えるようになった。個々の教員は各授業が貢献する一般教育の目標についてより明確に理解するようになった。その過程で、教員は学部教育に大きな関心を持つようになり、それまでの数十年にわたる博士課程教育と研究の重視からの重要なシフトが見られた。

このプロセスの主要な恩恵は、新しいコアカリキュラムを作るための教員のエネルギーと参加意欲の発散である。二年後に出た報告書で、一〇〇以上の新しい、または大きく改定された科目が準備され、認められたことが明らかになっている。そのうち八〇％以上がテニュア取得済みの教員によって創設され、教えられている。彼らの多くはこの改定以前には学部生の教育にあまり関わっていなかった。一九八一年には、コア科目には必修としている学生数の一・五倍もの学生が登録していた。これは、学生が選択科目としてこれらの新しいカリキュラム科目を取ったからである。

次の三〇年間、当初のエネルギーは少しずつ消えていき、カリキュラム策定に参加した教員が引退し、経緯を知らない新しい教員が増えるにつれて、共通目的をみなで理解することも次第になくなっていった。しかし、少なくとも一世代の間、学部教育には大きな恩恵を授けるエネルギーと創造性が注入された。

新しいカリキュラムを受け入れるかどうかは最終的に教員が判断するのだが、最終結果には大学幹部がいくつかの本質的な貢献をしている。まず第一に、ロソフスキー学部長が教員に対して広く率直に学部教育の状態を述べて、大規模な見直しが必要だと説得した。それに続く積極参加型のプロセスも彼のおかげである。とくに、彼は重要な委員会のメンバーを選んで、必要な時間を割いて審議するよう説得した。彼の努力によって、中心メンバーには教員から尊敬されている研究業績の際立った教授がなってくれた。長期にわたる審議と議論の中で、彼らの存在と献身がこのプロセスは重要で正当性があるという雰囲気を教員の間に醸成させ、優れたカリキュラムの策定につながったとともに、新しいカリキュラムの実施にも教員がエネルギーを費やすことになった。

それからほぼ三〇年後、私は予期せぬことに一五カ月の間、サマーズ（Lawrence Summers）学長の後任探しのために学長代理を務めることとなった。偶然だが、私がこの職に就いたとき、教員は二年間、一般教育改善のためのカリキュラムの見直しをしているところだった。しかしながら、このときは、最初の委員会報告書と提言は教員側の熱意をあまり引き出せず、逆に不満が出たくらいだった。このプロセスを消滅させるのでなく、私は別の委員会を指名し、新しい学長が就任する学年末までに新しいカリキュラム策定を試みることを求めた。

先のカリキュラム改革は私が学長になってすぐに起きたのだが、今回、私はカリキュラムについていろいろと考えてきたし、学長に復帰する直前には本も出していた。その本は大学のカリキュラムの現状について批判的だった。問題点の中で、私はカリキュラムにおける必修科目の多さの理由に疑問を呈し、多くの教員が教育法・学習法に関するさまざまな実証研究結果に注意を払わないことを指摘した。私が見た最初の報告書はこれらの問題点を抱えているように見えた。私は彼らが独自に変革への提言を行うことは尊重したが、いくつかのインフォーマルな会合と新しいカリキュラム委員会との意見交換を通して、私の考えをメンバーに伝えた。

委員会の草案作りと、多くの教員たちとのインフォーマルな会合での並はずれた努力の結果、教員全体が新しい提案を議論した。時には議論は際限がないように思われた。一度ならずも、議会についてのウダール（Morris Udall）〔元プロバスケットボール選手・国会議員〕の「すべてのことは語られたが、まだすべての人が発言したわけではない」という言葉を思い出した[11]。しかしながら、最後には教員は投票を行い、新しいカリキュラムを大差で可決した。時間が限られていたので、学部教育の重要な問題のすべてを考慮したわけではなかった。しかし、以前と同様、多くのインフォーマルな議論と長い討論によって、多くの教員が自分たちが認めた基準に合った新しいコースを作り出すエネルギーを発散した。

この二回目の見直しは、教育ポリシーにおける共同統治の実践についてさらなる点を確信させてくれた。教員はもちろん、新しいカリキュラムを承認し自分のものとしなければならなかった。教員は教える科目の専門家であるだけでなく、カリキュラムがうまくいくための情熱と努力を引き出すには、教員に自分たちがカリキュラムを作っていると感じてもらうことが重要だからである。しかし、ほとんど例外なく、教員は学部教育の文献に精通していない。私が指名した委員会は、一般教育に関するさまざまな理論について多数の文献を読むという努力に多くの時間を割くことなく、提言をしてきた。

この状況は、学部カリキュラムの主要な見直しにおいてほぼ確実に生じるものである。しかし、見直し委員会は最終の提言が教員の個人的な意見や経験に基づくものにならないように、関連する実証分析やその他の思慮深い文献を認識しておく必要がある。これは大学幹部にとっての課題でもあるが、最終結論は教員の手にあるべきと思われる。

大学幹部や理事はその事柄をよく知っている、彼らは公平である、お金が関わる重要な問題では理事が法的に大学の財務に責任を持つ、などの理由から、いくつかの問題では大学の究極の意思決定は教員よりも大学幹部の下にあるべきである。最終的な予算の承認に係る問題や教員の間での資金の分配は、その最たるケースであろう。しかし、それでさえ、ある程度の教員への相談は、教員への信頼を築くためにも、教員の専門知識を活かすためにも、しばしば有益である。

私の経験からのもう一つの例がこのことを示している。校有財産からどのくらいを現行プロジェクトの次年度予算に使ったらよいかを考える際に、私はロースクール、ビジネススクール、文理学部の長に、学長、財務担当理事、副学長と同席して理事会に提言を行う、投資と財務についての特別の知識を持った教員を指名するように求めた。この手続きは、とくに一九七〇年代のインフレーションと株式市場の低迷の中で資産の実質価値を維持したり、教員の給与を徐々に減少することが避け難い時代に教員からの信頼感を維持するのに役立った。さらにより重要なことに、教員からのアドバイスは困難で不確実な経済状況において資産の支出に複雑な判断をする際に役に立つことが明らかになった。

結局、重要な問題の最終判断は、教員と大学幹部との間のどこかに存在するに違いない。それぞれの側は失敗するかもしれない。大学幹部はスキャンダルや過度に大規模な大学スポーツの元凶となる。一方、多くの教員は一九六〇年代末の激しい学生運動の中では賢明でない判断に追い込まれた。この種の判断の間違いはどのシステムでも起こり得る。しかし、そういった失敗は、意思決定担当者が、少なくとも問題に関心があり結果を改善するための経験を持っている他者の意見を聞くことで減るであろう。

もちろん、実際には教員と大学幹部が効果的に協力できる保証はない。事実、彼らの間には意見の相違があり、しばしば両者の合意が成立しない可能性がある。たとえば、大学幹部・事務局は実際には大学の財務状況を懸念している。資源に制限があるとき、彼らは雇用凍結や重要でないプログラムの閉鎖などで費用の削減を始めようとする。彼らはまた、大学の知名度を上げ財政を改善するために、大学スポーツの強化、研究成果の積極的な商業化など、予算の制約を緩和するために利益を上げることができる新しい企画を立ち上げる。教員はしばしばこれらの企画には否定的な見方をする。彼らは大学のプログラムの縮小よりは積極的な資金集めやスタッフ削減を好む一方で、大学院プログラムの充実や新たな教員の雇用のための努力を支持する。また先見性のある大学幹部によるオンライン教育の拡大や、彼らの教育の仕方に変化をもたらしたり、彼らの特殊な知識の範囲の外側で科目を提供することを強制する改革に反対する。

そのような相違を残念に感じる必要はない。もし相違がないのならば、共同統治の必要性もない。協力がうまく働くときは、相違は平和的に解消され、お互いに誤りや過剰な動きに対応しようと努めるならば、結果は改善される。同時に、両者の関係が疑いと不信の陰に覆われるときは、意見の相違はしばしば激しい論争や行き詰まりの結末につながることになる。

もし識者が共同統治について語ることに耳を傾けるならば、意見の不一致が常態で、システムはうまく機能しないという印象を容易に持つかもしれない。このテーマを論じる研究者は常に、教員の意見がしばしば無視されており、より一層の教員の統治への参加がなされるべきだと述べている。[12] 他方で、統治に言及する学長経験者はしばしば、合意を形成するため教員の委員会の意見を求めなければならないことは、重要な意思決定を遅らせ、指導者が発生しているチャンスと問題に適応するのに充分早く動けないことにつながると主張する。[13] つまり、シュスター（Jack Schuster）とフィンケルスタイン（Martin Finkelstein）が大学の専門職について広く研究し、述べたように、「教授、幹部、評議会、ほとんど誰もが現行の大学統治の仕方に満足していない」[14] のである。

しかし、こうした不平にもかかわらず、詳しい調査は多くの識者が批判する以上に共同統治がうまく機能していると示唆している。まずはじめに、教員の不満にもかかわらず、さまざまな利害関係者の多くが「教員は大学のことにいくらかの影響を及ぼしている」と信じている。六三％の教員はこの点に同意し、大学幹部と統治組織の代表を務める教員の八〇％以上が同意している。[15]

これらの回答は、誰に質問しその人がどんな意思決定を語っているかによって大きな違いを生じる。利害関係者の三分の二以上が、「教員は、教員の任命、昇進、カリキュラム、大学が授与する学位の種類などで決定的な力を、あるいは、共同での意思決定責任を持っている」と感じている。[16] 一方、利害関係者の三分の一足らず、さらに少数の教員が、「学部長選任、教員給与、予算承認、建設計画の承認で同様の影響力を持っている」と答えている。[17]

この違いには論理がある。優れた知識のため、教員がカリキュラムや新規教員採用での候補者の資格の評価において大きな影響力を持つのは自然である。一方で教員は校舎の建設計画などの充分な情報を持っていないことと、教員の給与や何人の教員が学科に配分されるかといった、自らの利益に露骨に係ることには影響力が弱いと考えられている。

教員の持つ影響力については、一貫して大学幹部と一般教員とで評価がかなり異なっている。両グループの大多数は教員が大学のことに少なくとも何らかの影響力を持っていると考えているが、幹部の六五％が教員は大きな発言力があると考えているのに対して、教員はたった一七％にすぎない[18]。しかし、さらによく見ると、この意見に関して、幹部とポリシー委員会や評議会に参加して実際に統治に関わっている教員との間での差異は小さい[19]。明らかに、第一線での観察者は遠くからの傍観者よりも教員の影響力が大きいと考えている。代表になっている教員と幹部との間に残っている意見の相違はおそらく、幹部は議論の中で提言を形作る際に教員の意見を反映させる程度を認識しているが、代表となっている教員は提言そのものを見ているのと、幹部が共同での議論の結果として追加的な変更に同意する程度によって自分たちの影響力を測っているためである。

表3－1　教員が決定権を持つ分野（％）

分野	1970年	2001年
フルタイム教員の任命	30.6	72.8
テニュアへの昇進	35.1	68.1
カリキュラム	83.0	90.7
授業負担	24.0	38.6
学部長の任命	13.3	29.7
給与体系の設定	5.1	19.1
他の学科の規模	9.0	33.2

出所：Gabriel Kaplan. "How Academic Ships Actually Navigate," in Ronald G. Ehrenberg (ed.), *Governing Academia* (2004), pp.165, 200.

小さな大学では、大きな大学よりは、教員が影響力を持っていると考えられている。そして、学士号大学（学士号のみを出す大学）の教員の三九％は教員が大学の統治に大きな発言力を持っていると考えているが、研究大学では一三％のみがそう思っている[20]。この違いの多くはおそらく、学士号を授与する大学には多くの小さなリベラルアーツ・カレッジが含まれていて、そこでは教員が大学の自治に個人的に関わっているのと、積極的に統治に参加している同僚や友人を知っているからであろう。結果として、小さな大学の一般教員の意見は、大きな大学で大学統治に直接参加している大学教員の意見と近いものになっている。

教員の統治への影響力は過去数十年で増加したのであろうか、減少したのであろうか。シュスターとフィンケルスタインによれば、一九六九年から九七年の調査で、自分が大学の統治に何らかの影響力を持つと考えている教員の比率は少し下がった[21]。しかしながら、キャンパスの統治への教員の参加の程度について同じ質問をした、教員に対する全米調査の一九七〇年と二〇〇一年の回答の比較がより多くのことを教えてくれる。これらの調査は、多くの重要な意思決定において教員の影響力が大きく増加したことを示唆している。二〇〇一年の調査では、大学幹部と統治に参加している教員代表の間において「教員の影響力は過去二〇年で増加した」と答える人が「低下した」と答える人よりもはるかに多い[22]。

教員の統治への参加が増加したと信じられているのに、自分が統治に参加していると感じる教員が減っているのにはもっともな理由がある。多くの大学で教員の数が増えたので、実際に統治に参加する人の比率はおそらく減ったのだ。自然と、教員のうち低い比率の人が自分たちがキャンパスの統治に影響力を持っていると感じるようになった。一般教員と代表となって統治に参加している教員の、一九七〇年から二〇〇一年までの印象の変化は、大学の中での役割に関して実際に起きた変化を正確に表しているであろう。

おそらくわれわれにとって最も参考になることは、教員と大学幹部との関係について、いかに異なるグループが異なった評価をしているかということである。六二％の大学幹部は関係は「協力的」と答え、三五％が何らかの衝突があるが全体として友好的と答えた[23]。大学幹部の二・九％のみが関係は「疑念が多く敵対的」と答えた[24]。代表となっている教員はそれほど楽観的ではない。四七％のみが関係が協力的と答えた[25]。それでも九・三％のみが「疑念が多く敵対的」と答え、残りは「時には衝突が起こるが依然として友好的」と回答している[26]。一方、教員全体の一九％は「学内の教員は大学幹部としばしば合わない」と答えている[27]。

ここでもまた、学士号大学での関係は、総合大学や研究大学に比べて、教授陣と大学幹部からより好意的にみなされている。そして、前述の結果と同様、大学幹部は代表の教員よりも好意的な印象を持っている。幹部は大学の状態に個人的に責任を感じており、他の関係者や外部の人に対して大学を代表しているので、大学の事柄を好意的に評価したがるからである。

大学幹部と代表となっている教員は、最もよく情報を与えられ、いかにシステムが実際に動いているかを詳細に眼前で知覚しているので、共同統治の状況を最も正確に把握している。どちらのグループでも一〇％足らずが、「関係は深刻に修繕不能な状態である」と答えたのは、好ましいことである。しかし、全教員の半数以下（四二％）のみが「大学の向かっている方向にほとんどの場合、賛同している」ことは問題である。[28] 一般教員における「教員が大学の統治に重大な影響力を持つ」という意見への支持がかなり小さくなるのも問題である。これらの調査結果は、統治機構への代表となっている教員は一般教員と有効に情報の共有ができていないか、教員代表が大学の統治について話すときに一般教員が関心を示していないことを示唆している。

結局は、「システムは機能しておらず、教員の参加は減らすべきだ」という理事や学長経験者の見解を受け入れることは難しい。教員は大学内部のことに明らかに関心を持っている。そして、教育・研究に影響を与える意思決定への支援は成功にとって不可欠なものであり、共同統治への現実的な代替案もない。代表となっている教員はゆっくりとしか動けないが、高等教育に関係ある重要な事案で、教員代表に相談する必要はないというほど速い動きを要するものも見つけにくい。さらに、大学幹部に一方的に動けるほどの権力を与えてしまうのも、教員と事前に相談していれば防ぐことができるはずの間違いを引き起こすだろう。結局、共同統治でなく大学幹部が、よく知られた大学スポーツの過熱や、今世紀初めにいくつかの有力大学で企てられた営利ベースのインターネットでの講義配信企業への投資における費用のかかった失敗などに責任を持っている。

いかに権力が分割されていても、共同統治は、相互信頼が低く、大学幹部と教員側の協議が、一般教員やリーダー格の教員からみても論争的で不満を持つものであれば、成功しないであろう。多くのキャンパスで幸運なことに、関係者が成功しようと充分努力すれば、プロセスはこのような低レベルにはならない。学長と教員のメンバーが一緒に働いて、統治機構が重要な問題の議論に時間を使えるようにすれば、尊敬され責任感のある教員が日常的に参加するようになる。彼らが参加するとき、大学幹部が提言を支持するための充分な証拠と論拠を整理することに気を配るのならば、大学幹部と教員との協議は思慮深い意思決定を生みだす。

ほとんどの大学は明らかに共同統治が機能するようにうまくやっている。さもなければ、関係者の中でさらに多くの比率が、「大学幹部と教員の関係は敵対的で仲たがいしている」と回答するであろう。得られた結果が示唆するものは、教員の影響力の欠如に対する教員側の不満でも、理事や学長経験者の中から出る「膠着状態」への懸念でもない。カプラン（Gabriel Kaplan）は彼の包括的な調査の結論として次のように述べている。

教員と高等教育研究家が抱く共同統治の状態に関する多くの懸念にもかかわらず、ここに集めたデータが描くイメージは、識者が信じているような煩わしさでも憎しみでも、改革者が懸念しているような脅迫や追放の恐れでもない。教員は多くの大学で統治に重要な役割を果たしており、教員の統治プロセスへの参加も価値があるようにみえる。教員の参加が効果的な統治の大きな障害になっていると示唆する大学幹部はほとんどいない。(29)

州政府による監視

大学のすべての意思決定が学内で行われているとは限らない。政府担当者、とくに州政府レベルが州立大学の方針策定や監督では重要な役割を果たしている。不思議なことではない。州立大学は州政府を通して納税者によって支えられている一方で、地域経済に大きな影響を与え、提供する教育の質、奨学金、授業料が州民の教育の機会に大きな影響を与えるからである。

驚くべきことではないが、政府の監督のあり方は、州立大学が大きくなりその活動がより多くの人々に影響を与えるようになるにつれて進化してきた。一九世紀のかなりの時期まで、多くの州はキャンパスのことには干渉しなかった。しかし、それ以降、監督が次第に強まった。今日、州政府は授業料の上限を定め、毎年の予算、時には予算項目ごとに認可を与える。多くの州は、複数のキャンパスから成る州立大学機構全体を統治する理事会を設けたり、各大学の計画を審査し、新しいプログラムが必要か、どのキャンパスがそれを提供するかを決める調整機構を持つ(30)。

監督の程度は州ごとに大きく異なる。ミシガンやカリフォルニアなどでは、法律で大学の日常の運営は政治介入から保護されている。他の州は大学の事務局をかなり細かく管理し、支出、予算の小さな変更、その他の経営意思に関する決定についても事前の承認を必要としている。

過去三〇年、多くの州は大学の行動の成果に対する説明責任を求めることに大いに努力してきた。しばらくの間、多くの州議会は、州立大学の毎年の予算の一部が事前に定められた目標数値を達成した程度に応じてキャンパス間に分配される成果主義の予算システムを認めていた(31)。しかしながら、数年のうちに二〇〇〇年から〇一年の不況になり、裁量的に分配できる資金がなくなり、また成果を測るための信頼できる尺度の開発は政治家が考えるよりずっと難しいことがわかった。

近年、多くの州政府は、州民の大学へのアクセス、卒業率、外部研究資金の獲得など大学の成果について再び関心を向け始めた。多くの場合、結果を改善する努力は、入学して卒業する学生数、卒業生の最近の就職、研究から得た特許などの成果を詳細に報告する以上のものではないことが多い。しかしながら、州は次第に地元の経営者が求める人材を輩出しているかなど、公共の目標を達成するためのプログラムを大学が作るように予算配分をするようになった。いくつかの州では、日常の経営について事前承認を必要とする干渉的な規則を緩和する代わりに、成果主義が重視されることになった。

優先事項や方法において、州政府による監督は大学関係者にとっては根本的に異質なものなので、関係者の間で論争の的となりまた彼らを苛立たせる。キャンパスの理事会と、共同統治に求められる教員との協議体の上に、監督の階層がもう一つ存在することは、州立大学の管理をとても煩わしいものにする。カー（Clark Kerr）とゲード（Marian Gade）は理事会についての本の中で状況を次のように描写している。

大学内外に、重要な行動に拒否権を持つグループや権力体が増えている。その結果、拒否権ゆえにほとんど意思決定ができなくなる。意思決定ができたとしても、協議や対立の相手が増えるので遅くなる。大学の中心的ビジョンがなくなり、競合するビジョンの寄せ集めになる。(32)

キャンパスの代表者と州政府担当者の間の関係は、両者の価値観と優先事項が異なるので、係争的になる。州政府は州民のアクセス、低い授業料、学部学生の質の向上、最近では研究の強化や地域経済活性化のための職業訓練プログラムに、主たる関心を持つ傾向がある。一方、大学幹部は高い授業料と州外者（高い授業料を払ってくれる）を受け入れることでの収入増加、大学院教育の強化、（経済発展に関係する分野以外も含めた）研究の発展、大学の評判を高めてくれる有能な教員や学生の勧誘などに関心がある。これらの異なる優先順位からの緊張は不満を引き起こす。大学の代表が、自分たちの方が州の担当者よりも学識があり情報も持っていると感じている州ではとくにそうだ。

これらの緊張は最近、大学の特殊な性格と財政によって悪化している。公立学校、刑務所など、州財政に依存するその他のプログラムと異なり、大学は授業料、外部からの研究費、寄付など他の資金源からの収入を増やすことができる。州議会もこのことを認識しているので、財政難のときに他のプログラムと州予算をめぐって争う場合、州立大学は州政府から資金を獲得しにくくなっている。

一九八〇年以来、いくつかの例をあげれば、初等・中等教育からの要望、メディケイド〔低所得者向け医療費補助〕・メディケア〔高齢者向け医療費補助〕の急増するコストなどにより、州政府担当者は財務面での圧力を感じている。これらの競合する要望の存在のため、州議会は高等教育予算の州予算全体の中でのシェアを、一九八〇年の九・八％から二〇〇〇年の六・九％にまで低下させた。(33)二〇〇八年の不況は州からの大学への予算をさらに大きく減少させた。二〇〇九年には、州立大学の予算に占める州政府資金は、一九八〇年の三二％からたった一八％になった。二〇〇八年の不況が終わってみると、減少はたいへん深刻なので、公立高等教育の将来と、主要私立研究大学に対する旗艦州立大学の競争能力とが、広く懸念されるようになった。

大学が必要とする資金の性格と州政府が分配できるものとは根源的な違いがある。大学は、計画を実行し、運営費の増加に追いつくため、堅調で信頼できる予算の増加を求める。しかし、州の税収は景気とともに変動する。したがって、州立大学は予算の潤沢な好況時から、経済が変調をきたし、税収が減り、予算がカットされなければならない、という緊縮の時期に急に移ってしまう。そのような変動は、大学事務局が教育・研究プログラムの計画を立てたり、プログラムを維持することすら、難しいものにする。

近年、急激に減少する州政府からの財政支援と政府からの監視の強化は、当然のことながら多くの大学幹部にとって大きな懸念材料となり、彼らは州立大学と州政府との関係を見直すことなった。多くのやり方が可能である。最も極端なものは、州立大学の一部または全部を民営化してしまって州政府の管理を本質的に取り除くことである。このアイディアは、バージニア州のシャーロットビルにある旗艦州立大学のビジネススクールとロースクールと、州政府との間の同意によって実現している[34]。この新しいやり方では、二つの専門職大学院は州政府からの資金をなしにする代わりに、授業料設定、好成績の州外者の受け入れなどでの裁量権を得て、学内のことに関する州政府の監督から自由になった。

この解決方法は双方に有益であるが、民営化、私立大学化は、名声が高く授業料を引き上げたり、州外者を引き付けることができ、寄付や連邦政府・企業からの研究資金受け入れで収入を上げることができる大学でのみ可能であろう。一旦、州議会から自由になったら、これらの大学は州外者を多く集め州内者は減らすであろう。州の住民の中には新しく独立した大学の高い授業料を払うことができず、充分な奨学金ももらえず入学できない人が出てくるであろう。より一般的には、州立大学が一旦、私立大学化すれば、それまで市民に提供していたさまざまなサービスを行う義務感を持たなくなるであろう。

オハイオ州のマイアミ大学のガーランド（James Garland）元学長は、州立大学が権限を持つためのより画期的な計画を提案した。彼は州政府は州立大学への直接的な財政支援をやめ、予算と業務の監督、授業料の認可などの権限を放棄することを提案している。代わりに、州政府は、自分たちの目標や優先順位に沿った形で、大学にこれまで与えてきた資金と同額を学生個人への奨学金として与える。個々のキャンパスは州政府からの直接の資金は受けないが、予算に見合った授業料を決められ、独自の理事会の全体的な権限の下で選択された活動を実行してかまわない(35)。

この大胆な改革にはいくつもの利点がある。州議会が引き続き決定する大学への州政府予算は、総額としては増加も減少もしない。しかし、州政府は自分たちのお金をより効率的に使える。州立大学の授業料を不自然に低く抑えて、裕福な家庭の子弟も貧しい家庭の子弟も同じように補助をすることをしなくてもよくなる。代わりに大学は自身で授業料を決め、州議会は奨学金を本当にそれを必要としている貧しい家庭の子弟に寛容に与えたり、経済発展やその他、政府が重要だと思うことに貢献する専攻の学生に優先的に与えたりして、奨学金を政策的に使うことできる。

一方、大学は予算や日々の学内業務に対する煩わしい官僚的コントロールから解放される。大学は市場競争の中で結果に責任を持つ半面、自分たちで進むべき方向を決め、優先順位をつけることができる。競争することによって大学幹部は、過度な授業料値上げ(36)や不必要なプログラムを持つことには慎重になり、学生やその他の利害関係者のニーズを満たさざるを得なくなる。倒産の脅威によって、大学の贅沢と浪費を戒める。

この提案の利点は現実的なものである。多くの私立大学が達成した成功例は、キャンパスが政府のコントロールなしで大きな自由裁量の下でも運営でき、高い質の教育と研究を一貫して提供できることを示唆している。授業料を安く抑えるために直接大学を財政的に支援するのでなく、奨学金を出すために州政府の財源を使うというのは、公的資金のより効率的な使用を可能にする。州議会議員が奨学金を州の優先順位を満たすような形で分配することがうまくできれば、州立大学が州内者をさらに多く入学させたり、市民の要望に注意を払い続けることができるのである。

これらの魅力的な点にもかかわらず、この画期的な変革はリスクがないわけではない。州政府はその役割が奨学金支給のみになっても、高等教育支援の総額を減らしはしないであろうか。倒産の脅威は賢明でない無駄遣いを実際に抑止できるであろうか（州政府は主要大学の一つを実際に閉鎖や活動停止とするであろうか）。もし州政府からのすべての支援が奨学金という形を取ったら、コミュニティ・カレッジは、大学に来るには不充分な学力しかない学生に丁寧に教えることの費用をどうやって捻出できるのであろうか。州議会は、増大する学生数に応じて大学を拡充し、メディカルスクールや工学部への需要の増大を満足させることについて、大学当局を当てにできるのだろうか。

おそらく、州立大学が州のコントロールから自由になれば、現状よりは、これらの挑戦にうまく対応して有効に機能するであろう。しかし、完全に確実とは言い難い。結果として、ガーランドの提案は他の多くの大胆で創造的な社会改革の計画と同じ運命をたどるであろう。紙上では、提案は有望に見える。しかし、現実には、そのような大きな変化は、修復不可能な意図しない結果をもたらすというリスクもある。このリスクは、権限を放棄したくない州政府担当者と既存の状態で利益を得ている人々からの反対と相まって、大胆な改革が近い将来、実行される見通しを暗いものにする。

第三の可能性は、州政府からの財政支援は現状に固定しつつ、州立大学は学部や専門職大学院の一定の卒業者数、一定比率の低所得者層も含めた一定の入学者総数など最低限の要件を定めることと引き換えに、自由裁量権を得るというものである。バージニア州では、二〇〇五年にこのやり方を採用し、州立大学は購買・施設の建設では州政府の監督を離れ自由裁量権が認められたが、引き換えに学生が中退しないで卒業する率を決めそれをクリアすること、授業料を値上げしないことを約束した。この計画が採用されると、大学の目標は入学、卒業から外部研究資金、技術移転、コミュニティ・カレッジとの円滑な接続、キャンパスでの学生の安全対策など、一二の達成すべき数字を含むことで同意した(37)。

そのような同意は、監視のための過度の負担を軽減することには役立つ。問題点は、政策担当者が潜在的に関心を持っている多くの成果基準は測定が難しいので、成果目標の満足のいく水準で合意に至るのは難しいということである。政治的観点からも、とくにすべての大学への州政府資金が減少しているときに、達成目標を満たせなかった大学に金銭的に実際にペナルティを課すというのは〔本当に存亡の危機に追い込むかもしれないので〕難しい。

上述した革新的な案の導入に消極的な州政府にとっても、少なくとも、責任ある意思決定のできる最下層部に権力を委ねることで意思決定を簡素化することには関心があるであろう。そのようなポリシーの下では、上層部は達成度をチェックして、授業料を認可して、プログラムの無駄な重複を避けるための手続きをとり、州立大学機構の中でどのキャンパスにどう資金が配分されるかは決めるが、個々のキャンパスでは、強力な評議会を参画させ、自分たちのことを管理する権限が与えられる。

この種の中程度の改革でも、州立大学は依然として州財政の絶えざる変動に悩まされるし、授業料や大きな支出では州政府の認可を得なければならないという制約を受ける。しかし、州政府担当者は少なくともより負担の大きな州による監督の一部を取り除き、カリキュラムや教員の業務負担といった事柄に関わることから解放される。これらの変化は意思決定プロセスを簡素化し、大学幹部が変化しているニーズとチャンスにタイミングよく対応する能力がひどく損なわれるという事態を、うまく避けることができる。

より根本的な改革は必要か

既存の統治のあり方は完璧なものでは決してない。そうであっても、現在の状況にあまりに憂鬱な見方をするのは安易である。システムが壊れていると主張するのは明らかに誇張である。包括的な改革の提案は、五〇の州に四〇〇〇以上ある大学の置かれている環境や、成果達成状況の多様性という事実を見ればいささか乱暴である。

大学の統治には注意喚起が必要な問題点がないと言っているわけではない。最も深刻な問題は州政府による州立大学の管理である。過去三〇年以上、州議会議員は、人材の育成と産業・企業からの支援を集める研究やイノベーションによって、大学の地域貢献での重要性を高く認識するようになった。結果として、州議会は大学の行動成果の改善と、教育と研究のさらなる州の経済的目標への利用に関心を持つようになった。一方、予算の使途間の競争のため、州政府は高等教育への財政支援を減少させ、大学の予算の中での州政府資金の比率は二〇年から三〇年前の半分程度になってしまった。これらの矛盾する趨勢が起こす摩擦は、州立大学の日々の運営に対する州政府の監督を軽減する効果的な方法を見つける必要性を生む一方で、大学幹部に彼らの優先順位と州政府のそれとが齟齬しないように努力させるような州政府の支援と監督のあり方を求めている。

大学の監督に関連して増大しているいま一つの困難は、州政府と連邦政府との間の政策の違いである。連邦政府が経済成長と機会の平等の促進の観点から教育レベルの向上の必要性を認識するとき、彼らは大学の、とくに授業料と奨学金といった大学の行動に対して大きな影響力を行使しなければならないと感じている。連邦政府の長期的目標は州政府のそれと似ているが、短期においては、優先順位と財政状況が異なるので問題が生じる。州政府と連邦政府は互いに相反する目的に向かっているので、両者それぞれの権力と責任について不満と混乱が生じる。もし公共政策が効果的に機能しなければならないのであれば、どこかの段階でこれらの相違は解消され、各々の責任は明確にされなくてはならない。

個々のキャンパスの統治に関しては、既存のシステムは識者が批判する以上にうまく機能しているようだ。たしかに、海外キャンパスの建設や遠距離の受講者向けのオンライン授業の新しいプログラムなどから発生する問題はある。大学幹部の中には、これらの企画を一方的に進めて教員から強い反発を受けている者もいる。テニュアトラックに乗っていない［テニュア審査を受ける対象でない］教員はフルタイムもパートタイムも含めて数が増えており、教員の過半数を占めているが、彼らをどう統治に参加させるかも重要な問題である。しかしながら、おそらく適切に教員側と協議することに合意が得られれば、もしそうでなければ教員が組合を形成すれば、これらの問題は既存の統治構造の中で時間が解決してくれるだろう。全体的に、第1章でみた西ヨーロッパとは異なり、現行の統治システムに根本的な変化の必要性はないように見える。(38) ヨーロッパでの多くの変革は、大学の自治権を増強したり、学外者による理事会を導入したり、学長とスタッフの権限を強化したりと、アメリカのシステムに近づこうとするものである。

キャンパスの統治について大幅な改革は必要でなくても、各大学での現行のやり方には改善の余地がある。いくつかの州では、州立大学の理事は効果的な監督をするために必要な知識と経験に欠けている。州立と私立大学では、学長は管理責任の重荷がかなり大きいため、彼らは大学の潜在的能力を引き出すのに必要な、知的指導力を発揮し大学の進むべき方向性を指し示すことができないでいる。他の大学ではおそらく、教員代表は大きすぎる委員会、または取るに足らない問題ばかり審議する委員会に貴重な時間を費やさざるを得ず、彼らの時間を有効に活かすことができないので、教員は共同統治が機能するにはあまりに小さな責任しか負っていない。

これらの可能性を見ると、キャンパスの統治では大幅で包括的な変革は必要でないかもしれないが、個々の大学や州の関係者は、統治のプロセスがより効果的に機能するには修正が必要かどうかを判断するために、自分たちのやっていることを定期的に見直す必要がある。州知事は理事会メンバーの決定のプロセスを見直して、適切な候補者リストをつくってもらうために諮問委員会を活用したり、理事会をより有効にするためには大学での経験のある理事を増やした方がよいかどうか検討すべきである。学長は、研究と教育に関する有望なチャンスを見つけ、最新の知識に学長が後れを取らないようにアドバイスしてくれる有能な人材を配置することで、忙しいスケジュールを改善して研究・教育の面での指導力を強化できないか検討すべきだ。教員は大学統治への参加をさらに魅力あるものにするとともに、彼らの見識と専門知識を大学が直面する重要な問題の解決に利用する方法を考えるべきである。

こうしたことがすべてのキャンパスにとって最適とは限らない。個々の大学のそれぞれのニーズと伝統に対応しなければならない。しかし、全体としてこれらの努力は、既存のやり方を改善するのに役立つかもしれない。一方、高等教育に関心のある人々は、既存のキャンパス統治システムは完全とはいえなくても、アメリカの大学が直面する最も重要な問題の源泉ではないらしいという事実に、ある種の満足感を覚えることだろう。

小括（I）

アメリカの高等教育のように、競争的かつ分権的でピラミッド型コントロールからほど遠い組織が、無政府状態と混乱に陥らないのは不思議かもしれない。事実、組織を鋭く観察してきたスタンフォード大学のマーチ（James March）は、大学の内部の動きをこれらの言葉で表現している。[1] しかし、この特徴づけはわれわれの大学が機能し、きわめて効率的にやってきた事実と矛盾する。したがって、数多くの独立した科学者と学者と権限を共有する統治を行っている、この自律的な大学が、まとまってうまく協力することを可能にする接着剤を探そうとする人もいる。

これへの答えの重要な部分はおそらく、大学という組織にとって根本的だと教員も管理者も理解している共通の価値観や規範の存在である。これらの価値観は教員と大学幹部の責任を明確にし、彼らの行動を規定する原則を打ち立て、勝手な行動に歯止めをかける。そのようにして価値観は相互の期待を醸成し、意見の相違を解消するフレームワークを与える。時にはルールに組み込まれるが、大学の価値観はしばしば明文化されていないまま、自由と独立性を維持しているように見える。一方で、規範や価値観から実際に導かれる行動は、個人の希望と関心がまぜこぜになっているように見える状態から秩序と協力を引き出す、静かだが予想のつく方法である。

大学の価値観の全体像は定義できていない。異なる人々は異なるリストを持ち、重要な項目を少し異なった仕方で定義する。しかし、このことを検討したほとんどの教育者は、大学の繁栄に本質的だと考えられる、ある種の価値観と規範に同意する。

　これらの規範のいくつかは、大学の幹部が優れた仕事を成し遂げるのに適した環境を生みだすために実行しなければならない義務の形をとる。したがって、学長、学部長、理事は教員や学生のために、思想や表現の自由を維持するためにできる限りの努力をすべきであるということは広く認められている。教員の任命と評価は教育と研究の質によるもので、人脈や政治的な意見など本人の教員としての資質に関係のないことは考慮されないよう、適切な基準と手続を構築して公正に監督すべきである。同様に、個々の学生の入学許可は外部的理由でなく大学の教育的目的をさらに伸ばすための基準に沿うべきである。大学は、彼らが問題を議論するに充分貢献できる知識と経験を持っている限り（持っている限りのみ）、教員や学生を計画策定や統治に参加させるべきである。計画が形を現したら、大学幹部は大学のニーズを満たすのに必要な資源を獲得したり節約したりするために精一杯努力すべきである。

　大学教員は大学の中心的な機能のために本質的な役割を果たすので、彼らは支持すべき基本的価値観の長いリストを持つ。とくに教員は教育とアドバイスを通して学生の教育と成長を良心的に強化する努力をすべきである。彼らはすべての学生を尊重し、ひいきを避け、自分の意見を押し付けたりせず、その他の面でも教員の持つ権力の乱用を避ける。知的コミュニティのメンバーとして、彼らの同僚の見解を尊重し、求められれば、同僚の研究を議論し、教育を論評する。彼らはまた委員会に参加し、認められれば委員会や学科の長を務めることで責任ある地位を引き受け、教員任命や学内で共通の問題の意思決定に参加し大学の活動をさらに進めるために多くの時間とエネルギーを費やすべきである。彼らは研究を実行する中で、彼らは可能な中で最も高い学問的誠実性《アカデミック・インテグリティ》［捏造《ねつぞう》や改竄《かいざん》などの不正行為を犯さないこと］の基準を保ち、他人の業績を適切な引用をせずに使ってはならない。また、教学面での職務を不当に妨げたり、利益相反を生みだしたり、学問上の公平や公正に妥協を強いる脅威を与える学外活動を避けるべきであり、公平さに疑問を投げかける活動や関係は事前に開示される〔学外の企業・団体との利害関係を大学に届け出ておく〕べきである。

見識ある観察者は、大学の幹部や教員がこれらすべての責任の遂行で評価されるような働きをしているわけではないと述べている。いくつかの大学の学長は学外からのプレッシャーに直面して、学問の自由を守ることにはあまり努力していない。どの大学でも、教員の中には学外活動に時間を費やしすぎ、学内行政の仕事をさぼり、教育・研究の義務を果たしていない人もいる。そのような堕落はどの組織でも起こりうる。重要な問題は、後の章のさまざまところで取り上げる事例は、重要な価値観が無視されたり、大学が適切に機能する能力に対して脅威となるレベルにまで悪化しているのかということである。

高等教育の世界のように競争的な環境では、価値観は常にリスクにさらされている。大学幹部が自分らの希望をかなえ、教員を満足させ、教員が尊敬を得て学問分野で認知されるための資金集めに苦労すると、希望する結果を得るために疑問のある手段を行使する機会も生じる。もしこれらの誘惑に負けるのならば、競合する大学も同じことをする。このリスクとは、簡単に追跡でき処罰を加えることができる法外な行為というタイプではなく、むしろ、論争の的となる行動の白黒の判断が微妙な場合に、既存の規範が徐々に切り刻まれていくことである。それは最初は少数の者がまねをするが次第に広まっていって、古い価値観が弱くなり、行動の基準が次第に緩められ再定義されることになってしまう。

価値観を適切に守り、その重要性を教員、学生、その他の主体に説明する責任は、主として大学幹部にある。それは常に簡単とは限らない。伝統的な基準を支持する努力の中で、学長や学部長は寄付者や他の利益団体を、論争と対決に至るところにまで苛立たせる。大学幹部は教員に、個人的責任や適切な行為の問題に注意を喚起することによって、教員からの反発を招き、歓迎しない報道を招く。そのようなリスクは現実のもので、すぐに起こる。一方、長期にわたる現状維持のままでいるコストは目に見えず遠い将来のことように思える。このような条件下では、大学の価値観を守ることは次世代の仕事として安易に先送りされてしまう。

もし学長が、自分たちの評価がほぼすべて、寄付金の増加、ランキングの上昇など大学の「成長」での成果によるものであると信じるならば、彼らは論争を避けるため、大学の価値観への初期の脅威は見すごし、寄付金集めの疑わしい方法に手を出そうとするだろう。結果として、理事の役割が重要である。もし彼らが、理事会は大学の価値観を重視し、それを強力に守ろうとする大学幹部を支持する、と明言するならば、学長はこの責務を組織全体で行うことができる。理事は学長と、学長は学部長と、学長と学部長は教員と協力することが重要である。この連鎖のどこかがほころびると、全体の努力への脅威となり、大学の強みの最終的なよりどころとなる、専門家としての責務が絡み合った繊細な関係性に緊張をもたらすことになる。

第Ⅱ部

学部教育

序論

過去半世紀の間で学部教育は大きく変化した。学生はおおよそ一九六〇年の四〇〇万人から二〇一二年の二〇〇〇万人に数が増えるとともに、年齢、性別、人種、出身の経済的階層においてずっと多様になっている。高卒者の八〇％近くが、時間の遅れはさまざまあっても大学で学ぶ。しかし、卒業するのははるかに少ない。多くの大学にとって、大学の質を上げるか、単に学生数を増やすかで競争するかは別として、学生が奨学金で大学に行き、交通手段も進歩したことで入試部が遠隔地の学生まで勧誘することができるようになったので、学生を集める競争は熾烈をきわめている。入学が難しい大学をめざす学生にとって、競争はたいへん厳しいものになってきたので、保護者は家庭教師やその他の補習のためにお金を費やさなければならない。一方、高校生は最終学年では自分の行きたい大学に行けるかどうかを心配している。

大学進学は大学、志願者、その親だけが関わる私的な問題ではもはやなくなった。高等教育を人々に提供することは国の経済成長や、企業がグローバル経済で有効に競争し、事業を拡大するために必要な熟練した労働者の供給に重要な影響力を持つ。加えて、資力に恵まれない学生も含めて、すべての若い人々が大学に進学し卒業できるということは、所得分配や「アメリカン・ドリーム」の実現、いうまでもなく民主主義の質、人々の健康、犯罪、離婚、失業の率にさえも影響を及ぼす。今日、これらの結果は広く理解されており、若い人を大学に入学させて教育するための政策、授業料の設定や奨学金の提供は、国全体の関心事になってきた。

高等教育がエリートから大衆［マス］教育にシフトすることは、若い人々にとっての機会を大いに拡大した。しかし、その費用をいかに負担するかという問題も大きくなっている。大学が納税者の支援を必要とする他の多くの組織と予算獲得で争うようになるにつれて、州や連邦の議員は費用負担を次第に学生とその家族に求めることで対応している。この形は低・中所得者層の学生にはとくに厳しく、その結果、授業料の安いコミュニティ・カレッジへの進学が増える一方で、パートタイムで長い時間働かなければならない学生や退学してしまう学生も増えている。

財政的負担だけが学士号取得への障壁ではない。一方で、低所得層の優秀な学生が実力相応の大学への進学を躊躇するのは、優秀な大学の高い授業料が誇大に報道されているためでもある。他方で、よく報道されているような公立高校の質の低下によって、入学した学生の多くが大学での勉強についていくだけの学力を持っていないのも事実である。これらの問題などによって、過去三〇年間、大学の卒業率は伸び悩んでいる。記録が残っている限りでは史上初めて、いまの世代は親の世代よりも学歴が高くならないことになりそうである。

このような困難は、学部教育の役割について一連の疑問点を生じさせる。才能と意欲のある学生のどれくらいが、実際に大学に行っているのか。大学進学先の選択肢はどれくらいあるべきなのか。誰が教育費を負担するのか。すべての学生が能力と意欲に応じて大学に入学でき、貧困、まわりの環境、親から受けた［乏しい］教育が進学を妨げないようにするのには何ができるであろうか。大学は学生が卒業せず退学してしまうのを防ぐには何ができるであろうか。そして軽視されるべきでないものとして、国はより高度な経済のニーズを満たすための多くの学生を教育するために、いかに財政負担するのであろうか。

高校の成績やＳＡＴの点が高い学生はさらなる問題に直面する。高所得の仕事を得るための競争は厳しいので、これらの若い学生やその保護者にとっては、単に大学に進学するか否かではなく、どの大学に行くのかが問題である。結果として、有名大学が多数の応募学生からの選抜に用いる基準が、論争の的となる。誰もが高校の成績やSATの点数だけで判断されるべきか。それとも有名大学がスポーツ特待生、マイノリティ〔非白人〕学生、または卒業生の子弟を優先することは正当化できるのであろうか。

若いアメリカ人だけがわれわれの大学への進学を希望しているのではない。過去二〇年から三〇年、社会人の向学意欲も著しく増加している。より最近では、インターネットが世界のあらゆる場所にも高等教育をもたらした。教育関係者はこれらの多くの新しい学生に対応すべきなのか。どのような学生に優先的であるべきであろうか。大学は多国籍企業にならって世界各地に新しいキャンパスを建設すべきであろうか。大学は遠隔地にいる新しい学生層にインターネットを通して授業を提供することに時間と資金を費やすべきであろうか。もしそうならば、これらの新たに出現した学生たちには授業を営利ベースで提供すべきであろうか、非営利ベースですべきであろうか。

さらに、社会の他の変化は学部生が何を学ぶ必要があるかという新しい問題を提起する。人々の生活がますます自分たちとは異なる文化や国家と強い関係を持つに至った世界に、学生を対応させるためには大学はどうしたらよいのであろうか。非白人が将来、多数派になる運命にある社会で、学生が上手に生きて、働けるようにするには大学は何をしたらよいのか。議論される問題は理解するのが難しくなっているうえに、政府の政策がこれまでになく広範に人々の暮らしに影響を与えるようになった国の知的な市民になるために、大学は学生にどんな準備をさせればよいのであろうか。そして、これらの教育に求められているニーズと、専攻科目、一般教養基礎科目、選択科目という三分類による伝統的なカリキュラムとはいかに整合性を保てるのであろうか。

考察すべき最後の問題は、教員が何を教えるべきかではなく、いかに教えるべきか、でなければならない。マス教育への移行は学部生の構成を変化させる。学生はずっと多様になった。多くの学生は大学レベルの授業についていくだけの基礎学力を身につけていないまま入学してくるので、大学は補習を試みなければならない。半分の学生は二四歳を超えており、親から独立している。八〇%が在学しながら働いている。三分の一はフルタイムの仕事を持っていて、大学の方がパートタイムである。これらの学生のニーズを満たすため、大学教員はいかにして教え方を変えるべきなのであろうか。

大学における学生の学習についてますます多くの研究文献が、教員の教え方に対して重要な問題提起をするようになっている。最近の研究は、学生は自分の親が学生だった時代よりも勉強しなくなっていることを明らかにしている。仕事、スポーツ、数が増えているさまざまな課外活動、テレビ、CDからインターネット、フェイスブック、ツイッターまでのさまざまな誘惑が、勉学から時間と関心とを奪ってしまう。多くの学部生は広範なリベラル教養科目の講義には関心がなく、高所得の職種に就くために必要なスキルと資格を獲得することに興味がある。この逆風の環境で教員は、いかにして学生に学ぶ必要があることのすべてを教えることができるのか。教員はそれがどの程度成功しているか、その程度をいかにして知ることができるのであろうか。

ここで提起した問題のほとんどは、学部教育が今日直面する二つの点を違った角度から見ることと同じである。第一は、学士号を得るアメリカの若者の比率を上昇させることによって、教育の「量」を増やすことである。三〇年間にわたる卒業率の低迷の後、アメリカは他の先進国に対して、三〇歳未満での学歴で後れを取るようになった。経済学者によれば、大学で教育を受けた労働者の数は経営者が求める数に足りていない。結果として、大卒者の所得は高卒者のそれより相対的に上昇し、所得分配の不平等と経済成長の鈍化につながっている。

第二の問題は、学部学生がより多くを学ぶという「質」の改善である。効果的な教育は学生を動機づけ、学生がこれまで受けてきた不充分な教育を克服し、アメリカだけでなく世界中の学生と競争して就職で勝ち抜くために不可欠なものである。幸い、学習を容易にし、学生側からの努力と関心をより多く引き出すための新しい方法について多くのことがわかってきた。一つの例としてコンピュータは、学生が遠くの博物館や史跡を探索することを可能にし、学生の認知の個人差に自動的に応じた家庭教師役となり、学生を勉強に没頭させるような学習ゲームを作って学生とプレーしたりできる。次の世代においてアメリカの大学が成功するか失敗するかは、小さくはない程度で、これらを可能にする教育に教員が適応できるかどうかにかかっている。

これらの深刻な課題に対して、大学はうまく立ち向かえるであろうか。過去には、教員はカリキュラムや教育方法を変えることにひどく緩慢だった。政府機関、財団、何よりも大学自身がこの現状を変えるために何ができるであろうか。この問題への答えを見つけることが、次世代での発展のために高等教育が実行すべき最も重要な任務になることは確実である。

第4章　大学進学と学士号取得

アメリカ人は長い間、教育を尊重してきた。一九世紀にすでに、アメリカは若い人々に初等教育、さらに中等教育を義務づけることでは世界のリーダーだった。多くのキリスト教宗派が付設の大学を作った。一八六二年に連邦議会はモリル法を制定し、広範な国有地を州政府に与え、州立（中には私立もあった）大学の発展を促した。一九世紀末までに、アメリカには少なくとも九七七の高等教育機関があった。マサチューセッツ州にあったものだけでも、イングランドやフランスのようなヨーロッパ主要国よりも数が多かった。

高卒者に対する大学進学者比率も徐々にだが着実に上昇していた。アメリカの半分の比率に達している国はなかったのだが、アメリカでも一九四〇年になるまではわずか七人に一人の比率であった。しかしながら、第二次大戦後には増加率が急伸した。高卒者のうち大学に進学する人の比率は、一九五〇年に一七％、一九八〇年に三九％、二〇〇〇年には五五％、二〇一一年には六八％になった。そうする中で、アメリカは高等教育が「エリート」から「マス」、さらに「ユニバーサル」に移行した最初の国となった。(i)

過去三〇年、大卒者の賃金プレミアム［大卒であることに対する上乗せ分］は大いに増加した。二〇一〇年には、学士号を持っている成人の年収の中間値は五万四〇〇〇ドルに達したのに対して、高卒者では三万二六〇〇ドルであった。[1] この傾向は人々によく認識されている。二〇〇五年に、八七％のアメリカ成人は「大学教育はかつての高校の卒業証書のように重要なものになった」という意見に同意している一方、パブリック・アジェンダ（Public Agenda）の調査でも、「大学教育は今日、仕事で成功するうえで必要である」という意見に賛成の人が二〇〇〇年の三一％から二〇〇九年の五五％に増えた。[2] 九年生と一〇年生〔日本の中学三年、高校一年生〕の生徒で大学進学を希望するのは八〇％近くになっている。[3]

こうした高等教育への希望にもかかわらず、大学進学・卒業率の値は若者の意欲がいかに満たされていないかを示している。[4] 教育省によれば、九年生が一〇〇人いたら、七四人が高校を卒業し、五一人のみが大学進学し、たった二九人が大学を卒業する。[ii] これらの数字はこの第Ⅱ部で扱う問題の本質を伝えている。

どれだけの若者が大学に行くべきか

ほとんどの人が大学に進学・卒業する若者の数が増加することに賛成するが、全員が賛成というわけではない。経済が必要とするよりも多くの若者がすでに大学進学している、と熱心に主張する人もいる。もしこれが本当ならば、大学進学の促進は高等教育を受けた人を過剰に増やすことにしかならず、多くの卒業生が就職できず失望し、大学生の数を増やすことに資源が浪費されたことになる。

ハッカー（Andrew Hacker）は最近、このテーマについて*New York Review of Books*で調査している。[5] 彼によれば、労働省の大卒技能を必要とする職種の成長予想は大学在籍者のさらなる拡大を保証するほど大きくない。たとえば、エンジニアの求人は人口増加率を上回っては伸びない。工員の仕事の多くは高卒の労働者で満たされる。この点に関して、彼はホンダやトヨタのアメリカ工場は、製品は高度だが大卒者のあまりいないところに建てられている、という例をあげている。

ハッカーの論は多くの支持を集めてはいない。すべての職種の成長予想を考慮して、労働省労働統計局は最も成長率が高い職種は少なくとも短大卒が必要だとしている。これらの仕事は二〇一八年までに平均で一五～二〇%増加すると予想される一方、高卒以下の学歴しか必要としない仕事は一〇%未満の増加である。(6) 二〇一八年までの雇用増加に関する別の調査で、ジョージタウン大学のカーネバル（Anthony Carnevale）は全求人の六三%は何らかの［短大卒含む］大学教育が必要と報告している。(7)

ハッカーの議論はまた、大卒の仕事とそうでない仕事がはっきり区分できると仮定している。しかし、そのような境界線が存在するかは疑わしい。かつては高卒であればこなせた仕事が、いまや大卒の資格を要するようになってきた。仕事の性格が再編成されより多くのコンピュータの技能が必要になったり、生産性・品質・職場安全性の向上のような現場の問題を解決する方策を職場の自発的なグループで検討することが求められるようになってきた。

高卒者で行われている仕事でさえも、大卒者が行えば効率がずっと高まることもある。したがって、労働省の研究によれば、大卒者の一〇%が高卒者が行うような仕事に就いているが、大卒者は高い賃金を受けている。(8) 高卒者ができる仕事に高い賃金で大卒者を雇っている経営者は、学歴を非合理的に過大評価しているであろうか。そうではなかろう。なぜ企業が高卒者のできる仕事に、何千人もの、賃金の高い学士号取得者を就けているのか。企業は雇用を減らしたり任期付きの雇用にしてコストを削減しようとする。しかし、カーネバルとデスロチ

（i）しばしば用いられる分類によれば、一八歳から二八歳の人口の一五%未満が大学に進学する国の高等教育が「エリート」システムと呼ばれ、一五－四〇%になると「マス」システム、四〇%を超えると「ユニバーサル」システムと呼ばれる。John A. Douglass, Judson King, and Irwin Feller (eds.), *Globalization's Muse: Universities and Higher Education Systems in a Changing World*（2009）を参照。

（ii）US Department of Education, *College Completion Toolkit*（2011）p.8 を参照。研究者の中には公式発表の高校卒業率は過大な数値という意見もある。Paul Barton は、高卒率は一九六九年で七七%、今日では六六%だと述べている。*Rising Dropout Rates and Declining Opportunities*（2005）を参照。

ヤーズ（Donna Desrochers）によれば、「生産性の研究は、ポスト中等教育［四年制大学に限らず、専門学校や短大も含めた高卒後の何らかの教育］を受けた人は、その仕事に直接に関係のあることを学ばなくても、一般的スキルを身につけているので教育を受けていない人よりも生産性が高くなることを明らかにした」。(9) これらの一般的スキルの中には、問題を解決したり、明瞭にコミュニケーションできたり、チームの一員として働けたり、仕事の内容が変わっても訓練を受けたらすぐに対応できる、といった優れた能力が含まれる。

より教育を受けた人を経済が吸収する能力があることの証拠が、学士号取得者の平均所得の高さに見てとれる。(iii) 大卒と高卒の現在での所得格差は歴史的に見てもきわめて大きい。過去三五年で、大学で教育を受けたアメリカ人の数は三倍になったが、大卒者の高卒者に対する賃金プレミアムは一九一五年以来、最高の大きさになった。(10) そのような大きな差は、アメリカでは適切に教育を受けた労働者が余っているのでなく不足しており、大卒者を増やすことは経済の助けになることを示唆している。これがゴールディン（Claudia Goldin）とキャッツ（Lawrence Katz）のこのテーマに関する詳細な研究の結論である。(11) 彼らの見解では、過去二〇年から三〇年のアメリカにおける大学卒業率の停滞は需要を満たすことができず、経済成長を妨げ所得不平等の拡大を引き起こした。マサチューセッツ工科大学（ＭＩＴ）の経済学者であるオスターマン（Paul Osterman）は、学士号取得者の数は倍増でき、それでも経済には教育投資の増額以上の恩恵がもたらされると推定している。(iv)

この問題についての意見が何であれ、教育にはそれ以外の恩恵がないかのように、単に経済的理由だけで多くの若者が大学に行くことを促すことの是非を論ずるのは間違っている。調査によれば、大卒者は高卒者に比べ、より健康な生活を送り、長命である。喫煙率も低く、肥満やうつ病になる比率も低い。(12)

他の研究もジェファーソン（Thomas Jefferson）［第三代大統領］が信じていた、教育の民主主義への役割を肯定する。大卒者は高卒者より一貫して投票率が高い。事実、政治学者のパットナム（Robert Putnum）によれば、立候補したり政党で働くことから、ただ集会に参加したり議会に手紙を出したりすることまで、あらゆる政治・市民活動への参加の最も重要な要因が、その人が受けた教育程度である。(13)

さらに、社会が高い進学・卒業率から得る別の多くの恩恵も明らかになっている。[14] たとえば、高校以降も勉強を続けた人は犯罪率、失業率が低く、生活保護受給者になる確率も低く、人種問題にも寛容になる傾向がある。大卒の両親は子供の知育に貢献するような子育て方法を積極的に用いる。彼らの子供は大学に進学する傾向が強い。研究者たちは、大学教育がもたらす市民としての便益、健康面での便益、社会的便益等の総計は少なくとも大卒者の収入面での増加と同じくらいの価値があると結論している。[15]

これらの結果にもかかわらず、ミューレイ（Charles Murray）は別の理由で多くの若者の大学進学を促すことに反対する。彼は最近の著作の中で、今日、大学に在籍している学生の多くは大学で学ぶ能力を持っていないと論じている。[16] ミューレイは大学の入門クラスで広く使われている教科書を理解するのに必要な高校の成績と統一テストでの点数から、「大学準備力」という基準を生みだした。同様の結論に達した計算は、マンハッタン研究所のグリーン（Jay Greene）とフォスター（Greg Forster）によってもなされた。[17] 彼らは大学で学ぶ準備ができているかについて、フォークの先端のように三つの切り口から尺度を作った。それは高校を卒業しているか、高校時代に充分な主要科目を履修していたか（たとえば、四年間の英語、三年間の数学、二年間の自然科学、社会科学、外国語）、主要な統一テストの読解力分野で最低限の点数を取れているか、である。この基準では高校に入学した生徒の三二％、高校を出た生徒の半分弱しか四年制大学で成功する能力を持っていないことになる。グリーンとフ

(iii) 二〇一〇年一一月において、学士以上の学位を持っているアメリカ人の労働参加率［すでに就職している、または求人活動している人の比率］は七六・六％で、失業率は四・四％である。高卒だが大学を出ていない人の労働参加率は六一・一％で、失業率は一〇％である。US Department of Education, *College Completion Toolkit*（2010）, p.20 を参照。

(iv) 今日の大卒者の平均賃金プレミアムは、大卒者の中の企業経営者や投資銀行家など少数の極端に高い所得によって引き上げられており、多くの若者が単に大学を出ただけでは平均賃金プレミアムに近いものは獲得できないという意見もある。しかし、（少数の極端に高い値の影響が排除される）中央値をみても賃金プレミアムは大きい。David Card, "Estimating the Return to Schooling: Progress on Some Persistent Econometric Problems," 69 Econometrica（2001）, p.127 を参照。

ォスターによれば、二〇〇〇年で高校の最終学年でこの基準を満たした人は約一二九万九〇〇〇人で、その年に実際に四年制大学に入学した一三四万一〇〇〇人よりもわずかに少ない。

多くの学生は、ポスト中等教育者［就職でなく専門学校も含めて進学した高卒者］の四〇％以上を教育しているコミュニティ・カレッジに進学するには少なくとも充分な能力があるかもしれない(v)。二年制大学卒業の短期大学士号は学士号とは同等ではないのだが、どのタイプの大学でも、高卒後に一年間学べば同じような賃金増加につながるという調査結果もある(18)。結果として、コミュニティ・カレッジの進学・卒業率を上げることは、四年制大学で同じ年数学んだのとほぼ同じ効果を経済全体と学生個人の年収にもたらす。

同時に、多くの高校の進路指導者は、大学で学ぶ能力の有無に関係なく、学生に大学進学を勧めている(19)。結果として、高校を出て四年制大学に入った学生の二五％、コミュニティ・カレッジに入った学生の五八％が、正規の授業を履修する前に補習クラスを受けなければならなくなっている(20)。もし、補習によって学生がうまく大学で学ぶに必要な学力をつけてくれるのならば、これらの数字そのものは問題というべきものではない。しかしながら、現状はそれとは遠く離れたものである。

困ったことに、現在補習クラスの多くの学生はそのクラスさえも修了できていない。補習クラスの基礎英作文は登録者の六八％、読解力では七一％、数学ではわずか三〇％のみが修了している(21)。全体では補習クラスを必要とされた学生の半分弱が修了している。補修クラスに割り当てられた学生の多くは履修しなかったり、途中であきらめたり大学を退学している。さらに悪いことに、補習クラスを修了した学生は大学の卒業率が高くなっているかという点については、州によって結論が異なるのだが、全体的には率が上昇したとしてもそれほど顕著ではない(22)。

つまり、大学に必要な基礎学力を充分に習得しないで高校を出てしまった学生には、補習クラスが再挑戦のチャンスを与えているが、現在の高校生で大学で学ぶ能力がある子供は限られている。この限界は、高校が生徒に大学での学びの準備になるような指導をするか、補習クラスが学生の足りない部分を埋め合わせることにより効率的ならば、解消できる。しかし、どちらも近い将来には起こりそうにない。

それでは、勉学面で資格がある高校卒業者・大学入学者が増える見込みはどうであろうか。一見すると、見込みは芳しくない。現在、高校を卒業した人の七〇％以上が多少、時間をあけても二年制か四年制の大学に入っているが(23)、大学で学ぶにふさわしい学力のある学生の推定数より多いであろう。このような状況では、さらなる高等教育の拡大は可能であろうか。進学率はさらなる上昇が不可能な飽和点に達してしまったのであろうか。

驚くべきことに、多くの若者が必要なスキルなしに大学に入学する一方で、大学で学ぶ学力がある高校生のかなりの部分が大学を志願していない。裕福な家庭の子弟で学力のある学生はすでに四年制大学に進学しているので、これ以上の増加は見込めない。一九九一年に年収七万五〇〇〇ドル超の家庭の子弟で高校を卒業した生徒の八六％は、二年以内に四年制大学に入学している。残りはおそらくもう少し後で入学するか、まず二年制の大学に行っている(24)。しかしながら、裕福でない家庭の出身で学力的には資格のある生徒で四年制大学に行く比率はずっと低い。教育省の報告書によれば、一九九二年に大学進学の能力がある高校卒業生のうち、低所得者層では五二％のみが、中所得者層では六二％が一九九四年に四年制大学に入学していた(25)。

最も能力のある低所得者層の学生の間でも、進学率は驚くほど凡庸な数字である。一九九二年の卒業生で最も低所得者層の出身者は、成績が上から四分の一でも五八％しか四年制大学に進学しない(26)。二〇〇〇年では、低所得者層出身で、能力のある学生の二九％のみが学士号を取得し、八％が短期大学士号（二年制）を取得し、三％

（v）　理屈の上では、コミュニティ・カレッジに入学を許可されている学生は、大学教育を受ける資格があるはずである。多くのコミュニティ・カレッジで、この水準が実際にどの程度、達成されているかは明らかでない。二つのコミュニティ・カレッジで教えた経験のある人が著書の中で、「われわれの世代特有の方針——理想的、非排除的であり、決意を固めた個人の可能性は誰も否定しない——によってのみ、私の学生の何人かは大学進学の準備ができているということになっていた」と述べている。Professor X, *In the Basement of the Ivory Tower: Confessions of an Accidental Academic*（2011）, p.81 を参照。

が職業訓練のため専門学校を修了した。[27]

経済的に余裕がない家庭出身の、能力のある多くの学生が四年制大学への出願をあきらめコミュニティ・カレッジに進学する。近年の推計によれば、社会経済階層が下位五〇％で成績は上位二五％の学生の二〇％以上がこのコースを取っている。[28] 不幸なことに、これらの学生が最終的に四年制大学に編入して学士号を取得する確率は、最初から四年制に入学した場合よりもかなり低い。何人かの学生は経済的理由、またはさまざまな個人的・家庭の事情からコミュニティ・カレッジ（または進学をまったくしない）を選択する。しかし、都市中心部の高校生には別の理由がある。[29] 多くのこれらの若者は、自分が入学でき、また奨学金ももらえる四年制大学の授業料についてほとんど知らない。さらに、彼らはそのような大学の複雑な出願プロセスを恐れて出願をやめてしまい、出願すれば入学が許可される見込みがずっと大きいことを理解していない。しばしば、彼らはそれまで家族の中で誰も大学に行ったことがない家庭の出身である。周りの友達にも大学進学を真剣に考えている子供がいない。結果として、彼らは高校の進路指導担当者以外に、大学進学を勧めたり、どの大学にどうやって出願したらよいか、アドバイスしてくれる人がほとんどいない。

高校の最終学年の生徒に能力に合った大学に行くことを説得するためには、進路指導担当者を質、量ともに大幅に改善することが必要である。現在、進路指導担当者は多忙で、平均で三〇〇人以上を担当している。しばしば、他の職務もあり、競争率の高い大学の情報は限られている。しかしながら、彼らの人数を増やし適切な研修をするには費用がかかるので、州政府や連邦議会が現在の財政難の下でこの目的のために新しいことを立ち上げることは期待できない。

卒業率の上昇

学力のある学生を大学に招き入れること以上に深刻な問題が、彼らに学士号を取らせて送り出すことである。

三〇年前、アメリカはすべての国の中で若者の大学卒業率が最高であった[30]。しかしその後、多くの先進国が卒業率を増加させアメリカは停滞した[31]。その結果、アメリカは大学に入学した学生が卒業する比率で先進国二七カ国の中で最下位に近い[32]。四年制大学に入った学生のほぼ三分の一が、八年半の間で学士号を取得できていない[vi]。一九八〇年から二〇〇〇年で、高卒生のうち八年以内に大学を卒業した人の比率は五〇・五％から四五・九％に低下した[33]。今日、二五歳から三四歳で学士号を持っている人の比率は親の世代をかろうじて上回っている。

コミュニティ・カレッジでの数字はより深刻である。これらの大学はもともとは四年制大学への編入のために設立されたが、入学する学生のうちほとんどが学士号取得にたどりつかない[34]。もちろん、これらの結果はコミュニティ・カレッジに入学する多くの若者は、四年制大学に行くには高校の学業成績や統一テストの点数が足りていなかったという事実のためでもある。しかし、それを考慮したとしても、コミュニティ・カレッジから始めた学生の学士号取得の可能性はきわめて低い[35]。

コミュニティ・カレッジでは、短期大学士号（二年制大学修了）や修了証書（特定の職業訓練の技能プログラムの修了証書）の取得の結果も芳しくない。ルミナ（Lumina）財団での Jobs for the Future というプログラムによる六

（vi） 卒業率の推定は、（コミュニティ・カレッジでなく）四年制大学に入学した学生のみを対象にするか、入学後四年、六年、八年、さらにもっと長い期間を対象とするか、入学したのとは異なる大学に編入してから卒業した学生をどう扱うか、などによって数字がさまざまに異なる。公共政策の観点からすれば、最も意味のある統計は、編入をしてもしなくても、大学に入学した学生が六年、八年、一〇年後でもよいから学士号を取得する比率である。この数字で最良の推定はアデルマン（Clifford Adelman）によるものである。Clifford Adelman, *The Toolbox Revisited: Paths to Degree Completion from High School through College*, US Department of Education（2006）を参照。それによれば、一九九一年に高校を卒業した人のうち、四年制大学に入学した人の六九・三％は、同じ大学かどうかは別にして、八・五年以内に学士号を取得している。しかし、高卒後にコミュニティ・カレッジに進学した人は調査に含まれていない。コミュニティ・カレッジの最近の卒業率の推定値については本文参照。

つの州のコミュニティ・カレッジに関する調査では、一九九九年の入学生のうち六年以内に修了証書を得たのはコネチカット州の一％からノースカロライナ州の一〇％まであった。最近では、National Student Clearinghouse Research Center の報告書によれば、二〇〇六年に公立のコミュニティ・カレッジに入学した学生のうち、二三・九％のみが二〇一二年までに同じ学校を卒業し、三％が異なるコミュニティ・カレッジを卒業し、九・三％がコミュニティ・カレッジは卒業せずに四年制大学に編入して卒業している。(36)

入学と同様、卒業率も家庭の経済状況に大きく左右される。卒業率は単に学生の能力の違いだけの問題ではない。大学の勉学をこなす能力のある学生のうち、高所得者層出身の学生の八一％は八年以内に学士号を取得しているが、低所得者層出身者ではわずか三六％である。(37)この数十年で、所得格差による学士号取得率の差は大きくなってきた。しかしながら、興味深いことに主な理由は、所得格差が広がったことでなく、高所得者層出身の女性が大学に進学し就職することを希望するようになったからである。

経済成長のためにも、人々にとっての機会という点でも教育は重要なので、現在の大学卒業率の停滞は高い地位にいる人までも狼狽させている。オバマ（Barack Obama）大統領は繰り返しこの問題を取り上げ、二〇二〇年までに六〇％のアメリカの若者が何らかの学士号を取得できるようにして、アメリカが歴史的に誇ってきた世界的な高学歴国の地位を取り戻そうとしている。(38)

大学は何ができるか

アメリカ人の学士号取得比率を上げるためには、何がなされうるであろうか。中途退学には多くの理由があるが、そのすべてに大学が影響力を及ぼせるわけではない。たとえば、大学は初等・中等教育の質を向上させたり、就学前のプログラムを強化して、大学での学習についていける能力のある学生を増やすことに関しては限定的な能力しか持たない。大学からの中退を引き起こす要因についても、大学の介入が難しいものもある。たとえば、調査によれば、学内の寮に住む学生より、キャンパスの外から通学している学生の方が中退率が高いのだが、寮の増設は多くの大学で財政的に難しい。同様に、中退率は大規模校で高いが、この大学の規模も簡単には変えられない。家庭のトラブル、病気、薬物中毒、その他の個人的な問題も退学を引き起こすが、これらは大学ができることの範囲を超えている。

それにもかかわらず、大学が卒業率を改善できるいくつかのことがある。最近の調査によれば、四年制大学の学部生の三分の二が「もし大学がどんなところかわかっていたら、高校時代にもっと難しい科目を履修し、もっと一生懸命勉強しただろう」と答えている。[39] しかしながら、しばしば高校では誰も彼らにその履修科目では大学での勉学に備えるためには不充分だと教えてくれなかった。彼らが大学に入学してから、まず単位にならない補習クラスを取らなければならないとわかり、やる気がなくなり退学してしまう。残った学生も、補習クラスの中でさえしばしば落ちこぼれていく。

不幸なことに、多くの高校の進路指導担当者は明らかに準備不足の生徒にも大学進学を勧めている。明らかに、担当者はアドバイスを求めてきた学生を激励したがる。仮に補習クラスを取らなければならないことは教えたとしても、おそらく、それが卒業や他大学への編入でカウントされないことは説明していない。[40] ローゼンバウム（James Rosenbaum）とその同僚たちが指摘するように、適切な説明がないために、高校生は「勉強しなくても大学に入れるのだから高校での努力は重要でない」と考えてしまう。[41]

多くの学生が適切な準備ができていないもう一つの理由は、アメリカでは他の先進国に比べて高校と大学との間の教科内容の調整が行われていないからである。多くの州で公立学校と高等教育は完全に分離していて、連携することはめったにない。この二つが調整のために会合を持つとき、今度はコミュニティ・カレッジが含まれない。コミュニティ・カレッジは学業で問題を抱え退学してしまいがちな多くの学生が入ってくるところにもかかわらず、議論からはずれてしまう。

原則として、州政府の担当者は高校、大学、コミュニティ・カレッジを説得して、高校で教えられる授業内容と大学の授業で必要とされるスキルや知識との間の整合性が取られるようにすべきである。他の諸国はこの問題をすでに解決している。もしアメリカがこれをできるのならば、学生が補習クラスを取らされることはほとんどなくなるであろう。結果として州政府にも財政の節約になり、大学の卒業率も上昇するだろう。しかしながら、アメリカのよく知られた分権的システムと地方自治の伝統は、調整の問題をきわめて難しくする。大学は、州全体で大学への適切な準備のレベルを定義されることを嫌う。また、多くの高校は既存の基準を満たして卒業させることに忙殺されているので、大学の望む水準にまで引き上げることには反対する。理由は何であれ、多くの州はより整合性のあるシステムを築こうとしているが、スペンス（David Spence）は二〇〇九年に「どの州も州内のすべての二年制、四年制大学に適用できる、大学進学向けまたは就職向けの特定の学業水準を決めることができていない」と述べている(42)。

多くの大学は、高校の授業とのつながりの悪さの埋め合わせや、大学で学ぶ準備のできていない学生の対応を自分たちで行っている。もし州が調整の役割を果たせないのならば、近隣地域から学生を集める大学は、そこの高校と連携して説明会を開いて大学での学びの性格を高校生に知らせ、彼らが自分でそれに合った科目を履修する手助けができるはずである。大学の教員は、夏休みや週末に高校の進路指導担当者向け説明会を開き、大学での学業や学費や奨学金について情報を提供することができる。大学教員は、これはすでに行われているところもあるが、高校生にいくつかの授業の履修許可を出し、大学の勉強が求めるものを直接体験してもらうことができる。さらに望ましいこととして、大学は卒業二、三年前の高校生に、大学進学までにどんな準備をしなければならないかの早期警戒情報を出すことができる。たとえば、各州のコミュニティ・カレッジがどの学生が補習クラスを取るべきか決めるための共通テストの実施に同意すれば、一〇年生にテストを行うことにより、大学で科目を履修する前にどんな準備が必要かについて、高校生に注意を喚起することができる(43)。

大学は自分たちの利益のためにこうした試みを行うべきである。何よりも大学は、準備が充分でない学生の補習クラスを負担している。これは費用もかかり、教員にとって業績にもならず尊敬もされない仕事である。結果として大学にとって、高校と協力して、大学で成功する見込みの低いまま入学してくる学生の数を減らすことは得るものが多いのである。

卒業率を改善するもう一つの方法は、補習クラスそのものの質の向上である。現在、高校卒業生のたった三分の一程度が大学の学習で成功する学力を持って入学してくる。結果として、もしアメリカが学士号を得る若いアメリカ人の比率を上げたいのならば、多くの学生が大学で成功できるよう基礎的なスキルの習得を助けることが不可欠である。

補習クラスは長い間、高等教育の望まれぬ連れ子だった。納税者はそのようなクラスの費用負担を拒否する「高校時代に履修すべきことをしない怠け者のための支出だから」。実際、一〇の州は禁止している。他の州ではすべての補習クラスはコミュニティ・カレッジで提供され、学力不足の学生にはそこに行くよう指示するが、そのことは「全員がコミュニティ・カレッジから四年制に編入するわけでないので」学士号取得のチャンスを小さくする。どこの大学でも、専任教員は補習クラス講義を自分の教育・研究よりは低くみなしているので、指導は非常勤教員に委ねられる。ほとんどのクラスは、必ずしも効率が良くないとされる反復練習方式で教えられている。補習クラスの授業の質を改善する方法はどこかに見つかるはずだ。幸いにも、いくつかの財団からの支援で、多くのコミュニティ・カレッジはより多くの学生が大学入学の資格認定コースを卒業し、学位に向かって大学で勉強を始められるように新しい方法の実験をしている。

大学にできる第三の方法が通常のクラスの教育法の改善である。最近の研究では、ある種の教育法は退学率を低くしている[44]。学生が協力して問題を解決するなど、より能動的な教育法は助けになりそうだ。教員の監督の下、学部生が研究ができる機会を持つことも同様に助けとなろう。より明瞭でしっかりと構成された授業という簡単なことでさえ違いを生む。そのような授業であれば、興味深く受講する価値のあるものとなり、他の受講者とも親しくなって、さらに励まし合い意見を交換し合うことで自分が進歩しているという自信がつく。結果として、卒業率に影響を与えることができる。

卒業率を上げる最後の方法は、学生の退学を防ぐために大学が提供できるさまざまな支持・支援の強化である。多くの有益な介入が学生をとどめておくことに違いを生じさせる。(45) キャンパスの幹部は、中退しそうなリスクのある学生を、それを防ぐための指導・相談を行うために、できるだけ早い時期に特定することを試みることができる。新入生セミナー、夏の事前セミナー、(新入生がある程度のグループで同じ授業を一緒に履修する)学習コミュニティは違いを生じさせることができる。学生支援のための大学によるキャンパスでのアルバイト斡旋(Work-Study Job Program)でさえ[学外で長時間働くことを避けるので中退防止の]助けになりそうである。他の価値のある支援は、精神衛生面での相談、奨学金での支援、卒業の価値を理解させるような就職相談・支援である。最初のステップは、これらの活動を調整し整理して学生を当惑させないようにすることかもしれない。多くの問題を解決しなければならない、両親も大学に行ったことがない一八歳の学生にとって、支援を得るために異なる場所の異なる担当部署に行くこと自体が彼らの能力を超えている。

中退について誰よりも詳しく調査したティント(Vincent Tinto)は、学生を在籍させ続けることに効果がある方法の評価付けをした。(46) 学生の能力と出身階層が似ている大学の間でも卒業率は大きく異なるので、多くの大学は改善の余地がまだ大きいと言える。(vii) もちろん、よりよい補習と同様、改革は労働集約型で費用がかかり、資金が問題になるときには常に、とくに資源の限られた大学にとっては深刻となる。しかし、ウェバー(Douglas Webber)、とエーレンバーグ(Ronald Ehrenberg)によれば、退学率が五〇%を超えている大学で、学生一人当たり五〇〇ドルを教育予算から学生支援の改善のための予算に回したところ、予算の純増はないのに低所得者層出身の学生の卒業率を一・三%増加させることができた。(47)

大学教育の費用

大学を中退する多くの理由の中で、経済的理由は最も顕著なものの一つである。一見、費用は多くの学生に入学を躊躇させる要因ではないようである。学力が充分ある高卒者のうち一〇%のみが経済的理由で大学進学をあきらめている。(48) しかしながら、大学生活を始めると、多くの学生が予想した以上に費用がかかるとわかる。事実、経済的理由が学部生退学の最も多い理由になる。[49] 両親から独立している社会人学生も、低所得者層出身の若い学生も、勉強を続けながら長い時間アルバイトしたり、それ以上にローンを増やすことに限界が来て、中退する。

大学は授業料が高すぎるということで、これらの困難に責任があるのであろうか。多くの人々はそう思っている。[50]「大学は多くのアメリカ人には手が届かないかもしれない」とは、二〇〇八年の *New York Times* 紙の見出しである。二〇〇五年、*Economist* 誌は、高等教育の潜在的な弱点の一つは授業料が上昇しすぎて自ら市場から退出してしまう［購入者がいなくなる］ことだと指摘している。[51]

この批判を支持するために最も頻繁に示されるのは、授業料が生活費［一般物価水準］よりもはるかに速く上昇していることである。[52] この傾向は一世紀以上続いていたのだが、最近の数十年、とくに顕著になった。一九八二－八四年から二〇一〇年で、大学の授業料は物価上昇率を考慮しない名目ベースで四三九％上昇した。同じ時期、医療費は二五一％、家庭の収入の中間値はわずか一四七％であり、消費者物価は一〇六％であった。[53] その傾向は自然と批判さらに警告を招く。しかしながら、詳しく見ると、数字は既存の授業料のレベルの適切さや過去二〇－三〇年で学費負担の上昇についてわれわれが考えていることとは異なっていることがある。

授業料について一般にいわれていることの最初の問題点は、大学間の授業料の大きな違いが看過されていることである。二〇一一－一二年度で、平均でわずか二九六〇ドルの公立コミュニティ・カレッジから、二万八五〇

(vii) たとえば、志願者の七五～八五％が合格し、新入生のＳＡＴの平均点は五〇〇～五七二点、高校のクラスで上位五〇～六五％程度という中位ランクの大学は何百とある。卒業率では上位三分の一は新入生の六二％で、下位三分の一はわずか三五％である。入試難易度と新入生の学力によるランキングで、他のランクに属する大学の間でも卒業率には同様のばらつきがある。Frederick M. Hess, Mark Schneider, Kevin Carey, and Andrew P. Kelley, *Diplomas and Dropouts: Which Colleges Actually Graduate Their Students（and Which Don't）*, American Enterprise Institute（2009）を参照。

○ドルの私立四年制大学までである。[54] さらに、授業料は提供される教育にかかる費用全額よりずっと低いのが普通なので、州立大学だけでなく最も高い私立大学でも、課される授業料が過大ということは自明ではない。〔授業料が高すぎて人気がなくなるのと〕逆に、授業料が高く入学が難しい大学の多くは志願者を減らすどころか数十年にわたって増やしている。これらの大学の中には今日、一人の学生を採るのに一〇人、一二人、一五人を不合格にしているところもある。高い授業料にもかかわらず、入学の競争は非常に激しくなっているので、両親は子供のために高い料金を払って進学アドバイスのコンサルタントを雇ったり、アイビーリーグの大学に入るのに有利になるといわれる名門幼稚園に入れようと努力している。[viii]

学生は奨学金、学費免除などさまざまな経済的支援を受けているので、授業料は大学の費用を正しく表していない。[ix] これら経済的支援ために多くの金額が費やされている。大学そのものが、二〇一〇－一一年度に二九七億ドルの奨学金を出している。[55] 州政府が九一億ドルを負担する一方で、連邦政府が三三九億ドルを給付型奨学金に拠出している。これらの支援の大学進学費用への実質的な影響力は大きい。もし授業料・〔施設費などの〕諸経費から貸与（ローン）型ではなく給付（グラント）型奨学金を差し引くと、学生が私立四年制大学に通うために支払う金額は、二〇一一－一二年度で平均二万八五〇〇ドルから一万二九七〇ドルに下がる。[56] 州立四年制大学では平均八二四〇ドルから二四九〇ドルに低下する。[57] 州立のコミュニティ・カレッジでは、平均の給付型奨学金が授業料を上回るので、学生の負担は寮・食費に八〇〇ドル払えばよいだけである。[58] 下位四分の一の低所得者層出身の学生はニード基準〔経済的困窮度を理由にもらえる〕型奨学金をもらっているので、（授業料・諸経費から給付型奨学金を差し引いた）平均の純負担は二〇〇九年で州内学生が州立四年制大学に行く場合はゼロで、私立大学に行く場合は六一四〇ドルである。[59]

奨学金や授業料免除は大学の費用の実質の上昇率に大きな影響をもたらす。たとえば、二〇〇〇－〇一年度から二〇一一－一二年度で、私立大学の授業料は二万一〇一〇ドルから二万八五四〇ドルに増え、実質三三％以上の増加であった。しかしながら、経済的支援はもっと大きく増えたので、純費用（授業料・諸経費から給付加型奨学金と税優遇措置を差し引いたもの）は一万一八一〇ドルから一万二九七〇ドルと一〇％増加しただけである。[60]

今日、学部生全体の三分の二以上が何らかの経済的支援を受けている。二〇一一－一二年度で、九〇〇億ドル以上の学部生向け奨学金に加えて、家庭には一三四億ドルの減税、学生は七〇〇億ドルの連邦政府からのローンを受けており、すべての経済的支援は年に一七〇〇億ドルになる。[61] 疑いなく、これらの大きな経済的支援がなけ

（viii） この一見、矛盾に見えることには理由がある。最も入学が難しい大学の授業料は物価水準よりも速く上昇しているが、大学が学部生一人当たりに費やす教育支出額はさらに速く上昇している。結果として、経済学者ホックスビィ（Caroline Hoxby）によれば、入学難関大学が、学生一人当たりに支出する額が授業料を上回っている分は大学による補助金であるが、その額はますます大きくなり、授業料は学生に対する支出の五分の一程度にすぎない。また、そのような補助金は難関大学では最も入学しやすい大学の一〇倍になっている。Caroline M. Hoxby, "The Changing Selectivity of American Colleges," 23 *Journal of Economic Perspectives*（2009）, p.95 を参照。

ホックスビィによると、最も入学が難しい私立大学は学生の教育に多くの支出を行い、学生に補助金を出しているが、学生が生涯得る収入が教育費（授業料、寮費・食費、そして大学からの補助金）を上回る分は上昇していて、普通株の平均利回りに近い。ほとんどの学生が奨学金を受け、公表されている授業料全額を払っていないし、大学からの補助金を返還する必要はないので、多くの学生がそのような大学を志願し、卒業率がアメリカで最も高いことも不思議でない。

（ix） より一般的には、学生や家族にとっての大学の費用の重要性を考えるときに、いくつかの数字に注意することが助けになる。まず、「表示価格」は、公表された授業料の四年間の合計である。第二が「大学にとっての教育費総額」で、授業料より大きく、時にはかなり大きい。第三の、最も重要なのが「学生と家庭が実際に払う金額」で、奨学金があるので、ほとんどの学生にとっては表示価格より小さい。最後の数字が「大学学位の価値」であり、卒業後の生涯所得を考慮した、表示価格を払うことに対する収益率である。

これら四つの数字のうち、大学の費用を考えるに当たって、授業料は最も役に立たない。なぜならば、「表示価格」の全額を払う学生はほとんどいないし、そのような学生は平均家庭よりもはるかに豊かな家の出身だからである。一九七八年から二〇〇八年の間、中間層の所得は一五％しか増加していないが、上位二〇％の富裕層は五二％も増加し、最上位五％は七八％も増加した。College Board, *Trends in College Pricing 2009*（2009）, p.16 を参照。裕福な家庭にも授業料増加の重荷はかかってくるが、自分たちの収入が増えているので影響力は小さく、子供の大学志願率や卒業率は減少しない。

れば、大学進学率・卒業率は今日のレベルにまでは上昇できなかったろう。

しかしながら、これらの支援があっても、調査によれば多くの学生が大学にとどまるための資金を見つけるのに苦労している。二〇〇九年までに、平均で四年生は二万四〇〇〇ドルの負債を累積させている[62]。低所得の学生はとくに苦労する。ローンも含めて、すべての経済的支援を受け取ったあとでも、多くの学生は年に数千ドルの追加支出を必要としている。この不足を埋め合わせるために、彼らは民間のクレジットカードローンに頼ったり、大学が勧める時間以上のアルバイトをせざるを得ない。

学費の上昇、学生と家族の資金源への圧迫の強まりという現在の財政状況は、何に現われているだろうか。今日の最もよくなされる反応が、大学幹部への批判である。この反応は部分的には正しいが、現実はもっと複雑である。いくつかの要因が合わさって今日の苦境を生みだしている。

第一に、教育支出が一般物価水準以上に増加するのは、高等教育に限定したことではない。高いスキルの労働力を広範に雇用する大学のような組織は、物価水準以上にその価格を上昇させている。理由は、スキルの高い労働者は機械で代替しにくく、製造業、農業、その他のセクターのような生産性向上が難しいからである。過去二〇年から三〇年の間はとくに、大学の費用の上昇率は一般物価水準を上回っているが、統計がとれている二〇世紀の初めも、おそらくそれ以前からもそうだった[63]。医療、法律、保険から交響楽団まで、労働集約的な職種は費用が増加する傾向にある[64]。

この歴史的な趨勢は、最近の数十年、高等教育のすべての面で競争が激しくなってきたので、悪化している。ほとんどの産業で、競争は低価格になる傾向がある。しかしながら、高等教育では才能ある学生、財団の役員、慈善家、他の重要な関係者が関心を持つのは、低価格でなく高い品質、または一般に高い質とイメージされているものである。この種の高い品質は、より魅力的な寮、教室、大きくて立派な図書館や実験室、名声のある科学者と学者から成る教授陣など費用がかかるものである。結果として、四年制大学による学生を集める競争は、授業料上昇への絶えざる圧力となる。

さらに、州政府の州立大学への財政支援が徐々に減少していることも授業料上昇の圧力となる。州立大学の収入のうち、州政府からの資金の占める比率は一九八〇年の三二%から二〇〇九年の一八%に低下した。大学の幹部は、プログラムの質を低下させないように授業料は上昇せざるを得ないと感じる。

大学の費用増加の学生と親への影響に貢献する最後の要因は、上位二〇%以外のアメリカ家庭で最近の数十年の所得の増加が停滞してしまっていることだ。(65) 一九五〇年代と六〇年代の授業料の上昇は、家庭の所得が増加していたので、家計に占める比率は増加しなかった。一九七〇年代末に中所得者、低所得者では状況が変化した。それ以来、高い授業料は多くの家庭にとって所得の多くの部分を占めるようになり、多くの学生とその親が学費の原資を見つけるのが難しくなった。(66)

大きくなっていく大学の費用の負担は、連邦政府による学生への経済支援プログラムによって緩和されてきた。しかしながら、政府の負担がますます重くなるにつれて、奨学金も給付型から貸与(ローン)型が中心になっている。したがって、多くの学部生と家庭は学費の資金源を見つけようとしている。それがより長時間のアルバイトか、民間ローンによる多くの負債であり、その結果、多くの学生が中退してしまう。

これまで述べた授業料と奨学金との両方を含む大学費用の趨勢は、長期にわたって維持できるとは思われない。過去数十年にわたって、学部生の経済的支援に関わる人は互いに、増加する費用の負担を他にシフトしようとしている。州政府は連邦政府に任せようとしている。連邦政府は次第に貸与型奨学金を増やし、家庭の負担にしようとしている。家庭は学生を借金を増やす方に向けてしまい、学生はローンで破綻する。すべてを通して、大学は誰かが支払いのためのお金を見つけると期待して、授業料を増加させている。しかしながら、どこかで、このプロセスは止めざるを得ない。授業料が家庭の所得より速く上昇することは永続できない。政府によるローン型奨学金は、多くの学生が上昇する大学費用を払えるようにしているが、入学率と卒業率を下げることなしにはこれ以上増やすことができない負債のレベルにまで達し、学士号取得者に返済不可能な負担を生みだしている。つまり、近い将来、何かが変えられなければならない。そうでなければ、教育の拡充どころか、これまで築き上げた現状の維持さえ難しい。

第5章　大学進学費用の捻出——政策担当者と大学幹部に突きつけられた課題

「ユニバーサル」な高等教育の時代、多くの学生にとって大きな重荷となった高等教育費は、どうやってそれを払うのかという、トラブルに満ちた課題として注目されている。州政府、大学、学生はすべてこの問題に苦しんでいる。問題はさらに大きくなる運命にありそうである。コンサルタント会社のマッキンゼー社の最近のレポートによると、次の一〇年でアメリカが高等教育の普及率で世界のリーダーになるというオバマ大統領の目標を達成するには、二年制、四年制大学の学位授与数を二〇一〇年から二〇年の間に毎年三・五%から四%のペースで増やさなければならない[1]。もし現在の教育法を続けるのならば、五〇〇億ドルの追加予算が必要である[2]。

高所得者層の子弟はすでに大学進学に熱心で、これ以上の増加は見込めないので、普及率を上げるために必要な在学者数の増加は、低所得者、中所得者の層に求めなければならないであろう。支援を必要とする学生も親も、授業料だけでなく寮・食費のための資金も必要としているので、いかに彼らの多くに大学進学・卒業を可能にさせるかは政策担当者にとって重要な問題である。もし何か方法が見つからなかったら、経済成長は鈍化し、所得不平等はさらに悪化し、何百万ものアメリカの若者が夢や希望をかなえることができなくなる。

このジレンマを一挙に解決する妙案はない。問題の性格は対象となる高等教育のセクターによって異なる。したがって、政策担当者が直面する課題を理解するためには、各セクターを個別に調査しなければならない。そうして初めて、政策担当者がとるべき選択肢の種類を理解できるだろう。

難関私立大学

このタイプの大学は高い授業料を課しているが、それほど政府に負担をかけずに高い進学率と卒業率を達成するという問題については、小さな役割しか負っていない。これらエリート大学の「表示価格」全額を払っている学生は、両親が負担しているので、国に負担をかけていない。授業料はとてつもなく高いが、多くの志願者を集め続けている。彼らは富裕層の出身で、富裕層は一九七〇年代以降、他の階層では所得が伸び悩んでいるのに、所得が増え続けたからである。(3) これらの大学では卒業率が高く、学生は一旦入学したらめったに中退しない。

「表示価格」を払えない人は、奨学金やローンなどさまざまな経済的支援を受ける。このタイプの大学の中には、充分な奨学金の資金を持ち、低所得者層出身の学生でもローン負債を抱えたり、アルバイトに時間を割いたりせずに卒業できる奨学金を付与するところもある。事実、入学倍率の最も高い大学の中には、学生が所得が六万ドルとか六万五〇〇〇ドル未満の家庭の出身ならば、何も払わず、負債も増やさずに卒業できるように経済的支援をするところもある。

独自の奨学金があるので、連邦政府はこれらの大学の学生が受ける経済的支援にはほとんど貢献していない。受給対象となる貧しい家庭の出身者は少ないので、ペルグラント受給者数は限られている。多くの学生は連邦政府からのローンは利用しているが、彼らは卒業後に条件の良い仕事に就けるので、返済不能に陥る可能性は他のタイプの大学の学生に比べるとはるかに小さい。全体的に、このタイプの大学では納税者への負担はきわめて小さい。(i)

もし難関校が広範な学部生の高等教育費負担で貢献できるとすれば、それは低所得者、中所得者層からの学生をたくさん入学させることである。これについては次の章で詳しく検討する。しかしながら、うまくいったとしても問題解決にはそれほど貢献しないであろう。難関大学はマスコミの注目を集めるが、学部学生のほんの一部しか収容しておらず、近い将来に規模が急激に大きくなるとは思われない。たとえ拡大しても、大きな支援を必要とする多くの学生を教育するほどの資源はさすがにない。低所得・中所得者層からの学生で、難関大学進学に充分な高校の成績や統一テストの点数を得ている学生の数も限られている。これらの理由から、次の一〇年、二〇年で何百万もの新たな大学生を教育するという挑戦はほとんどすべて、他のセクターの大学に任せられるであろう。

旗艦州立大学

大きな州立の研究大学は、私立難関大学よりもはるかに多くの学部生を教育している。National Merit Scholarsのような選抜が厳しい奨学金を受ける優秀な学生の数は、合計では名門私立大学と変わらないが、低所得・中所得者層出身の学部学生の比率ははるかに高い。しかし、そのような学生の数は減ってきている。その理由は州政府が州立大学への予算を、一九八七年から二〇一一年までに一大学当たり二〇％も減らしたからである。(4) 多くの旗艦州立大学はその対応として、すぐに授業料を上げ、学生数を抑制し、州内者より高い授業料を払ってくれる他州や海外の富裕層の子弟を積極的に受け入れた。(5) 結果として、低所得者層の子弟はより多くが、授業料が安い

（i） もちろん、学生への経済的支援以外では、政府は寄付金の所得税控除や固定資産税免除など、間接的に私立大学を助成している。しかし、これらも好ましい投資である。一ドルの慈善寄付への税の減免措置は一ドル以上の寄付の増加につながり、高等教育の費用の増加を抑制する。州政府や地方自治体は、固定資産税を得られなくても大学があるおかげで雇用創出、新規事業の立ち上げができ、大学の周辺地域からの税収の増加が得られる。

総合大学やコミュニティ・カレッジに集まるようになった。一九八二年から二〇〇六年、コミュニティ・カレッジの学生で下位二五％の低所得者の子弟の占める比率は二一％から二八％になり、上位二五％が占める比率は二四％から一六％になった(6)。

過去二〇年、州政府がしばしば旗艦州立大学と協力して、優秀な学生を勧誘し、また転校してしまわないように、より多くの資金をメリット基準型奨学金に回すようになったので、これらの傾向は加速した。一九九一年から二〇〇八‐〇九年度の間に、給付型奨学金の中でメリット基準型はニード基準型の三倍のペースで増えた(7)。いくつかの州ではこのタイプの奨学金の受給者は富裕層の子弟なので、このことは低所得・中所得者層の子弟の入学をますます制限している。

これらの要因によって、多くの旗艦州立大学は、富裕者層からの成績優秀な学生のニーズに応えるという点で、難関私立大学と似たものになってきた。ボーエン（William Bowen）、チンゴス（Matthew Chingos）、マクファーソン（Michael McPherson）によれば、すでに低所得者層出身で学力も充分な学生の四〇％程度しか旗艦州立大学に行っていない。残りは倍率の低い大学に行くが、そこは卒業率が高くない(8)。

メリット基準型奨学金の広範な利用は不必要で残念なことだが、旗艦州立大学の授業料上昇の主要な要因が州政府からの支援の減少であることを繰り返し指摘しておくのは公平であろう。旗艦州立大学がこの現象を無駄な支出の削減で埋め合わせるのは難しい。過去一〇年でこれらの大学の多くは真剣に経費削減に努めなければならなかった。もし何か別の経費削減の方法がわかっていたならば、教員の給与カットよりも先にそれを行ったであろう。旗艦州立大学はライバルの私立大学に比べて教授の年収が二万五〇〇〇ドルも低い。彼らは授業料を急激に上げるか、教授陣と教育プログロムの質を劣化させるしか選択肢がなかった(ii)。

州政府の判断もまた、財政的な必要性によるものである。予算を均衡させなければならないので、多くの州は連邦政府がペルグラントやローンを増やしてくれたのをよいことに、州立大学への財政支出を減らした。その結果、州立大学は授業料を上げざるを得なくなり、経済的支援が欲しい学生への連邦政府の支援努力の足を引っ張ることになった。自身も財政難なのに努力している連邦政府の担当者には歓迎できない動きである。

いかに州政府と連邦政府の担当者とがこの違いを克服したとしても、旗艦州立大学は次の一〇年、二〇年で新たに押し寄せる学生の教育には大きな役割を果たしそうにない。たしかに、旗艦州立大学はメリット基準型奨学金の重視を見直し、低所得者層出身で学力のある学生を受け入れることはできる。しかし、それで恩恵を受ける学生の数は、卒業生の数を増やすために必要な総数に比べれば小さい。したがって、高等教育の拡充のために増加する学生を教育する責任は、すでに資金に限界のある学生の多くが在籍している総合大学、コミュニティ・カレッジ、営利大学にかかっている。

総合大学とコミュニティ・カレッジ

州立の総合大学とコミュニティ・カレッジは、さまざまなタイプの大学の中で、学生一人当たりの支出が最も低い。総合大学で一万一〇〇〇ドル、コミュニティ・カレッジで九〇〇〇ドル、旗艦州立大学で一万四〇〇〇ドル、私立研究大学で三万三〇〇〇ドルである。(9) 安い授業料、簡単な入学基準、低所得・中所得者層出身者への教育の経験によって、総合大学とコミュニティ・カレッジは、在籍者数と卒業率の増加という目的の達成に貢献す

(ii) 州政府からの予算の削減が、旗艦州立大学にどれくらい大きな悪影響を与えたかは明らかではない。Stephan Vincent-Lanerin, "An OECD Scan of Public and Private Education," in John A. Douglass, C. Judson, King, and Irwin Feller (eds.), *Globalization's Muse : Universities and Higher Education Systems in a Changing World* (2009), p.15 を参照。二〇一一－一二年度、わずか一一・六%の州立研究大学の教学責任者が「過去三年の予算カットは大学のプログラムに大きな損失をもたらした」と答え、九〇%以上が大学の状況は「良い」か「素晴らしい」と回答している。Kenneth C. Green, *The 2011-12 inside Higher Ed Survey of College and University Chief Academic Officers* (2012), pp. 6, 15 を参照。しかし、いまや予算カットへの対策はほとんど施し尽くしたので、これらの大学がプログラムの質を落とさずに、さらなる州政府からの支援の削減に耐えられるかは疑問である。

るのに適した立場にいる。しかしながら、さまざまな理由から、このタイプの多くの大学は、連邦政府が目的を達成するための功労者としては理想的とはいえない。

オバマ政権は大学を経済的に手の届くところにして有能な学生が卒業まで在籍できるようにするため、ペルグラントを大きく増加させた。しかしながら、前述のように、多くの州政府は歳出削減の圧力の下、近年、せっかくの連邦政府の努力を、総合大学とコミュニティ・カレッジへの予算額を減らし、授業料を増加させる方向に利用している。もし州政府がこのポリシーを続けるならば、ペルグラントが大学へのアクセスを改善することは妨げられ、高等教育の費用負担を州政府から連邦政府にシフトするために用いられてしまう。

コミュニティ・カレッジに依存することのもう一つの問題は、中退率が高いことである（少し弱い程度で総合大学にも言える）。コミュニティ・カレッジに入学した学生のうち、三年以内に短期大学士号や職業訓練コースの修了証書を得るのはほんの一握りである。短期大学士号を得ずに四年制に編入して学士号を得る人もいるが、最も詳細な研究の一つによれば、入学の六年後でさえ、コミュニティ・カレッジに入学した学生のたった三六％しか（二年制の）短期大学士号、あるいは学士号を取得していない。[10] さらに悪いことに、卒業前に中退する学生のかなりの部分が、最終的には、学位取得の不成功の中で蓄積した連邦政府保証ローン［学生が民間から借りるローンを連邦政府が債務保証するタイプ］の返済不能に陥ってしまう。

多くの総合大学やコミュニティ・カレッジは政府からの多額の追加支援を受けなくても、おそらく卒業率を高くすることはできるであろう。前述のマッキンゼー社のレポートによれば、これらの大学は、同じような能力と社会経済背景の学生を持つ大学の中で卒業率がトップ二五％の大学と同じレベルを全大学が達成すれば、オマバ大統領の目標をコストを増やすことなく達成できる。[11] そうするためには、これらの大学は次の点に集中する必要がある。まず、簡素でよりよく組み立てられた教育プログラムと、有効な補習クラスを提供し、学生へのアドバイスと就職支援を改善することによって、中退率を低下させる。他方で、（大学スポーツのような）不必要なプログラムを廃止する、オンライン授業や非常勤講師を活用する、卒業のために必要な科目数を抑える効率的な方法を考案するなどによって、費用を削減する。[12]

しかしながら、実際問題として、これらの方策で年にいまより一〇〇万人も多くの学生を卒業させるコストを充分に賄うことは、きわめて難しい。すべての総合大学とコミュニティ・カレッジに、最も成果を上げている同種の大学の成功例をまねさせるというのはできそうもない。なぜならば、すべての学長・スタッフが成功した大学の学長・スタッフほどスキルと熱意があると想像するのは現実的でないからである。[iii] 教員や学生からの抵抗は改革を妨げるかもしれない。さらに、特定の大学、環境の下ではうまくいったことが、他の大学、環境の下でもうまくいくかは保証がない。

マッキンゼー社のレポートが提案する改革のいくつかは、教育の効果を減少させることになるかもしれない。[13] たとえば、非常勤講師の利用は間違いなく費用の削減になるが、グレードインフレ［学生に安易に良い成績をつける］、高い退学率、その他の教育の質へのマイナス面を指摘する分析もある。[14] オンライン授業は将来性があるが、ここまでの経験によれば通常の教育法に比べて良い面もあるし悪い面もある。[15] いかに教育法を改善し退学率を下げるかについてさらに多くのことが明らかになるまでは、大学がオンライン授業だけの提供でうまくいくとは保証できない。補習クラスの改善方法も、研究と実験によってどの教育法がよりよい結果を出すか明らかになるまでは、広範には広まらないであろう。

要するに、マッキンゼー社のレポートが明らかにしたのは、卒業率の顕著な改善と学生一人当たりの費用の低下は、運営がうまく成功している大学では可能であるということである。このことは、同様の方法を採れば小さ

（iii）たとえば、クラーク（Kim Clark）は、マッキンゼー社のレポートが取り上げた最も成功した六大学のうちの一つの大学の学長だが、彼はハーバード・ビジネススクールで成功した院長で、引き抜かれるときに［設置母体の］モルモン教会に促され、ハーバードの同僚を引き連れていった。そのような好機は、多くのコミュニティ・カレッジでは存在しそうもない。

な費用で退学率を減らし、卒業率を増やすことができると期待させてくれる。しかし、それをシステム全体で達成できるかは難しく、結果が出るまでには少なくとも一世代以上かかるであろう。

営利大学

営利大学は、勤労学生の特殊なニーズと環境に合わせた、無駄を省いた教育モデルを発展させた点で最も発明の才がある。最近では、勤労学生により便利な教育を提供するためにオンライン・プログラムを積極的に活用している。これらの企画と積極的な学生勧誘によって、営利大学は高等教育の中で最も成長している。もし高等教育の普及を達成したいならば、営利大学は、大学を卒業する必要があるすべての潜在的な学生を教育するための理想的な形態のように見えるかもしれない。しかしながら、いくつかの理由で、営利大学は政府の目標を達成するに当たっては問題のあるパートナーである。はじめに、学生が希望する仕事に就くという点ですべての営利大学が成功しているわけではない。成功している営利大学は、職種ごとの求人状況をうまく理解して科目を提供し、卒業生を就職させている。(16) しかし、営利大学の中にはうまく機能していないところもある。したがって、政策として営利大学に大きく依存するならば、営利大学のプログラムが学生のニーズを満たすだけの質を実際に提供できているか確認する作業が必要となろう。

営利大学ではとくに、四年制で学士号をめざす学生の高い中退率もまた問題である。ゲイツ（Gates）財団のためにEducation Trustという団体が作成した最近のレポートによれば、四年制の営利大学に入学した学生の六年後の卒業率はわずか二二％である。(iv) 営利大学はこの数字に対して、彼らが多く抱える社会人学生はパートタイムなので卒業までに六年以上かかるのは仕方がない、と反論している。最大の営利大学であるフェニックス大学は、卒業率は同レポートが示す九％よりも高いと主張している。(17) 同大学によれば本当の値は三〇％である。たとえこの修正値が正確でも、依然として問題のある低い値である。

営利大学は、二年制プログラムでは卒業率がはるかに高い。同レポートでは、二年制の営利大学に入学した学生の六〇%が三年以内に短期大学士号か職業訓練の修了証書を得ている[18]。この数字は、多くの州のコミュニティ・カレッジの修了率よりもかなり高い[19]。

高い中退率は税金を浪費していることになる。なぜならば、営利大学に入学した学生もコミュニティ・カレッジに入学した学生と同様、連邦政府から給付型奨学金を受けて授業料を払っている。中退する人は連邦政府保証ローンの返済不能にもなりがちである[v]。営利大学の学生は学部学生数全体の一〇%しか占めていないが、教育ローンの返済不能者の四三%を占めている[20]。もちろん、営利大学の学生は収入が限られているので、難関私立大学の学生に比べれば返済不能に陥りやすい。そうであっても、営利大学の学生は四年間で二七%が返済不能となり、[低所得者層が多い]コミュニティ・カレッジの学生の一六・六%よりも高い[21]。

将来、数を増やさなくてはならない学生の教育を営利大学に任せることの問題の最後の点は、営利大学はその性格上、最終的には株主の利益のためにあるということである。収入の多くは、連邦政府が支出する奨学金である。結果として、連邦政府がペルグラントを増やして大学へのアクセスを改善しようとするならば、営利大学はそれを自分たちの収入増加につなげるために授業料を上げるので、期待された学生への恩恵は得られない。コミュニティ・カレッジや総合大学のように、営利大学はあまり費用を使わずに卒業率を上げることに貢献できる

(iv) Mamie Lynch, Jennifer Engle, and José L. Cruz, *Subprime Opportunity: The Unfulfilled Promise of For-Profit Colleges and Universities*, The Education Trust (November 2010). このレポートによれば、営利大学における六年後の卒業率は、州立四年制大学の五五%、私立大学の六五%よりかなり低い。しかし、この比較は誤解を招く。なぜならば、家族の所得、SATの点数、大学入学前の学力において、非営利大学の学生よりかなり不利な学生を多く抱えた営利大学がたくさんある。より意味のある比較は、同じような学生を持った大学同士の比較であろうが、その場合、卒業率の差は明らかに小さくなるであろう。

(v) 政府が債務保証したローンの返済不能は連邦財務にとっての損失だが、驚くべきことに返済不能になったローンの八〇%が最終的には回収されている。しかし、この成果を得るために、政府は民間企業に委託して債権を回収するために年間一〇億ドルも使っている。

が、政府による高等教育の普及を支えるパートナーとしては信頼が置けず、効率的でもない。

ポリシー・ガイドライン

これまでの議論で、学生への経済的支援は、大学進学・卒業者数を増やすことに関しては水漏れしているバケツであることを明らかにしてきた。不充分な教育プログラム、頻繁な中退、上昇する授業料、州政府からの補助金の削減のため、連邦政府から支給される資金は意図する目的を達成することなく消えてしまう。この現実に直面して、政策担当者は浪費する金額をできるだけ小さくするため、水漏れしている穴を塞ぐ方法を探るしか選択の余地がない。そうする中で、連邦政府担当者はペルグラントや政府保証ローンに大きく依存している学生を抱える営利大学や非営利大学の行動を監督することに、ますます多くの時間を費やすことになっている[vi]。

卒業率を上げようとする政府の努力は、容易に不測の失敗につながる。費用削減と授業料抑制を求められた大学幹部は、教育の質を低下させるかもしれない。最低限の卒業率を満たさなかった大学への財政支援を打ち切るポリシーは、大学が教育の質を低下させ必要なスキルのない学生に成績証明書を出すという結果を招くであろう。それでも政府は、奨学金を増やすことで高等教育の普及を促進しようという努力が、授業料の上昇と州政府補助金の減少、あるいは不充分な質のプログラムによって無駄になっているならば、傍観してはいられなくなる。

ここからは、政策担当者が高等教育の普及の戦略を考慮する際に心に留めるべき原則を示す。

まず第一に、単に多額の資金をつぎ込むだけでは、学士号取得者数を増やすことはできない。そのような戦略は多面性のある問題に取り組むことに失敗するだろうし、財政難の今日では実現するには費用がかかりすぎる。意味のある戦略は、(質は落とさないで)費用を抑制すること、そしていまの中退率を減らすための追加的経済支援以外の努力をすることによって、既存のプログラムの効率性を改善する活発な取り組みを含まなければならない[22]。いかに進めていくかを考慮する際に心に留めるべき数字は、卒業生を一人増やすときに政府にかかる費用である。もし営利大学（ならびに倍率の高くない私立大学）が他の大学よりも卒業生一人当たりのコストを低く抑えて現在よりも数多くの学生を教育できるのならば、それを支援することも含めて、すべての選択肢を検討するべきである[vii]。

第二の原則は、連邦政府、州政府、大学、高校といった主要の関係者がそれぞれに行動していたら、高等教育の普及の高いレベルを達成することは無理であろうということだ。自由に任せておくと、州議会や営利大学は連邦政府の援助が増加すれば、自分たちの財政の強化に利用してしまい、困窮している学生を助けることには回らないかもしれない。多くの大学はあまりに多くのお金をメリット基準型奨学金に回して、他の州や大学から優秀な学生を集めるために使い、それがなければ大学に進学して学位を取得できない奨学金を必要としている経済的困窮者に回さないかもしれない。高校は、高校生が大学を志願する際に充分に準備できているように教育やアドバイスをするスタッフがいないことを理由に、準備のできていない学生に大学進学を勧め続けるかもしれない[viii]。

第三の指針となる原則は、ニード基準型奨学金を増やさずに授業料だけを上げて、低所得・中所得者層出身の

（vi）　教育省はすでに、連邦政府からの財政支援を受ける資格を得る［支援を受けた学生が入学できる］ためには、次の三条件のうち、少なくとも一つを満たすことを大学に求めている。
一．少なくとも三五％の元学生［中退者を含む］がローン返済（前の年に一ドルであっても）をしていること。
二．毎年のローン返済額が典型的な卒業生の可処分所得の三〇％を超えていないこと。
三．毎年のローン返済額が典型的な卒業生の収入の一二％を超えていないこと。

（vii）　（営利大学を運営するカプラン社の資金による）ある調査では、営利大学の払う税金、非営利州立大学が州政府から得る直接の支援、非営利大学が受けるその他の直接、間接の政府支援を考慮すると、学生一人を教育するのに政府が負担するコストは、営利大学の方が非営利の州立の二年制および四年制大学よりも安い。Robert J. Shapiro and Man D. Pham, *Taxpayers' Costs to Support Higher Education: A Comparison of Public, Private Not-for-Profit, and Private For-Profit Institutions*（September 2010）を参照。

学生にコスト負担をシフトすることを避けることである。高等教育の普及を高い水準にするという国家目標を達成するには、低所得・中所得者層の子弟が多数、大学を卒業しなければならないのだが、この階層では現在の費用負担（家庭収入に対する比率）はすでに高くなっている。(ix) 中退率を下げようとするのならば、学生の負債はすでに限界にあるか、限界に近づいていることを認識すべきである。

最後に、大学進学・卒業率を上げる努力の中で、「成功」は卒業を簡単にするために教育の質を下げて達成されたものではないことを確認することが重要である。学士号を持つアメリカ人が増えても、彼らが卒業証書に見合う知識やスキルを持っていないのならば、誰にも恩恵をもたらさない。

高等教育の普及を促進する政策は、前述の原則を心に留めて形成されるべきである。政策担当者のために詳細な青写真を描くのは本書の範囲を超えているが、以下に必要と思われる手順をあげておく。(23)

- 各州は高等教育普及の増加の目標を定め、高校、大学、さらに連邦政府担当者と共に目標を達成するための計画を立てる。
- 連邦政府は単にペルグラントを増加するのでなく、州政府の努力に比例して資金を出すなど資源をより一層有効に使うべきである。連邦政府からの追加的支援を得るためには、州政府は（メリット基準型やスポーツ特待生向け以上に）ニード基準型の奨学金を増やし、ニード基準型の奨学金の上昇率以上には授業料を上げるべきではない。理想的には、連邦政府は州政府との間で、州立大学での学生教育費用の分担を定め、州議会が学生一人当たりの教育支出を減らし続けることがないようにすべきである。
- 営利大学への支援は、授業料上昇を一定の範囲内に抑えるという条件をつけるべきである。
- 州政府は、どの学生が補習クラスを受けるべきかを決める共通の基準やテストの策定を、関係者に適切な対価報酬も与えて促進すべきである。公立の高校は生徒が遅くとも一〇年生までには統一テストを受けられるようにして、大学に入ってすぐに正規科目を受講できるスキルを身につけているかどうか、早めに教えてあげるようにすべきである。

• 連邦政府と州政府の大学への支援はすべて、卒業率とコミュニティ・カレッジからの編入受け入れ率に応じて与えられるべきである。

• 連邦政府（非営利財団も同様）はオンライン授業の開発、評価、改善や補習クラスでの教育法など、効率性と卒業率を向上させるための研究と実験を経済的に支援すべきである。

• 連邦政府は、全米大学基準協会［大学の認証・評価を行う団体］（ならびに他の適切な団体）に対し、卒業率に一層の注目をするように促し、すべての大学が単に認証をパスするか否かではなく、自分たちのやり方を見直し、同様の学生を抱えながらも成功している大学のやり方を導入することに関心を持つように導くことを求めるべきである。基準協会は、大学が高い卒業率を教育の質を下げることによって達成することがないように留意すべきである。

大学の役割

これまでの議論では、卒業率を劇的に上昇させるために連邦政府が取るべき選択肢に焦点を当ててきた。しかしながら、大学自身が有用な役割は果たさないということではない。真実は逆である。政策担当者が上述したど

（viii） 他国にはないアメリカの分権的な高等教育と包括的な国家計画の欠如は、アメリカのシステムの利点とみなされてきた。高等教育の普及の向上を達成する努力からみると、国家計画がないことで大きな失敗は避けられるのかもしれないが、最適な結果を得ることは難しくなる、というのがより正確かもしれない。

（ix） 二〇〇七年、州立四年制大学の（奨学金を差し引いた）授業料は、下位二五％の階層の家庭の所得の五五％、次の二五％の階層では三三％、さらにその上の二五％の階層では一六％、上位二五％の階層では九％を占めていた。William Zumeta, David W. Breneman, Patrick M. Callan, and Joni E. Finney, *Financing Higher Education in the Era of Globalization*（2012）, p.22 を参照。

んな改革を実行するか否かにかかわらず、各大学が高等教育の普及のレベルを上昇させるために、自分たちでできることはたくさんある。しかし、最も効果的な方法は、この問題を考えたときに人々が思いつくものとは必ずしも同じではない。

経費削減

もし、大学在学者数と卒業率を上げる方法を尋ねられたら、ほとんどの人が経費削減と授業料値下げを一番にあげるだろう。[24]大多数の人が、授業料は高すぎであり、提供する教育の質を落とさず授業料を下げることは可能だと思っている。上昇する授業料への怒りは、大学がアメリカで長い間、享受してきた名声を損なわせている。そうであっても、不必要な支出が授業料をどれくらい増加させるのか、これをどれくらい大学幹部が是正できるかを決めることは簡単ではない。

識者はしばしば、大学は利潤極大化のプレッシャーを投資家やオーナーから受けていないので、企業のような費用最小化に対する動機づけがないと批判している。[25]しかし、そのような意見は単純化が過ぎる。企業は常に費用を最小にするプレッシャーを感じているわけではない。もしそうであるならば［恒常的に費用を最小限のレベルに下げているのならば］、不況、新しい競合企業、乗っ取りに直面したとしても、企業は劇的に費用を削ったり、多くの従業員を解雇したりできないはずである。逆に、州政府が予算を削ったり、校有資産の運用益が減ってしまった場合など、大学の方が費用削減の動機が強いときがある。

そのような圧力に対応して、大学幹部は長年にわたって多くの重大な費用削減策を行ってきた。コンピュータの登場により、大学では秘書の数は減った。ほとんどのキャンパスで、建物の管理や学食などは安く提供できる企業に外注するようになった。多くの総合大学やコミュニティ・カレッジは、引退した教授の後任を、給与が安くても喜んで授業を担当してくれる非常勤講師で賄っている。

多くの人が、大学は費用を削減することで、学生が学士号取得までにかかる支出を小さくできると指摘している。節約の実現性は大学のタイプと支出の行われる環境によって異なるので、これらの指摘は個別に検討されるべきである。

識者による批判の的はキャンパスの官僚組織である。[26] 数十年の間、多くの大学の事務局職員の数は学生数や教員数よりも速く増加してきた。教育に使われる支出が一ドル増えれば、事務局費用は一九二九年には一九セント、一九五九–六〇年度には三三セント、そして前世紀末には五〇セント増えている。[27] 大学の主要な使命は教育なので、事務局の予算と人員の増加は直観的に何かまずいと感じられるであろう。

もちろん、スタッフ増員のほとんどは正当化することが可能である。実験室の安全から環境規制やアファーマティブ・アクション［非白人の優先的採用］まで、政府規制の増加がその順守のためのスタッフの増加につながる。心理カウンセリングから就職支援まで、学生のサービスへの要望も費用の増加につながる。情報技術は教育と研究（そして事務局作業）を効率化するが、機器メンテナンスのために多くの技術系職員が必要となる。寄付金集めには多くの洗練された企画課［Development Office、日本では事業課、校友課という名称の大学もある］のスタッフが必要である。これらの増加するスタッフは、増員によるコスト増加よりも多くの収入をもたらす限り正当化される。

これらの特定の支出は適切かもしれないが、事務局の人員と予算が、教育への支出や教員数・学生数よりも速く増加することには、多くの人は不安を抱く。しかし、事務局の肥大化に疑念を持つことと、いかにそれを解決するか知っていることとはまったく異なる。少なくとも、この問題に私が解決を試みたときの経験から言えば、後者は識者が理解しているよりはるかに難しい。

私が学長になって数年経ったとき、残念なことに、私は事務局の予算がいくつかの学部よりも一貫して速く増加していることを発見した。これは私が達成したかったことではない。私はこの傾向を逆転させ、残りの学長在任期間中、事務局の支出の伸びが大学の他の部門より小さくなるよう努めた。

私は事務局の中にある数百もの事務室やプログラムの人員と支出の増加に関する調査を依頼することから始めた。膨張しているのはいくつかの事務室で、なぜ膨張したのか一つひとつ調べていけばよいと私は素朴に考えていた。しかしながら、支出と人員の一貫した増加は、いくつかの部門ではなく事務局の全部門にわたっていることがわかった。それらを分析することはヘラクレスのような〔超人的な〕仕事だ。さらに、すべての事務室、プログラムは規模が大きくなることについて、もっともらしい理由を持っており、正当化できない膨張を見つけることはきわめて難しいことがわかった。

この問題について、私はもっと単純な方法をとった。私は五人の副学長に次の方針を伝えた。今後、彼らがそれぞれ担当する部門の予算の増加率は、一般物価上昇率よりは少し高いが、いくつかの学部の平均よりは少し低く設定する。ある副学長がそれ以上の増加を希望するのならば、他の副学長の担当部門の予算の伸びを減少させるよう相談しなければならない。相談がまとまらなければ学長の決裁を仰ぐ、というものだ。

次の一〇年間、このシステムは計画どおり機能した。事務局の予算は大学の総予算に占める割合を下げることができた。傑出した五人の副学長のおかげで、私が予算の袋小路の解決を求められることはほとんどなかった。

私の費用抑制努力は成功したが、用いた方法はまったく鋭さがなく、弱点はいたるところで目につく。大学の重要な目標を大きく傷つけることなく費用削減するには、さらにできることがあるだろう。支出の価値のあるものが削除されてしまう可能性もあり、明らかに私の解決方法は場当たり的で他の大学の見本とはならない。

幸運なことに、事務局費用の経済性の向上を求めるよりよい方法がある。(28) 多くの大学で、外部コンサルタントが、小さな事務室の統合や物品の購入、人事などの集権化による大きな費用削減を指摘してくれている。キャンパスの個々の事務室は自分たちの仕事が管理から自由であることを望み、管理には頑強に抵抗する。しかしながら、高等教育の費用に対してもっともな懸念が生じている時代に、個々の事務室やプログラムが規模の経済性を犠牲にして独立性を維持し、統合に反対することは合理的ではない。

コンサルタントを雇い、大学の不必要な監督階層を減らすことで大きな費用削減ができると主張する大学もある。さらに、経費削減のために学内にチームを作って、さまざまな管理プロセスを調査し、目的を果たすためにより少ない手続きと人員でできないか判断することを提案する専門家もいる。(29) もちろん、節約の可能性と実際の節約とは別物である。コンサルタントを雇う前に、大学の幹部は、他大学の報告書を見て実際の費用削減につながったかどうか調べてみるべきであるが、このことに留意しておけば、外部の専門家を賢明に使うことで必ず達成できる経済性は存在している。そのような経済性の向上は重要であり、達成する価値がある。しかし、それらは万能薬でなく、単に、一貫した費用の増加を一時的に遅らせる短期的手段である。さらに、時には数百万ドルにものぼる経費節減も、大きな大学の巨大な予算からみると小さな割合でしかない。

事務局予算でなく特定の支出を減少させることをめざす提案は、他にも数多く存在する。いくつかは実現不可能で賢明ではないが、中には少なくともある種の大学では有望とみてよいものもある。

識者の批判の的が、難関大学での寮の高級化、食堂で提供される食事の質と種類の多さ、スポーツジムなどのアメニティ施設の充実である。疑いなく、これらの大学の学生の住環境は、親が大学に行っていた頃よりも豪華で魅力的である。しかしなぜこの事実が批判に値するのか。アメリカでは、他の多くの財・サービスも一世代前より値段が高くなり質も向上した。しかし、それが妥当かどうかは市場での判断に委ねられる。なぜ大学の寮費・食費が別の扱いになるべきかは、自明ではない。難関校は互いに学生獲得で競っている。大学が食事や寮の高級化で競うのは、それが優れた学生の関心を集め、入学を説得するのに有効だからである。

この点で、贅沢な食事プランの選択、豪華な寝室、現代的なスポーツジムというのは、高級車の皮革やクロムメッキなどを使った豪華な内装品に似ている。レクサスやアキュラなどの高級車ブランドの豪華な内装品を、車の値段を上げるだけの無駄な支出とは誰も批判しないであろう。市場はメーカーの判断を受け入れ、消費者は高い値段を支払わなくてはならなくても高級品を好む。学生の寮や食事の高級化も同じようなことだ。実際問題として、難関校で一、二世代前の施設（質に見合って費用もかからない）から改善しないで、学生を競争相手校に取られてもかまわないと考えている大学はない。

費用（ならびに授業料）を減らす別の方法は、大学スポーツをやめることである。いくつかの大学はスポーツから利益を上げているが、大多数の大学は平均で年に数百万ドル単位の損失を出している。スポーツへの支出は学生の教育に関係がないので、廃止したり大幅に減額しても教育の質への悪影響はほとんどない。さらに寮や食事の高級化とは異なり、大規模なスポーツプログラムに伴う多数のコーチ陣、長距離の遠征試合、スポーツ特待生奨学金などの費用支出がなくなっても、多くの大学では学生獲得競争に悪影響はない。エモリー大学、カリフォルニア工科大学、マサチューセッツ工科大学、ジョンズ・ホプキンス大学などはスポーツに力を入れていないが、優秀な志願者に事欠くことは起きていない。

スポーツ重視の見直しを検討する大学にとって現実的な疑問は、反対が相当に激しく、そのような改革は不可能ではないか、または改革に費用がかかりすぎ、実行に値しないのではないか、ということである。大きなスポーツプログラムのある大学では、それをなくすことなど考えられないであろう。もしアラバマ大学やオハイオ州立大学、その他の主要州立大学が、アメフトやバスケットボールのプログラムを廃止しようとしたら、州知事や州議会がそのような動きを法的に阻止するだろう。スポーツのさかんな私立大学の大半においては、理事会の反対と、怒った学生と卒業生の抗議が学長にスポーツ見直しの動きをやめさせるであろう。決してアメフトの「強豪」とはいえないテューレーン大学でも、スポーツ見直しの提案は、批判的報道と怒りに満ちた抗議によって取り下げられた。

しかしながら、スポーツ見直しは、それほどスポーツの活発でない大学では多少、明るい見通しが立つ。これらの多くの大学では、スポーツ見直しは強豪校ほど強烈な反対には遭わないであろう。大学スポーツは費用削減の有望な対象となる。選手勧誘での［全米体育学生協会が定めた］ルール違反、選手の入学選抜での手心、学力の不充分な選手に対しての特別な学科の設立や簡単な内容の授業の開講など、スポーツがさまざまな弊害を引き起こしているのならば、スポーツ見直しの動きへの追い風になろう。

費用を削減するもう一つの方法は、多くの大学が名声を高め連邦政府からの研究費を獲得するために立ち上げた、それほど優秀でない研究プログラムと大学院を廃止することである。大学院を立ち上げるには、高い給与の教員を軽い授業負担で雇ったり、図書館や実験施設を整備することで資金がかかる。引き換えに、そのような大学院は傑出した学問的貢献はほとんどなさずに、博士号取得者の過剰供給と引用されることない大量の凡庸な論文を生みだすだけである。もちろん、これらの弱点にもかかわらず、一旦、大学院ができてしまったら廃止するのは容易ではない。研究プログラムを立ち上げ、大学院生を教育することを期待されて雇われた教員は、これらの努力を諦めようとはしない。研究が一流の証だと思っている学長も、失敗を認めたがらない。そうであっても、大学が経験している厳しい経済状況に直面している学長は大学院・研究重視を諦め、州立大学の理事会もやがて新しい博士課程の設立の認可を渋るようになるかもしれない。

大学スポーツの見直しや、水準のあまり高くない大学院・研究プログラムの廃止よりも実行が容易な経費削減の方法がある。一つは、［夏休みをなくし］一年を通して開講して、施設の費用を多くの学生で分担するようにすることである。もう一つは、卒業に必要な科目数を厳選することである。(x) 多くの大学で学部生は、履修指導が不適切、先修条件［ある科目を履修する前に取るべき科目の条件］が複雑、専攻を変えたり他大学から編入してきた学生の単位の読み替え［卒業必要単位として数えること］が事務的に難しいことから、通常の四年より一学期多く要して卒業する。不必要な単位の取得は、授業料の追加と、卒業して働いていたら得られたであろう遺失所得のため、学士号取得費用を高くする。適切な履修指導と卒業に必要な履修科目をきちんと示してくれるコンピュータプログラムの導入を行えば、学生が過剰に科目を取らずにすみ、大学の経費が削減できることはすでに明らかになっている。(30)

しかしながら、上述した方法は定員よりも多くの優秀な学生が志願する大学でのみ機能する。たとえば、一年を通しての開講は、費用負担を分担するためにはいまよりも多くの学生が入学してくれないと実行できない。過剰な履修を廃止することも、埋め合わせとなるほどの多くの学生を集めることができないのならば、大学にとって収入減少になってしまう。しかし、歴史が示唆するところでは、学士号をめざす学生の数は将来増えるであろう。とくに政府が学士号を持つアメリカの若者の数を増やす努力を続けるのならばそうである。鍵となる問いは、増加する学生を最少の費用でいかに収容するかということである。一年を通しての開講や履修科目の管理の改善は、正しい方向への有望な一歩であろう。

依然として残っている可能性は、オンライン授業による大幅な費用削減を達成することである。技術によって、大学はほとんどの教員と同等の（またはよりよい）質の教育をより少ない教員数で提供することが可能になり、高等教育も、他の産業が長きにわたって享受してきた機械が労働を代替することによる費用削減を果たすことができるであろう。少なくとも、オンライン授業は大学が教室や寮を増設する費用を負担しなくても増加する学生を収容することを可能にする。

オンライン授業は数千の学生をほどほどの費用で収容できるというマスコミ報道のせいで、多くの人は膨れ上がる大学の費用を技術だけで解決できると期待する。しかし、そのような幸運な結果をあてにするのは時期尚早であろう。いくつかの有望な試みは存在するが、オンライン授業が中退者を増やさず、教育の質を落とさずに費用を充分に低減できるということを説得力をもって証明している綿密な研究はない[31]。したがって、大学の費用削減の問題の中で優先順位を最も高くすべきことは、オンライン授業で実際に卒業率や学生の学習を損なうことなく費用を減らせるのか否かを明らかにする、大規模で注意深く設計された実証分析を行うことである[xi]。

費用削減を効率的に用いる

大学幹部が大規模な費用削減を何とか行うとしても、その節約が大学へのアクセスを向上させるほどかどうかは依然として明らかでない。実際、反対方向に向かわせる強い誘因もしばしば存在する。高等教育の多くのセクターで、大学幹部は授業料を抑制したことで高く評価されるとは感じていない。これは何も不思議なことではない。引退した大学の学長の業績についての報道では、費用、授業料、奨学金に関する在任中の業績が取り上げられることはない。むしろ、新設プログラム、新しく採用された教員の質と量、新入生の高いＳＡＴの点数などの成果が強調される。理事もしばしば同じ優先順位を持つ。そのような状況では、多くの大学幹部は、市場や他の誘因が学生の負担の抑制を求めない限り、節約したらその分を、メリット基準型奨学金、より多くの教員の採

（x） これに関連した、関係者の中で推奨されている提案が、「達成度基準」への移行である。この制度では、学生は、一定時間の授業を受けて試験をパスして単位を得るのでなく、あらかじめ定められたスキルや課題を達成できることを示して単位を得る。このシステムでは、学生は自分のペースで進んでいける。それまでの経験でスキルを得ている学生や、スキルを短期間に習得できる優れた学生は、早く卒業することができ、これは本人にも納税者にも節約になる。雇用者は成績証明書を見て、この学生は何時間、異なった教室で座っていたかではなく、何ができるかがわかって採用を判断できることもこの方式の利点であるとされる。

このような利点にもかかわらず、達成度基準システムには明らかな弱点もある。このシステムは、就職するために学生が充分に定義された一連の科目を履修していけばよいという実学的な専攻ではうまくいく。しかしながら、多くの科目はそのようになりにくい性格である。多くのスキルにとって、達成度が充分か否かの区別をつけるのは難しい。異なる教員は異なる線引きをするだろうから、雇用者は成績証明書が何を意味しているかはよく理解できないであろうし、他大学のそれと比較するのも難しい。さらに、多くの教員は与えられた授業の目的を独自に定めようとし、雇用者が志願する学生を評価するために、あらかじめ定められた共通の内容を強制的に教えることを嫌う。また、すべての目的が達成度で表せるとは限らない。その科目への永続的な関心を呼び起こす、学生の想像力を醸成する、感情移入を生みだす、というのも典型的な目的である。最後に、多くの能力はさまざまな程度のスキルの組み合わせから成る。批判的思考力や作文力のような基礎的なスキルについてもそうである。多くの人文学の科目は程度の差はあれ、このような性格を持つ。学生が単に次の科目に進むために充分な能力を示さなければならないというのでなく、その科目の中で自分の最高の習熟度を達成するための動機づけをするような従前の成績評価にも明らかな利点がある。

（xi） もう一つの費用削減方法としてすでに広汎に導入されている、テニュア教員に代わって非常勤教員を利用することについても同じことが言えよう。非常勤教員の利用が授業の質に対して与える影響についての詳細な研究はほとんどないが、研究者の中には非常勤講師の授業は退学率を上げていると指摘する人もいる。M. Kevin Eagan and Audrey J. Jaeger, "Closing the Gate: Part-Time Faculty and Instruction in Gatekeeper Courses and First Year Persistence," in John M. Braxton（ed.）, *The Role of the Classroom in College Student Performance*（2008）, p.39 を参照。しかし、Iryna Y. Johnson, "Contingent Instructors and Student Outcomes: An Artifact or a Fact?" 52 *Research on Higher Education*（2011）, p.761 によれば、非常勤講師の採用は退学率には影響しないが、学生の成績づけが甘くなる。たしかに、これらの疑問はこれまで以上の研究が必要であることを示している。不必要な費用を削減することに関する限り、高等教育は、効率性を向上する不適切な努力によって、問題を悪化させることなく卒業率と学生の学びを維持することの難しさに直面している。

用、新しいプログラムの開始などに向ける。

幸いに、ここで述べた傾向は、高等教育の普及を進め経済成長と社会的階層移動を促すために、新たに学生となるべき多くの人々を教育する担い手であるコミュニティ・カレッジや総合大学には広がっていない。多くのコミュニティ・カレッジと総合大学は、経営資源の不足に長い間苦しんできたので、大学のプログラムと学生サービスの改善は、中退率を減らし教育の質を高める。それらは、大学の費用削減よりも大きな恩恵を学生と社会にもたらす。

たとえ大学幹部が費用削減を学生の授業料負担の軽減に活かすとしても、彼らは費用削減で捻出した資金の最も有効な活かし方を決めなくてはならない。多くの政策担当者は、最も適切な道は授業料の引き下げ、または少なくともその据え置きだと考えている。しかしながら、この案は適切な費用で年に一〇〇万人もの学士号取得者を増やすには最善の策ではないかもしれない。

費用削減の最も有効な使途は、大学に在学するために経済的支援を最も求めている学生を集中的に支援することである。一律的な授業料低下が、すでに卒業率が高い上位五〇％の富裕層出身の学生の卒業率を向上させる保証はない(32)。もし大学幹部が節約した費用を授業料全般の引き下げに用いるのならば、結果として、もともと子供を大学に行かせるつもりだった家庭にも多額のお金がわたることになる。したがって、高所得者層出身の学生を多く抱えている大学では、費用を節約した分は大学に入学して卒業まで在籍するのに支援を必要とする低所得・中所得者層出身者向けの奨学金の増加に向けるべきである。

中退を防ぐ

費用削減と経済的支援だけが卒業率向上の方策ではない。実際、それらは最も重要なことでもないのかもしれない。中退という問題には、他に重要ないくつかの要因がある。

前章で、卒業率を改善するために大学ができる多くのことを取り上げた。同様に、最近のマッキンゼー社のレポートも、選択科目は少ないが明確に構築されたプログラム、アドバイスやカウンセリングなどの学生サービスの充実、積極的な就職支援など、成功している大学がすでに行っている方策を紹介している(33)。一つの改善策が劇的な結果を生み出さなくとも、これらの累積効果はきわめて大きなものになりうる。

前章で示したように、大学は地元の高校と連携して、高校生に大学入学までに必要な知識とスキルを説明し、彼らが大学に入ってから自分の高校での勉強が大学での学業には不充分だったと気づくようなことがないようにすべきである。さらに一歩進んで、補習クラスの改善方法を見つけ、不充分な準備で入学した学生がレベルを上げて、正規科目で単位を取れるようにすべきだろう(xii)。さらにもう一つの注目すべき課題が、非白人、とくにヒスパニック系と黒人の男子における低学力と高い中退率という微妙な問題である(34)。非白人はこれから増えるべき大学進学者の中で大きな比率を占めるので、彼らの学力をどうやって向上させるかがわからなければ、大学卒業率を大きく上昇させることは難しいだろう。

大学に行動を起こさせるにはどうしたらよいであろうか。退学率がきわめて高い大学への連邦政府支援を削減するのは一つの方法であるが、それをやりすぎると、卒業率が低い大学は、中退率の高そうな志願者の入学を拒否したり、成績を甘くして簡単に卒業させたりするであろう。したがって、そのような改善策は控えめに用いるべきである。

全米大学基準協会が用いるよりよいアプローチは、認証審査のときに大学に卒業率の向上努力を促すことである。認証を失う心配のない大学も、審査の対象に含まれている項目には注意を払う。もし卒業率が強調されるの

(xii) もちろん、補習クラスを禁じている州にある大学では、補習クラスの改善は難しい。州議会による禁止は厳しすぎるように見える。高校で習うべきことを習得していない学生を、再び補習クラスで税金を使って支援する必要はない、という納税者の声に、議会が耳を傾けるのは理解できる。しかし、学生が必ずしもすべて自分たちの責任とは言えない教育上の失敗のために、大学の学位取得の機会を失うのも公平とは言えない。

ならば、大学幹部は基準協会の訪問の前に準備しなければならない自己点検評価書で、学生の在籍を促す既存のプログラムがうまくいっているかをチェックするだろう。基準協会の訪問チームとの話し合いは、他大学の中退率を下げる成功例を知るきっかけになるかもしれない。中退率に問題がある大学では、基準協会は是正策を勧め、一、二年後に再度訪問して進捗状況を評価することができるはずだ。多くの大学は高い評価を望むし、自分たちの誇りも傷つけたくないので、大学幹部は改善を勧められればそれに向かって努力するだろう。

基準協会からの緩やかな圧力を補完するものとして、政府担当者や財団は卒業率の上昇を、それを調査する実験や研究プロジェクトへの助成を通して促進することができる。いくつかの主要財団による補習クラスの有効性改善への支援は、この方向での価値のある一歩である。さらに研究と実験が進めば、学生の退学を防ぐよりよい方法の開発につながる可能性もある。この種の革新の実例としては、中退しそうなグループを重点的にケアして中退率を四ポイント減らしたことが報告されている。[35] また、コンピュータプログラムを開発し、学業成績から中退しそうな学部生を抽出して、大学が指導に時間的余裕があるうちに早めに手を打てるようにしている例もある。

成功の見込み

これまで述べてきたことに照らして、オバマ大統領による若者への高等教育の普及で、アメリカが長期的に世界のトップに返り咲くという目標が達成される可能性はどれくらいであろうか。公正に推定すれば、二〇二〇年までの成功の見込みは良くて「実現には問題あり」であろう。明るいニュースとしては、一九九五年以来、二四歳から二九歳の人口に占める学士号取得者は、大統領の定めた高い目標を達成するには充分ではないが、確実に増加している。高校の卒業率も、高卒者のうち大学へ進学する人の比率も上昇している。大学卒業率でさえ、過去数年は上向いた。

しかしながら、この好ましい傾向は大学外部の要因によるもので、長期には維持されないかもしれない。高卒者の増加は一〇代の人口の増加によるもので、今後の数年でかなり鈍化することが予想される。高校と大学の卒業率の上昇は景気が悪く仕事がないためで、景気が回復すると卒業率は低下するかもしれない。

卒業率を改善しようという大学の努力も、将来的には州政府からの資金が限られているので、見込みは同じように不確実である。より効果的に経済的支援を与える方法の開発という難題も、すぐには解決策が出ないであろう。よりよい補習クラスの方法の開発と実践も、ゆっくりとしたプロセスである。マッキンゼー社のレポートが紹介した費用をかけずに卒業率を上げた成功例も、一世代の間にコミュニティ・カレッジと総合大学で広まるとも思えない。これらの困難は、高学歴の市民を持つという努力を放棄することを決して正当化するものではない。逆に、望んだ結果が数年で出ないからといって、安易に失敗を宣言すべきでないことを示唆している。

同じく重要な疑問が授業料抑制の見込みである。家庭の所得に占める割合がますます大きくなるような授業料の上昇は、永続できるものではない。同様に、州政府の高等教育への関与を最小限にしようという動きも、州立大学の質を低下させたり、連邦政府自身は決して担う意志も責任もない、高等教育支援の財政責任を州政府が連邦政府に負わせようとしない限り、続けることはできない。それでは、いかにしてこれらの手に負えないように見える問題を解決できるのか。

五つの可能性が考えられる。第一は、学生がついに高い授業料の支払いやローン負債の増加に耐えられなくなり、安い授業料の大学に集中したり、進学そのものをやめてしまうことである。この場合、大学幹部は予算を削減してでも授業料を下げるか、少ない学生数でやっていくしかない。どちらの場合も、多くの大学で教育の質の低下をもたらす費用削減が起こるとともに、大学進学の機会が失われる。これは多くの関係者にとって受け入れ難い事態である。

第二の可能性は、授業料抑制ができない大学への財政支援を連邦政府が止めることで、授業料値上げを抑えることである。連邦政府は明らかにこの政策を実施する力を持っているが、一般的に政府の価格統制は成功しないことが多く、大学授業料がその例外的成功例となる保証はない。最もありうる結果は教育の有効性の低下である。州政府が予算を減らし続け、連邦政府がそれを相殺する授業料の値上げを抑制したら、大学の教育の質は下がるだろう。さらに、コミュニティ・カレッジや総合大学が充分に授業料を上げられないと、教育の質を下げることなしには、学力面で準備不足の多くの学生を受け入れることができず、高等教育の普及の向上は不可能である。教育の質の低下は測定しにくいので、連邦政府担当者は政府の財政負担軽減のために質の低下が起こることは許容してしまうだろう。

第三の可能性は、経済が一九五〇年から七〇年代半ばの状況を取り戻し、国内総生産（GDP）が堅調に増大して勤労者間での所得分配も平等になることである（この時期、ブルーカラー労働者の給与の上昇率は大企業の経営執行役員（CEO）よりもわずかながら高かったのである）。一九七五年以来、アメリカ人家庭の実質所得の増加率は五分の四が年一％以下で、五分の三は〇・五％以下であった[36]。したがって、大学の費用は、第二次大戦後の数十年は増加しても、家庭の所得に占める比率を増やすことはなかったが、一九七〇年度半ば以降は逆で、家計での比重を高めることなしには増加できない。結果として、市民は大学の授業料に対して不満を持ち、多くの学生が過度の負債を抱えることになる。

もし一九五〇年から七五年の経済状況が次の数十年で再現できたら、大学の費用は物価よりも少し早く上昇するが、家庭の所得に占める比率は大きくならなくて済む。税収も増加し、政府は高等教育予算全体における政府予算の比率を維持できるし、高等教育の普及のために学生を増やすこともできる。

このシナリオは幸せなものだが、起こる可能性はせいぜい「不確実」である。一つには、一九五〇年代に比べると労働組合が弱体化しているので、経済成長の恩恵が平等に行きわたる見込みは小さい。さらに、平等な分配を伴った経済成長を達成するためには、経営者が求める教育程度の上昇と低所得・中所得者層への教育の普及が不可欠である。ここにジレンマが生じる。低所得・中所得者層の収入は教育レベルを高めなければ増えないが、教育レベルの高い労働者は低所得・中所得者層の所得の増加なしには創出できないのである。

第四の可能性は、政府と大学幹部が合意して、連邦政府と州政府は少なくとも学生への経済的支援と大学への予算の増加を、大学側はそれと引き換えに授業料の抑制を約束し、学生数の緩やかな増加を金銭的に賄えるようにすることである。政府は教育普及度の上昇がバランスよく持続する経済成長の前提条件だと理解し、この合意を求めるかもしれない。大学も、現状のまま続けることは単に不可能であり、ここに描いたシナリオが最も実現可能な選択肢なので、賛同するかもしれない。

このシナリオは第一のシナリオより好ましく、第二のシナリオより実現可能性が高い。しかしこれも問題がないわけでない。現在の財政状況では、政府は合意した財政支援を維持することも難しいかもしれない。大学も、無駄な支出を排するのでなく、教育の質を下げて授業料の上昇を抑制するかもしれない。また、合意を実行するためには、政府の担当者が大学をある程度監視しなければならないが、それは大学側からの反発を招くであろう。

最後に、第五の可能性は、オンライン教育やそれに関連する新技術が費用を大いに削減し、授業料値上げの必要性をなくす一方で、高等教育の普及度の向上に必要な新しい層の学生の受け入れのための費用も減少させるということである。これは実際には歓迎すべき事態の展開である。これが起こる可能性は高いのか、そもそもその可能性はあるのか、といった点は第7章で詳しく考察する。

第6章　適切な大学への進学

多くの若者は単に大学への進学に関心があるだけでなく、どの大学に入学できるかを気にしている。そのような心配は、富める大学とそうでない大学との格差が大きいアメリカではとくに深刻なものになる。

理想的な世界では、すべての生徒は能力に応じて自分の選択した大学に進学できるべきであり、また、生徒はこれからの、努力が報われ満たされた生活を送るための知識、自己認識力、その他の能力を取得するにはどの大学が最も適しているのか、充分に知らされておくべきである。そのような理想の世界ならば、若い人々のチャンスだけでなく社会全体の得るものも最大になるであろう。もちろん、現実としてはこの目標は達成不可能である。充分に情報のある最終学年（シニア）の高校生でさえ、事前にどの大学が自分の学びと成長にとって最適かはわからない。また、それがわかっていたとしても、個人的な理由で別の大学を選んだり、希望する大学は志願者がたくさんいて全員が入学できないかもしれない。

こうした状況では、望めることのベストは、できるだけ多くの生徒が大学に関して充分な情報を得て、学力や個人的資質以外の理由、または経済的理由で希望の大学に進学できないことがないようにすることである。この目標を達成するには、すべての資格のある学生が入学を決めた大学で学べるようにする充分な奨学金が必要である。すべての若者に、どの大学になら入れるのか、彼らの必要と希望を一番かなえてくれそうなのはどの大学か、充分な情報を提供することも必要である。

一旦、生徒がどの大学に行くか決めて出願したのならば、大学の入試部はすべての志願者をしかるべき教育を受けてきたかどうかで判断し、教育とは無関係の恣意的な理由に影響されるべきでない。入学者の選抜は、志願者のほぼ全員を受け入れる大学では難しくない。しかし、受け入れ人員よりもはるかに多くの志願者が来る幸運な大学では難しい問題が生じる。二〇〇ほどの大学では不合格者の方が合格者よりも常に多い。ほんの少しの私立研究大学と名門リベラルアーツ大学には多くの志願者が来る。さらに数校では、新入生全員が出身高校の首席・総代ということも起こりうる。

これらの難関大学に入ることができた学生は、これからの生涯で繁栄と成功を達成する見込みが大きくなるわけで、学歴社会の象徴と信じられている(1)。というのも、ハーバード大学、プリンストン大学、エール大学、スタンフォード大学、シカゴ大学、コロンビア大学、マサチューセッツ工科大学、コーネル大学、ジョンズ・ホプキンス大学、ノースウェスタン大学、ペンシルバニア大学、ダートマス大学といった、ほんのいくつかの大学の出身者が大企業の最高経営責任者（CEO）の五四%、政府の指導者層の四二%を占めている(2)。そして、驚くべきことではないが、これらの大学に入るのは難しく、選抜基準には学生と親だけでなくマスコミや社会評論家も大きな関心を持っている(i)。

希望した大学に入るための努力と苦悶にもかかわらず、大学選びがその人の生涯にどのような違いを実際に生みだすかは完全には明らかでない。入学難関校であれば、卒業生も成功する傾向があることはたしかである。しかし、この違いは、学生がもともと入学した時点で持っている能力・資質によるもので、大学の授業や課外活動で得たものではないかもしれない。これらの影響を区別するのは難しい。多くの研究者はどの大学に行ったら何が得られるのか探ろうとしているが、彼らは異なる結論に達するし、彼らが分析に用いた説明変数は結果のすべてを説明してはくれない。

事実、驚くべきことに、難関校に高いＳＡＴの点数で入った学生が知的能力をさらに大きく高めたというデータはほとんどない。しかしながら、入学の難しさは卒業率には重大な影響を与えているようである。かなりの規則性で、新入生の点数が高い大学は、点数そのものの影響や、出身階層、人種、性別なども考慮しても、学士号取得の可能性が高い。(3) この理由は完全には解明されていないが、難関校における学生の意欲の高さ、大学からの期待、奨学金の豊富さ、アドバイスなど学生サービスの充実などが理由としてあげられよう。

研究者は、難関校に在学することの生涯にわたる所得や出世への影響について異なる結論に至っている。多くの実証例は、入学難関校への進学はプラスの影響をもたらすことを示している（成績、社会経済的背景、人種、性別、その他の資質が入学した時点で同じであっても、難関校を出ていると所得・収入にプラスの効果がある）。(4) 多くの研究によると、大学間で新入生のＳＡＴの平均点が一〇〇点異なると卒業生の年収は二～四％異なり、その影響は近年の方が顕著である。(5) 難関校の卒業生は就職の内定も多くもらえ、ロースクール、メディカルスクール、ビジネススクールといった専門職大学院も修了する傾向がある。(6)

しかしながら、これらの差異は、新入生のＳＡＴが上位一～二％の、ごく少数の超難関大学に限られたことだという意見もある。(7) さらに、調査は入学した時点での学生の意欲を考慮していない。すなわち、難関校に来る学

（i） 難関校の選抜方針は最近、アメリカ社会の格差拡大への懸念が高まっているので、詳しく調査されるようになった。Richard Kahlenberg, introduction to Richard D. Kahlenberg (ed.) *Rewarding Strivers: How Increasing College Access Is Increasing Inequality, and What to Do about It* (2010), pp.11-12 を参照。所得の最上位一％がアメリカ人の総所得に占める割合は、一九八六年には一一％だったのが、二〇〇九年には一七％となり、一九二〇年代以来の高さとなった。"The Paradox of the New Elite," *New York Times* (October 23, 2011), pp. 1, 6; Joseph E. Stiglitz, "Of the 1% for the 1%" http://www.readersupportednews.org/opinion2/275-42/8017-focus-of-the1-by-the1-for-the1 を参照。そのような富の偏在は、裕福な家庭が子供を優れた学校に行かせ、家庭教師をつけて他の生徒にはまねできない教育環境を提供し、エリート大学への入学で優位に立たせることによって世襲という貴族制をもたらす。機会の平等をめざす国にとって、このような傾向はもっともな懸念を引き起こす。

生はもともと意欲があり成功することに貪欲なので、難関校で学んだ恩恵には関係なく、どの大学を出てもどのみち人生で成功したはずとも考えられるのである。

大学が学生に及ぼす影響が何であれ、多くの志願者とその親はできるだけ入学の難しい大学に入ることに重きを置いており、それは無理もないことではある。難関大学は学生一人当たりに費やす費用が他の大学より格段に多い(8)。それらの大学は多額の奨学金、有名な教授陣、多くの課外活動、学外研修助成金、明るい教室、立派な施設などを提供してくれる。これらの特徴が学生ののちの人生にどのような違いをもたらすのかは誰もわからないかもしれない。そうであっても、多くの若者と親は、入学が難しく資源の豊かな大学は満足のいく学部生活と将来の人生の成功につながると期待している。

学生の入学選抜

多くの学生と親が希望する大学に入りたいと強く望んでいることからすれば、その大学がどんな基準で新入生を選んでいるかを考えることも重要である。しばしば学生を選ぶ基準は「優秀さ（merit）」であるといわれる。しかし、「優秀さ」とは何であろうか。多くの人は高校の成績と統一テストの点数と考えるであろうが、これはたしかに不充分な答えである。高校の成績や統一テストの点数は学業での成功を測るよく知られた尺度であるが、粗野なものである。SATでの一〇〇点の差も、大学での成績順位ではわずか五・九％の差にしかつながらず、将来の人生の成功についてはなおさら何も説明しない。結果として、高校の成績と統一テストの点数だけに基づき、志願者の出身階層や何らかの業績といった他の要素を一切考慮しない選抜は、実際には狭いアプローチといえる(ii)。

たしかに、大学の入試部が審査にあたり学業能力を重視すべきだということは誰も否定しない。学力がぎりぎりで落第の可能性が高い場合には、学力を基準にして入学を許可しないことも大切である。しかし、学生は友人から多くを学ぶが、それは学問的なことだけではない。彼らは級友が関心、経験、才能、信条で多様な方が互いに多くを学び合える。結果として、高校の成績やＳＡＴ（またはＡＣＴ）の点数で少しくらい良い学生よりは、外国で育った、音楽や詩で特別な才能がある、異なる宗教を信仰している、人生経験をしている、といった学生を入学させる方がより重要であるだろう。(9)

そして、学生を選抜する適切な方法は、大学の教育的使命を果たすのに最もふさわしいクラス編成をするために各志願者の総合的な資質の情報を考慮することである。基準は大学ごとの個別の関心や優先順位よって変わってもよいが、入試部は次の三つを主たる関心事とすべきである。それは、志願者の知的な能力、卒業後に社会に価値のある貢献ができる可能性、入学後に仲間の学生と学生生活にもたらす影響という三つである。これらの基準は漠然としていて実際には適用しにくい。異なる経歴、特徴を持つ若者に微妙な線引きをするのは恣意的なプロセスにならざるを得ない。しかし、以下にあげる事柄についてはしばしばポリシーの問題と公平さについて疑問が呈され、熱い議論となる。

（ii）知力の向上に関する多くの研究は、同じ大学の学生間の差異は大学間の差異の平均よりも大きいことを明らかにしている。Richard Arum and Josipa Roksa, *Academically Adrift: Limited Learning on College Campuses*（2011）によれば、批判的思考力のテストの点数において、上位一〇％は受験者の標準偏差の一・五倍の外側に相当する点数にまでも伸び、平均点の三倍以上であるが、一部の学生はほとんど伸びていない。例外的に大きな伸びを示した学生はどの大学にも見られ、難関校だけではない。この発見は、ＳＡＴやＡＣＴのようなテストの点数は大学で最も伸びる学生を特定してはないということを示す。こういった観点から、いくつかの大学や研究者は、大学での成長や好成績に貢献する学力以外の特徴を明らかにすることによって、入学選抜を改良する方法を見つけようとしている。Eric Hoover, "Colleges Seek 'Non-cognitive' Gauges of Applications," *Chronicle of Higher Education*（January 18, 2013）, p. A1 を参照。

裕福な家庭の子弟

難関校の行っている選抜方法の一つが、大きな寄付をしてくれる家庭の子弟を優先することである。寄付金集め担当のスタッフは通常、入試部に裕福な家庭からの志願者を伝え、入試部は審査をする際には誰がどの両親の子供かわかっている。このことが選抜の判断にどの程度影響するかは大学によってかなり異なるが、ほとんどすべての大学で明らかに何らかの影響を及ぼしている。

大学幹部は、この「富裕者優遇」は寄付の増加に確実につながり、そのお金は大学のために使われ他のすべての人々の恩恵となり教育使命の増進につながると擁護する。ミドルベリー大学のマッカーデル（John McCardell）元学長は、かなり率直に「もしいくつかの空席を本学の教育の質を画期的に向上する寄付をしてくれる家庭の子弟に回すことができるのに、その機会を活かさなかったら、私は学長として前任者にも後任者にも申し訳が立たない」と述べている(10)。

功利主義の観点からは、マッカーデル元学長の意見を純粋に擁護できる。裕福な家庭の子弟は入学生のほんの一部にすぎない。マッカーデル元学長が言うように、最低限の学力があるのならばそのような志願者を入学させるであろう（もし、入学後に勉強についていけず落第、退学しても誰も、少なくとも入試部は痛手を負わない）。一旦、これらの若者が入学して、彼らの親の一部がかなりの寄付をしてくれれば、学生・教員全体が恩恵を受けることになる。

しかしながら、この種の功利主義の議論は完全に満足のいく答えではない。同じ論法で、学籍をセリにかけたり、一〇〇万ドルの寄付金と引き換えに入学を許可することも擁護できる。しかし、これらのケースが明るみに出たら、間違いなく多くの非難を浴びるだろう。この方法と、親が寄付してくれそうな子弟を優先するのと、どう違うのであろうか。どちらのケースも、大学は機会の均等の原則を損ね、富の不平等が世代を超えて続いていくことを助長する。どちらも学生は自分の知的、人物的資質でなく、親から寄付をもらえるという大学側の期待によって入学を許可されるのであり、確率の程度が違うだけで原則は同じである。もし両親が寄付を約束した子供を優先するのが誤りならば、両親が寄付するかもしれない子供を優先するのも誤りである。

卒業生の子弟

これに関係したケースが、卒業生の子弟の優先、「レガシー」と呼ばれるものだ。多くの私立大学は卒業生の子弟である志願者に何らかの優遇をしている。その理由としてしばしばあげられるのが伝統、すなわち大学に特別の忠誠心を持つ家庭の子弟は何世代にもわたって教育する価値があるということである。大学というのは同窓会の準備、地元の高校生の勧誘・面接、同窓生からの寄付金集めで、卒業生のボランティア活動に負う部分があることを指摘する大学もある。その活動は、入学選考で何らかの優遇に値する。

卒業生の子弟への優遇的措置は近年、注目を集めているが、好意的な反応はない。[11] この種の優遇はアメリカ人の間で広く共有される、機会は出自でなく実力によるべきという考え方に矛盾する。国民の七五％がこの優遇に反対している。[12]

卒業生の子弟がどれくらい有利になっているかは明らかではない。この制度に反対する人は、卒業生の子弟は難関校において、そうでない子弟――将来自分の子供がその有名大学に行きたくなることを予想できなかった親の子弟――よりも合格率が明らかに高いと指摘する。しかし、この数字は誤解を招く。なぜならば、卒業生の子弟は平均すると高校の成績や統一テストの点数が高いからである。この違いを考慮すると、実際の差はかなり小さくなる。卒業生優遇でしばしば批判される超難関校でも、卒業生の子弟は平均でＳＡＴの点数が他の新入生より高かったというケースが過去一〇年のうち五年以上ある。他の難関校でも、卒業生の子弟は出身高校のクラスの平均よりわずかに一・五ポイント低いだけであった。[13] これらの大学では、卒業生の子弟であることは、せいぜい入学選抜で当落線上にあるときに助けになった程度であろう。この程度の弱い優遇措置ならば、不平の対象となる必要はないだろう。成績や点数でのそのような小さな差は合格に影響を与えるものではなく、これに目くじらを立てることは、かえって卒業生子弟優先制度を大学の世界で必要以上に注目すべきものとしてクローズアップすることになってしまう。

しかし、別の調査によれば、ある難関大学では、卒業生の子弟であることは入学選抜においてSATの点数で一六〇点分に相当するということであった[14]。これほど有利であるならば、世代を超えた連続性の維持という正当化の理由は、入学者選別の決定要因としてはあてにならないものにみえる。卒業生の忠誠心や奉仕への報酬という理由も同様に根拠として弱い。親の奉仕と引き換えに入学することと、親の寄付と引き換えに入学することの間に明確な違いはない。いずれのケースも、入学の判断は親の寛大さでなく志願者の資質に基づくべきである。そうすることで大学に目に見える損失が引き起こされることはないだろう。卒業生子弟優遇を止めた大学も、卒業生からの寄付金が大きく減ったということは起きていないようだ[15]。

スポーツ特待生

もう一つのよく行われる選抜方法は、特定の志願者グループにより大きな優遇措置を与えることである。よく知られている例が難関校でのスポーツ選手優遇である。いくつかの難関校で、アメフトやバスケットボールのチームのSATの平均点は、全学生に比較して二〇〇〜三〇〇点、場合によっては四〇〇点も低い[16]。一旦、これらの志願者が入学してしまったら、彼らの成績は一般学生に比べてかなり低くなる。多くの難関校を対象にしたかなり厳格な調査によれば、主要スポーツのスポーツ推薦入学者は、大学に入ってからのクラスでの順位が高校時代の成績やテストの点数から予想されるものよりもかなり悪い[17]。しばしばスポーツ選手は大学のお金で家庭教師をつけてもらったり、卒業のための単位を取りやすいよう特別に作られた簡単な授業の多い学科を専攻することによって、試合に出るのに必要な最低限の学業成績を維持している。

スポーツ選手の優遇の正当化については、多くの怪しい議論がなされてきた。スポーツ選手は指導力があり卒業後の人生で成功する、卒業後も大学に忠誠で寄付してくれる、強いチームは志願者を集め、卒業生による寄付も増えるなどである。綿密な調査は、これらの主張が事実によって支持されないことを示している。[18] 人気の高いアメフトやバスケットボールは安定的な利益をもたらすかもしれないが、それとてもフットボール・スタジアムやバスケットボール・アリーナの建設費、練習場・トレーニングルームの維持費、選手勧誘のための旅費、競争のために不可欠な監督・コーチへの多額の給与などの費用をきちんと計上したら赤字になる。ほんの一握りの大学だけが、アメフトとバスケットボールが稼いだ利益で、絶対に黒字になれない陸上、テニス、ホッケーなどスポーツ全体の予算を賄うことができる。

結局、スポーツ特待生の弁護はほとんどできない。大規模な大学スポーツと同様、スポーツ特待生に対する入学許可での厚遇にはますます当惑することが多くなり、正当化が難しい。これを続けているのは、単に花形スポーツの廃止は、現実的にも政治的にもそれを考えている大学にとってコストが大きく実施できないからである。シカゴ大学のハチンス学長はスポーツ重視をやめることに成功したが、それは一九三〇年代のことだ。今日、I－A部門〔最も強豪校のリーグ〕にいる大学でそのようなことを考える学長はいない。彼らの多くはスポーツ廃止を行えば失職する。結果として、学長、教員、学生や卒業生の大部分でさえ、現行のシステムは目に余ると考える傾向があるのに、変革が行われることはない。[19]

人種優遇

スポーツ選手優遇よりも議論になっているのが、難関大学での非白人、とくに黒人とヒスパニック系の優遇である。多くの大学で、スポーツ選手と同じような優遇が行われている。世論調査では、多くのアメリカ人はこれに反対している。[20] ミシガンとカリフォルニアを含む八つの州では、州立大学でのそのようなポリシーを違法とする提案が支持されている。そうであっても、州法で禁じられていない州では、難関校では人種による優遇は広く行われている。しばしば裁判になるが、最近では二〇〇三年、人種によって自動的に人数を割り当てるのではなく、どの志願者を選ぶかに当たっての多様な判断要素の一つとして人種を用いるという条件で、連邦最高裁は大

学の人種による優遇を僅差で支持した。[iii][21]

人種による優遇の理由については、多くの混乱した理由があげられている。長い間、識者はこの優遇は奴隷制、人種差別などその他の過去の不正への贖罪だと解釈してきた。この議論は根拠が弱い。なぜならば、今日、人種の優遇によって逆に入学を拒否された白人学生は過去の白人が犯した罪に責任はない一方、恩恵を受ける非白人は自分が差別を受けたことはほとんどないからである。実際、難関校に来る非白人はしっかりした中流階級出身で、多くは移民の子であり、祖先は南北戦争前の南部の奴隷だったわけでもなければ、人種分離の社会で暮らしたこともない。

より説得力のある理由は、オコナー（Sandra Day O'Connor）最高裁判事が「グラッター裁判」（*Grutter v.Bollinger*）[22]で最終的に示した、非白人優遇は二つの点で社会に重要な恩恵をもたらすというものである。第一に、学生を多様な構成にすることは、キャンパスに異なった視点と経験を呼び込み、すべての学生の理解を広げ、社会に出て自分と異なる人々とうまく暮らし働けるようになることを助けるというものである。多くの白人学生は白人がほとんどの町で成長し、白人がほとんどを占める学校に通った。大学は、彼らにとって異なる人種とともに生活し勉強する初めての経験の場となる。加えて第二に、オコナー判事は、非白人を難関校に優遇して入れることは、将来の指導者層を人種的に多様にし、全体として全人口構成と似たものにし、［一部のグループだけを代表していないので］政府、司法、その他の重要な制度、職業の正当性を増すことになるとした。この目的を達成するためには、学業で才能のある多くの非白人を、富裕者層出身であっても彼らが志願したら入学させるべきである。

人種優遇への反対者でこれらの議論に納得する人はほとんどいないが、オコナー判事が明確に述べた二つの理由を支持する証拠がある。一九九〇年代にボーエンと私は一九五一年、七六年、八九年のいずれかの秋に二九の難関校に入学した、八万人以上の卒業生を対象にした詳細な調査を出版した。入学年度にかかわらず、白人も黒人も過半数が現行の人種を考慮した入学選抜は「適切」または「もっと重視すべき」と答え、近年の卒業生の方が肯定的意見が強かった。[23]最近の卒業生では黒人の七〇％、白人の六三％が大学での経験が異なる人種・文化の人とうまくつきあい、効果的に仕事ができる能力の習得に「大いに」または「少しは」役に立ったと答えている。[24] より多様な指導者層を生みだすということに関しては、三五年前に主要大学を卒業し始めた黒人・ヒスパニック系の人々が、裁判官、政治家、その他の政府幹部、軍の指導部、企業経営者などの高位の地位に就いた非白人の数を増やしたことは明らかである。[25] これらの発展の価値をありのままの形で評価することは不可能だろう。しかし、多くの有力企業の経営者、退役陸海軍将校が「グラッター裁判」で人種優遇入学を支持するために法廷証言書に署名したことは、ますます多様化するアメリカの人口を反映した指導者層の形成を知的な人々が重視していることを物語る。[iv]

一方、人種優遇に反対するいくつかの議論は、かなりの説得力を持って否定されてきた。[26] たとえば、人種優遇の選抜によって入学できた非白人学生は、勉強についていけず退学したり、勉学について劣等感を抱き続けることになるので、人種優遇は支援の対象となる非白人の学生自身にとって好ましくないという批判がよくなされる。実際には、難関校に入学した非白人学生は、高校時代の成績がほぼ同じで入学しやすい大学に入った非白人学生よりも卒業率が高い。彼らはキャンパスライフでも積極的であるし、卒業後に高い給与を得る傾向がある。

（iii）本書執筆中に最高裁は Fisher v. University of Texas を再び審査することに同意した。本書出版時には結論は出ていない［テキサス大学の行ったアファーマティブ・アクションを支持した第五巡回区裁判所の判決を、二〇一三年七月に最高裁が破棄、差し戻した］。

（iv）人種の多様性が学生の人種問題での理解や寛容度に及ぼす影響に関する多くの研究を調査して、パスカレラ（Ernest Pascarella）とテレンジニ（Patrick Terenzini）は「最近のデータによれば、大学に行くことは、他の要素とは独立して、人種の理解や多様性の受容にプラスの効果を持つと結論してよさそうである」と述べている。*How College Affects Students*, Vol.2, *A Third Decade of Research*（2005）, p.581 を参照。最近の研究でも、「他の人種の学生との交流は、批判的思考力というスキルの発展に貢献する」ことが明らかになった。Dan Berrett, "Diversity Aids in Critical Thinking, 4 Studies Find," *Chronicle of Higher Education*（November 30, 2012）, p.A-3 を参照。

人種を考慮した入学選抜の問題の一面は、多くの非白人学生は入学後の成績が、高校の成績や統一テストの点数から予想されるものよりも悪いということである。[27] 人種優遇を提唱する人々は、現行の統一テストは［かつては文化的に非白人に馴染みのない事柄の出題があったといわれたが、いまでも貧困家庭の子弟は予備校の準備講座を受講できないといった理由で］非白人に不利で、彼らの勉学での潜在的能力を不当に過小評価していると批判していたので、このことはアファーマティブ・アクションの提唱者には頭の痛い結果である。多くの黒人とヒスパニック系の学生の成績不振の理由は、完全にはわからない。非白人が入学時に予想された成績を達成することに成功した例はあるが、それほどの費用をかけずに望まれた成果を上げることを可能にする、一般的な改善方法はまだ現れていない。

結局、人種優遇に関する議論を解決できそうな実証データは充分にない。この理由は理解できる。人種優遇を支持する知的議論にもかかわらず、学生が自分の達成したことでなく単に人種によって入学を許可されることには本能的に抵抗がある。裕福な非白人が合格し、その代わりに、それより裕福でない家庭の成績の良い白人が落とされることは、とくにこのポリシーを批判する人には腹立たしいことである。もちろん、スポーツ選手も成績が悪くても入学選抜で優遇措置を受ける。しかし、他にも悪い例があるからということを、正当化の理由にするのは好ましくない。さらに、大学の教育の使命と関係ないといっても、スポーツ選手はスポーツ能力という自分の資質によって評価されている［人種という自分で手に入れたのではないことで優遇されているのではない］。

アファーマティブ・アクションについての議論は、論理だけでは肯定も否定もすることができない。人種優遇反対派には賛同できないという人も、根本的にはこれが事実だけでなく価値観の問題であることを理解しているだろう。したがって、中絶の問題と同様に、人種優遇に関する議論は、この制度が不要になるか、違法になるまで続くだろう。いつの日かこのポリシーは廃止されるであろう。最近の最高裁の判例をみると、廃止はそれほど遠い将来ではないのかもしれない。そうであっても、難関校はかなりの数の非白人を合格させ続けることを認める憲法解釈を見つけるであろう。

低所得者層出身者の進学促進

志願者を選ぶ方法についての最後の疑問は、低所得者層出身の学生の在籍数を増やすためにさらにできることはないか、ということである。この問題は、大学に進学し最終的に卒業する率が富裕者と貧困者とで開いてきたことが認識されるようになり、解決が求められている。もちろん、低所得者層の子弟は学力テストの成績が富裕者層の子弟よりも悪いので、この種の違いはある程度やむを得ない。ＳＡＴの点数は冷酷なまでに、所得の底辺からトップに向かうにつれて確実に増えていく(v)。しかし、テストの点数の差はすべてを説明してはくれない。テストの成績の上位二五％同士を比較しても、富裕層出身の学生は貧困層出身の学生よりも、進学率も卒業率も高い傾向がある、と研究者は明らかにした(28)。資産の及ぼす効果はとくに難関校において顕著である。

大学が学力のある低所得者層の学生の合格を増やしたいのには理由がある。州立大学は、貧富にかかわらず、学力的に資格のある州内のすべての学生に報いることを求められている。私立大学は金持ちの立てこもる砦となるよりも、すべての階層から来る優秀な学生を歓迎することを

表6－1　親の所得とＳＡＴの成績

家庭の収入	ＳＡＴ読解	ＳＡＴ数学	ＳＡＴ作文
２万ドル未満	434	456	430
２万ドル～４万ドル	462	473	453
４万ドル～６万ドル	488	466	477
６万ドル～８万ドル	502	510	490
８万ドル～10万ドル	514	525	504
10万ドル～12万ドル	522	534	512
12万ドル～14万ドル	526	537	517
14万ドル～16万ドル	533	546	525
16万ドル～20万ドル	535	548	529
20万ドル以上	554	570	552

出所：Christopher Avery and Caroline Hoxby, *The Missing "One-Offs" :The Hidden Supply of High Achieving, Low-Income Students* (2012).

（ｖ）　表６－１の数字がこの傾向を明らかにしてくれる。

誇りとしたい。それ以外にも、多くの低所得者層出身の学生を受け入れることは学生の構成を多様化し、全学生にとっての教育プロセスを豊かにすることができる。なぜならば、貧しい学生は、非白人学生と同様、キャンパスに異なった経験とものの見方を持ち込んでくれるからである。

低所得者層出身の学生が難関校を受けない理由

難関校に在籍する低所得者層出身者が少ないのは、彼らが学力的には合格に充分であっても難関校にあまり志願しないからである。アベリー（Chris Avery）とホックスビィ（Caroline Hoxby）は、三万二四一六人の低所得層出身でSAT（またはACT）が上位一〇％の、最終学年の高校生を対象に調査を行った(29)。これらのきわめて学力優秀な高校生の中で、わずか五四四五人、つまりおよそ六人に一人のみが、少なくとも一校以上の難関大学に志願し、四七七五人のみが進学した(vi)。皮肉なことに、多くの難関校では寛大な奨学金が支給されるので、これらの非白人学生は実際には近隣のコミュニティ・カレッジや総合大学に行くよりも安い費用で難関大学に行くことができるのである。

多くの低所得者層出身学生が難関校を志願しない理由は、彼らが充分な情報を得ていないことである。彼らは在学のための費用を過大に見積ってしまい、奨学金を受けられることを認識していない。難関校は五〇ドルや一〇〇ドルの出願料の免除も頻繁に行っているのだが、低所得者層出身者はそれを知らず、出願料でさえ高すぎると感じて、出願を思いとどまる。第四章で述べたように、低所得者層出身の学生は高校の進路指導担当者に助言を求めるはずだが、低所得者層が多い公立高校の多くの進路指導担当者は過剰な業務を抱え、またこれまで生徒が難関大学への進学について訊ねてこなかったので充分な情報を持っていない。両親や友人も難関大学のことをほとんど知らず、出願を奨励することがない。もし低所得者層出身者が難関校に志願して入学を許可されたとしても、最近簡素化されたとはいえ、わかりにくく必要なデータを提供してくれない連邦政府からの奨学金を、彼らは申し込みをせずあきらめてしまうかもしれない。彼らは経済的理由から、給付型の奨学金なしでは名門大学からの入学許可を受け入れることはできないと感じるだろう。

低所得者層出身者に志願を促す

アベリーとホックスビィが明らかにしたように、数千人以上の学力が豊かな低所得者層出身学生は難関大学に志願さえすれば合格していた。志願した学生は他の学生と同じ率で卒業できているし、彼らと同じ学力の人が難関大学でない大学に行った場合より卒業率が高い(30)。たしかに、これらのすべての学生が難関大学に志願したら合格するわけではない。大学の中には、大学進学と卒業に要する奨学金を必要とする多くの低所得者層出身者を受け入れるだけの資金が不足しているところもある。それでもやはりかなり多くの大学がより多くの低所得者層出身者を受け入れることができたはずであり、これからも新たに多くの大学がそうできるであろう。

しかしながら、単にこれらの学生を志願させることも決して簡単ではない。優秀な学生は全米の四万二〇〇〇の高校に分散している。彼らの居場所を特定するのは難しく、出願のための書類作成を促すことはさらに難しい。

(vi) 本書校正中に、ホックスビィとアベリーはある年、SATまたはACTを受験したすべての高校生をカバーする、より包括的な研究結果を発表した。それによれば、少なくとも二万五〇〇〇人、おそらくは三万五〇〇〇人近くの高校生が、家庭の所得では下位二五%で、テストでは上位一〇%に入っている。低所得家庭の高校生は、テストで上位一〇%の高校生の一七%を占め、[所得と学力が無関係ならば、本来は二五%であるべきだが、それでも]多くの大学の入試担当者が理解しているよりもかなり高い。これは、これらの優秀な高校生は、大学の担当者がしばしば訪問する学校には集中しておらず、広く分散しているためであろう。ホックスビィとアベリーによれば、難関校に進学する低所得家庭の高校生が少ない主要な理由は、高所得家庭の高校生に比べて、難関校を志願しないからである。とくに低所得・高学力の高校生は、高所得・高学力の高校生に比べて一五分の一しか難関大学を志願しない。Caroline M. Hoxby and Christopher Avery, *The Missing "One-Offs,": The Hidden Supply of High-Achieving, Low-Income Students*, National Bureau of Economic Research, Working Paper No. 18586 (December 2012), p.6 を参照。

概念的には、これは他の問題と同様、コンピュータの力で解決が可能である。結婚紹介（お見合い）サービスのように、コンピュータが高校生の関心、能力、成績、課外活動その他のデータを集め、適切な大学を紹介するようなしくみが考えられるだろう。大学はデータベースを検索して彼らの求める高校生を見つけたら、志願する学年の数年前から接触できる。生徒は中学生の時点から自分が志願すべき大学名を知ることができる。コンピュータのおかげで彼らはこれらの大学の詳細な情報を受け取り、どんな科目をいま取っておくべきか、合格の可能性を最大にするために何ができるかを知るのである。

Connect EDU という企業はすでにこの種のプロジェクトを開始し、適切なデータベースを作って共有するために数百の大学および公立高校と契約している。[31] もしこの企画が成功すれば、難関大学に通う能力を持った多くの低所得者層出身の一〇代の若者にとって、自分の能力と意欲に見合った大学を見つける（また大学から見つけられる）ことが容易になる。

この種の企画は、もし成功したとしても、発展して広範に運用されるまでには数年かかるかもしれない。しばらくは、SATやACTを運営する組織が低所得者層出身で好成績をあげた高校生の名前と連絡先を大学に知らせることを考えてもよい。そのような情報はかつては受験者から任意に提出されていたこともあったが、多くの受験生は回答しなかったし、出された情報も正確なものではないと思われたので、取りやめになってしまった。しかし、低所得者層出身で好成績の学生は見つけるのが難しいので、不完全でときには不正確な情報でもないよりはましである。そのようなデータから、関心のある大学は少なくとも彼らの求める学生を探し、郵便、電子メールその他の手段でコンタクトして、出願してほしいこと、出願手数料はゼロであることを伝えることができる。

しかし、文面だけでは、低所得者層の学生に、彼らが進学できるとは到底に思っていない大学への出願を説得するのに充分でない。学生の不安を払拭しその大学への関心を高めるためには、大学の人間が本人に会って話すことが必要であろう。会う機会を持つことは簡単ではない。各大学がプログラムを立ち上げるのは費用がかかる。関心のある大学が協力することが賢明であろう。参加大学は、ある地域での低所得者層学生とのミーティングに代表者を送って、難関大学を志願すべき理由、奨学金などを説明する。派遣された者は訪問の成果を大学に報告する。加えて、大学が共同で地域の高校の進路指導者とも会って、低所得・高学力の学生の出願に興味を持っていることを伝え、その大学に質問があればすぐに答えられるよう連絡先を教えておくべきである。

所得に応じた優遇

難関校が低所得者層出身の学生の数を大いに増やしたいのならば、奨学金だけでなく、非白人優遇のように、入学選抜で彼らを優遇することで積極的に入学させることを考慮すべきである(32)。そうする理由は少なくとも非白人優遇の正当化のための理由と同じくらいか、おそらくはそれ以上に説得力があるようだ。学生の構成の多様性を増すという利点をおくとしても、優遇は低所得者層出身者を同じ土俵に上げ、大学進学の公平な機会を与えるからである。

現状では、経済的に困窮している学生は難関校での富裕層の学生との競争で不利な立場にある。彼らはSATやACTの点数アップのための対策講座を受講する経済的余裕がない。進学コンサルタントに出願書類や志望理由書の書き方を教えてもらうことも、中・上流学生のように夏学期やその他の補習学校・予備校に参加することもできない(vii)。また、彼らの高校は高所得の地域の学校に比べて、良い成績を取ろうとする友人との競争のプレッシャーがなく、質が低い。能力に応じて望みをかなえる平等の機会がすべての若者に与えられるべきならば、入

(vii) ミシガン大学のベイリー(Martha J. Bailey)とダイナスキ(Susan M. Dynarski)が提供するデータによれば、豊かな家庭は二〇〇五－〇六年度に子供の学校以外での補習に八八七二ドルを費やしているが、貧しい家庭では一三一五ドルである。"Inequality in Postsecondary Education," in Greg J. Duncan and Richard J. Murnane (eds.), *Whither Opportunity: Rising Inequality, Schools, and Children's Chances* (2011), p.171を参照。

試部は低所得者層出身者が難関大学に入る激しい競争において抱える、深刻に不利な立場を是正するために、何らかの便宜を図ることが必要かもしれない[viii]。

最低限でも、入試部は高校の成績を重視して、SATの点数は軽視すべきである。伝統的に、テストの点数は、難関校に卒業生を送っていない田舎や都市中心部の無名高校の学生の潜在的学力を判断するには最善の方法と思われてきた。しかし、最近の研究では、高校での成績は貧しい地域にある、レベルのよくわからない高校であっても、SATの点数よりも大学入学後の成績との相関が高いことが明らかになっている[33]。したがって、テスト結果を重視することは、低所得者層出身の学生を実際よりも低く見積ることになる。

難関校は低所得者層出身の学生を多く受け入れても、考えているほどのリスクは抱えないだろう[34]。高校の成績が良かった学生は、その高校に問題があったとしても、大学で落第しにくいという結果が出ている。卒業率は全体の平均とほぼ同じであり、非白人や花形スポーツの選手のように、成績が伸び悩むこともない。結果として、彼らの高校の成績や統一テストの点数が他の入学者に比べて多少低くても、貧困家庭出身者を入学させることは、奨学金にはお金がかかるが、入学後の成績に問題がないので、超難関大学の学生のレベルを落とすことにはならない。

奨学金ポリシーの影響

最も賢明な入学選抜ポリシーも、入学を許可した学生が入学し卒業するための経済的支援に裏づけされていなければ意味がない。この事実を認識し、いくつかの入学が難しく授業料も高い大学は最近、中流家庭の子弟の受け入れを改善しようとしている。いくつかの大学は踏み込んで、年収が六万〜六万五〇〇〇ドルを下回る家庭の子弟は授業料を全額免除し、学生が学部在学中にローン負債を抱えなくてよいようにしている。他の大学も経済的支援を充実させ、中流だけでなく最も援助を必要とする困窮学生にとっても入学しやすくしている。

この種の取り組みは称賛に値するが、経済状況にかかわらず入学資格のある学生に入学から卒業まで一切面倒をみる「ニード無視」の支援を実行できる資産を持っているのは、おそらく二〇ほどの大学だけだろう。その他の大学は毎年、限られた奨学金を出せる程度である。残念なことに、これらの資金の分配方法を決定するにあたって、より多くの大学が支援を最も必要としている学生に不利なやり方をとるようになっている。結果として、多くのエリート大学は低所得者層出身の学生の比率を増やしているのに、低所得者層出身だが学力は充分に高い何千人もの学生が、「エリート大学より少し下のランクだが、それでも入学はかなり難しい」難関校に入るのが難しくなっている。(35)

奨学金の予算が限られている多くの大学では、現在、限られた資源でより多くの学生を集める「授業料割引」という戦略をとっている。経済的支援を志願者の成績や個人的な受給資格に応じて分配するのでなく、同じくらいのレベルの大学に受かっていて、こちらが少し支援金額を増やせば来てくれると大学が判断した学生を優先するのである。しかしながら、その結果、最も貧しい志願者は、支援を最も必要としているが、支援金額が大きくならざるを得ないので、成績が良くても、入学を許可されないことになる。(36) これらの大学の経済的に豊かでないが成績では問題のない学生にとっての門戸をますます狭めている。そして、貧しくもないが富裕でもない中流・上流の子弟が払えないことがないようにしつつ、きわめて裕福な子弟から多くの授業料を取ることで、授業料収入を最大化する方向に向かっている。

他の大学は自分たちが来てほしい学生を集めるために、たとえその志願者がそれほど、もしくはまったく支援

(viii) 多くの難関校は、合格したら必ず入学することを約束して、通常の春の出願より早く出願して審査を受ける「早期出願」制度を導入することで貧しい志願者を不利にしている。「早期出願」の方が入りやすいといわれるが、貧しい学生は奨学金をどの程度もらえるかわからない段階でその大学に必ず進学することは約束できないので利用しにくい。Christopher Avery, Andrew Fairbanks, and Richard Zeckhauser, *The Early Admissions Game* (2003) を参照。

を必要としない場合でも、奨学金を支給する。最も顕著な例がメリット基準型奨学金で、成績優秀な学生に経済的必要性の有無にかかわらず支給するものである。スポーツ特待生奨学金のほか、音楽やその他の才能のある学生に、やはり経済的必要性にかかわらず給付型奨学金を出す大学もある。

この数十年で、大学はこのような報奨的な奨学金を積極的に出すようになった。スポーツ選手奨学金も含めて、旗艦州立四年制大学ではニード基準型奨学金は経済的支援の半分以下にすぎず、私立大学の七〇％以上がメリット基準奨学金を支給している。(37) 学業面、あるいはその他の特殊な能力に与えられる報奨的な奨学金がどんな形をとるにせよ、それは入学するためには本当に支援が必要な学生のために使われるべき資源から回されて、大学が入学させたい志願者のために使われてしまう。結果として、低所得者層出身の学生が大学に進学するのを妨げる経済的障壁を築くことになる。

本当に学力は充分だが、経済的必要性が高い学生のために使う代わりに、いま述べたような奨学金を使うことを、大学は正当化できるのか。その答えを断言することはできない。答えはそのようなポリシーを生みだし、その整合性を説明する理由次第である。

大学の中には、メリット基準型奨学金を *U.S. News & World Report* 誌に載っているような広く読まれる大学ランキングを上昇させるために用いているところもある。他の大学はニード基準型奨学金を抑制して、その資金をスポーツ奨学金に回し、グラウンドでの勝利を期待している。そのような行為の正当性はきわめて疑問である。

しかしながら、多くの大学はメリット基準型奨学金をもっと中身のある理由で用いている。彼らは優秀な志願者をそれほど多く集めていないので、メリット基準型奨学金で優秀な学生を入学させることによって、教室での議論の質を高め、成績づけの基準を高め、学生全体をより一層勉強させようと考えている。他の大学は、ほどほどの奨学金（または戦略的な授業料割引）を提供することが志願者を集め、定員割れを防ぎ、財政的に生き残る唯一の実行可能な手段であることを渋々認めている。ニード基準型奨学金が望ましいことは間違いないが、こうした理由を無条件に否定することも難しい。

皮肉なことに、授業料割引やメリット基準型奨学金の最も合理的な活用は、しばしば自壊につながることがわかっている。一旦、いくつかの大学がこの手法を使い始めたら、他の競合大学も使わざるを得ない。結果は、どの大学も同じ戦術を採り、誰も得しない値下げ合戦のようなものである。授業料割引に関する包括的な調査によれば、これを用いている州立大学の四四％と私立大学の四五％で、用いる前に比べて新入生のSATの平均点が下がった。(38) 半数強の大学はSATの平均点を上げているが、私立大学の二〇％と州立大学の一七％しか大きな増加（一〇ポイント超）を得ていない。

スポーツ特待生奨学金とメリット基準型奨学金はきわめて似た運命にある。前者はそれがなければ大学に行かなかったであろう学生を進学させるかもしれないが、多くのお金は競合大学に負けまいという競り合いに使われていく。後者はいくらかの優秀な学生を、メリット基準型を用いていないごく少数の難関大学からはとってくるかもしれないが、ほとんどのお金は単に同じレベルの競合大学との争いに使われてしまい、誰も勝者になれない。

結局、いくらかの大学は厳密なニード基準型奨学金を本質的でない理由で減らしているが、多くは正当な目的か、競争で不利になりたくないという理由でそうしている。こうした状況の下、大学の責任ということを持ち出しても得るものはない。多くの大学の幹部は結果を残念に思っているが、状況を改善するためにできることは少ない。もし競合する大学が話し合って、授業料割引やメリット基準型奨学金をやめ、奨学金の資金を厳格にニードに応じて配分することに同意すれば、学生の質を大きく下げたり追加的な資金を使うことなしに、最も困窮している志願者のところに奨学金が渡るようになるだろう。しかし、すべての、または大半の競合する大学が同意を受け入れるというのは至難の業である。さらに、そのような合意は独占禁止法違反となる危険性がきわめて高い。もし連邦議会がこの種の合意を独占禁止法から免責してくれないのならば、卒業まで支援の必要のない学生に渡っている大学の奨学金の見直しにはほとんど希望が持てない。

入試の過熱を避けられるか

この時点で、多くの読者は、これまでの議論で、難関校での学生選抜の仕方に最大の問題があることに言及していないことに不満を持つだろう。たしかに、プロセス全体が完全に手に負えない状況である。大学は多額の資金を費やし、全米を回って優秀な学生を他大学にとられないように自校への進学を勧める。希望の大学に入れるか、どうすれば合格の確率が上がるのか、高校生（ならびにその両親）の不安と心配はますます大きくなっている。希望の大学から拒否された多くの志願者は落胆し、人生の敗北者のように感じてしまう。この努力や心配も、高校のシニア（最上級生）が、どの大学が彼らに最も適しているかを知ることに役に立つのならば、価値がある。しかし、大半の高校生は、経験豊かな進路指導担当者の助けを借りたとしても、この疑問に前もって答えられるだけの知識を持っていない。

これらの不利益は事実であり、取り除くに越したことはない。しかし現行のシステムを批判することと、よりよいものに代替することは別である。病気を悪化させないことを保証する治療法を思いつくのは難しい。

もちろん、現行のシステムの問題の多くを避けるため、学生の大学間の割り当てを抽選にすることも可能である。たとえば、難関大学は関係する情報（授業料や奨学金のポリシーも含む）を発信し、高校を訪問し関心のある生徒と話をして質問に答える。各大学は家庭の収入に応じた奨学金の受給額を明らかにして、入学のために必要な高校の成績とSAT（ACT）の最低点を発表する。特定の時期に、関心のある生徒は一定数の志望大学を順位をつけて提出する。志願者数が収容人数を上回った大学はくじ引きで合格者を決める。はずれた志願者は第二志望大学での選抜に回る。こうして、最終的には空席がある中で一番気に入った大学に行くことになる。

この方法の下では、大学は卒業生や富裕な両親の子弟を優先させることはもはやできない。大学は魅力のある志願者を他大学に取られないように説得したり、疑問の余地のある戦略的な授業割引をするために、時間とお金を使わなくても済む。学生に関しては、少なくともほぼ全員が希望する大学のうちのどれかには入れる。第一志望にはずれた学生は不運ではあるが、敗者という気持ちは抱かないだろう。さらに、志願者がどの大学が自分に最も適しているか知らないことを考慮すれば、現行のシステムでもくじ引きでも、その後の大学での学生の学びと経験の質、量は変わらないだろう。

これらの利点にもかかわらず、この種の計画は多くの問題も持つ。はじめに、難関校は多くの経費を使って高校を訪問し、「大学案内」を大量に配布して、少しでも高校生に行きたい大学の上位としてあげてもらおうとするだろう。彼らはくじ引きの際により多くのより優秀な学生に第一志望と書いてほしいので、引き続き寮の部屋を高級にしたり他のアメニティを充実させることにお金を使うだろう。

難関校にとってより深刻な問題は、入学に必要な最低限の高校での成績と統一テストの点数を決めるときに起こるジレンマである。学力の高い学生を集めるために高い基準を設けるべきか、充分な数のスポーツ選手、非白人、さまざまな分野で才能を持った学生も入れるため基準を低くするか、ということである。どちらを選んでも、難関校は現行の制度よりは損をしている気分になるであろう。

多くの難関校は、さまざまな才能、出身階層、関心を持った学生から成るクラス編成を自分たちの手で行うということを簡単には手放したくない。（アメフトやバスケットボールのファンはもちろん）スポーツの監督は、チームの構成がくじ引きで決められることなど容赦できないだろう。才能のあるクォーターバックや、バスケットボールをやるのに充分な身長を持つ学生がいないことなど考えられないからである。学生交響楽団の顧問は、トランペット奏者が入学しないことを、科学の教員たちは化学や生物に関心のある学生が少なくなることを恐れる。大学は奨学金の費用を自分でコントロールできないことにも不満である。くじ引きの結果、奨学金を必要とする学生が多く入ってきたら、大学としては事前に明言していた額の奨学金は出さざるを得ないが、これは他の予算に影響を与えるからである。

学生にもくじ引き制度を嫌う理由がある。多くは当たる確率の低い有名大学を第一志望にするか、満足度は下がっても当たる確率の高い大学を第一志望にするかで迷うだろう（この制度では、第一志望でのくじ引きで外れると、同じレベルの第二、第三志望大学もおそらくくじ引きが行われてしまっているので、かなり倍率の低いところに回されてしまう）。兄弟と同じ大学に行きたい、高校のボーイフレンド（ガールフレンド）と同じ大学に行きたい、特定の監督の下でアメフトをしたいという学生にとって、学生はどの大学が自分に合っているかよくわからないので、くじ引きに任せた方が良いという意見は納得できない。

最後に、くじ引き制度を導入する大学間の合意は、連邦議会が免責しない限り、独占禁止法違反となる恐れがある。どの大学に行くかの決断を行う状況において、どの石鹸を買うか、どのクルマを買うかと同様、政治家は供給者の合意でなく自由選択と競争によって結果が決まることを長い間、支持してきた。特定の財・サービスが特殊であるとか、供給者は善意の理由で合意に至ったというのは、政治家や裁判官からは好意的に見られない。

これらの理由から、難関校の学生選抜方法がくじ引きに取って代わられることはすぐには起こりそうもない。くじ引き制度が事態を好転させるかも、はっきりとはわからない(ix)。

収支決算

難関校が志願者の選抜に用いている方法の公平さについて、どのような判断が下せるであろうか。一つのポリシーを取り出して批判するのは簡単である。いくつかの大学は、親が卒業生とか金持ちであるという理由で、ある種の学生がより入学がふさわしい他の学生より優先されていることを認めている。奨学金の大部分をスポーツの能力や学力など経済的支援の必要性とは無関係の理由で支給し、貧しいが学力は充分な学生の入学に役立てていない大学もある。そのような選抜ポリシーは、戦略的な授業料割引の急増とともに、低所得家庭の子弟には厳しいものになっている。

これらの手法に加えて、学生獲得の激しい競争の中で、いくつかの入試部は学生に適した大学を見つけさせるというよりも、中古車のセールスマンにふさわしいような勧誘を行っている。なかでも営利大学は最たる反則者である。しかし、非営利大学でも、上層部からより多くの志願者とより高いSAT点数を求められ、誇大広告、早期出願、ブランドイメージを改善するための広報活動、さらに言うまでもないが、マスコミの大学ランキングに影響を与える怪しげな数値操作を行っている。そのような戦術は、たとえ少数の大学によるものであったとしても、市民の高等教育への信頼と尊敬の念を削り取ることになる。

この種のやり方は残念なことであり、批判を受けるに当然であるが、難関大学が過去五〇年に行ってきた、女性、ユダヤ人、非白人、（自ら公言した）同性愛者などを充分に学力がある場合でも排除していたポリシーの廃止、ならびに卒業生の子弟優遇の減少といった進歩を妨げてはならない。多くの大学ができるだけ多くの奨学金資金を集め、そのうち多くをニード基準で配ることにいかに懸命に努力してきたか、また努力を続けているのかを看過すべきでない。全体的に、改善の余地は明らかにあるが、ほとんどの入試部は数十年前に比べると、学生を学業での能力と適切な個人の資質に基づいて選ぶようになってきたのである。

難関校にとって最後にそして最大の課題が、多くの低所得者層の子弟を在籍させることである。これに向かっての進歩は難しく、費用もかかる。才能のある低所得者層出身の学生を見つけ、進学を勧誘するのは難しいという結果になるのかもしれない。このため、すぐに成功する見込みは明るいとは決して言えない。最難関大学でさ

(ix) 現行の入学選抜のプレッシャーや不安を和らげるためにしばしば言及されるもう一つの方法は、超難関校が定員を増やすことである。しかし、これはくじ引き制度より問題があるかもしれない。目に見える効果を出すには定員をかなり増やさなくてはならない。結果として生じる費用が大きいだけでなく、大学の雰囲気の変化、個々の学生のケアの低下、大きな組織特有の温かみのない官僚的な空気、などを避けるためのコストも大きい。たとえば、もしアイビーリーグ大学が在籍者数を五〇%増加させることに同意したら、予想される結果は志願者が増えるだけである。そして、仮に志願者が増えなくても難関校の合格の確率は依然として小さいであろうから、学生はやはり志望校に入れるかという心配とプレッシャーを感じることになる。

え、財政面での圧力を感じている。多くの大学は費用のかかる競争から抜けられなくなり、新入生の統一テストの平均点を上げることで他大学に対抗するため、奨学金をメリット基準型にシフトさせ戦略的な授業料割引を行うようになっている。

たとえそうであっても、今日の気力を失わせるような厳しい条件も、ずっと同じであり続けるわけではない。財政状況は改善するかもしれない。現在の費用のかかる学生獲得競争の元凶となっている、マスコミの大学ランキングもやがては力を持たなくなるかもしれない。もし彼らがもっと多くの低所得者層出身の学生を受け入れることを重要だと考えているのならば、大学は資源を貯え、彼らを見つけて出願を説得する適切な方法を見つけるべきである。

これを達成しても、それだけではアメリカン・ドリームを現実にするには不充分かもしれない。しかしながら、難関大学がこの崇高な目標の実現に向かって進むことは、最も重要な第一歩である。このステップを踏み出したとき、入学資格を満たすどの大学にも入学できるという公平な機会を、すべての若者に、彼らの環境にかかわらず提供するという、長きにわたる名誉ある努力が最高の形で結実することになる。

第7章　高等教育の対象の拡大

過去四〇年にわたって高等教育で起きた最も深遠な変化は、大学で何らかの勉強をしたいと思う人が大きく増え、その構成もきわめて多様になったことである。これらの新しい学生は、一八歳から二五歳でフルタイムで在籍し学位を取って卒業したらキャンパスを去る、というタイプではない。多くは三〇歳以上である。彼らは、自分の分野の新しい展開に追いつくために数日だけキャンパスで研修を受ける医師や法律家かもしれない。あるいは、数週間から数カ月、大学で勉強して自分の責務の大きな変化に準備する企業経営者や外交官かもしれない。また、パートタイムで勉強してスキルを向上させたり、収入の高い仕事への転職をめざして自分に再投資する、労働者や主婦かもしれない。

他の非伝統的学生［従来の高校を卒業してすぐに入学するフルタイム学生を「伝統的学生」と呼び、近年の主として社会人パートタイムの学生を「非伝統的学生」と呼ぶ］は職業訓練のためでなく、単に自分の関心に関係する分野についての知識を深め、新しい何かを学ぶために大学に来ている。中には海外旅行を予定していて外国語を習いたい若者もいるし、神学や南北戦争について学ぶ意欲がある五〇歳の学生もいる。国際政治や文学について学びたいという、すでに引退した六〇、七〇歳の男女もいる。多くの大学はこれらの高齢者向けに、単位はつかないが人気のあるテーマでのプログラムを提供している。

こうしたいろいろなタイプの非伝統的学生は、高等教育の対象がいまや「大学一年生から死ぬまで」に拡大したことの生きた証拠である。この多数の人々に機会を提供しているのは、大学だけではない。企業は従業員と管理職の訓練に数十億ドルを費やしている。Teaching Company のような企業は有名な教授の講義をビデオやCDにして、家でリラックスしながら、または通勤の車の中で、新しい何かを勉強したい社会人に向けて売っている。リゾートホテルや営利企業でも、有名な作家や評論家にかなり高い謝礼を払って、市民に広く関心を持たれているテーマで講演してもらっている。

しかしながら、これらの組織は提供する講義の多様さと受講する社会人の数で大学に遠く及ばない。大学はキャンパスで、またオンラインを使って遠隔地の学生に授業を提供し、また教授が卒業生にヨーロッパの歴史やアジアの芸術や古代文明について講義するのを伴う海外への豪華なクルージング旅行まで行っている。いくつかの大学では、学士号の取得をめざさない学生の数は、正規の学部生、大学院生、専門職大学院生の合計より多くなっている。

現代技術の広範な到達範囲

インターネットのおかげで、高等教育の対象は地理的にもキャンパスを遠く超えている。たしかに、遠隔教育は新しい展開ではない。いくつかの大学は一世紀前に通信教育を開発し、人気を博した。のちに、教育関係者は遠くの受講者にラジオやテレビで接触することに希望を持ったが、限定的な成功しか得られなかった。しかしながら、現代の技術ですべてが変化した。

インターネットが登場すると、教員はシラバス配布、宿題の指示、その他の告知のため、すべての学生と容易にコミュニケーションができるようになった。まもなく、コース全体がオンラインで行われ、学生のためにさまざまな練習問題が解説されるようになるだろう。そのような授業は、定期的に教室に来ることができない人、同じ時間帯に二つの授業を取りたい人、取りたい授業が定員オーバーで履修できない人にはとくに有益であろう。一科目以上のオンライン授業を取っている学生の数は、二〇〇二年の一六〇万人から今日の六〇〇万人に驚異的に増加している。これまでに、大学の半分以上がオンライン授業を大学の長期計画の必須項目にしている。[1] 一〇人の学生のうち三人が、少なくとも一科目のオンライン授業を受けている。

オンライン授業は、伝統的学部生の生活とは異なる生活を送る学生に大きな利便性を与えるためだけに用いられているわけではない。[2] デューク大学やマサチューセッツ大学などは、経営学のコースをすべてオンライン上に設けた。メリーランド大学は三万人以上の学生に意欲的なコース編成を提供し、一五以上の分野の学士号と、いくつかの修士号をすべてオンライン授業で取得できるようにした。そのほとんどが双方向授業である。アリゾナ州のリオ・サラド・コミュニティ・カレッジは、主にオンライン授業を四万人以上に提供しており、学生の多くは通学が困難な遠隔地に住んでいる。

技術はまた、大学の授業が学生に届く範囲をアメリカの国境よりはるかに離れた地域にまで拡大した。ハーバード大学のポーター（Michael Porter）教授は、企業戦略論の授業を世界の一〇〇以上の大学と協力して提供している。学生はポーター教授のシラバスを使い、彼の講義はビデオ録画されて、討論は地元の教員がポーター教授から提供された授業ノートに沿って行われ、インターネットによってケンブリッジ［ハーバード大学キャンパス］にいる指導員が受講生からの教材に関する質問に答えてくれる。スタンフォード大学の教授陣はさらに進んでいて、人工知能、機械学習［Machine Learning 人間が自然に行っている学習能力をコンピュータで実現する技術］、ゲーム理論などの科目で世界から一〇万人もの受講生を集めている。これらの結果に触発され、新しい企業が教授や主要大学の連合体によって設立され、受講生がどこにいても利用できるオンライン授業を制作している。自分で勉強したいという受講生は、最難関大学の学生だけが取っていた授業を、地元の大学では定員オーバーだったり未発達だったりする世界の僻地でも受講できるのである。

新技術の授業への影響

地理的に広範に届くことのほかに、オンライン授業は教育法として重要な可能性を秘めている[3]。教室で授業を受講する学生とオンラインで学ぶ学生との双方向のやりとりも可能である。ライブの授業では恥ずかしくて発言できない学生も、オンラインでの参加だと発言しやすい。数学や統計学のように明確な正解がある科目では、教員は問題を出して採点してすぐに学生にコメントできる。さらに優れていることに、教員は討論での発言や宿題を振り返ることで学生が混乱しているところを特定し、次の授業に活かせる。ある種のコンピュータプログラムは学生とソクラテス型問答ができ、当該科目でしばしば経験する共通の誤りにぶつかった学生を支援するため、自動的に質問内容を適宜変更することもできる。

オンライン授業に加えて、教員はテレビ会議を使って海外の学生を国内の学生と討論させることができる。技術が進歩するにつれて、こうしたオンライン上での討論は、教室での討論に近づいていくだろう。アメリカ人の学生の文化理解と国際認識を高める可能性はきわめて大きい。インターネットを使うことによって、学生は遠くのキャンパスにまで行かなくても図書館の蔵書にアクセスし、科学の実験もオンラインででき、また仕事と重なった時間帯でも授業に出席することができる。仮想空間のアバターや他の臨場感あるシミュレーションを用いたコンピュータゲームを活用すれば、学生が居間を出ることなく学習活動に没頭する新たな機会が生みだされる。

新しい技術はまた、少なくともある程度の共通点と同じような構造を持つ科目では、教員が教材を作る方法そのものを変えることができるかもしれない。大量の部数を売る教科書を書く代わりに、教員はネット上に課題図書、講義概要、授業ノート、コメント、問題、討論のテーマなどの教材を載せることができる。他大学の教員は世界のどこからでもその教材をダウンロードして利用したり、順番を並べ替えたり、自分の教材を加えたり、まったく新しいトピックを書いたりできる。元の教材を作った教員に改善のためのアイディアを提供することもできるだろう。こうした共同作業によって教材は絶えず増強され、個々の教員は自分の好みと学生のニーズに応じて内容を再編することができるのである。

新技術の長期的影響

現代の技術はたいへん素晴らしく、高等教育の性格が大きく変わるという予想について、多くの人が意見を述べている。識者の中には、インターネットで少数の有名教員の授業が何百万人もの学生に配信され、受講生の数が激減し何万人もの教員は不要になるという人もいる。一九九七年、オンライン授業の可能性を予想して、ドラッカー（Peter Drucker）は、二〇二〇年までに伝統的な大学は、タイプライターや羽根ペンのように時代遅れのものになると述べた。(4) そのような劇的な未来図は注目を集める。しかし、無人の教室やカラの寮の予想というのは、キャンパスの学部教育が提供するとらえがたい利点の多くを見逃している。

現代の技術は多くの専門職が家庭で勤務することを可能にした。しかし、都市は消えてなくなってはいない。逆に、グレーサー（Ed Glaeser）のような経済学者が指摘するところによれば、密集した都市の中心部は人的交流を促進し、複雑な問題への革新的解決方法や新しいアイディアを生みだすことによって、創造性と起業家精神の集積地となる。(5) キャンパスというコミュニティに一緒に住むことにも同様の利点がある。多くの大学四年生は、価値のある経験は教室での授業以外で、しばしば人との出会いから予期せぬ形で起こった、と振り返っている。キャンパスの恩恵は次のように多方面にわたる。

- 学生はしばしば寮や課外活動での経験やインフォーマルな会話から、自分と異なる生い立ち、文化、信条を理解し、それらに寛容になれる。非白人や留学生が増えるとこの機会はさらに大きくなる。
- キャンパスの寮というコミュニティで一緒に暮らし、学び、遊ぶことで人間的な絆が深まると、卒業率がキャンパス外の自宅・アパートからの通学者よりかなり高くなる。
- 教室での授業以外における教員とのインフォーマルな会話が、しばしば学生、ならびに学生の将来に役立つ新しい関心、洞察、ものの見方の源になる。
- 友達との雑談が将来の人生設計を立てる際に役に立つ。
- 正規科目と組み合わさった大学近辺での社会貢献活動には、奉仕活動への関心、他人への思いやり、市民としての成熟を育む点で、オンラインの授業や講演を聴くことでは得られないものがある。
- より一般的に、学部生が集まることで課外活動などを通してさまざまな経験をすることでき、それが自分がどんな人間になりたいか、どんな人生を送りたいかのヒントになる。
- 多くの若者が寮生活を高く評価しているという点で、そのようなタイプの大学の成功は看過されるべきでない。卒業生の同窓会での盛り上がりは、寮生活の四年間が心と記憶の中で重要な位置を占めていることを示している。大学四年間をかけがえのない記憶にする、共有した経験と人間関係は、コンピュータでは再生できないものである。

これらの利点は、教育を向上させたり、授業をオンライン化するために技術を広範に利用することを否定するものではない。しかし伝統的な学生としての経験がもたらす恩恵がある限り、キャンパスに暮らし課外活動にも参加する伝統的学生のいる難関大学の将来は保証されているようだ。

同時に、このタイプの大学の在籍者は、全学部生の二〇%にも満たない。今日、大多数の学生は仕事を持ち、キャンパスの外のアパートか両親の家に暮らし、卒業までに四年以上かけている。連邦政府・州政府は多くの優秀な学生に大学への進学を勧めているので、このような学生の数は増えていくであろう。彼らにとって、仕事の合間に自宅で自分のペースで勉強できることの利便性は決定的に重要である。資金に制約のある政府にとっても、インターネットは新しい建物やキャンパスを建設せずに増加する学生を受け入れるために考慮すべき手段である。これらの可能性は、技術が、政府や家庭が負担できるコストで高いレベルの卒業率を達成するという問題を解決できるか、という重要な問いかけにつながるだろう。

営利大学はすでに、年長の社会人学生をカバーするためにオンライン授業を活用することでは成功している。数千の社会人学生がフェニックス、カプラン、デブライといった営利大学のオンライン講座に登録している。もう一つの成功したオンライン授業の新規参入者がウェスタン・ガバナーズ大学（Western Governors University, WGU）である。一九九五年に一九の州知事［その名の通り西部諸州の知事］によって設立され、WGUはわずかな数の学生からスタートした。二〇〇三年に全米大学基準協会から認証されたことで、志願者が平均で年三〇％のペースで増え始め、二〇一二年には二万五〇〇〇人の学生数となった。カリキュラムは（営利大学と同様に）限定的で実学に集中しているが、社会人学生が望むものでもある。[6] 学士号は教育学（教員養成）、経営学、情報技術、保健・衛生の四つの分野で与えられる。教材はマグロウヒル社のような商業出版社から購入でき、成績は合格か不合格かのみの判定である。

利益を上げる必要がなく、広告宣伝にお金をかけていないので、WGUの授業料は大手営利大学の半分以下である。学生ローンの返済不能率は低く、卒業率も向上しているといわれる。これらの結果に刺激されて、［中部の］インディアナ州知事もWGUに参加を表明し、将来の増加する州立大学への進学希望者を吸収しようとしている。カリフォルニア州は独自のオンライン大学を作り、将来の学生増を吸収しようとしている。フロリダ州も同様の提案をしている。

ここにあげた例は好ましい動きだが、オンライン授業が負担可能な費用で増加する学生数を教育し卒業させることができると明言するにはまだ多くのハードルがある。まず何よりも、オンライン授業は経費の削減、高等教育の拡充、卒業率の上昇という目的を達成できるか否か、厳密な評価によって証明しなければならない。現在、大学教員はオンライン授業できわめて多くの学生を集めているが、最後まで受講する学生は少ない。たとえば、「機械学習」というオンライン授業には一〇万人が登録したが、一万三〇〇〇人しか修了していない。「データベース入門」という科目は九万二〇〇〇人が登録して、修了したのは七〇〇〇人のみである。前述のWGUはかなり良いが、それでも六年間での卒業率は多くの非営利大学よりも低い。中退率は、コミュニティ・カレッジや営利大学のオンライン授業では高くなる。現在、意欲があり意志が強く、自分に厳しい学生のみがオンライン授業を予定通り修了できる。オンライン授業がそれ以外の大多数の学生の関心や意欲を維持して修了させることができるかは明らかでない。その大多数の学生というのはレベルのあまり高くない高校を出て、大学で学ぶ学力を備えていないが、アメリカの大学卒業率が停滞している現状を改善するためには、彼らに大学教育を提供しなければならない。

すべての授業をオンラインで学んだ学生がどの程度学ぶことができるのか、また、それが、伝統的な大学で学んだ同じような学力と出身階層の学生と比べてどうなのか、たしかにはわかっていない。さらに、何千もの登録学生の成績評価はどうやるのか、キャンパスにいないで遠距離からインターネットで筆記試験やレポートを提出するときに、カンニングや剽窃をどうやって最小限にするのかなど、解決されていない問題は他にもある。(7) つまり、オンライン授業は大学レベルの授業を多くの若者に負担可能な費用で提供する可能性を持っているかもしれないが、これが本当に実現できるかどうかがわかるには、まだ長い道のりが存在するのである。

たとえオンライン授業が有効だとわかったとしても、高等教育全体への普及を成功させるためには解決しなければならない実践上の問題がある。アメリカ成人の三分の一は、新しいオンライン授業のメリットを享受するのに必要なブロードバンドにアクセスできていない。この問題は、アメリカの高等教育の普及を促進するために必要な低所得者、非白人など新しい学生層へのオンライン授業の導入の妨げになる。

加えて大学は、授業をオンライン化するための技術に不慣れな教員のために、技術支援をしたり時間を割くなど、初期投資をしなければならない。さらに、新技術の導入に対する多くの教員の反対を乗り越える方法を見つけなければならない。これは、教員のほとんどが非常勤で事務局に抵抗したりしないコミュニティ・カレッジや営利大学では容易である。しかしながら、多くの四年制大学では、教員は教育に関して権限を持っているので、技術は彼らを完全に代替してしまうものでも、会ったこともない人が作った教材をただ教えるだけのロボットにしてしまうものでもないということを説得する必要がある。

教員は、誰か別の人が作った教材を使わなければならないという理由だけで、オンライン授業に反対しているわけではないかもしれない。これまでも、教員は他人の書いた紙の教科書を教材として使ってきた。前述のように、一〇〇以上のビジネススクールでポーター教授の経営戦略論のオンライン授業と教材が使われている。しかし、教員は既製のオンライン教材を自分のクラスに合うように変更したり、補足したりすることを禁じられることには抵抗する。現在、この種の対応は簡単ではない。ベイコウ（Lawrence Bacow）がオンライン授業の障壁についての最近のレポートの中で指摘するように、「今日、熱意のある教員が完全双方向型で機械誘導型の学習環境をつくったり、誰かが作った（そして所有権も主張されている）教材を自分の授業に合わせて改変することを可能にするプラットフォームはまだない。高等教育はシステムとしてこの問題をまだ解決できていない。慈善財団か政府機関からのまとまった初期投資がないと、この問題を自分たちで解決するのは難しいかもしれない」[8]。幸い、この障壁は将来的には、おそらく財団の支援を受ける形で大学が共同で取り組めば解決できるかもしれない。しかし、まだ解決されてはいない。

この問題が解決されれば、大幅な変化が考えられるようになる。すでに始まっている事例もある。まず最も明らかなこととして、より多くの学生がインターネットで共通の講義を聴きながら、大学独自の補助教材を使うことができる。オンライン授業は著名な学者によるものかもしれないし、話術が巧みで授業の上手な名教師によるものかもしれない。学生は自分が最も関心が持て、最も理解の助けになる授業を選ぶ。一方、世界各地の教員は、学生にオンライン授業を聴いてくることを宿題として課し、教室ではその講義と関連した討論を行い、練習問題を解く。

大人数の授業を構築して教えることは、これまでも（たとえば、教科書執筆者、講師、討論の時間を担当するティーチング・アシスタントなど）複数の個人の分業で成り立ってきた。オンライン授業はこの分業をさらに進め、試験監督、レポート採点、情報技術の支援、討論の時間と学生からのオンラインでの質問を担当するティーチング・アシスタントの配置と監督など、異なる仕事を異なるグループが委託される。講義するという仕事でさえ、準備された台本で役者が行うようになるかもしれない。このプロセスが進むと、教員の役割は教えるべき教材のとおり教えることと、練習問題や討論のテーマを選んだり、学生の効果的な学習を引き出し、関心を維持するために開発された教育法の中からどれかを選んだりして、授業環境を作り出すことだけになる(i)。

有名最難関校も含めて、これまでは学生数を増やすことにほとんど関心がなかった大学も、多くの学生をオンライン授業に登録させようとするので、大学間の競争は激化するかもしれない。競争の激化は、市場シェアを高めようと大学が教育の質を改善するきっかけとなるかもしれない。競争力のない大学にとっては致命的になる恐れもある(ii)。現在の初期段階では、確かな結果を誰も予想できない。それは、オンライン授業がどの程度、学生の教育を向上し、費用を下げ、中退率をある程度まで抑えることに効果的になるかによる。そしてこれらの問題への答えは、提供する側が大量の採点、効果的な討論、カンニング・剽窃の危険などの問題をうまく解決できるかにかかっている。

しかし、技術の潜在的なインパクトは否定できない。コンピュータの力を活用し、オンライン授業の経験から集めた学生の学習についての洞察に基づいて、教員は新しい教え方を試行している。大きなデータベースの作成と配信を可能にした技術進歩を利用して、学生にどの大学を受けるべきか、何を専攻すべきか、どんな科目を取るべきかをアドバイスする革新的な動きもある。入学後の学生への積極的なアドバイスによって、落ちこぼれそうな学生を早期発見するという新しい手法も現れてきている。たしかに、大学の行動を変えるここまでの可能性はこれまでなかったことである。

しかしながら、現時点で、この強力な新しい力のもたらす結果を予想しようとしても、それは実りない努力である。ミシガン大学のデューダースタット(James Duderstadt)元学長は自身が科学者・エンジニアであるが、「大学、企業、政府などの社会的機関でも、一〇〇〇倍、一〇〇万倍、一〇億倍といった累積的効果を考えるときに重要な指数の役割を、事前に正確に予想するのはきわめて難しい」と述べている(9)。想像するよりも、現在できる賢明なことは、新しい技術の応用を厳密にテストすることに投資し、慎重な評価によって新技術が望まれた結果を本当に生みだすことがわかるまでは、オンライン教育に関する大規模で裏づけのない実験に大金を投じることを避けることである。

海外キャンパスの取り組み

インターネットを通して海外の学生を取り込むことに加えて、アメリカの大学は海外で教育プログラムの提供を開始した。いくつかのビジネススクールは、企業幹部向けプログラムを現役役員を対象に香港、ロンドン、シンガポールで行っている。より最近では、有名大学が外国に新しいキャンパスを建設し始めた。豊かな産油国で

（i）これまで以上により多くの議論と研究を行うのに値する重要な疑問は、教育における分業と教員の役割・責任の減少により何か重要なことが失われたのではないかということ、もし失われているのならば、どこからマイナス面がプラス面を上回るのか、ということである。

（ii）クリステンセン（Clayton Christensen）によれば、営利大学は、オンライン授業という「破壊的な技術」を用いて、転職のために自分を高めようと大学で学ぶ学生のニーズに、より適した教育を効果的に提供することで、コミュニティ・カレッジや総合大学に最終的に取って代わるであろう。Clayton M. Christensen, Michael B. Horn, Louis Calderon, and Louis Soares, *Disrupting College: How Disruptive Innovation Can Deliver Quality and Affordability to Postsecondary Education*, Center for American Progress and Innosight Institute（February 2011）を参照。このような結論は考えられないわけではないが、確実なものでもない。すべてオンラインで提供される授業がどの程度効果的な教育なのか、受講者数が増えたときに、中退率がどのくらい高くなるのか、どのくらい多くの学生がオンラインの形式を喜んで受け入れるのか、補助金を受けているコミュニティ・カレッジや総合大学の低い授業料を上回るほどの利便性があるのかなど、わかっていないことも多い。州政府は、自分たちが設立し予算も出しているコミュニティ・カレッジや総合大学が、営利大学によって取って代わられるのを傍観し、甘受するのか否かもわからない。連邦政府が、営利大学が非営利大学に取って代わるのを黙って見守っていくか、ということにも疑問がある。そもそも政府が大学は非営利組織であることを伝統的に支持してきたのには理由がある。大手の営利大学は七五％以上の収入を連邦政府の奨学金に依存しているので、その存在と将来の成長は連邦政府の心づもりにかかっている。

あるアラブ首長国連邦は急速にアメリカの大学の海外拠点になっている。コーネル大学、テキサス農工大学、カーネギー・メロン大学、ノースウェスタン大学、ジョージタウン大学、バージニア・コモンウェルス大学は、さまざまな分野で学士号を授与するプログラムをドーハやカタールで開講している。ニューヨーク大学は正規の教員が教え本校と同格の学士号を与えるキャンパスをアブダビに新設しており、北京でのキャンパスもほぼ完成している。他の数十の大学も中国の大学と共同して学位を出している。エール大学はシンガポールにリベラルアーツ大学を創っている。全体として、そのほとんどがアメリカの大学なのだが、一六〇以上の大学が海外に分校を創っていて、その数は毎年増え続けている。

多くの学生を取り込む

生涯継続教育、インターネット、海外キャンパスは、アメリカの大学が世界中の一六歳以上のすべての学習者をカバーするための拡張手段である。これは大きな潜在力を持つ市場であるが、疑問も生じる。大学は、どのタイプの教育を提供し、どの市場をめざすべきかをいかにして決めるのであろうか。どのような条件でこの新しい取り組みは行われるのか。これらの新しい水域に漕ぎだしていくことのリスクと便益は何か。これらの結論が大学の選択肢にどう影響するのか。

営利か非営利か

現在、アメリカの高等教育の対象者を増やそうという試みには、二つの異なった動きがある。第一は世界中に無料または有料で学習の機会を提供することで、世界からの良質な教育へのアクセスを向上させることである。この面では、マサチューセッツ工科大学（ＭＩＴ）が数百もの科目の教材を無料でネット上に公開し、世界のどの学生、大学にも利用させることで、牽引役を果たしている。[10]公開されている科目の多くはシラバスと宿題として読むべき文献一覧だけだが、中には講義の映像もある。

他の大学も無料で授業内容を一般に公開する努力を共同で行っている。エール大学、ハーバード大学、カリフォルニア大学などは、人気のある学部授業をオンラインに載せ、無料で（単位取得をめざさず、試験も受けず、通常の教員による少人数でのオンライン討論に参加しないのならば無料）公開している。最近では、ハーバード大学とMITなどがコンソーシアム（連携組織）を作って、世界中の学生に単位は出ないオンライン講座を無料で配信した。MITはオンライン上にコンピュータ化された実験室まで作り、アフリカでも、あるいはどんなに遠くの国の学生でもMITの実験装置を使って実験ができるようにした。

他の組織もオープンアクセスに異なる方法で貢献している。メロン財団は、大学がそれほど高くない費用で学術雑誌をダウンロードできるJSTOR［Journal Storage 電子化した雑誌・書籍を所蔵する電子図書館］を立ち上げた。メロン財団はまた、大学の研究・教育活動を支援するため、世界中の美術館からスライドをダウンロードできるARTstoreを創設した。グーグルはいくつかの大学図書館と協力して、数百万冊もの本を学生（ならびに一般の人）が読めるようにした。これらの努力により、教育における膨大な資源が全世界で無料、または有料で利用可能になっている。

非伝統的学生や遠隔地の学生の高等教育へのアクセスを拡充する、もう一つのより広まっている方法が営利ベースでの提供であり、その利益は大学本体に入り通常の予算を補完している。ビジネススクールは幹部候補生のために企業幹部コースを提供し、毎年数百万ドルを稼いでいる。メディカルスクールは医師向けの生涯学習講座［医師免許更新のための研修］で利益を上げている。このように、非伝統的学生向けの講座は次第に営利ベースで行われるようになってきた。また、ほぼすべての海外キャンパスの建設は、利益を上げて本体のキャンパスに回そうという目的で行われている。ニューヨーク大学はアブダビの政府から、建物の建設費とキャンパスの運営費を払ってもらった上で、五〇〇〇万ドルを受け取った。コーネル大学、ジョンズ・ホプキンス大学、カーネギー・メロン大学なども海外プログラムから利益を得ようとしている。

通常、非営利ベースで運営されている大学が、遠隔地にいる年長の学生を巻き込んで高等教育の対象者を増やそうとするときは営利ベースで行うべきなのか、という疑問には意義がある。急成長している営利大学は言うまでもなく、病院の例を見てもわかるとおり、今日では商業的な事業と公共サービスの提供との境目が曖昧になっているので、この疑問は注意深い考察に値する。

営利システムにはよく知られた利点がある。利益を上げたいという欲望は、品質を向上しコストを下げることへの強い誘因となる。市場の力に導かれることで、人々の需要を満たす、新しくよりよい方法を見つけるためのエネルギーと取り組みが生まれてくる。このことは営利大学が、よりよい転職のため能力を高めたいが近隣の大学に通う時間のない社会人学生の職業訓練のニーズに安く、便利な方法で応えたことで明らかである。

それでは、なぜどこの政府も、このような利点を犠牲にしてでも、伝統的に非営利組織を中心に教育機関を運営してきたのであろうか。もしほとんどすべての財・サービスを提供する商業市場での基本的組織体が営利企業であるならば、なぜ教育は例外なのであろうか。

一つの理由は、これはたしかなものだが、教育の恩恵は社会全体に行き渡るので、社会は、営利大学がつける高い価格を払う余裕のある人だけでなく、すべての能力のある若者に大学進学のチャンスを与えることに関心がある。大学教育は多くの好ましい職業に就くための必須条件なので、すべての人への均等な機会の提供をめざしているアメリカのような国は、費用を払えるか否かにかかわらず、大学で学ぶ能力のあるすべての若者に学位を獲得する機会を与えたいだろう。

もしこの理由がないのならば、政府にとって、教育の機会を全員に与えつつ営利的な動機から生まれるエネルギーと発明の才を保持することは簡単である。政府は困窮している学生に奨学金を出すことで、学生が営利大学に行っても非営利大学に行っても支援を受けられるようにすることができる。実際、まさしくこれは連邦政府がやってきたことだ。政府がこれを拒否していたら、フェニックス大学のような大きな営利大学は、収入の七五％以上を奨学金で賄われる授業料に依存しているので、存在できなかっただろう。

しかしながら、教育を非営利ベースで提供してきたことには別の理由がある。競争は営利企業を消費者の要望を満たす方向に向けるが、人々には教育によって得ようとする他の目的がある。たとえば、社会は教育によって若者が倫理的原則に沿って行動し、積極的で知見にあふれた市民になることを望む。多くの学生はこういった科目を取ることに関心がないので、営利大学に任せていたらこれらの科目は提供されない。より一般的に、一八〜一九歳の若者は、どの科目が自分の将来の人生にとって重要かについて正しい判断ができない。結果として、大学でどの科目を取ればよいか賢明な判断ができる人に教育を任せた方がよい。

加えて、教育は大部分の他の消費財と大きく異なる。若者はどの科目をどの教育法で受けたら学びたいことを学ぶのに最も効果的なのか、前もってはわからない。もし大学が営利組織であれば、経営母体は学生側のこの弱みにつけ込み、皮相的には魅力的だが中身のない教育を提供することで不公正な利益を学生側からもぎ取ることになる。政策担当者は何らかの規制をかけてこの戦術を使えなくすべきだが、規制を守らせるのも容易ではない。学生の勧誘で虚偽や誤解を招く表現を禁止するという簡単な規制でも、政策担当者は虚偽の言明と、単なる誇張や大げさな宣伝との区別をつけることに多くの費用をかけて泥沼に陥るだけであろう。より深刻な問題は、営利企業が選ぶ教育法は、最も効果的なものではなく、むしろ最も利益が上がるものだということである。学生はしばしばその差がわからないので、営利動機は最良の教育法が使われることを保証しない。

アメリカの営利大学の経験を観察することで、これらの欠点はよりはっきり認識できる。転職をめざした社会人が資質を向上させるための教育を、営利大学は利便性が高く効果的な方法で提供しているにもかかわらず、営利大学の科目を道徳的な理由から高く評価する人はほとんどいないし、積極的で知識豊かな市民を育てることでも評価は低い。概して、営利大学は職業訓練的科目に集中し、一般教育科目は全米大学基準協会からの認証を得て、連邦政府からの奨学金で学生が通うことのできる対象の大学であるための必要最小限しか提供しない。さらに、かなりの数の営利大学は学生の勧誘において怪しいやり方をしている。会計検査院によれば、調査した一五の営利大学すべてで学生の勧誘に誤解を招く表示があり、いくつかの大学はお金を払ってくれる顧客を数多く入れようと明らかに虚偽の表示をしていた(11)。つまり、営利大学は人口の重要な部分のニーズに応える点では重要な貢献をしたが、学部生、とくに大学に進学する学生の多くを占める若い学生の教育を信頼して任せるには、懸念すべき理由がある。

同じ理由は、再教育を望む年長のアメリカ人学生や非伝統的学生のプログラムから利益を得ようとしている非営利大学にも適用できるであろうか。たしかに、これらの学生に厳格に営利ベースで対応したら、費用を払えない多くの学生を排除することになる。アメリカでの再教育プログラムは企業や政府の幹部向けが多く、中小企業経営者や、環境や人権問題で価値のある仕事をしながらも苦労している非営利組織の指導者向けというのはほとんどない。大学は同窓生に高価なクルージングや面白いテーマで教授の講演会を聴く機会を提供するが、これらを享受できるのは裕福な同窓生のみである。利益を上げられるという見込みがあるため、大学は新キャンパスの建設や企業向けプログラムをカタール、シンガポール、香港で行っているが、アメリカの専門知識や経験がより一層活きるであろうケニヤ、グァテマラ、バングラディッシュでは、アメリカの大学はそのような取り組みをしていない。海外キャンパスを営利ベースで運営している大学は、寛大な奨学金を出さないので、経済的に余裕のない学生は現地政府が費用をカバーしてくれない限り、通うことができない。

もちろん、非伝統的学生は正規の学位取得プログラムに在籍する一八~二五歳の学生とは重要な点で異なっている。アメリカの公共政策は、すべてのアメリカの若者に教育の機会を提供することをめざしているが、世界中の学生にそのような特権を拡張するような政策はない。政府が若い学生のために非営利組織による教育を提供することを好む理由は、ギリシャの寺院を散策したり、アジアの芸術をじっと眺めたりする高額なクルーズ旅行に参加する年長の卒業生には適用されていない。

同時に、すべての非伝統的学生を簡単にわきに押しのけてよいものではない。たとえば、年長の学生に彼らが年長だからという理由で教育の機会を重視しないというのは、時代錯誤で、現代の生活環境から逸脱した考え方である。就職に向けた準備は、若い学生と自分で支払いのできる年長者だけに価値があるのではない。今日、多くの人々は人生の中で数回は転職している。この転職のときに、何らかの教育が成功、もしくは単に生き残りのためにもしばしば必要となる。そのような転職のための訓練は若者への教育と同じくらい、国家の生産性の向上や経済成長に貢献する。早晩、政策担当者は、必要とするすべての人々がこの種の訓練を受講できる方法を考えなければならない。

学部教育の他の目的も、年長者でも充分に達成できる。若い頃、政治や市民生活に関わる事柄を馬鹿にしていた人も、純粋に関心に目覚め中年期から積極的になるかもしれない。大学時代は必修科目なので居眠りして単位だけ取っていた文学、歴史、科学といった科目も、人生の後半になって興味が湧いてくるかもしれない。また学生は、のちの人生の中で特定の必要性に迫られるまで、外国語を真剣に学ぶことはない。そのような年長者が遅咲きの関心を満たすことについて、営利大学に任せるのではなく、若者が受けているのと同じように何らかの支援を受けられるようにすべきかは考えてみる価値がある。もし年長者の所得が低いのならば、何らかの経済的支援を受けるに値するのであろうか。

他国で学生を教育することは異なる問題を引き起こす。アメリカの大学は、若いアメリカ人が受けているのと同じような教育を世界中の学生に提供すべく、教育の機会を拡張する義務感を持つべきだという議論は、明らかにユートピア的発想である。アメリカの公立・私立の大学が補助金や公的支援を受けているという事実は、アメリカ人学生を支援する義務感を意味するが、その義務感は外国人学生にまでは適用されない。そもそも州立大学は、州外者には州内者よりも高い授業料を課している。

この議論には長所もあるが、教育サービスを世界中の学生にいかに拡張するかを考える際に生じる問題のすべてを処理するものではない。何よりもまず大学は政府ではない。大学は、価値観を国家によって限られた範囲ではなく世界の中で見ている。このことを心に留めると、エリート大学がアメリカより所得の低い国において営利ベースで活動して利益を上げ、それをアメリカの学生や教員のために用いることは倫理的に適切であろうか。海外でキャンパスを開くアメリカの大学は、本国の活動に使える利益を上げるために、授業料を払える富裕層の子弟のみを受け入れるべきであろうか。アメリカの大学が国内で困窮学生向けの奨学金のための資金集めをするのならば、同様に、海外キャンパスで得られた利益は、才能はあるが貧しい現地の学生に奨学金として与えるべきでないのか。

利益を上げようとしている大学が、無防備な学生を搾取するかもしれないリスクはどうであろうか。この可能性はまったくないとは言えない。一九二〇年代と三〇年代、コロンビア大学、シカゴ大学をはじめ主要大学は通信教育からかなりの利益を得ていた。のちの研究により、この利益は、前払いで受講料を払ってもらい、締切日以降の取り消しに対しては払い戻しを一切しないというポリシーのおかげであることが明らかになった(12)。通信教育の費用の大部分は採点枚数に比例して大学院生に支払うアルバイト料であったので、締切日以降に取り消しが起こると、採点枚数が減って費用は減るが、収入は減らないので利益が増える。取り消しが多ければ多いほど、より多くの利潤になる。中退率は通信教育では常に高いので、このポリシーは大学に大きな利益をもたらした。このことは、大学といっても利益を上げるためには学生の性格の弱さにつけ込む誘惑から無縁でないことを示唆している。

大学スポーツは、最近の搾取の例を表している。多くの大学が有望なスポーツ選手を勧誘して、アメフトとバスケットボールを強くすることで利益を出し、他のスポーツプログラムを財政的に支えてもらおうと考えている。そのような学生は他の学生に比べてかなり低い学力でも入学を許可される。彼らは簡単な専攻を選ぶよう促され、質の悪い教育を受ける一方で、週に三〇時間以上も練習、遠征、その他スポーツに関わる活動に費やしている。一旦、選手としての出場可能年数を過ぎてしまったら、彼らは中退するか、［たいして勉強していないまま］卒業する。いずれにせよ、彼らは［プロの選手として活躍しない限り］選択した職業で成功するための準備を充分にしていないまま、大学を出ることになる。

今日、教育プログラムを営利ベースで運営する大学は、新たに大学に来るようになった学生層を搾取しているであろうか。必ずしもそうではない。学生の中には搾取から身を守れる者もいる。いくつかのビジネススクールは企業幹部向けプログラムで数百万ドルを得ているが、そうであっても、大企業にはプログラムが料金に見合ったものか判断する能力があり、もし見合わないのであれば競合するプログラムに乗り換える。同じことは政府省庁の中級・上級幹部向けプログラムについても言える。

しかし、学位をめざす若い学生に料金を課すオンライン授業についてはどうであろうか。遠隔教育は、充分な双方向学習が与えられたときには、伝統的授業と同じくらいの教育的効果が得られる。そのためには少人数のグループで適切な指導者の下で討論したり、レポートに適切なコメントをもらうなど、個々の学生に助言が行われる機会が与えられなければならない。この形の教育は費用がかかる。利潤の極大化をめざす大学は、学生を集めるために人気の話題での洗練された講義と見栄えのよいスライドを作ることに初期投資をする一方で、個々の学生に対する指導や小グループでの討論などの部分は最小化するかもしれない。このようにして、初期投資を回収するに充分な数の受講生が集まったならば、それ以上の受講者の増加はほとんどそのまま利益につながるのである。(iii)

そのような行為のリスクこそが、政府が非営利組織に教育サービスを提供させてきた理由と言える。このリスクは、非営利の大学がオンライン授業を営利ベースで提供するときにも発生しうる。大学が利益を上げるために教育・研究活動をするとき、そこには知識に貢献し学生の成長に寄与するという通常の意図とは異なる動機が存在することになる。(13) すると大学は、職業上の責任に相反する金銭的動機を持った人とまったく同じ利益相反行為を働くことになる。

(iii) もちろん、営利大学であっても無料で授業を提供して、利益は広告から得ることも可能である。しかしこの場合にも、利益を上げようとすれば、学生を集めることはできるが個々の学生の学びの発展には注意を払わない、という科目を作る誘因が存在する。

遠くの学生をカバーすることの追加的リスク

たとえ学生から搾取はしないとしても、利潤追求は大学を、深刻な問題を引き起こす活動に誘い込む。一つの議論を巻き起こす例が、海外キャンパスの創設である。アメリカの主要大学の能力と名声を引き寄せようと、外国政府はアメリカの大学が学科、ビジネススクール、さらにはさまざまな学部のそろったキャンパスそのものを作ることと引き換えに多額の資金援助をする。前述のように、アメリカの大学はシンガポールやアブダビなどの地域でこれを経験している。海外キャンパスの建設には多くの利点がある。当該国の学生に優れた教育を提供するとともに、高等教育のモデルを示すことで現地の教育レベルが上がる。外国政府はキャンパスで行われていることの価値の評価ができるので、ここには搾取の危険性はほとんどないと言われるかもしれない。そうであっても、海外キャンパスの建設はたとえ非倫理的ではないにせよ、賢明とは言えない。

本部と離れたところにある海外キャンパスのプログラムをうまく管理するのは非常に難しい。実地検分もインフォーマルな相談も頻繁には行われないので、現地で起こった問題に本部が気がつくまでには時間がかかる。さらなるリスクは、国際的な名声のためにアメリカの大学を誘致するだけの資金のある、発展途上国によくあるタイプの専制国家で生じる。学生運動、政治不安、通貨引き下げ、その他の数え切れないほどの予想できない事態は、本校の幹部の頭痛のタネを増やすだけである。現地政府は大学自治というアメリカの伝統を理解せず、教学のことにも繰り返し干渉してくるかもしれない。外国政府の担当者は同性愛、宗教、人種的なことで学生や教員を差別するかもしれない。彼らは大学の研究者が政府を批判しないように微妙な圧力をかけたり、政府の政策に反対する研究者の契約を更新しないことを促すかもしれない。過激な学生は処罰されたり投獄されたりするかもしれない。そのような行為は大学の基本的な価値観と相反し、アメリカ国内での批判的な報道と本部キャンパスでの学生の抗議につながる。

遠隔の国の異なる文化の中で教鞭をとってくれる有能な教員を見つけたり、再訓練することも問題となりそうである。最初は国際的なことに関心がある教員が海外キャンパスに行ってくれるが、彼らが任期を終えて帰ってきたときに、代わりを見つけるのは難しい。とくに教員の中には、子供の学校や配偶者の仕事のことがあるので、途上国には行きたがらない人がいる。なかでも一番の問題は、教員や卒業生の中に、大学が充分な教育を受けたかもわからない外国人に現地のキャンパスで学位を出して、母校のブランドイメージを損ねていることを賢明でないと思っているかもしれない人がいることである。

すでに、経営と財務の責務から、ほとんどの学長は大学の教学関係の業務に関わる時間がなくなっている。それなのに、時間のかかる渡航、管理、海外キャンパスが起こしがちな危機への対応を伴う、海外キャンパスの発展と維持という重荷をなぜわざわざ背負いたがるのか。もし大学幹部が学生を海外で学ばせたいのならば、海外の大学と交換留学プログラムを締結すればよい。もし彼らがアメリカの大学の優れた面を海外に広めたいのならば、本校の教員を訓練して外国の大学の立ち上げに参画させればよい。カリキュラム、教材も提供し、最初の数年間はボランティアで教員を募ってその大学で教えてもらってもよい。この種の努力によって、すでにアメリカの大学は自分たちをリスクにさらさずに、アジアやアフリカで学部や専門職大学院の建設を成功させている。

たしかに、海外キャンパスの運営を支持する理由を想像でリストアップすることは可能である。海外研修プログラムでは、しばしばアメリカ人学生が集団で行動している。それよりもアメリカ人学生を海外キャンパスに送った方が、現地での生活や人々との交流ができるため実のある海外経験になるだろう。さまざまな国の学生が集まる海外キャンパスは、そこに行ったアメリカ人学生が、グローバルな社会で生き働くために適切な、真にコスモポリタン的経験を獲得できるように運営されているであろう。海外キャンパスを新しく建設することは、固定化した慣習と既得権益の多い本部キャンパスでは実行できない、新しいカリキュラムや大胆なアイディアの教育法の実験のチャンスを与えてくれる。教員にとってそこは、現地に行って異なる自然と人に触れることによって、いままでにないようなアイディアや洞察が生まれるユニークで刺激的な雰囲気を与える場所になる。アテネやフィレンツェなど、歴史上、偉大で創造的な思想の中心地は異なる文化と知的伝統の活発な融合の賜物であったが、海外キャンパスも同様の結果をもたらすかもしれない。

これらのプラスの可能性は、推測の域を出ないが、現実のものである。しかし、海外キャンパスという大胆な取り組みが強いるリスクや負担に見合うだけの便益であろうか。この質問にはたしかな答えはない。しかし、一つの点は明らかなようだ。これは大きな賭けであり、良い面も悪い面も大きく長期的な影響を持つ。このような状況の下では、教育・研究上の理由だけで判断すべき非常に重要で難しい問題への対応に当たって、かなりの利益が得られるという見込みが決定的な影響力を持ってしまう。大きな決定に利益の誘惑が持ち込まれることが、好ましくない結果を引き起こすのは明らかである。

利益はどこに使われるべきか

それが賢明かどうかはともかくとして、いくつかの大学は多様な教育プログラムを営利ベースで行っている。しかしながら、稼いだ利益を大学本体の通常の予算に組み入れることが最も賢明な使途か否かは、常に明らかとは限らない。たとえば、企業幹部向けの講座で稼いだ利益は、環境や人権の問題に取り組む非政府組織や非営利組織の幹部に大いに必要とされる経営管理手法を教えるプログラムに回すことができる。海外キャンパスから稼いだ利益は、学費が払えないが学力は高い現地国の学生向けの奨学金にすることができる。

オンライン授業、企業幹部向けプログラム、公開講座には広大で有望な開拓の余地があり、さらなる実験と改善の機会がまだまだ豊富に残っている。たとえば、いくつかの専門職大学院は企業幹部向けプログラムで数百万ドルの利益を得ているが、この短期講習がどれくらい長期的な効果を持つのか、いかにしてその教育法が改善できるのか、などは驚くべきことにほとんど知られていない。さらに、年長者の学習効果が若い学生とどう違うのか、年長者の特徴に教育プログラムをどう適応させればよいのか、ということについての研究も必要である。インターネットの新しくより効果的な利用法を発見するための実験だけでなく、大学は現在すでに教えている科目を新しい技術で改良するための教員に対する支援にもお金を使うことができよう。

先見性のある大学は、すでに補助金を受けている伝統的な活動でなく、ここで述べたような努力に営利ベース活動で稼いだ利益を使うであろう。たしかに、伝統的活動が大学の評判を決め、その利害関係者はしばしば大きな権力を持つ。さらに、多くの大学は財政的に余裕がなく、既存の活動予算をカットするよりは非伝統的プログラムからの利益を回すことを選ぶ。そのような選択は理解できなくはないが、必ずしも賢明とは言えない。利益を新しい学生層に貢献するより創造的で効果的な方法の開発に使うことは、そのお金を伝統的プログラムの予算を増強することに使うよりも、長期的には大学の教育・学習への大きな貢献になるであろう。

仮評価

振り返ってみると、潜在的な学習者の増大への大学の対応について、どのような評価ができるであろうか。マサチューセッツ工科大学による「MIT Open Source」は、注目すべき最近の例である。新しい受講者層を獲得すべく一連の有用な教育面での取り組みが始まっており、そのいくつかはきわめて創造的で成功している。そこでは、企業幹部、医師、ジャーナリスト、公共機関幹部などさまざまな職種の再訓練のプログラムが用意されている。また、最新技術により第一級の教員を仮想教室やセミナーに連れてきて、世界中の遠隔地に住む学生に受講させることができる。全体的に見て、学生層の拡大はアメリカの高等教育における最良の伝統である豊かなベンチャー精神と創造性を引き出している。

この種の実験は望ましく、必要でもあるが、世界中のあらゆる年齢の人も学生として取り込むことが可能になったことは、大学の適切な優先順位と責任についてのより活発な討論を公共の場で巻き起こすことになるだろう。理想的な大学の将来像とは何か。誰にいくらでどんな教育目的を持って提供すべきか。さまざまな学生のうち、どの層が軽視され、どの層が最も大学サービスを提供される価値を持つのか。これまでのところ、多くの項目のうち活発な議論を呼び起こしているのは、新技術の高等教育へのインパクトだけである。その中でさえ、意見の多くは想像の域を出ず、起こりうる変化の評価やリスクの計算を含んだ実証分析に基づくものはほとんどない。新しい学生層を取り込むのは営利ベースが良いのか、非営利ベースが良いのか、または海外キャンパスの運営の長所・短所は何か、といった根本的な疑問はまだ、公共の場での活発な議論になっていない。いくつかのキャンパスでは、こうした事案は、教員が問題の慎重な検討に参加する機会もほとんどないまま、幹部の間で決められている。

活発な議論なく決定されてきた、潜在的な学生の急激な増加に対するこれまでの対応は、慎重な検討の結果ではなく、場当たり的で日和見主義的である。新技術を使う実験プログラムでは、厳密な評価がなされないまま技術の使用が続いている。いくつかの海外キャンパスとオンライン授業の計画は、新しい学生層を効果的に取り込む新しい手段を見つけるためというよりは、伝統的なプログラムのための新たな収入源の開拓のために始められた。営利ベースで教育プログラムを開始することから生じる利益相反については、まだ徹底的には議論されていない。

将来に関するより徹底的な議論なしには、財政面での圧力やきわめて短期的な要求によって、大学は手の届きそうな多くの新しい学生層に対し想像性に富んだ賢明な方法で対応することができなくなる。現在、目の前にある利益獲得のチャンスは、大学幹部や教員にとっては千載一遇の好機である。一旦、計画が実行に移されたら元に戻すのは難しいので、だからこそいま、決定がなされる前に、予想される結果の慎重な検討とともに、さまざまな可能性についての詳細な議論が求められている。

第8章 何を学ぶべきか

カリキュラムほど、教員側の教育面での目的をはっきりと表し、その目的をどうやって達成するかを伝えてくれるものはない。アメリカの高等教育の歴史を通して、大多数の大学は同じカリキュラムを採用していた。ただ、カリキュラムそのものは時代とともに変化した。植民地時代から南北戦争までは、多くの大学は古典的カリキュラムとして知られる高度に規定された「必修科目ばかりの」カリキュラムを持っていた。[1] それは古典的な科目と書物を厳格に学び、厳しい規則、強制的な礼拝、学長によって教えられる最終学年での実践倫理学の授業などを通して道徳的な訓練による精神修養をめざすものであった。

一七世紀と一八世紀の大学では、ギリシャ語とラテン語が必修科目だった。これらの言語の典型的な授業形態は、短文を訳し、意味と文法構造について教員からの詳細な質問に答えるという口頭試問であった。原始的に見えるが、この教授法には明確な目的があった。エール大学のポーター（Noah Porter）は、「大学の授業は特定の科目や特殊な知識を詰め込むよりも知識を自分で習得し考える能力を与えるよう作られている」と説明している。[2] ある教員によれば、「たとえば、学生が珍しいギリシャ語の動詞に、語源学を理解して分析する以前に出会ったとしても当惑せず意味を推測する能力を身につけたならば、微妙な法律問題も同じ正確さで解決する力を持っているといえるのではないか」[3]ということである。

しかしながら、時とともに古典的モデルの型を破る動きがあちこちから出てきた。ヨーロッパに留学していたアメリカ人教員が現代語の授業の導入を求めた。科学者は自分の専門分野を科目として教えることを望んだ。州立大学は［天の神学でなく］地上の実学である農学、家政学、機械工学の科目の提供を促された。学生は選択科目の不足に苛立っていた。

一九世紀後半に、古典的カリキュラムはこれらの要求に道を譲り始めた。紆余曲折の末、新しいモデルが今日まで続いている。しかし、われわれがこれから見ていくように、再び緊張の兆候が現れ始めた。圧力は高まって既存の構造をつなぐ絆を切り、学生が現代社会で成功するために必要な新しい知識と専門性に領域が与えられようとしている。一方、実証分析により、なじみ深い必修科目は、教育者が以前から望んできたものを達成しているのか、疑問が呈されている。簡単にいえば、現行カリキュラムは慎重に再検討される時期に来ている。

大学教育の目的

ほぼ一世紀にわたり、アメリカの学部教育は互いに重なり合う三つの大きな目的を追い求めてきた。第一の目的は、職業訓練的な実学教育での実用的知識や技能の習得、またはリベラルアーツ教育でどの職業でも役に立つ一般教養を高めることによって、学生が生計を立てられるようにすることである。第二の目的は、その起源は古代アテネまでさかのぼるが、学生が自治的民主主義において見識ある市民となり、コミュニティに積極的に参加することに貢献することである。そして第三の最後の目的が、豊富な関心と自己認識や熟考する能力を養うことで、学生が自分の人生を満ち足りたものにできるようにすることである。

これらの目的は、実に一般的で漠然としたものである。しかしながら、大学教員の間では受け入れられており、これら三つの目的のうちの一つ以上に貢献するために特定化された多くの目標については強い合意が形成されている。[4]九九％以上の教員が、批判的に思考し、情報の質と信頼性を評価することを学生に教えることは、「本質的」または「非常に重要」と答えている。また九〇％以上が、自分で習得する能力、専門科目の知識、効果的な作文能力についても同じように回答している。さらに四分の三以上が、就職に備えさせること（七八・三％）、他人の信条に寛容になること（七八・九％）、創造的能力を発展させること（七九・四％）を重視している。少し減るが、人種間の理解を高めること（七〇・四％）、教養の広がりとリベラルアーツへの理解を増進すること（六六・七％）、道徳的な人格を形成すること（六八・八％）にも過半数の支持がみられる。これ以外の目標についての教員の支持を測定したデータはないが、大学案内を見れば、学生を啓蒙された能動的な市民にする、基礎的な数量分析スキルを教える、相互依存が進む世界で生きられるよう外国やその文化を紹介する、というのが大学の目標になっていることがわかる。

ここにあげた目標のどれにも反対することは難しい。どの目標も、カリキュラム上、それをすべてめざすだけの時間と場所があるのならば、学部生教育の目標にしてもよいものである。しかしながら、現在、市民の八〇％以上が「多くの大学では提供される授業と学生の職業上の目的とがあまりに断絶している」と考えている。[5]有力な政府幹部、多くの営利大学、学生、評論家も同様に、広範なリベラルアーツの基礎の習得はそれを希望している学生には好ましいかもしれないが、高学歴社会をめざす国家が求めているのは、学生が就職に成功し、アメリカ経済の国際競争力を高めるために必要な技能を教えることだと考えている。この意見に賛成する人は、多くの学生が職業のための訓練と好条件での就職のための卒業証明書を望んでいるのに、すべての学生に文学、歴史、外国文化を教える意味があるのかという疑問を持っている。[6]

後者の考え方を、単にペリシテ人的（平凡な実利主義者）とかバビット的（低俗な実業家）と一蹴することはできない。何よりもリベラルアーツのカリキュラムはエリート向けに作られたもので、今日のようなユニバーサルな高等教育向けではない。勉学意欲がないのにシェイクスピアの詩や微分方程式を勉強させられる不機嫌な学生にあふれた教室は、幸福とはほど遠い。教員のビジョンと学生のそれとは異なるのに、前者に無理やり合わせようとして、多くの学部生の時間とお金を犠牲にしているのではないだろうか。これらの学生と、一八世紀の農家や商店の息子で大学に入ってから古典的カリキュラム信奉者を満足させるためにラテン語やギリシャ語を強制的に勉強させられている不幸な学生は、どう違うのであろうか。

限定的な職業訓練的教育へのプレッシャーは、ここ数十年の営利大学や一年未満の特定の職業訓練のための修了プログラムの成長によって裏づけられる。こうしたプログラムには疑いなく価値がある。多くの高校卒業生、とくに年長者ですでに働いている人は、すぐには仕事に役立たない科目に多くの時間を費やすことを求める大学に行きたくない。他の多くの学生は、単に学士号をめざす勉強を真剣に始めるのに最低限必要な数学の学力がない。たしかにそのような学生は、さらなる教育をめざすよりは職業教育を受けて修了証書を得た方がよい。

しかしながら、期間が短く、費用もかからない職業訓練プログラムを通常の学部カリキュラムに代替することで、アメリカ社会が高等教育普及の恩恵を安く享受できると仮定するのは間違っている。伝統的に、大学の学位とは単なる若者の就職準備よりも広範な目的のためのものである。そうあり続けることを支持する事例は、職業訓練路線の熱心な支持者が認めるよりもはるかに説得力がある。

雇用問題の専門家であるカーネバルとデスロチャーズによれば、限定的な職業訓練を受けてきた人よりも、広範な伝統的プログラムの卒業生の方が、仕事の性格や求められるスキルが変化したときにうまく適応できる傾向があり、進化する職業上の要求に対しての訓練をうまく受けられる(7)。企業幹部もまた、厳密な職業訓練のプログラムを超えた多様な目標を抱いたカリキュラムを支持している。そして、雇用者に、大学に重視してほしい学生の資質は何かと尋ねたところ、大多数が技術的スキルでなく、批判的思考力、効果的に口頭と文書でコミュニケーションできる能力、倫理的問題への関心と鋭敏さ、異なる文化・出身階層・人種の人を理解して効果的に協働することを学んでいることなど、リベラルアーツ教育の目標をあげた(8)。

加えて、市民が大学の学位に単なる職業訓練以上のものを求めているのには理由がある。望むと望まざるとにかかわらず、多くの学生は有権者になる。社会は学生に、見識を持って投票し、政治プロセスにも参加し、コミュニティの市民生活にも積極的に関わる人になる準備をしてもらうことに当然、関心がある。さらに、大学が倫理的問題への認識や倫理的原則を尊重すべき理由を学生に教えることによって、学生の道徳観の形成に貢献することには社会の誰もが大きな関心を持っている。多様な人々と生活し効果的に働く能力と寛容さを育てる伝統的な大学の努力も、着実に多様性を増しているにもかかわらず、人種、性別、同性愛などの根深い差別問題に苦労して取り組んでいる現代社会にとって重要である。

かなりの割合の新入生が大学は主として就職の準備のためにあると考えているかもしれないが、興味深いことに、より広い目標への支持は四年間の学部生活の中で育っているようだ。パスカレラ（Ernest Pascarella）とテレンジニ（Patrick Terenzini）によれば、いかに学部生が変化したかについての数十の調査では、広範なリベラルアーツ教育固有の価値があると信じる学生の比率は、四年生になるまでに二五〜三〇ポイント上昇している(9)。

リベラルアーツのカリキュラムの支持者の中には、伝統的モデルを過剰に擁護する人もいるかもしれない。著しく職業訓練志向の学生を抱えた大学にとって、いくつかのよく知られた必修科目は価値があるとは思われないかもしれない。たとえば、すべての学生にとって外国語を必修にするのは、これらの大学にとっては疑問である(10)。たしかに、卒業してから特定の外国語に長けていることで求めていた就職ができたり、外国を訪問するときの助けになることもあろう。そうであっても、大学で学んだ外国語がのちに役に立つ言語であるという可能性は低く、多くの大学がしているように、外国語を必修からはずすことの正当化の理由となろう。しかしながら、外国語のような例外はあっても、教員の大多数が支持している学部教育の目的は社会の利益と長い目で見たときの若者自身の利益にとって充分な価値があるので、ほとんどの大学が追い求めているのはもっともなことである。

しかしながら、より悩ましく、またあめったに議論されない問いかけは、多様な目標を誇っている大学は、実際にそれらすべてを学生に必修科目として課すほど真剣に追究しているのか、というものである。目標同士が込み合ったカリキュラムの中で競合し、教授会が同意した必修科目のいくつかは不自然な妥協の産物となり、学生には時間を割く負担を強いるのに望まれた結果は達成できないという最悪の結果を生みだす恐れがある。本章の残りの部分ではこの可能性を考察したい。

現行カリキュラムの構造

複数の目的を達成するために、伝統的なカリキュラムはシーザー時代のガリア［フランス地方］のように三部分から成る。専攻科目は学部生の授業の四〇〜五〇％を占め、選択科目は二五％を占め、一般教養科目は平均で約三〇％を占める。専攻科目は単一の学問分野の科目から構成されることもあれば、学際的分野のときもあり、経営学、工学、その他の職業に備えるための科目を提供する明らかに実学的なものもある。(i) 選択科目は学生に知的関心を満たす豊富な機会を与えるためにあり、残りの一般教養科目はしばしばさまざまな狙いを包み込んでいる。たとえば、自然科学、社会科学、人文学から科目を取って教養の幅を広げる、作文力を向上する、外国語の初歩を習得する、倫理的原則、数量的推論、他の人種・宗教・文化の理解を深めるなどである。

各大学はそれぞれでカリキュラムを作成しているが、ほとんどの大学教員は上述の三分割とその役割について同意している。それが職業訓練的であろうと、物理学、経済学、哲学のように特定の学問分野であろうと、専攻を持つことは、学生が知識を充分に学びそれをある程度深く活用できるようになるための適切な方法である、と多くの教員は認めている。選択科目は、ますます多様になる学生がそれぞれの関心を満たし、教員にとっては刺激を受ける機会でもある。一般教養科目は、もともとは啓蒙された市民になるための広い教養と、のちの人生を豊かにする永続的な知的関心を呼び起こすために設計された。最近では、一般教養科目には現代社会で生きていくうえで教員が学生に必要だと考える特殊な専門性をカバーする科目が数多く含まれており、ある種のカリキュラムのガラクタ箱になっている。

一見すると、このような形態は、カリキュラムに期待されているさまざまなニーズと目的を達成するのに、理にかなった構造のように見える。しかしながら、実際には、この一般的な三分割の形の中に多くの困難が隠れている。

学生に一つの分野を深く勉強させることは、知力を訓練し、異なる多くの科目をなまかじりして上すべりの知識しか得ないことを避けるために適切な方法として広く受け入れられている。しかしながら、現在設計されているような大学の専攻科目は多くの批判を集めている。たとえば、National Alliance for Business は「大多数の学生は、柔軟なスキル、指導力、チームワーク、問題解決や時間管理の能力、適応性、分析的思考力、国際意識、聞く・話す・読む・書くといった基礎的なコミュニケーション力にかなり欠けている」と不満を持っている。(ii) また研究者は、最も人気のあるいくつかの実学的専攻は学部教育の他の目的を秘かに傷つけていると指摘する。たとえば、アスティン(Alexander Astin)による二万四〇〇〇人の学部生の縦断研究[同じサンプルの長時間追跡調査]によれば、工学を専攻する学生は作文力、文化理解、政治参加や市民としての活動の面で欠けている、教育学専攻は問題解決能力、批判的思考力、一般的な知識に欠けている、科学専攻は作文力が四年生になっても一年生のときから進歩せず、また積極的な市民生活を送らないことなどが明らかになった。(11)

リベラルアーツ(または学問分野別)専攻もまた、独特の問題を抱えている。分野としての歴史が古いので教員はその科目の目的をあまり考えない。しかし、その存在理由は明らかとはいえない。学生は特定の学科から一つか二つの入門科目を学んだあと、その分野特有の調査・実験方法を学び、そして専門的なコースと主要な応用

(i) 特定の就職や人生設計に学生を準備させるため、多様な学科を設けている大学に対して、すべてかほとんどすべての専攻が学問分野に即したものである大学は、「リベラルアーツ教育」を提供しているとか、「リベラルアーツ・カレッジ」であるといわれる。しかし、前者も実学的学科だけでなく、学問分野に即した専攻や一般教育科目での必修も設けていることが多い。

(ii) Association of American Colleges and Universities, *The LEAP Vision for Learning: Outcomes, Practices, and Employers' Views* (2011), pp. 23-27 を参照。しかしながら、雇用者が大学教育の何を本当の価値とみなしているかについては混乱もある。経営者はここにあげた能力を重視するが、求人担当者は実践的知識や仕事で役に立つスキルの方を重視する傾向がある。

分野の科目を取る。この学びの進行の仕方は大学院に行って博士号を取得するには適しているが、学部生のうちほんの少ししか博士号をめざさない。教員が他の大多数の学生に何を達成してほしいかは、依然として明らかになっていない[iii]。

専攻科目として深く一つの分野を学べば批判的思考力が高まるというのが一般的に前提となっている。しかし、専攻を学び終えての結果は、この目的が達成できているかどうかに疑問を呈する。学部生教育についての多くの実証分析をまとめて、パスカレラとテレンジニは「何かを専攻するということは学生の知的・認識水準に微々たる影響しか与えてない」と述べている[12]。学生が深く思考する仕方を学べる経験は、卒業論文を書くことである。しかし、調査によると、全大学の半数強で、学生は二〇ページのレポートを一本も書かずに最終学年を終えている[13]。もし卒業論文の作成の機会が与えられたとしても、それは優秀な学生が対象であり［成績優秀者（honor students）として卒業するには卒業論文が必要］、あたかも優秀な学生のみにこの機会は必要であるかのようだ。

選択科目の役割にも多くの疑問がある。ほとんど誰もが、学生の特殊な関心や個人的な希望を満たすためさまざまな科目を自由に取る機会が必要であることは認めている。しかし、この自由がいかに実際に活かされているかはほとんどわかっていない。学生は本当に関心を満たしているのか、それとも課外活動に精を出すため簡単な科目を選んでいるのか。多様な科目から選んでいるのか、実学系の専攻科目を補強するために取っているのか。振り返ってみて、四年生は選択科目を、一般教養科目や専攻科目よりも重視しているだろうか。これらの質問への答えは、教員がカリキュラムの中でどの選択科目を拡大／縮小し、ある程度の変更を行うか、判断することの助けとなる。しかし、実際にはそのような調査はめったに行われない。専攻科目が学科に集中するように、選択科目は学生任せでほったらかしになる。

さらに、一般教養科目も特有の問題を抱えている。それは専攻科目や選択科目で満たされないすべての目的をカバーするあらゆる科目の倉庫となっている。長年にわたり、達成しなければならない目的の数は増え続けている。「国際的に競争できる能力」、数量分析能力、多様性の受容などの新しい目的が、広い教養、文章作成能力、外国語を話したり書いたりする初歩的能力といった伝統的な目的につけ加えられる。結果として、一般教養科目はカリキュラムの二五〜三五％しか割り当てられていないが、それだけでは達成できない一層多くのことを期待されている。

教員はいかにこの問題に取り組んできたか。学習に適度のゆとりを注入することは大きな注目を集めており、いくつかのモデルも最近は広く議論されている。一つの方法は、さまざまな分野の名著や文学の名作を集中的に学ぶことである。もう一つの方法は、異なる分野が用いる思考方法を数多く学ぶよう学生にいろいろな科目を取らせて自分で勉強させることである。一時は多くの大学では、社会が直面する重要な問題に注目した科目が作られた。さらに他の試みとして、人類の経験と知識について広範に学ぶ連続講義の受講を学生に義務づけるものもある。

これらの試みには明らかに利点があるが、弱点もあり、すべての大学から支持される単一の方法というものはない(14)。代わりにさまざまな方法がある。大多数の大学はある種の配当された必修科目を設け、学生は分野ごとに一定数の授業を履修することが義務づけられている。この最も単純でよく行われている方法では、自然科学、社会科学、人文学などの各分野から二、三科目を取らなくてはならない。このモデルにもいくつものやり方がある。必修単位数を満たす特定科目を指定している場合や、三つの分野以外も含める場合もあれば、必修単位となる科目に特別な名称を付けている大学もある。しかしながら、全体として、四年制大学の四分の三以上が、求め

(iii) 専攻についての最も詳細な研究は、Association of American Colleges and Universities の支援の下、異なる分野の教授チームによってなされた。その最終報告書によれば、「ほとんどの大学の専攻とは、学生が学科で履修した科目の寄せ集めであり［学生がある学科の科目を多く履修したら、それが専攻になってしまう］、多くの人文学で見られるように、構成も深さもなく、内容は重視するが、肝心の内容そのものが元になる本質的な研究スタイルのことを軽視している」。Association of American Colleges, *Integrity in the College Curriculum: A Report to the Academic Community* (1985), p.2 を参照。全米大学基準協会が大学に専攻分野の学習目標を明確にさせるよう圧力をかけ始めたので、各学科はこの批判を改善できるだろう。

られる広い教養を達成するため何らかの配当された必修科目を設けている。

一見したところでは、このような必修科目制度の人気を推し量ることは難しい。なぜならば、どの程度「広く」学ぶべきかという決まった考えはなく、一般教養科目の目的を果たすために設けたわけではない多くの科目からただ学生に選択させているだけだからである。どうすれば学生が長期にわたって科学に関心を持ったり、社会、政府、文学、芸術を学ぶ意欲をかきたてることができるかということも、教員はわかっていない。しかし、ほとんどの教員はこういった問題を明確に議論したりしない。彼らは、学生が配当された必修科目を取れば目標は達成されたと考えているようである。学生に広い選択肢を与えることは、彼らが楽しいと感じる科目に集中できるので、長期的な関心を維持しやすいという意見もあるが、実証分析で証明されたわけではない(15)。

一方、作文・口頭発表能力の向上、数量分析、倫理的な推論、国際理解、市民としての知識など、一般教養科目の目的は、専攻科目、選択科目、一般教養科目のうち配当された必修科目を除いた残りの科目によって達成されなければならない。多くの場合、こうした目的を達成するための方法は詳細には議論されない。自律的な学習能力、道徳的な人間の形成、創造力の醸成といった広く支持されている目標をいかに達成するか、ということについての教員の議論を見てもがっかりするだけである。代わりに、これらの疑問はしばしば大胆な仮定によって処理されている。たとえば、教員は学生が四年間の学部生活を送れば口頭発表の能力や市民としての力は充分に身につくと仮定している。倫理的な推論や実務的作文力は、一つの科目を学べば身につくと考えている。あるいは、これらの能力(国際理解や数量的分析などの能力も)は、もし教員がそのための必要な教材を既存の科目に取り入れれば学生が身につけると仮定している(iv)。これらの仮定の妥当性は厳密な検証にかけられたことはないが、カリキュラムそのものはこれらを前提にして是認されている。

カリキュラムへのよく見られる批判

識者は現行のカリキュラムを頻繁に批判する。しかしながら、ほとんど例外なく、広く導入されている専攻科目、選択科目、一般教養科目という通常の三部構成を批判することはない。選択科目や学部での専攻には反対しない。ほとんどすべての不満は、残りの部分、すなわち一般教養科目に向けられている。教員はたった二学期だけの外国語教育の意義をいかに正当化するのであろうか。なぜもっと多くの大学は古典的名著の読解を軸にした一般教養科目を作らないのであろうか。学生の自主性を重んじる大学は、経済学、西洋文明、アメリカ史を学ばず、シェイクスピアやプラトンをまったく読まない学生をどうやって卒業させるのか。[16]

そのような懸念に対しては、古典的名著読解の必修科目を教える陣容を整えるに当たっての問題点を指摘したり、授業で取り上げた本や作家が学生に与える長期的な影響を疑問視することで反論できる。しかしながら、これらの批判にはより根本的な問題がある。これを主張する人々は、自分の理想とするカリキュラム像に固執するのは簡単だが、さまざまな目的を限られた授業時間のなかでいかに達成するかについて、異なる教育観を持つ教員から合意するよう説得されることは教員にとって受け入れ難いということを看過している。そのような課題は本当に難しいので、カリキュラムはしばしば精査されていない前提、怪しい主張、非現実的な希望の上に形成されることになる。

(iv) たとえば、あるエリート大学でのカリキュラムを分析した学内委員会による最近のレポートは、「倫理的推論の必修科目は課していないが、われわれは道徳的なリーダーや市民を養成する責任は認識している。教員や学科に倫理的問題を扱ったトピックや事例研究を講義の中に取り入れるよう促している」と述べている。別のエリート大学のカリキュラム委員会は、作文の必修科目がないことの説明として「多くの学問分野の授業の中で真剣な作文能力の訓練はなされ得ると期待できる」と述べている。どちらのレポートも、その期待が実際に実現したという証拠をあげてはいない。

妥協の産物としての現行カリキュラム

一般教養科目の理想的モデルについて教員が合意に至らないことは、連邦議会が広く合意された租税法体系を作ることができないのと同じである。解決しなければならないことがあまりに多く、思慮深い教育者が何世代にもわたって合意できていないのである。教員たちはこのような問題を詳しく議論する時間がない。議論を試みても、各学科がカリキュラムの中で自分の居場所を確保しようとする見苦しい争いを伴う、長い不毛な論争に簡単に堕落していく。実りのない、合意が不可能なことに関わるよりは、教員は現実的な妥協で解決を図る。それは、各関係者の重大な利益を損なわずうわべだけの結果を伴なった、ほどほどの時間でできあがる妥協である。

このように見れば、典型的な大学カリキュラムは説得力のある合理性を欠いている。しかし、主要な利益団体すべての懸念を払拭することについては実によくできている。現行カリキュラムでは、教員は自分の専門分野の科目だけ教えることに専念できる。意図は立派だがおせっかいな他の教員の指図に従うことなく、自分のやりたいように授業をするという、個々の教員に守られてきた権利を侵すことはない。教員がどうせ開講しなければならない一連の科目群の中から配当必修科目が選定され、学生はそれを学べば広い教養が身につくと考えられている。カリキュラムは科目に他の特定の目的を達成することを求めるが、多くの科目、つまり作文力、基礎的数量分析、外国語などは大学院生や非常勤講師が教え、正規教員の手を煩わせなくてよいようになっている。同時に、学内で合意に至った必修科目というのは、学部生にとって選択の余地が大きく、自分の望む職業に備えるための勉強もできるので、満足度は高い。そして現行カリキュラムは、新しいプログラムのための費用増加や新しい教員の採用を必要としないので、大学幹部にとって好ましい。

まとめると、ここに述べたプロセスから生まれたカリキュラムは、一般的に受け入れられている膨大な数の教育目的を達成するための慎重に検討された枠組みというよりは、政治的妥協の産物である。基本構造は、それが達成する教育上の目的でなく利害関係者にとって価値があるように作られている。取らなくてはならない専攻科目は教員の知的関心に沿って揃えられており、学問分野別に専攻を作って学生に学ばせることの理由は充分に証明されていないし、批判的思考力への貢献も実証されたわけではないが、カリキュラムのほぼ半分が専攻科目に占められている。選択科目は、学生に選択の自由を与えるが、ほとんどの大学は学生の選択を精査したり、いかに選択科目が重要な教育目的に貢献するか考慮しておらず、存在根拠は脆弱である。必修科目は教員に新しい負担を課さないが、その目的のために開講されたわけでなく単なる専攻科目の一つなのに各分野から二、三科目を学べば、学生が自然科学、社会科学、人文学への永続的な関心と広い教養を得られるという怪しい仮定の上に成り立っている。一方、他の重要な目的は、いくつかは細々と取り組まれ、残りはまったく取り組まれてもいない。

現行カリキュラムはいかに成功しているか

幸いなことに、典型的なカリキュラムに説得力のある理由がなくても、実際の学習が行われていないという意味ではない。これまで述べてきた短所により、大学が達成可能だとしている教学上の目標のすべてを、学生が達成することは不可能であるが、学生が学習を行い、広範なリベラルアーツ教育でしばしば掲げられる目標には少なくとも何らかの進歩を果たす機会は豊富に提供されている。

たとえば、専攻科目は、学生に深く考えることを教えるという目標以外の特定の目的には貢献している。文学作品を学ぶことで、英語専攻の学生は注意深く読み、明瞭に美しく書くことを学ぶ。科学専攻の学生は、科学の知識とともに数量分析のスキルを身につける。哲学専攻の学生は批判的思考や道徳的推論の力を得る。さらに、専攻科目は授業時間の半分を占めるが、教員にとって専攻科目は最も知識があり教えるのが楽しい内容で、それを教えることに専念すればよい。たしかに価値がある。

選択科目の価値についていえば、学生の選択という面では支持できる。学生は内容が簡単で成績も緩い科目や追加の実学科目を取ることもあるかもしれないが、ほとんどはおそらく、より真面目に勉強したくなるような関心がある科目を選んでいる。同様に、多くの学生は配当必修科目を満たす際に、教え方がうまいといわれる教員を選んでいる。重要な事柄を学生にしっかり教え込む科目は、教育目的のためにより慎重に作られたとしても教え方が退屈な授業よりも、学生の興味を湧き立たせ、努力を引き出すであろう。

多くの学生の成長は授業だけでなく課外活動からももたらされることは、注目に値する。四年生に自分の人間的成長に最も貢献した大学での経験を尋ねると、彼らは普通、「教室外で経験したこと」と答える[17]。学部生を一年間、観察・研究したある教員が結論しているように、「学生の回答によれば、学んだことの六五％は教室外の活動から得たもので、三五％が授業関係の教室内の活動による」[18]。したがって、たとえカリキュラムが学生を啓蒙し積極的な市民にすることに大きく貢献していなくても、学生自治会、学生政治団体、地域奉仕活動が多くの学生の政策や政治への関心を高め、政治プロセスを彼らに教えてくれる。同様に、学生は日本文化やヨーロッパ政治という科目を取るよりも、出身階層・人種・国籍が異なるクラスメートと交流することによって、人種や文化の違いについての、簡単には消えない理解と寛容さを身につける。

学生は学習と成長の多くの機会を学内に持つが、重要な疑問はどれくらいの進歩が在学中に起きるのかということである。過去二〇年から三〇年、研究者は大学教育の学生への効果を測定する文字通り数百もの研究をしてきた。結論は、学部生は教員も共有する目的の多くに向かって、少なくとも何らかの進歩はしているということである。

学生の進歩に関する最も楽観的な結果は、四年生の学生にさまざまな学習の目的への到達度を答えてもらうタイプの調査による。たとえば、National Survey of Student Engagement（NSSE）の二〇一〇年の調査によると、八四％の四年生は大学が幅広い一般教養教育に「大いに」または「かなり」役立ったと答えている[19]。大学での経験は批判的思考力に貢献していると答えている比率はより高く、また七八％が大学四年間で明瞭で効果的な文章が書けるようになり、七六％が数量的問題を分析できるようになったと答えている[20]。

表8－1　1年生から3年生への成長（1990年代）

目標	進歩
批判的思考	0.50
総体的判断（適切に体系化されていない問題への論理的解決）	0.90
英語（読解、作文）	0.77
数学（量的分析）	0.55
科学	0.62
歴史・社会科学	0.73
権威主義・独断主義の減少	0.70-0.90
自民族中心主義の減少	0.40
道徳的推論	0.77

出所：Ernest T. Pascarella and Patrick T. Terenzini, *How College Affects Students*, Vol. 2, *A Third Decade of Research* (2005), p. 574.

これらのアンケート調査は興味深いが、妥当性に疑問もある。より本質を明らかにするのが、学生時代にどれだけ学生が進歩したかを実際に測定する方法である。表8－1は、パスカレラとテレンジニによる包括的な分析を基にした学生の進歩状況を示している（進歩は標準偏差に対する比率で表されている。標準偏差で一つ分上昇するということは、学年順位でちょうど真ん中、五〇％で入ってきた学生が、四年後にはその年の新入生と比べれば上から一七％になるということである）。

これらの結論はアンケート結果と同様のプラス面を示しているが、効果は中程度で、おそらく学生が学ぶことができる上限には届いていないだろう。たとえば、批判的思考力は大学生活を通して向上しているが、平均して標準偏差の半分程度である。これが意味しているのは、新入生のとき学年でちょうど真ん中（上から五〇％）だった学生は、四年後にテストを受けるとそのときの新入生と比べれば上から三三％になる。これは進歩ではあるが、批判的思考力というのは教員が最も重視している価値観なのに、その進歩にしては凡庸な結果である。(v) 実際の問題を推論する能力に関しては、標準偏差を上回る向上が見られるが、パスカレラとテレンジニは注意深い観察から、「卒業していく四年生は無邪気な相

（v）最近の批判的思考力に関する調査結果も、パスカレラとテレンジニによる調査と同様の結果であった。Richard Arum and Josipa Roksa, *Academically Adrift: Limited Learning on College Campuses* (2011); Charles Blaich and Kathleen Wise, *From Gathering to Using Assessment Results: Lessons from the Wabash National Study*, Occasional Paper No. 8 (2011), p.9を参照。

表8－2　学部生の成長（各段階に属する学生の比率、％）

項目		新入生	4年生
批判的思考力	充分	3	8
	境界	10	20
	不充分	86	72
筆記コミュニケーション能力	充分	5	9
	境界	19	28
	不充分	77	63
数学	充分	5	10
	境界	11	18
	不充分	84	73

出所：Ashley Finley (Association of American Colleges and Universities), *Making Progress? What We Know about the Achievement of Liveral Education Outcomes* (2012).

対主義者で、実社会でしばしば直面する実態そのものがわからない問題を分析する際に批判的に判断を行う能力は低い」と結論している。[21]

加えて、学部生の間に起きた進歩は教育の成果とは言い切れない部分もある。人間は大学に行っていなくても、自然の成長過程として成熟する。予想される成熟度を考慮しても、パスカレラとテレンジニによれば批判的思考力と思慮深い判断力の向上での大学教育の貢献は減少しないが、作文・読解力では大学教育の貢献は半分以上減り、数学や数量分析の能力向上では四〇％減る。科学、歴史、社会科学でも、貢献は三分の一になる。[22]

別の最近の評価はより一層問題を提起する。たとえば、Educational Testing Service はいくつかの重要な分野における新入生と四年生の習熟度の比較を行った。表８－２は、二〇〇六年から一一年の平均値を示している。[23] 結果は新入生から四年生までで一貫した改善がみられるが、向上は中庸で、四年生の習熟度レベルは過半数の習熟度の不充分な学生を考慮するとかなり停滞傾向にある。たしかに、数値は一つだけのテストを基にしており、参加した学生が最善を尽くしたかはわからない。しかし、先行研究と合わせて、これらのデータによれば、実際には学生のアンケート調査ほど学部生の進歩は大きくないといえる。

最後に、過去の大学卒業生が示す知識や専門性は望ましいレベルまでにはまだ遠い。成人の読書力に関する調査によれば、卒業生の達成度は驚くほど低い。National Assessment of Adult Literacy によれば、[24] 二〇〇三年、読解と散文や典型的な文書の理解において習熟を達していたのは大学卒業生の三分の一未満である。雇用者による調査でも低い評価が示されており、Conference Boardという産業団体の調査では、作文でのコミュニケーションに優れているのは新卒者のわずか一六%、批判的思考力に秀でているのは二八%であった(25)。アメリカ大学協会(Association of American Colleges and Universities)による別の調査では、大学卒業生は作文力において充分に備えができていると答えた企業は二六%、批判的思考力については二二%にすぎない(26)。

振り返ってみると、ここに要約した結果はまったく予想できなかったことではない。もし学生が数量的推論の授業を一つも履修しない場合、彼ら自身では充分な知識を得られない。もし学生が実用的英作文の授業を一つしか取らず、彼の書いたものに添削コメントがほとんどもらえないのならば、大多数の学生は自分の考えを表現するための多くのスキルを向上させることができない。学部生は課外活動を通して市民生活に関する貴重な経験を得るかもしれないが、そこで学んだことは場当たり的で、アメリカ政府や政治についてよく設計された授業から学ぶ知識に取って代わるものではない。キャンパスに住む学生の豊富な課外活動は、正規授業を補完する貴重な経験である。このことは自宅や学外のアパートに住み、毎週、多くの時間を働き、大学に通うことの方がパートタイムである過半数の学部生には当てはまらない。

改革の必要性

これまで述べてきた中程度の結果を向上させるために、もし何かできるのならばどうしたらよいであろうか(vi)。たしかに「最高のカリキュラム」を特定しようとする試みから得るものはほとんどない。そのようなカリキュラムは存在しないし、とくにすべての大学と学生にとって「最高」というものはない。可能性がありそうなのは、少なくとも明確で理にかなった目的を持ち、それを達成する思慮深く現実的な必要条件を伴ったカリキュラムにみなが賛同することである。別の言葉で言うと、適切なカリキュラムは一つとは限らず、教員が目的を慎重に定義し、各々の目的を達成することができるプログラムに賛同することが重要である。

こうした提案は、多くの学部生は広範に提供されている科目の中から選択して学ぶことによって広い教養を自動的に得られるという主張とか、学生が市民となるために特定の授業を履修する必要はないといった信念のような、疑わしい仮定を受け入れる以上のものを求めている。とくに教授陣は、卒業に必要な授業の半分が個々の学科が設計した専攻科目に割り当てられ、四分の一が選択科目に割かれて教員が採択した他の目標を達成することには多くの時間が割かれていない、という現行の前提条件そのものを再検討しなければならない。この割り当ては、数が増え続ける目標を一般教養教育という残りの部分に適合させるために、楽観的希望に満ちた考えを教員に強制し、議論を鉄ケージの中に閉じ込めてしまうからである。

これは教員には大いなる挑戦となる。解決が難しい、教員と学科の微妙な利益に触れる問題が生じる。提案を仕上げるには数年かかるかもしれない。しかし、このプロセスで、なぜ教員が改革を嫌い、実際本当に少ししか改革をしていない理由がわかるだろう。しかしながら、長期的な現状維持はより危険である。

まず第一に、現行のカリキュラムの構造は、実証を経ていない仮定と精査をしていない合理性に結びついており、大学が達成しようとしているアイディアを明確で説得力のある形で学生に与えることに失敗している。これは深刻な欠点である。学生の考えと行動を第一線で見ていた学者は、大学での経験に関する学生の意見を当惑を持って紹介している。(27) 多くの学部生が大学の授業には学ぶ価値がほとんどなかったと信じているようである。楽しみと社交術を得ることを除けば、大学の授業に出席するのは、収入の高い就職の前提条件である学士号を得るためである。学ぶ価値のある唯一の科目は、卒業したときに好条件の仕事を見つけるための知識と実用的スキルを与えてくれるものだとする学生もいる。

これらの状況の下では、バランスのとれた学部教育の便益について広く一般化したことを述べるだけでは充分でない。大学幹部は、学生が四年間で得るものに何を期待しているのか、現行の必修科目は学生がその目的を果たすことの役に立つのか、ということについて説得力のある説明を与えることが必要である。充分に考慮された一貫性のある教育上の計画というよりも、競合する利益団体の政治的妥協の産物であるカリキュラムは、必要な議論を行うための枠組みを提供してはくれない。これでは、新入生向けのオリエンテーションのスピーチが空虚に見えることも、たくさんの学生が、大学への進学から得られることや一生懸命勉強することに価値があるのはなぜか、という理由をほとんど理解していないことも、驚くことではない。

もちろん、カリキュラムを変えたり、カリキュラムの正当化の理由を説明するよりも、大学の進歩のためにやるべきことはたくさんある。次の章で示すように、多くの授業で用いられる平凡な教育法は、多くの学生が凡庸な進歩しかしていない要因でもある。これらの欠点がある限り、学部教育は弱体化した状態から抜け出すことはできない。アメリカの大学に在籍する大多数の学生を引き付け、彼らにとって持続的で集中的な学習のための最後の機会となる大学の授業科目というものにとって、これは望ましい環境とはいえない。

(vi) 政策担当者の間で注目を集めている、大学を四年制から三年制にするという提案は状況を悪化させるだろう。学生を夏休みも含めて年間通して在学させることで単に四年から三年にするのならば、資金の節約は大きくないが、困難も少ない。しかし、一年分の授業をカットするとなれば話は違ってくる。そのような変化は大学にかかる費用を減らす（ただし、雇用者が三年分の大学教育を受けた卒業者には現在の四年制大学卒業者よりも低い賃金をオファーをするのならば節約分は相殺される）。しかし他の起こりそうな結論は何であろうか。一つの結果はかなり明らかなようだ。よく知られている大学の目的の多くを達成するための努力はいまよりもますます難しくなる。多くの教員は、その専攻で学士号を得るための単位数を減らすことに反対する。彼らにとって、それはカリキュラムの中で最も大事なことだからである。学生は選択の自由を享受したいので、選択科目への介入には反対する。一般教養科目は利害関係者が弱いので、プレッシャーから妥協を強いられやすい。結果として、一連の重要な目的や、カリキュラムが求めているものを学生が達成することはいままでになく難しくなる。多くの学部生にとって、学士号はおそらくこれまで以上に、狭い職業訓練のための学位となる。

第9章　いかに教えるか

「私の最も冷静な観察結果は、大学では知的な生活がいかに少ないかということである」。[1] これは、若い女性人類学者が身分を偽って学生として寮に住んでみての感想である。[2] 寮の友達の感想は、キャンパスの雰囲気を生き生きとした言葉で語っている。「面倒な授業を別として、友人と楽しみに満ちた生活は何ものにも代え難い」。[3]

このような態度は新しいものではない。一世紀以上にわたり、寮生活とはそのようなものである。ある高等教育史家は、二〇世紀初めに寮の部屋に貼るのが流行したポスターに「勉強で大学での教育を妨げるな」とあることを指摘している。[4] この時期のエール大学の幹部によれば、典型的な学生は「子供と大人の中間で軽率、遊ぶことばかり考え、勉強はさぼりたがり、隙あらば教員を欺こうとする」。[5]

そして、多くの学生が勤勉で勉強漬けになっていた「黄金時代」があったと考えることは正確ではない。にもかかわらず、勉強嫌いはこの数十年で悪化した。

二〇一〇年、バブコック（Philip Babcock）とマークス（Mindy Marks）は驚くべき発見を発表した。[6] 一九六一年から二〇〇四年にかけて多数の大学生から得た自己申告のデータによれば、学部生が授業と宿題に費やす勉強時間は週に四〇時間からわずか二七時間になり三分の一も減った。宿題の減少が大きく、一九六一年には二四・三八時間だったのが二〇〇四年には一四・四〇時間になった。今日、シカゴ大学のマラマド（Ofer Malamud）教授によれば、「アメリカの学生はヨーロッパの学生に比べてずっと勉強時間が少ない」[7]。

一九二一年から六〇年間は、大学生の勉強時間は横ばいだったが、その後、四〇年間にわたって減少が起こった。識者はこの低下が起きた理由を簡単に思いつくが、多くは裏づけの証拠が弱い。より多くの高校卒業者が大学に進学し、新しい学生層の多くは前の世代の学生に比べて、大学で学ぶことに適性も興味もあまり持っていないので、学部生の性格は四〇年間で変化した。しかし、勉強しなくなっていることは、最も才能あふれる学部生を集めているリベラルアーツ・カレッジや研究大学でも、総合大学やコミュニティ・カレッジでも同様に起きている。

学生はコンピュータやインターネットのおかげで、少ない時間でレポートを書いたり研究したりできるようになったので、勉強に費やす時間が減ったのだという推測もある。しかし、勉強時間の減少はインターネットが登場する前から始まっていたので、この説明には無理がある。多くの学生は今日、学外に仕事を持っているので宿題に時間を費やせないという説明もあるが、仕事を持っている学生の方が勉強時間の減少が大きいわけではない。パートタイム学生や卒業まで時間のかかる学生の勉強時間の減少が大きいわけでもないので、この要因も減少傾向を説明できない。

学生が勉強しなくなったように思われる理由の証拠はないのだが、学生生活のある種の傾向はもっともらしい答えを与えてくれる。たとえば、カリフォルニア大学の学生の時間配分に関する最近の調査がある[8]。この調査によれば、学生は平均で週に一三時間を勉強に、一二時間を友達と過ごす時間に、一一時間をコンピュータでの遊びに、六時間をテレビを観ることに、六時間をスポーツに、五時間を趣味に、三時間を他の形の娯楽に費やしている。言い換えれば、この入学難関校の学生は勉強の三倍の時間を遊び、息抜きに使っているのである。

この発見が示唆していることは、自覚しているかいないかにかかわらず、教員は学生の時間と注意を［他の誘惑に勝って］勉強に向けるという厳しい競争を強いられているということである。時間を費やす対象における勉強の競争相手は、昔ながらの娯楽である映画やテレビと、新参者であるコンピュータゲーム、iPod、フェイスブック、ツイッターなどである。[i] これらの誘惑はたいへん知的な人々によって開発、普及が行われ、若い人々が起きている時間を、いまだかつてない比率で消費している。この誘惑は年々、大学の存在意義とでもいうべき勉学を犠牲にして成長している。大学の幹部も、心を奪う課外活動を提供することで無意識に問題に加担している。課外活動の多くは健全で価値のあるものだが、そのどれもが大学の知的な活動からの逸脱を誘う。[ii] 一方、大学の授業が退屈だと思う新入生の比率は急激に上昇しているようだ。[9]

学生は努力しなくなったことの報いを被っている。なぜならば、研究者によれば、学部生が授業に費やす時間数は、批判的思考力や作文力といった本質的なスキルの進歩に影響を与えるからである。[10] 別の研究者は、学生が学習に費やした努力は卒業後の収入に影響を与えることを明らかにした。[11] 大学に入る若者は「多く稼ぐこと」を重視するので、この結果は明らかな意味があるはずである。

教員、学部長、学長が学生の勉学努力の低下に抗して大きな努力をする兆候はない。八〇％以上の大学幹部が

（i） 約三万人を対象にしたNational Survey of Student Engagement（NSSE）による二〇一二年の調査によれば、三分の二以上が授業中にソーシャルメディアを「時々」使い、三九％の一年生と三一％の四年生が「しばしば」使う。*Promoting Student Learning and Institutional Improvement: Lessons from NSSE at 13*（2012）, p.18を参照。さらに多くの比率で学部生は授業準備の勉強の際に［音楽を聴く、動画を見る、メールをチェックするなどの］「ながら勉強」をしている。

（ii） 早くも一九〇九年にはプリンストン大学の当時のウィルソン（Woodrow Wilson）学長がキャンパス外の寮、食事会、学生スポーツ団体を、「数が多く、学業からの逸脱であり、一部学生にとってはあまりに重要すぎて、サーカスの脇役だったのが主役のようになり、テントの中で本来の主役である演者が聴衆に注目してもらおうと一生懸命笛を吹いて合図を送っている［本来の主役である勉学を担当する教員が学生に、課外活動でなく勉学に関心を持ってくれるよう媚びている］が、これは好ましくないし恥ずかしいので」禁止することを決めた。"What Is a College For?" 46 *Scribner's Magazine*（November 1909）, p.576を参照。私はこの引用をバーナード・コロンビア・カレッジのカーンズ（Mark C. Carnes）教授に教えていただいた。

「学部生の学習は教室の外で勉学に費やす時間が減っているので損なわれている」と考えている。[12] しかしながら、この問題を乗り越えようとするよりも、大学の教員は学生にあまり多くの勉強時間を課さないようにして学生の要求に従っていると最近の研究は指摘する。大学の教員は学生にあまり多くの勉強時間を課さないようにして学生の要求に従っていると最近の研究は指摘する。二〇〇九年の全米調査で、四年生の半分は一年間で一回も二〇ページ以上のレポートを書いたことがないと回答した。[13] 三二％が一週間に四〇ページ以上の読書課題がある科目は取らなかったと答えている。[14] 学生は勉強しなくなったことの説明責任を負わされたくはないであろう。なぜならば、宿題に費やす時間が減っているのに、逆に成績の平均は上昇を続けているからである。[iii]

奇妙なことに多くの大学幹部は、この傾向について自己満足しているようである。最近の調査によると、たった一六・五％の教学担当者が「自分のキャンパスでは勉強の厳格さが最近、低下している」と答えているが、七二％は「自分のキャンパスは厳格さと質ではよくやっているが、これらの問題はアメリカの他のキャンパスでは本当に深刻である」と答えている。[15] 同様に、わずか三〇％の教学担当者が甘い成績評価について「自分の大学で問題だ」と認識しているが、六五％が「アメリカの他の大学では問題だ」と考えている。[16]

厳しい成績評価と長い時間がかかる宿題を厳格に望むことの誘因はあまりない。ほとんどの大学は名声のため、または単なる生き残りのために学生獲得を競っている。このような状況と今日の学生気質から、たくさんの宿題と厳しい成績評価という評判を得ることは、学部長や学長にとって多くの志願者を集めるには好ましいとはいえない。教員にとっては、テニュアを獲得する人間はどんどん少なくってなり、フルタイムでも任期付き教員が増えている。任期付き教員は昇進や契約更新をめざしているので、学生による高い授業評価を望む。こういった希望を持つ教員が厳しく成績をつけたり、多くの宿題を課すとは考えにくい［学生は自分の努力が足りない場合であっても、理解できない授業は教員の教え方が悪いとして低く評価する傾向があるので、内容、課題、成績評価を甘くすれば学生からの授業評価は高まる］。

学生が努力しなくなっているという報告は、甘い成績評価の廃止とより厳しい必修科目を提唱している批評家に勢いを与える。原則として、そのような提案には多くの賛同がある。しかし、これを促す現実の誘因がないので、実際にはこの種の改革は簡単には行われない。そのようなポリシーは実行が難しい。長い分量の教科書の予習を課しても読まれない可能性がある。良心的な教員でも、学生が就職で他大学の学生に対して不利になるのを恐れ、厳しい成績をつけることに躊躇する。

さぼったら減点するというマイナスの査定は学生をより勉強させる唯一の方法ではない。よりよいアプローチは、教育の質を高め、とくに学生からより多くの関心と努力を引き出す教育法を採用することである。有望な方法はすでに存在しており、あとは実行するだけである。

学部生教育の問題点

識者はしばしば、大学の教育の質があるべき姿に程遠いことを批判している。しかし、これらの批判は何が本当に悪いのかについては誤解している面もある。よくある説明は、教員が研究に力を入れすぎて、実験室や図書館で過ごす時間を増やすため教室での教育で手を抜いているというものである。しかしながら、アメリカの大学教員は、研究大学であっても、学期中は研究よりも教育に時間をかけている。二対一以上の比率で、教員は教育が興味深くまた重要だと答えている。(17) 事実、国際比較調査によると、アメリカの教員は他国の教員に比べて教育を重視している。(18)

大学が非常勤講師やテニュア対象でない教員［テニュア審査そのものの対象にならない。非常勤講師と異なり、その大学ではフルタイムで何コマも教えるので掛けもちはしない。任期付き任用で、単年更新が多いが、うまくいけば更新が続く］を学生

(iii) クー (George Kuh) は、学生と教員との暗黙の合意を「あなたが私を煩わせないのならば、私もあなたを煩わせない。私は教員としてあなたに多くを求めないので、あなたも学生として私に多くを求めないでくれ」と表現している。Robert Zemsky, *Making Reform Work: the Case for Transforming American Higher Education* (2009), p.31 を参照。

教育のために多用していることを指摘する識者もいる。この流れはたしかに起こっている。二〇一二年までに、過半数の大学教員がテニュア対象でなくなっている。[19] しかしながら、そのような教員が教室で効果的でないとかまじめでないという証拠はない。学生への授業アンケートによれば、非常勤講師やテニュア対象でない教員の評価は、テニュア審査対象の正規教員に少なくとも見劣りするものではない。ただ、非常勤講師による授業の影響を直接測定した場合、結果は肯定的なものも否定的なものもある。[iv]

教員がフルタイムであるか、テニュア対象であるかに関係なく、彼らが用いる授業法は目的を達成するには貧弱に設計されている。驚くべきことに九九・六%もの教員が、学生に批判的思考力をつけさせることは「本質的」または「非常に重要」と回答し、[20] 九〇%以上が「最も大切な」学部教育の目標と答えている。[21] さらに、大多数の四年生は「自分の取った授業は、考え方や理論の分析と、それを新しい状況や実際の問題に応用することを重視していた」と報告している。[22] にもかかわらず、最もよく用いられる授業形式は講義なのである。これは、学生に高度な思考能力と難解な事柄を深く理解する能力を身につけさせるのに、最も効果がない方法だとしばしば指摘されているものである。[23]

講義は多くの内容を効率よくカバーできるので教員にとってはありがたい。しかし、学生は講義の内容を授業の終わりでは半分、一週間後には二〇%しか覚えていない、という調査結果もある。[24] もちろん、多くの学生はノートを取っているので、あとで復習することはできる。しかし、授業を聞きながらノートを取るのは難しい。研究者によれば、典型的な学生は講義が伝える内容の三分の一しかノートに取れていない。[25] 取ったノートも内容が不正確であることもある。いくつもの講義を観察し、受講した学生にインタビューしたある研究者によれば、担当教員は「自分が意図していたことと、学生が理解したことがあまりに異なっていること」に驚愕させられたという。[26]

教員による事実や概念の説明を聴くことで、学生がそれによって得た情報を役立つ仕方で使う能力を持つわけではない。概念を新しい問題に適用するには、単に暗記しているのでなく、原理と現実を徹底的に理解していることが必要である。講義だけではこれは達成できない。広く読まれた教育法の教科書によれば、「事実に基づく結論を言えば、講義は情報を伝えるために使うもので、思考力を育てるために使うものではない」(27)。

物理学の教授であるハロウン（Ibrahim Halloun）とヘステネス（David Hestenes）は、自分たちの教えている基礎的な物理学の原理を学生が本当は理解していないのではないかと疑い始め、講義の欠点を示す例を提示している(28)。教員は授業の効果が上がっていないのではないかと感じることがあるが、とりあえずそれをわきに置いてしまう。しかし、彼らは実験をしてみた。彼らは物理学の原理を理解していれば解けるテストを作り、学期の初めに行った。まだ何も習っていないので、学生はほとんど解答できない。ところが、学期の終わりに行っても結果はほとんど変わらなかった。学生は習った原理は暗記しているが、授業で扱ったのと異なる簡単な問題には解決方法として用いることができないのである。

この実験について読んだ別の物理学教授のメイザー（Eric Mazur）は、同じようなテストをクラスで行ってみた。

(iv) Eric Bettinger and Bridget Terry Long, *Do College Instructors Matter? The Effects of Adjuncts and Graduate Assistants on Students' Interests and Success*, National Bureau of Economic Research, Working Paper No.10374（2004）を参照。しかしながら、教員が甘い成績評価をしたり少ない宿題を課すことが学生からの良い評価につながったりするので、学生による授業評価は、授業の質に関するテニュア対象教員と非常勤教員とを比較するための信頼できるデータではない。さらに、別の調査によると、非常勤講師の授業は学生の履修取消の率が高い。非常勤講師は常にキャンパスにいるわけでなく、研究室でのオフィスアワーも設けていないので、学生が質問・相談をしにくいからである。M. Kevin Eagan, Jr. and Andrey John M. Braxton (ed.), *The Role of the Classroom in College Student Performance*（2008）, p. 39 を参照。一方、Iryna Y. Johnson, "Contingent Instructors and Student Outcomes: An Artifact or a Fact?" 52 *Research in Higher Education*（2001）, p.761 によれば、非常勤講師の授業は履修未修了率は高くないが成績評価が甘くなる傾向がある。おそらく学生からの授業評価を高くして、自分の契約更新のチャンスを高くするためであろう。また Paul Umbach "How Effective Are They? Exploring the Impact of Contingent Faculty on Undergraduate Education," 30 *Review of Higher Education*（2009）, p.91 によれば、非常勤講師は正規教員に比べて、学生に厳しくなく、学生との交流も少なく、授業準備に時間をかけない傾向がある。

彼は学生からの授業評価も高い優れた教員だが、授業の後で学生がテストについて尋ねてきたときに、彼らは物理学を本当に理解していないのではないかと当惑したという。たしかに、彼が得た結果はハロウンとヘステネスのものと同様であった。賢い学生たちだが、彼が教えようとした物理学の基礎を本当には理解しておらず、応用もできなかったのである。

学習法と教育法の多くの専門家[29]は、もし学生に完全に深く内容を理解してほしいのならば、教員はいくつかのステップを踏むことを勧めている。広範な講義をするのでなく、予習した教科書の内容からの問題に授業時間の多くを充てる。解くのが難しいときは、グループで取り組ませると友達と助け合って効果が上がる。しばしば、同じ年齢、経験の学生を組み合わせると、学生は教員以上に友人がなぜつまずいているのか直観的にわかる。友人を助けることで、彼らもより一層、理解を深めることができる。

学生は能動的で討論中心の授業に慣れていないかもしれないので、教員は学期の初めに学生に、何を学んでほしいか、なぜそれが大切か、なぜ問題解決や討論が教員が求める目的を達成するのに最善の方法なのかを学生に説明すべきである。学期を通して学生に高い水準を求め、宿題や予習の分量を減らす誘惑には負けないようにすべきだ。

学生は、自分の能力をテストし、すぐに結果を知ることで、何を理解してどこを改善すべきかを認識する機会を繰り返し与えられるべきである。この種の取り組みは最終成績には組み入れず、いかなる賞罰にもからめるべきでなく、単に学生と教員が進捗状況を知るために行う。学期を通して、学生は問題や定期的に行われるテストに取り組む中で、解答する際に用いた思考プロセスや戦略を熟考することを求められ、別の解法を考えたり、自分の学習方法を問題に適用させる方法を学ぶ。

最後に、教員は自分の授業法、課した練習問題、最終試験が科目の目的にかなうよう努めるべきである。そうすれば、授業中の練習問題や討論も含めた学生のすべての努力は、教員が身につけてほしい知識と能力の習得に向けられるであろう。

このように評価すると、多くの大学の授業は甚だしく不充分である。講義は徹底した問題の討論をする余裕がない。しばしば、教員は単に授業の最後に短い質疑応答の時間を設けているだけである。宿題はしばしば、教科書の指定した場所を読んでくるというものが主である。かなりの数の実証分析は、学生は一人でよりもグループで問題を解く方が効果的だと示しているのに、学生はグループで問題を解くことを求められることも奨励されることもない。(v) これでは学生にいかに問題を解き、また他にどんな解き方があるのかをじっくり考えるメタ認識[自分の思考や行動そのものを客観的に把握して認識すること。認知を認知すること]の習慣を身につけさせることができない。フィードバックも遅く、あるいはたまに行われる程度で、中間試験と期末試験のみということもあり、それらも数週間後に簡単なコメントが付いて返ってくるだけである。さらに悪いことに、教員は批判的思考力の重要性を強調しているが、調査によれば最もよく見られる学部の試験のタイプは選択式か短い論述式である。(30) 論述式でも多くは学生の授業内容の記憶力と全体的な理解度を試すもので、授業内容の深い理解を試したり、授業でカバーしたのと異なる問題を解いたり、授業で得た知識を応用する能力をテストするものではない。

これらの欠点にもかかわらず、なぜ多くの教員はより効果的な授業方法を用いないのであろうか。一つの理由は、彼らのほとんどが教育法の訓練を受けたことがなく、講義形式と他の優れた効果的な教育・学習法とを比較した研究を知らないということだ。結果として、よりよい授業法を知らないので、博士号を取得したばかりの新米教師が教室に入ると、彼らは自分が記憶しているのと同じ旧態依然とした授業法を用いる。

(v) David W. Johnson, Roger T. Johnson, and Karl A. Smith, *Cooperative Learning: Increasing College Faculty Instructional Productivity* (1991), p.38; Barbara J. Mills, *Cooperative Learning in Higher Education: Across the Disciplines, across the Academy* (2010) を参照。しかしながら、最近、Richard Arum and Josipa Roksa, *Academically Adrift: Limited Learning on College Campuses* (2010) は、グループ学習が学生の学びにマイナスの影響を及ぼすことを発見した。異なるように見える結果は、おそらくグループ学習のさせ方の違いによるのであろう。単に学生をグループに分けてその場で宿題をやらせるだけでは、学習から気を散らせるだけであろう。よりよい方法は、学生に前もって課題を与え、自分の解答を考えさせてからグループに割り振ることであろう。

伝統的な学部生教育法に固執するのには、教員側の利己的な理由もある。講義は一番簡単な教育法である。多くの科目で、一旦、教員がシラバスと講義ノートを準備したら、毎年少しずつ改定するだけで済む。調査によれば九〇％以上の教員は自分の授業は平均以上だと信じているので、メイザー教授のような経験をして、学生の授業評価が高く上手に授業をしていても、必ずしも学生は内容を身につけているわけではないことを知らされない限り、授業を変化させようという理由を持たない。あいにく、そのような救世主の到来のようなことはめったに起きない。

理屈の上では、学部長、教学部長など大学の幹部は、学生の学習についての研究成果を知っていて、教員に講義以外の方法を試すよう説得するためにそれらを利用できるはずである。しかし、例外的に何人かの幹部が行っているだけで、ほとんどの学部長や教学部長は、学生の学習についての実証研究を勉強していないし、教育法についての文献も広範に読んだりしていない。とりわけ、彼らは教学面での指導力ということで特別な訓練を受けたわけではない。彼らの多くは、何らかの学内行政で才能を示し管理責任を担うことに同意した、普通の教授にすぎない。加えて、学内行政の見地からは、講義には実践上の利点がある。講義は、多くの学生を比較的コストをかけずに教えられる方法である。オックスフォード大学やケンブリッジ大学で行われている学生への名高い個人指導や、学生を小さな討論グループに分けてそれぞれに教員を張り付けるようなことに比べれば、はるかに安い。お金は常に不足しており、とくに州政府が徐々に州立大学予算を減少させているときにはなおさらである。大学の幹部が大規模な講義クラスを廃止したがらないのも理解できなくはない。

多大なコストをかけずに、いかにして教育を改善するか

コストは考慮に値する重要なものであるが、大きな費用をかけず、むしろ節約さえできて、大規模講義と能動的な学習と組み合せるコストのかからない方法がある。一つの方法は、質問を与えクラスで議論を行わせること

だ。有名なソクラテス型問答でもよいし、クラスで討論させてもよい。ロースクールでは一〇〇人以上のクラスでもソクラテス型問答をしているし、ビジネスクールでも八〇人から一〇〇人のクラスで経営の問題に関する活発な議論ができている。ハーバード大学のサンデル（Michael Sandel）教授の「正義」に関する有名な授業は、八〇〇人以上の学生による広範なソクラテス型問答を成功させている。一時間ではほんの小さな割合の学生しか発言する機会がないかもしれないが、残りの学生も頭の中で参加している。議論が興味深ければ、学生は教室の外でも議論を続ける。実際、サンデル教授の昼前の授業は、学生の昼食時の話題になっていることで有名である。

他の教員は、費用をほとんどかけず大規模なクラスに能動的な学習を組み込む、異なる方法を見つけている。たとえば、学生は授業内容に関する短いペーパーを書き、それを互いに読み合って批評することができる。そのような実験によれば、学生は他の学生に向けて書くとなるとやる気になり、受けたコメントも有益だと考えている[31]。学生同士のコメントに補完して、教員は模範解答を配布して、よく考えられ練られたペーパーはどのようなものか学生がはっきり理解できるようにする。

インディアナ大学の歴史学科の教授陣は、学部生は歴史で何を学ぶかについて誤解しているという結論に達した。「学生は、歴史とは名称と年号がたくさん出てくる物語だと思って教室に来る」のであり、そして「歴史とは実際には解釈、証拠、議論だと理解する」[32]。問題は、学生に与える講義も試験も、歴史という科目のこの理解を反映していないことである。代わりに、学生の歴史とは事実と年号だという認識を強化してしまっている。

これを受けて、教授陣は「解釈、証拠、議論」に力点を置いた科目改編を行った。教員は授業の中で演習問題を解くことと分析を重視する。宿題は単に教科書を事前に読んでくるだけでなく、毎週、分析問題として出される。教員は宿題の正答にのみ関心があるという学生の誤解を解くために、授業時間を講義と演習問題で構成する。期末試験は、学期中に行った演習問題と同様の問題を出す。学生が書いた試験答案やレポートを見て、教員は学生の思考力がどの程度向上したか理解でき、成果が不充分ならば次回に向けて改善することができる。

コストを増加させずに大教室での能動的学習を行うために、技術を利用する教員もいる。たとえば、前述のメイザー教授は学生が物理学の基礎的な原理を理解していないことを知ってから、授業を大きく変えた[33]。彼はいま、学生に事前に出しておいた問題の答えを授業前に提出させる。指示しておいた教科書の部分を読んできたかのチェックもでき、また、どこが学生にとって理解するのが難しいかわかり、彼は講義の内容を変更できる。彼は講義をするが、一五分ごとにクイズをして理解度をチェックする。学生は学期の初めに渡したクリッカーのボタンを押して選択問題に答えるので、すぐに解答の集計結果がスクリーンに映し出される。もし大多数が正解ならば彼は講義を続け、またクイズを行う。もしかなりの学生が間違えていたら、説明をやり直し、隣の学生と相談してもう一度、同じ問題に回答するよう学生に求める。

メイザー教授の方法は学習法の理論のいくつかの教えを具現化したものである。まず第一に、クイズは学生に物理学の原理を注意深く理解させ、単にそれを暗唱できるだけでなく異なった形で出された問題に適用できるようにする。学生は授業中に質問されると知っているので、講義を真剣に聴く。メイザー教授はクリッカーを使ってすぐに結果をフィードバックするので、彼も学生も学習と理解が本当に進んでいるかどうかがわかるし、彼は混乱している学生を助けるため時間を取るべきかどうかも知ることができる。小さな学生グループでの議論は、間違った解答をした学生がなぜ間違えたのか、問題を解くためのよりよいアプローチを考えることを可能にする。同時に、正解した学生は隣の学生がなぜ間違えたのかを知り、正解に至るよう助けることによって、自分の理解を深めることができる。

もちろん、問題を議論するために授業時間を割けば、カバーできる内容は減る。これを知ると、多くの教員はこの方法を行う余裕がない、と抵抗する。しかし、内容が減ることを犠牲にできないという教員は、表面的に理解しただけの学生がいかに早く内容を忘れるか、新しい問題への応用を通して理解した学生はいかに長く内容を覚えているか、ということを考えていない。したがって、メイザー教授が彼の学生を新しい方法でテストしたとき、学生は基になる物理学の原理をよく理解していただけでなく、授業でカバーした内容を思い出す必要がある問題もよくできた。

技術はクリッカーよりももっと精巧で見栄えの良くなるよう授業を豊かなものにしてくれる。事実、今日、教育について語る教員の話題の中心は技術の利用である。エジプト学のある教授は、「授業の中で大スクリーンと3Dメガネを使ってギザのピラミッド訪問を行った。単なるビデオでなく、学生は実際と同じようにどんな場所にも訪問できる。学生それぞれが別の体験をできる」と述べている。大英帝国を研究する歴史家によれば、第一次大戦の帝国主義を肌で感じるために、学生はフランダース、ガリポリからバスラ、ダルエスサラーム、ニューデリー、オタワの史跡を授業のスクリーンで訪問することができる。植民地解放を理解するために、キングストン、アクラ、クワラルンプールを仮想旅行して、新しい市民が独立を喜んでいる場面を目撃することができる。

現代技術の成し遂げることは興味が尽きない。しかしながら、教員は技術革新に眼がくらんでしまい、その利用についてじっくり考えないかもしれない。一九八〇年代に、若い助教授が私のところに来て、ギリシャ時代の古典をすべてディスクに記録する研究費を申請してきたことのことをよく覚えている。彼のプロジェクトによれば、そのディスクがあれば学生がソポクレス、アリストテレス、プラトン、ツキディデスの作品にアクセスでき、パンテオンをいろいろな角度やさまざまな歴史の時代から見ることができ、フェイディアスやプラクシテレスの彫刻もさまざまな角度・視点から見ることができるということだった。私は話を聞いた後で、彼に「これらのディスクを学生の学習の向上に役立てるためにどうやって使うのか、また向上の度合いをどうやって調べるのか」と尋ねた。彼は長い沈黙の後、「それらのことは考えていなかった」と告白した。

幸い、多くの教員はこれらを自問して、その答えについて考えている。たとえば、多くの教員はコンピュータを大規模な入門科目、とくに数学、統計学、科学のようにはっきりした答えのある科目に使って、少ない費用で学習効果を向上させる実験をしている。

コンピュータの利用にはいくつかの利点がある。受講生は問題を解く練習を繰り返しでき、採点もすぐにしてもらえる。学生は自分のペースで勉強でき、早くできる学生は他の学生が追いつくのを待つ必要はなく、遅い学生は落ちこぼれていると感じることなくじっくり練習できる。上手に設計されたコンピュータゲームは学生の関心をかき立てつつ、より効果的に類推することを学ばせることができる。新しいコンピュータプログラムは、数学や統計学などの科目を学ぶときに学生がつまずく共通の箇所を特定して、それを克服するために自動的にヒントを提示したり追加の問題を出したり、必要な支援をするため自ら別のプログラムに担当を交代したりする。

しかし、これまでの常識では、オンライン授業の価値に疑問が呈されるようになる。コンピュータ以外に誰もそばにいない学生は自分を律することができず、オンライン授業が長続きしない。オンライン授業の質は伝統的授業を上回るものではないし、良質のオンライン授業は伝統的な授業よりコストが安いわけではなく、むしろ高いこともある。経験豊かなオンライン授業の関係者も、技術は便利なアクセス、高い質、低いコストのうち二つを達成できるが、三つすべてを達成することはできない、と述べている[34]。

最近の調査結果は、この結論に疑問を投げかけている。対人授業とオンライン授業を組み合わせて、学生に協力して問題解決に取り組ませる授業は高い履修修了率につながりやすい[35]。巧みに設計されたオンライン授業には学習効果を増加させる理由がある。たしかに、多くの調査結果から、学生の学習効果において、オンライン授業は伝統的授業を上回っていないという合意がある。しかし、この一般化は結果の多様性を無視する傾向がある。多くの先行研究を分析した教育省の報告書によると、いくつのオンライン授業は伝統的授業に比べて学習効果が四八%低いが、他のオンライン授業では五〇%高い[36]。実験的授業を行った教員は、コストが下がり、履修未修了率が下がり、そして同等か、またはそれ以上の学習効果がもたらされたと述べている。

カーネギー・メロン大学は統計学の入門クラスで部分的にオンラインを使い、技術が可能にした興味深い例を提供している[37]。教員は週に複数回ある授業の半分を伝統的形式の講義で行い、残りの半分はコンピュータ室での練習問題にあてられる。コンピュータ室では、問題を出し学生の解答をすぐ採点するコンピュータプログラムを多用する。いかに学生が学ぶかを何年にもわたって観察し、プログラムは異なる学生たちの共通の弱みや学習方法に自動的に対応できるように設計された。コンピュータは共通の誤りや誤解を認識し、つまずいている学生にどこで間違ったのか、どうやって考えを直せばよいのかを理解させるため、ヒントやさらなる問題を提示する。

コンピュータのプリントアウトを見ることで、教員はどの程度学生が学習し、理解しているかの詳細なフィードバックを得て、学生が難しいと感じているところにもっと時間をかけたり、基礎的な内容に関連した興味深いテーマでの議論を深めるなど、講義を改定することができる。

これまでで最も厳密なオンライン授業の評価において、ボーエンと彼の同僚は、数多くの統計学の科目をカーネギー・メロン大学のような混合型の授業形態で受けた学生は伝統的講義と同等の学習効果があったことを明らかにした[38]。より重要なのは、オンライン授業の学生は伝統的講義と同じ成果を平均で二五%少ない時間で達成し、慎重に選ばれた他の形態の伝統的講義を受けたコントロールグループ〔比較の基準になる集団〕に比べて一九~五七%の費用削減につながったことである（新しい教室を建設せずに多くの学生を受け入れるという節約面は含まれていない）。これらの結果は、数学、物理学、化学、経済学のように、構成がしっかりできている科目では、オンライン授業で多くの受講生を安い費用は教育することで有望であることを示唆する。

技術を効果的に使う別の努力では、ツウィッグ（Carol Twigg）は大学と協力して、化学、生物学から英語、美術、社会学までさまざまな分野の大人数の入門科目で、教員が教える方法を再構築してきた[39]。彼女が用いた方法は（カーネギー・メロン大学と同様に）、（高給の）教授の講義数を減らし、つまずいた学生を支援する大学院生を配置したグループ学習を通して、技術を使った練習問題や能動的学習を行うというものである。

ピュー（Pew）慈善財団からの支援で、ツウィッグはいくつかの大学にある程度の資金を提供して教職員に協力してもらい、彼女の方法を大きな入門クラスで試してもらった。ペンシルバニア州立大学やウィスコンシン大学のような大きな大学も含めて三〇校ほどが参加した。ツウィッグの報告した結果は有望であるように見える。前年に行われた同じ科目と、再構築された科目とを比べてみて、参加三〇大学のうち二五大学で重大な学習効果の向上が見られた（残りの五大学は変化なしであった）。また、四分の三の大学で学生の履修取消率が下がると同時に、授業提供のための費用は全大学で減少し、減少率は平均で三七%だった[40]。

評価の役割

学部教育を向上させる実験的授業の数の増加は明るい兆しである。しかしながら、教育の質を向上させようという真剣な試みは、進歩が実際に起きたかどうかを判断する結果の評価を伴っていなければならない。信頼できる測定方法なしでは、学生の教育向上をめざす教員も、自分たちが成功しているのかどうか確認できないし、慎重な大学幹部もその有望な技術革新の利用を広めるのに必要な資金を出すことに躊躇する。

オンライン授業の進展度はこの点をよく示している。オンライン授業の提供は、コスト削減と同時に、とくにオバマ大統領が望み、アメリカ経済が強く求めている大学在籍者数の増加という大きな可能性を持つ。しかし、さまざまな評価があるにもかかわらず、本当に信頼できる試験結果はまだ出ていない。過去の評価は対象学生数が少なかったり、コントロールグループを適切に作っていなかった。しばしば、授業を最後まで受けた率や教育コストは考慮に含まれていなかった。したがって、未修了率、学生満足度、相対的費用、そして何にも増して学生の学習の向上といった重要な事柄に関して、矛盾した結論が出されてきた。これらの疑問が厳密な実験によって解消されるまで、オンライン授業が学習のレベル、費用、修了率をいかに有効的に改善または維持するかはわからない(41)。オンライン授業を大規模に導入する費用と努力を考えれば、誰かが早くこれらの疑問に対して信頼できる答えを出すことが強く望まれる。

この種の実験は、新しい実験的教育法を評価するためだけでなく、弱みと改善が必要な分野を明らかにするべく既存の授業の影響力を評価するためにも重要である。しかしながら、評価が教員によって受け入れられるのであれば、評価は教員と学生に知らせ改善に役立ててもらうために用いられるべきで、政策担当者やその他の権力が罰を与えたり報奨を分配するために用いられるべきでない。説明責任を果たす目的で向上度を測定するトップダウンでのアプローチは、ほとんどいつも教員の疑念と反対を生じさせるが、理由がないわけではない(vi)。政策担当者は標準化されたテストを使って学生の学力向上度を測り、異なる大学の結果を比較しようとする。しかし、公立高校で使われた経験は、この種のテストは荒っぽく、いくつかの科目には向いていないことを明らかにしている。それらは、学生が何を学ぶべきかについての外から与えられた一つの基準を押し付けて測定するもので、公立高校では使えても、大学の科目、とくに人文学や数理的でない社会科学分野の科目には適していないという理由で、ほとんど常に教員側からの抵抗を受ける。テストの点数で教員を評価して賞罰を決めるのも公平とはいえないかもしれない。なぜならば、学生の進歩は教員の質だけでなく、学生の動機や生まれながらの能力など教員のコントロールする力が及ばない要因にもよるからである。

政府関係者によるテスト使用の義務づけは、大学の教育努力を歪める。評価が賞罰を与えることに使われるならば、大学とその教員は、時間とエネルギーを評価できない重要な科目やスキルから評価できるものにシフトさせ集中させる。さらに悪いことに、もし勝ち負けの違いが大きくなれば、大学や教員は結果を良く見せるために手心を加えたり、欺いたりすることに走る。ちょうど *U.S. News & World Report* 誌などの大学ランキングで上昇しようという努力の中で行われているのと同じことが起こる。

もし大学幹部が評価の使用を要求すれば、たとえ単に教員の授業改善を助けるためであっても、そのような提案は、評価の尺度が貧弱であると思われるか、教員がどう教えるかということへの大学幹部の介入ではないかという疑念が持たれるので、教員から拒否されるか無視される。したがって、評価を成功させるには、教員は使わ

(vi) フェンドリッヒ (Laurie Fendrich) は、学生の進歩を評価する提案に対する教員の対応についてさまざまな例を紹介している。「高等教育では、結果を評価しようとすることはおぞましく、社会科学や説明責任論での意図せざる嘲笑の的になる。どれだけ標準とか学生の利益とかを主張しても、実際には『学習到達目標を描く』とか『欠けている部分を補う』などと言うのは、良質な大学教育の全体像を理解していない冷淡な大学のエリート幹部によって行われるペテンである」。"A Pedagogical Straighjacket," *Chronicle of Higher Education* (June 8, 2007), p.86 を参照。

れる手法の設計に積極的な役割を果たさなければならず、また設計や比較実験に参加する教員には何らかの時間免除を与え、この努力に最善を尽くせるように大学が配慮すべきである。不信感を和らげるために、大学幹部は教員に対して、評価の目的は学生の学習の向上であり、個々の教員の賞罰を決める手掛かりにするつもりはないことを再確認する労を取らなくてはならない。

幸い、適切に明確な答えが出る数学、統計学、外国語、そして科学と工学のほとんどの科目では、多くの場合、学習方法は信頼度をもって簡単に評価できる。他の重要な学習方法の評価は測定しにくいかもしれないが、少なくとも、教育の質の向上に役立たせるために必要な程度の正確さは担保できるだろう。批判的思考力は教員がきわめて重視しているので有用な事例である。近年、研究者は、現実的な問題を関連情報とともに与え、学生に合理的結論を書かせるテストを開発した。Collegiate Learning Assessment（CLA）と呼ばれるこのテストは、多くの大学教員の支援によって作られた[42]。きわめて慎重に確認作業が行われ、いまでは一〇〇大学以上で作文力と批判的思考力の実力を測定するのに使われている。現代技術の奇跡によって、論述作文も機械採点が可能になり、すぐに結果を学生に知らせることができるようになった[vii]。

ＣＬＡのようなテストには、少なくとも二つの利点がある。教員は結果を調べて、潜在能力以下の力しか発揮できない学生を特定することができ、特別の注意を払うことができる。多くの大学がすでにこれを採用しているので、自分の学生を他大学と比べ、どこが改善の必要な弱点かを知ることができる。

もしＣＬＡが何らかの理由で不適当と判断されたならば、大学は教員を選抜して独自にテストを開発し、充分に訓練された採点者を使って結果を評価することで学生の作文力と批判的思考力を測ることができる。教員は自分のクラスのテスト採点をしばしば大学院生に頼っているので、学部生の作文と推論の能力に対して充分に信頼できる判定を下すよう、書かれたものを鋭敏に読める採点者を訓練するのは不可能だ、とは主張できないであろう。

全学的な評価は、一部の目的には有用だが、学生の向上度を学科やプログラム別に測定する努力によって補完される必要がある。これらの小さな組織は、作文力や批判的思考力の熟達度について、全学的尺度ではとらえきれない独特の目的を持っているだろう。さらに、教員は評価尺度の考案や結果の議論に個人的に参加できるので、自分の学科やプログラムの評価の試みには積極的な関心を持つであろう。彼らはまた、全学の学部生の作文力や批判的思考力の改善を試みるよりは、自分の学科の弱みの改善により大きな責任感や能力を発揮する可能性を感じるだろう。

新しい評価方法づくりへの反対意見としては、教員はすでに自分の学生をレポートや試験の採点によって評価しているというものがある。しかし、成績が大学レベルでの評価の代替にならないのには多くの理由がある。成績というものは学部長や教学部長に個々の学生が同じ大学の他の学生に比べてどうかということを教えてくれるだけで、彼らがどれくらい実際に学んだかということを示してはいない。多くの授業では、教員はレポートや答案用紙を読まず大学院生のティーチング・アシスタント陣に任せているので、成績評価のプロセスからは何も情報を得ない。教員が答案を読んで成績をつけていても、成績は試験を受けたときの理解度を示すだけで、一週間後、一カ月後、一年後以降に、どれくらい学んだことが残っているかはわからない。さらに、多くの科目では、試験は教員自身が最も重視している実力を評価していない。たとえば、数々のアンケート調査によれば、教員は学生教育の目的として、批判的思考力の向上を最も重視している。しかし、大学の試験の内容に関する二つの注意深い調査で、ブラックストン（John Braxton）と彼の同僚は、リベラルアーツ・カレッジと研究大学の試験の問

（vii）CLAは、この種のテストで最も有効な尺度だが、少なくとも一つの弱点がある。単位に換算されないので、学生には良い点を取ろうという誘因がない。したがって、CLAや他のテストは、大学の通常の試験に組み込まれるようにして、学生の能力と知識の向上を正確に反映するよう、学生がこのテストでも努力する動機づけをすべきである。別の批判としては、学生のCLAの点数の違いはとても小さく、大学間の差異は、ほとんどがSATから予想される点数の範囲内に収まってしまう。John A. Douglass, Gregg Thomson, and Chun-mei Zhao, "The Learning Outcomes Race: The Value of Self-Reported Gains in Large Research Universities," *64 Higher Education*（2012）, pp.317, 323を参照。

題のうち、ほんの一部の問題しか批判的思考を求めていないことを明らかにした。多くは科目の内容の暗記と全体的な理解という低いレベルのスキルを問うている。(43) そのようなテストは、教員に充分なフィードバックを与えることができないだけでなく、学生が授業で学んだことへも悪影響を及ぼす。なぜならば、試験勉強する多くの学生は、過去のテストで出題されたのと同じような問題に備えるからである。

試験とレポートに関するもう一つの問題は、他人と効率的に協力する能力、複雑な課題をこなす想像力や工夫の才といった、最近重視されるようになった資質や能力をほとんど測ることができないということである。幸い、連邦省庁、非営利財団、さらにいくつかの企業までも、広範で重要な能力を測定できる新しい評価方法を発見しようと、かなりの金額を投資してくれている。いま一度、技術はこの問題についても、最終的には重要な役割を果たすことになるかもしれない。たとえば、コンピュータゲームは、学生に協調性、想像性、さらに指導力さえも示すことを求めるだけでなく、プレーヤーのゲームの仕方もモニターできるので、教員は学生の解答の質だけでなく問題解決までの道筋も評価することができる。(44)

学科での評価に加えて、一つの授業での学生の向上度を測る簡単な方法がある。ヘステネスとハロウン両教授が入門物理学の授業でしたように、教員は学期の初めと終わりに試験を行うことができる。同じ科目が複数のクラスで開講されていれば、異なる教育法の有効性の比較もできる。この種の努力で最も影響力のあるものの一つは、トライズマン（Uri Treisman）によるもので、入門数学という科目におけるグループ学習が黒人学生の成績を向上させるか否かという、よく知られた研究である。(45) 同じ科目で、一つのクラスでは小さなグループを作っての学習を義務づけ、もう一つのクラスではそのような指示をしなかった。その結果、グループで勉強した黒人学生は、そうでない場合よりも成績が良かった。また、最終的に科学を専攻した学生の比率も、グループで勉強したクラスの方が高かった。

できる限り最高の教育水準を達成するという、どの大学にとっても究極の目標は、個々の科目、プログラム、学科、そして全学での継続的な評価プロセスと結びつくようにすべきである。このことは、どの科目もプログラムも常に評価されなければならない、という意味ではない。教員がインフォーマルな試行錯誤によって克服しようとする問題点を明らかにするため、教育の特定の部分を定期的に評価・実験する文化の創造を求めることである。

この精神で実行されれば、教育法を評価する努力は、賞罰を伴ってトップから押し付けられる一連のテストへの反対に直面することはないだろう。むしろそのような努力は、教員が学生の弱点を見つけ改善の努力を評価するために学習の有用な尺度の開発をするための、教員と幹部の間の協力関係にかかっている。究極の目的は、教員が研究で見せる探究と発見の精神を醸成し、それを、より実りのある教育法を発見する継続的努力の中で、教育と学習のプロセスに応用することである。

この線に沿った進歩は、多くのキャンパスでゆっくりと起きている。学習の目標を明らかにしてその達成度の向上を測定する試みは、認証評価のための全米大学基準協会による大学訪問や、各地で開かれる学会などでも標準的な話題になっている。多くの大学が作文力、批評的思考力、その他の重要なスキルの向上を評価する測定実験を行っている。しかし、そのような努力はまだ初期段階である。これが本当の改革の動きになるべく広がるか否かは次章で取り上げる。その答えは必ずや、次の世代の学生教育の質にとって重要なものとなろう。

第10章　改革の展望

大学では変化が非常に遅い、ということがしばしば言われる。デューク大学の元理事によれば、「もしこの世の終わりが間近に迫っていることを知ったら、デューク大学に来るだろう。なぜならば、ここではすべての時間がゆっくりとしか動かないからだ」[1]。同じ意味で、教員は自校以外のすべての大学の改革を促す、としばしば批判される。コンフォード（Francis Cornford）はイギリスの大学を有名な次の言葉で皮肉った。大学の伝統を変化させる提案に対する学長の対応は、「前例のないことは試すべきではない」である[2]。

こうした話はよく聞かれるが、最近の高等教育の歴史を簡単に見ただけでも、アメリカの大学は重要な挑戦に対して迅速に対応してきたことは明らかだ。第二次大戦後、大学は多くの復員兵を受け入れるのに間に合わせ、高等教育を「エリート」から「マス」にシフトさせた。一九六〇年代の公民権運動の時代には多くの非白人学生を受け入れ、彼らに好意的な環境を創りあげることによって、時期を逃さず対応した。彼らは研究活動を拡張して一九五〇年代と六〇年代の一連の国家のニーズを満たし、一九八〇年のバイ・ドール法［連邦政府資金で行った研究成果を大学が特許化することを認めた法律］の制定後には、研究室での発見を有用な製品・製法に転換することの速度を高めた。学部や学科はコンピュータ科学や環境科学のような新しい学問分野の労働市場に学生が適応できるよう新しいプログラムや科目を新設する一方、教員は研究を支援するコンピュータや新しい機器を間髪入れずに導入している。

大学の動きが遅い分野は、学部生の教育の質の改善である。専攻科目、選択科目、一般教養科目というカリキュラムの伝統的な三分割では、学部生教育の目的をすべて満たすことがますます難しくなっているのに、教員はこの三つに固執する。彼らは自分たちが最も重視する批判的思考力や分析スキルを学生に獲得させる優れた方法に自分たちの教育を適合させるのが遅い。

こう考えてみると、前の章で描かれた問題を克服する見込みはどんなものであろうか。大学は時代遅れのカリキュラムと不充分な教育法を保ち続ける運命であろうか。もしくは、過去半世紀における他の多くのニーズと機会に対応したことが示すように、成功する改革は可能なのであろうか。

学部生教育の改善に向けた教員の説得

教育改革は、実質的な変化をめざしている人には特別な課題である。カリキュラムや教育法の永続する改善は、トップからの規制や命令だけでは起こらない。政策担当者は前進を試みるために、提言書を出したり、脅したり、経済的誘因を与えたりもする。しかしながら、結局は現状の変革が起こるには、その前に教員が、現行の方法はその潜在的な力ほどにはうまくいっていないこと、そのもとにある合理性がもはや適用できないことを納得していなければならない。

幸い、ほとんどの教員は学生の学習を支援することに関して、教員としての責任を誠実に感じている。実際、アメリカの教員はヨーロッパやアジアの大学の教員よりも教育に関心を持っている。(3) 彼らはまた事実を尊重する。彼らが自分たちの教え方やカリキュラムでは、達成できていると思っていたことが実際にはできていないことを信頼できるデータをもって説得されたならば、彼らは外から何も言われなくても自分たちのやり方を変えようとする。

しかしながら、この種のことはそう起こるものではない。この点で、教育は研究と明らかに異なる。現在信じられていることを系統的にテストすることは、研究のほとんどの領域で標準的な行為である。とくに、過去の発見や命題が常に確認と新しいデータによって改訂される自然科学の世界ではそうだ。このプロセスは教育法・教育学では普通ではない。事実、長い間、この分野では厳密な研究は試されようともしなかった。教育法は注意深い分析の結果ではなく、推測、直観、個人的経験に基づくものであった。

しかしながら、過去二〇年から三〇年に、教育の研究と評価がさかんに行われるようになった。さまざまな教育法の影響、大学生の行動と成長、学部生教育に関するその他のテーマで、数千の研究が発表されている。これらの発見と大学と今後の研究への含意とを含んだいくつもの本が書かれてきた。

しかしながら、多くの教員は増大を続けるこれらの文献に気づいていない。代わりに、多くの有名大学ではとくに、これらの研究が意見の形成に貢献しないまま、教員はカリキュラム改編の議論をするのが常である。彼らが用いる教育法は、彼らが属する科学の世界では当然の、繰り返しテストと改訂を行っていくというプロセスを経験しない。結果として、慣れ親しんだ教育法が新しく開発された教育法の挑戦を受け、その欠点が説得力のあるデータによってダメージを受けていることを認識することなく、教員は従前からの慣れ親しんだ教育法とカリキュラムに固執する。

こういった状況下でも、改革は可能かもしれない。しかし、一般には新しいデータに照らし合わせると、自分たちの教育法やそれが基づく前提には深刻な疑問があることを教員に気づかせる努力が必要であり、それは教員以外の第三者によって試みられることが多い。第三者とは、さまざまな政策担当者、職能団体、改革派の評論家などである。しかしながら、だいたいの場合、これらの声は無視されたり、各大学の個別の事情を鑑みると適切でないとして受け入れられない。

したがって、もし変革がある程度の時間内に起こるべきならば、大学幹部は、教育と学習についての研究を蓄積する、説得力のあるデータをもって教員と話し合う、慣れている行為に疑問を投げかける、という三つを行う責任を引き受けなければならない。これは言うほど容易ではない。教育の不充分さを議論することは、他のことで忙しく、従前からのやり方に満足している教員には歓迎されない。これがそのような会話がめったに起こらない一つの理由である。

議論の欠如は不幸なことである。現行の教育法と学生の学びを支援するという彼らが言明した責務との間に存在する矛盾は、改革を促す最も有効な誘因である。もし評価の結果が現行の教育法は教員が想定しているほど学生の学びを支援していないことを明確に示すならば、教員は幹部からの介入がなくても教育法を改めるであろう。データと、教員が教育者として抱く責務との間の矛盾は、未解決にしておいてよいものではない。次の明確な例がこの点を示している。

一九七〇年代のハーバード大学で、私は新入生と四年生に作文のテストを行い、四年間での向上度を測ろうとした。参加した新入生と四年生は出身階層や成績では充分に似ていて、二つのグループが比較不可能というリスクは最小限に抑えられていた。二つのグループの学生は与えられたテーマでいくつかの段落を書き、採点者は評価に一貫性があるように作文評価の訓練を受けた。

テストが行われたところ、結果は興味深いものだった。人文学を専攻した四年生は、一年生と比べて作文の成績が良かった。社会科学専攻も（人文学専攻ほどではないが）同様であった。これらは予想通りだが、再確認できた。驚くべきことに、科学専攻の四年生の書いたものは大学生活の四年間でかえって悪くなっていた。

さらなる調査によって、おそらく原因であろうものが明らかになった。人文学専攻は実に多くのレポートを書き、社会科学専攻も多く書いているが、科学専攻の学生はレポートをあまり課されない。完全な文章でなくてもすまされることも多い。彼らにとって重要なことは、適切な公式を使い、問題に正しく答えることである。四年間にわたるそのような習慣は、自然と学生の作文力を低下させる。

この調査の結果が示され、原因が教員の間で議論された後、学部長も私も改革を導入せざるを得なかった。関係する学科はすぐに作文の訓練を授業に取り入れた。私が二〇〇六年に一年間だけ学長に復帰したとき、同じテストを行った。今回は科学専攻は作文力の向上で目覚ましい進歩を示した。

教育改革のカギは、生じると仮定していた成果が現行の教育法では得られないことを教員に示し、理解してもらうことである。一旦、そのことが認識されれば、大学の教員が心の奥深くに抱く価値観は、彼らに修正案を探すよう仕向けるであろう。となると重要な疑問は、大学幹部が既存の弱点を特定しようとするか否か、そしていかにしてそれをうまくできるかということである。

カリキュラムの改革

現在普及している大学のカリキュラムは、その古くからの三分法とともに時代遅れで、南北戦争後の古典カリキュラムのように、時代に即していないかもしれない。にもかかわらず、現代の大学に対して提案されるすべての変化の中で、学部カリキュラムを化粧の上塗りでなく本格的に改革することは最も難しい。個々の教員に新しい教育法を試すよう説得することと、さまざまな分野から成る全教員に、学生が何を学ぶべきで、どんな科目が学生に最も有益かといった、論争となりやすく価値観も絡む問題で同意に至るよう説得することは、まったくの別物である。それは配当必修科目から成る一般教養科目であろうか、それとも古典・名著講読であろうか、あるいはまったく別の科目がよいであろうか。能動的で啓蒙された市民や、倫理的に鋭敏で他人に共感できる人間になるために、また異なる文化と伝統に満ちた相互依存的な世界で効率的に活動するために、学生は何を学ぶ必要があるのであろうか。

このような質問には、明確な答えはない。解決を助ける既存のデータを多くは知らないのであればなおさらだ。教員全体がカリキュラムに関わるすべての問題を同時に考察し、注意深く検証し、全体の合意で解決策を見つけるというのは、不可能に近い。例外は、ほとんどの教員が学部生の教育に献身している、小さくてまとまりの良い大学くらいである。ほとんどの大学では、このような取り組みは皮相的な調査と必修科目の小さな変化という結果に終わり、より大きな再調査が課題として残る。

もし基本構造の大きな変革を望むのならば、大学幹部はその機能をいくつかの部分に分けて、長期にわたり順番に取り組まなければならないであろう。このようにすれば、教員は個々の教育上の目的を考察して、調査対象の目的に関連する実証分析とともに、思慮深く書かれた文献を読む時間をとることができる。

大学幹部の支援を受けて、教員の委員会は、明確・正確に作文する、外国語を話す・書く、実際の問題のために基本的数量分析を用いる、といった、いくつかの測定可能な目的に向かって、学生がどれくらい向上しているかを知るための調査から始める。学生が望まれたレベルの能力をつけているか、ということを判断するテストを開発するために大学幹部はまず教員側メンバーと協力する必要があろう。学生の習熟度について信頼できるデータを得るため、このテストには学生が真剣に取り組んでほしいので、委員会はその動機づけについて考えなければならない。定期試験の中に組み込むという方法もあるだろう。学生はこのテストに合格しなければならず、さもなければ期待されるレベルに到達するために補習を課すといったことも考えられる。

もし学生の向上度が満足のいくレベルでないならば、委員会はよりよい結果が出るように既存の必修科目を変更することも検討する。学生は他の授業でより一層作文を求められるようにすべきか。外国語を単に定められた数だけ履修するのではなく、望まれる能力レベルに達するまで続けて勉強すべきか。コンピュータによる学習支援は学生が短期間で数量的推論の基礎的能力をつけることを可能にするか。これらの問題を考察したら、委員会は全教員への提言を行う前に、パイロットプログラムを作って結果を評価したりして、可能な変更をテストしてみる。

簡単な目的に取り組んだなら、学長と学部長は同様の委員会を任命して、倫理的推論、さまざまな分野への持続的な関心、能動的で思慮深い市民となるための知識とスキルといった一般的な教育のより複雑な目標を検討してもらう。再び、各委員会には、望ましい目標に向かっての学内外の学生の向上度に関する既存の研究結果と、関連する最良のレポートが与えられる。もし向上度を直接測定する適切な手段がないのならば、最近の卒業生を調査して、いかに彼らの成長が大学で取った科目や経験によって影響されたかを調べることができる。どの程度の頻度で投票しているか、コミュニティの政治的活動に参加しているか、市民意識を持っているか。配当された必修科目が達成するはずの、持続的な知的関心をどの程度持っているか。履修を義務づけられた外国語は役に立ったか。これらの調査を補完するため、四年生と最近の卒業生に在学中に調査対象としている目標に対して向上できたと思うか、どの科目や活動が向上に最も貢献したと思うかを尋ねるのもよい。

委員会を補助するため、大学幹部は関連情報を入手し、委員会が有用と考えているテストやアンケート調査の実施を担当する。ここでは、難しい課題が避けられたり、都合の悪いデータが隅に追いやられたり、安易な議論や不合理な正当化がなされていないように注意しなければならない。たしかに、どんなカリキュラムも明白で確実なデータだけで作り上げることはできない。しかし、少なくとも結論は得られる最良のデータと整合的でなければならない。もし得られたデータが本当に弱く、結論が出ていないものならば、想像や、「処方箋は必ず患者のためになる」といったデータの裏づけのない希望に基づいて必修科目を学生に課し続けるよりは、むしろその目標そのものを放棄すべきである。

すべての委員会が「一般教養科目」に属するさまざまな目的の検討を終えたならば、次の二つのうちどちらかの結果が出てくるであろう。どの委員会も現状の知識のもとでは、いくつかの目標は達成されないであろうから放棄すべきと述べるか、既存のカリキュラムに新しい必修科目を加えることを提言するか、である。後者の場合、よくあるケースのように、学部の典型的なカリキュラムの他の二つの構成要素である、専攻科目と選択科目を検討する時期が熟したといえる。

教員の委員会が専攻科目と選択科目の考察を始めたら、大学幹部は再び必要なデータをできるだけ多く集めることが重要である。学門分野別の専攻はその目的が議論されることもなく、または「主題を深く考える」学習の経験を学生に与える重要性といった一、二行の説明だけで受け入れられて、カリキュラムの基礎的構成要素として長い間、存在していた。たしかに、学部のカリキュラムの半分を占めるからには、これ以上の何かの意味づけが必要である。目的は少なくとも正確に定義され、学生の向上の度合いも、もしできるならば実証的にテストされるべきである。仮に公表された目的が学生に「より深く考えさせる」ことならば、「深く考える」の本当の意味は何であろうか。その能力はどの程度、専攻の一つの学問分野から他の分野の思想や経験に移転できるものか［専攻科目というのは同じ分野で勉強し続けないと好ましくないのか］。本当に学生は望まれた能力を発展させるのか、それともパスカレラとテレンジニの「学生が何を専攻したかは知力や認識力にはほとんど影響がない」という意見が正しいのか。(4)

実学専攻の正当化はより直接的のようだ。つまり、学部生は選択した職業で成功するための準備をする必要がある。しかしながら、この正当化も、四年生のかなりの割合が大学院や専門職大学院に行く大学では疑問にさらされる。もし、経営学を専攻した学部生の多くが引き続いてビジネススクールに進むのならば、同じ分野を二回勉強することにどんな価値のある教育的目的があるのか、理解するのは難しい。他のタイプの厳格な専門職大学院（ロースクールやメディカルスクール）で訓練を受ける学生にとっても、学部での授業の半分以上を実学系専攻の必修科目に費やさなくても、専門職大学院の経験だけで生計を立てるのに充分ではないのかと問うことができる。

大学院や専門職大学院に進学する学生がほとんどいない大学では、実学系専攻科目の必要性はやむを得ない面もある。卒業後すぐに働き始める学生は充分な準備をしなくてはならず、職業訓練的な実学系プログラムはこの目的を供するかもしれない。しかしながら、ここでさえ、最近の調査結果によれば、入手できるデータを集めて実学系専攻がいかに成功しているかを考察するという大学教員の真剣な努力は、期待通りの成功という結果を示すとは限らない。いくつかの研究によれば、実学系専攻の学生は伝統的リベラルアーツ専攻の学生に比べて、批判的思考力と［文学・散文的でない］実用的作文力といった基礎的なスキルの向上度で劣っている。(5) 少なくとも、一つの大規模な調査は、実学系専攻は学問分野別専攻に比べて学生への課題が軽いと結論している。(6) さらに他の研究も、最も人気のある実学系専攻は、現実には能動的な市民意識や異なる人種・文化の理解という学部教育のよく知られた他の目的にマイナスの影響を及ぼしていることを明らかにした。[7]

加えて、前述したように、調査によれば雇用者は実学系専攻を卒業した学生に満足していない。必要な技術スキルを身につけていないとともに、持っているべき一般教養の資質にも欠けているからである。[8]もしこの懸念が本当ならば、科目の履修順序や用いられる教育法を改定したり、不充分な資質を養う一般教養科目を増やすために実学系専攻の必修科目を減らすことの必要性を示唆している。

この種の問題は、専攻科目を学部や学科に任せきっていることの危険性を浮き彫りにしている。これは専攻分野以外の教員も含めた委員会で検討すべきである。もし質・量ともに充分な実証データに裏付けされて、検討委員会がこの欠点の存在を明らかにしたのならば、それだけでも改革の提言につなげる委員会設置への充分な理由になる。

選択科目も同様な批判的な吟味が必要である。どの程度、学生はこの自由を新しい関心を開拓するために使っているのか。それとも簡単な授業を探しているだけか。または、大学院や専門職大学院に進学したときに有利なように、その分野の科目を先取りしているだけなのか。専攻科目や一般教養科目に比べると、学生は選択科目を懸命にも入念にも勉強しないのか。授業評価の際、学生は選択科目を他の科目より高く評価しているのか、それとも低く評価しているのか。これらの情報を集めれば、委員会は、選択科目を提供する目的は何か、学生が行った選択はいかにこれらの目的を達成しているのか、そして選択科目数は増やすべきか減らすべきかを検討できるだろう。

ここまで来たら、教員は、学部生教育に求める目的を達成するのに必要なすべての授業を、いかにうまく調整できるかを考察できる。現在、一般教養科目という題目の下でひとまとめにされている重要な学部教育の目的をすべて達成することが必要ならば、いくつかの方法でカリキュラムの中に新しい余地を作ることが可能である。選択科目は強制的に減少できる。専攻必修科目はいくらか減らせる。最後に、一般教養科目のいくつかは適切な専攻科目に統合できる。たとえば、市民意識を高めるための授業の単位を政治学の専攻科目によって満たしたり、社会科学や自然科学を修了することで数量的推論という必修科目を満たすことができる。逆に経営学専攻は、外国文化、倫理・道徳的推論、実用作文などの一般教養科目によって専攻科目の単位を満たすようにできる。なぜならば、企業経営者は卒業生にこれらの理解度の向上を求めているからである。結局、適切な学部生教育に必要だと教員が考える目的すべてに場所を作るために、最も実現可能な解決法はこれら三つのアプローチのうち一つに依存するのでなく、三つすべてを組み合わせることである。

これらは、教員がカリキュラムのいくつかの部分を調査するときに検討できる問題の一部にすぎない。他の問題も疑いなく調査の過程で光を当てられる。大切なことは、問題を一つずつ取り上げて、その基にある仮定をテストして現行のプログラムがいかに良く、あるいはいかに悪く目的を達成しているかを明らかにするためにはどんな証拠が見つかるか、という観点から調査することである。

そのようなプロセスに関係する政治的な難しさを否定するわけではない。数年にわたる大きな努力が、この調査の実行には必要であろう。多くの大学では、教員は専攻に配分される科目が減らされることには抵抗する一方、学生は選択科目の減少には反対するであろう。やはり、もしカリキュラムの基礎的構造を修正し、その目的と手段との整合性を取るべきならば、現行の枠組みの弱みと、現行の枠組みを正当化するために使われる理論的根拠の弱点を明らかにするための充分なデータを忍耐強く集めることが課題となる。

このプロセスの最終目的は、教員の立てた目標すべての達成を保証するカリキュラムではない。そのようなカリキュラムは存在しないし、どんな必修科目のセットが最もうまくいくかを結論として証明できる充分なデータもない。しかし少数のデータであってもないよりはましである。弱みを明らかにし、必修科目を開発するための有用なデータは、必ず集めることができるのはたしかである。新しく開発された必修科目群は、現行の多くの大学のものより、教員の定めた目標を達成するためによりよく設計されており、学生に説得力をもって説明するのも容易であろう。この可能性はそのような検討に費やす時間と努力を充分に正当化できるものである。

教育の改善

新しい教育法をめぐる最近の活発な議論と受講者中心の教育法へのシフトにもかかわらず、この数十年、多くの大学で進歩のペースは遅い。多くの授業は依然として五〇〜六〇年前とほとんど同じように教えられている。改革の主要な障害物は権力グループの反対でなく、変革へのプレッシャーの欠如である。教員は彼らの伝統的教育法を変える切迫した理由を持たないし、学生もより効果的な教育を求めて騒ぎ立てたりしない。大学の学長や教学部長も通常、他の職務に忙しく、教員が自分たちの特権だと思っている領域〔授業・教育〕には干渉したくない。したがって、課題はこの不活発な状況を打ち破る効果的な戦略を考え出すことと、再評価と改革の真剣なプロセスを始めることである。

外部からの努力

緩慢な変化にしびれを切らし、連邦政府や州政府の担当者は学部生の質の向上への関心を明らかにしている。過去二〇年にわたり、彼らは繰り返し説明責任の重視を唱え、市民が大学に支払った授業料と州政府予算に回る税金の形で大学に貢献した金額からどれくらいの見返りがあるかを知る権利があると主張している(9)。

大学から出された答えに満足できなかったので、政策担当者は教育関係者を行動させるように、より介入的な戦略を試した。一九九〇年代、多くの州は財政を握っている力を使って、州立大学により一層、説明責任を果たし成果を向上させるよう求めた。中でも最も意欲的な試みは、「成果主義予算」と呼ばれるもので、州政府は毎年、一定の予算額を配分せずに置いておいて、目標達成度に応じて各大学に配分するものである。たとえば、新入生のうち学士号を取得できた人の比率、最近の就職率、Graduate Record Examination（ＧＲＥ）〔大学院進学のための統一試験〕などの標準化されたテストの点数の向上などの数値に応じて予算が分配される。

しばらくの間、このアイディアは政治的に人気があり、多くの州がこれに従った。しかしながら、採用した州のほとんどが一〇年後にはこのポリシーを放棄した。二〇〇五年には、成果主義予算はほとんど残っていなかった。[10] いくつかの州はその後に復活させたが、今日では重視される評価基準は教育の質ではなく卒業率や大学へのアクセスになった。

何がうまくいかなったのか。まず第一に、使用された測定尺度の選択が適切でなかった。たとえば、単にどれくらいの学生が卒業したか、四年生が既存のテストでどれくらいの点数をとったか、ということは教育の質の尺度とはいえない。そのような尺度は優秀な新入生が入ってくる大学に有利であり、最近の就職率も学生が受けた教育の性格よりも経済状況の反映である可能性がある。

こうした問題点は修正可能である。しかし、よりもっともらしい尺度を使っている州でさえ、最も成果のあがっている大学に資金を与え、成果のあがっていない大学から資金を取り上げるのは、教育改革を引き起こす理想的な方法ではない。しばしば、最も効率的でない大学が改善のために最も多くの資金を必要とし、州政府予算の減少はそのような大学をさらに弱体化させるだけである。成功している大学についても、成果主義予算は学生の学習の向上に貢献した教員に恩恵をもたらしはしない。しばしば、州政府は教員個人でなく大学に報奨を与えるからである。結果として、教員は学生の達成度の向上に貢献しても何の利点もない。実際の調査によれば、ほとんどの教員は成果主義予算というプログラムが存在していることさえ知らず、学科長でさえ政府の努力について何も知らないことが多い。そのように設計されているので、この報奨制度は失敗を運命づけられていた。[11]

二一世紀に入って、成果主義予算は州財政の政治的現実の犠牲者となった。この制度は、州政府収入が増加している好況期には政治家にとって政策手段として魅力的である。不況が訪れ州財政予算が縮小しているときには、それほど魅力的ではない。政策分析者がしばしば述べるように、「成果主義予算は必ず、苦境の際に最初の犠牲になる」。たしかに、二〇〇〇年と二〇〇一年の不況が襲いかかり、州政府が州立大学への予算を減らさなくてはならないときに、成果主義予算は真っ先に犠牲となった。

ブッシュ（息子、George W. Bush）政権の下、教育省長官のスペリングス（Margaret Spellings）は改革を引き起こす別の戦略をもて遊んだ(12)。二〇〇四年、彼女は大学の成果を測定する「将来の高等教育のための委員会」を設立した。一時、委員会は変化を引き起こすために市場競争圧力を動員する可能性に興味を持った。もし政府が大学に学生の向上度を測定しその結果を公表することを義務づけることができるならば、志願者は公表結果を比較して最も学習できる大学を選ぶことができる。多くの学生の進歩を示せない大学は、志願者を他大学に取られないためには変わらざるを得ないと感じることとなる。

このポリシーは直観には訴えるものがあるが、大きな欠点を持つ。一つには、学習の向上度における多少の差異に学生がどう反応するかについては、誰もわかっていない。批判的思考力と数量的推論力のわずかな向上度のために、志願者はグリネル大学やミドルベリー大学よりも、スタンフォード大学やコーネル大学を選ぶであろうか。一つのテストをすべての大学に課すことはまた、大学が行っている新しい、潜在的に優れている学習評価方法の実験の努力に水を差す(13)。このようなテストが選択の余地がなく強制されれば、大学の幹部と教員は協力するのでなく批判するであろう。学習を測定する完璧な方法がないので、そのような批判は注目に値する面もある。その結果、このテストに対する市民の信頼が弱まりインパクトがさらに小さくなる。

加えて、比較のためにかろうじて役に立つ評価方法というのは、作文力や批判的思考力など、いくつかの学習法について存在しているだけである。もしテスト結果が公開され、悪い結果のために志願者が減ったならば、教員はテストの対象科目に力を入れ、成果の測定が難しい他の教育目標を軽視するだろう。これは科学、数学、読解力のテストを強制的に受けることが導入されて以後、公立中高校で起きたことである(14)。いくつかの大学は（広く知られている大学ランキングのランクアップで行うように）実際に学生の教育を効果的に行うことなしに、なんとかしてテストの点数だけを上げることをもくろむであろう。そのようなやり方は学部生の教育の改善には役に立たないし、教員や市民からの支持や信頼を得られないことは言うまでもない。

大きな批判を受けて、大統領諮問委員会は賢明にもテストの義務づけは取り下げ、単に学生の教育を評価する方法を各大学が開発することのみを提唱した[i]。この成果向上を達成する努力の一環として、連邦議会は別の策をとった。議員は認証評価を行う全米大学基準協会に、大学に対して、学生一人当たりにかける教育支出や図書館蔵書数のようなデータに注目するのでなく、学習の目的を定義し、それに関する学生の達成度を評価する方法を開発することに重きを置くことを促した。高等教育法（一九九八年）に基づく近年の予算執行の承認にあたり、議会は基準協会に大学に対して学生の学習成果の測定を最優先させるよう求めている[15]。

基準協会はそれ以来、現地訪問の各チームに、大学が学習の目的を定義してそれに向かっての進捗度を測定する努力をしているかをチェックするよう求めている。彼らは共通のテストを大学に課すことはしていないが、各大学に独自の測定方法を作ることを求めている。多くの大学で、幹部は学生が学んでほしいことを表明するようになり、学生の向上度を測定し始めているところもある。しかし、基準協会は、各大学が弱いところを明らかにしてそれを克服するにはどうしたらよいかを、教員と議論するところまでは幹部を促しきれていない[16]。認証とは別の自発的な評価の努力ですら学内で反対に遭う。一九の大学から成るグループによる学生の学習度を測定する精巧なプロジェクトでは、その後の調査で「四〇％近い大学では、明らかになったことをキャンパス内で議論していないし、四分の一程度の大学でしか得られたデータへの対応がない[17]」ことがわかった。

したがって、現状では、測定したデータは大学事務室に積み上がっているが、教育の質の改善のためにこの情報を実際に使うことに関してはどの大学でも大きな進歩がほとんど見られない。公平にいえば、基準協会が、学習効果を上げるために自己評価の結果を使うよう、大学を最終的に説得できるか判断するのはまだ早い。一方、これまでの努力を成功と呼ぶのもまだ早い[ii]。

困難はあるのになぜ改革が起こりそうなのか

改革を起こそうとする政策担当者や全米大学基準協会の努力の底では、二つの異なった文化による静かな戦いが繰り広げられている。一つは改革者に共有されている考え方で、教育に対するデータ重視のアプローチである。学生の向上度を測定し、それを増加させる実験的努力をチェックすることで教育と学習の最良の進歩が可能だという考え方である。もう一つの文化は、効果的な教育とはある種の芸術であり、教員の個人的な経験と直感とで時間をかけて形成されていくもので、上からの数字に基づく改革は不要であるというものである。後者が長

(i) しかしながら、比較可能なデータを集めて公表するという考えは消えていない。二〇一三年の一般教書演説で、オバマ大統領は、各大学の授業料を最近の卒業生の就職率などのデータとともに公開したいと述べた。志願者に自分の志望校の正確で完全な情報を与えようという提案に反対する人はいない。しかし、この目的を果たすにはいくつかの問題がある。一つには、奨学金は与えられる金額が学生の成績、家庭状況、特殊な才能（スポーツなど）に応じて、学生一人ひとりで異なるので、大学に行く費用という有用な情報を提供するのは難しい。さまざまな大学の卒業生の「成果」についての有用なデータを提供するのはもっと難しい。どのくらい学生が学んだかということについても、信頼できるテストがないこと、また成績が良いのも受けた教育以外の要素のためかもしれないことから、情報が得られにくい。最近の卒業生の就職や初任給のデータは、大部分のコミュニティ・カレッジや営利大学のように、職業訓練的要素が強い大学をめざす人には有用である。しかしそれでさえ、数値は職業によって大きく異なるし、大学の提供した教育の違いよりも、学生の元々の資質や地域の経済状況が原因かもしれない。さらにそのような情報は、難関校では有用とは言えない。なぜならば、学生は卒業後すぐには就職せず、専門職大学院に進学するし、所得の記録は卒業から一〇年以上経ってから明らかな、そして意味のあるものになるからである。

(ii) 全米大学基準協会のことを無力で効果的でないと切り捨てるのは簡単である。しかし、大多数の大学がいま、学習の目的を定義して、それに対する達成度の評価方法をいくつか考案するようになったのも事実である。さらに、最近の調査によれば、六九・二％の大学の教学担当責任者は「地域の基準協会はわれわれの大学のプログラムの質の向上に重大な貢献をしている」と回答している。Kenneth C. Green, *The 2011-12 Inside Higher Ed Survey of College and University Chief Academic Officers* (2012), p.15を参照。基準協会はこれまでのところ、大学幹部が評価結果を使って教員に教育向上を真剣に検討させることにあまり成功していない。しかし、工学の分野では意欲的な新しい認証基準に合わせようと教員を促す努力が、カリキュラムの変更や学生の達成度に大きな進歩をもたらしているようだ。J. Fredericks Volkwein, Lisa R. Latuca, Betty J. Harper, and Robert J. Domingo, "Measuring the Impact of Professional Accreditation on Student Experiences and Learning Outcomes," 48 *Research in Higher Education* (2007), p.251を参照。

い間、ほとんどの教員によって信じられてきた。それゆえ、達成度チェックのためのテストと実証分析を振りかざす改革者に対する教員の本能的な反応は、沈黙と非協力ということになる。

この文化の衝突を観察すると、改革の見込みはかなり薄いと結論したくなるかもしれない。もし何らかの成功の希望を持ちたいならば、教員はデータ重視のアプローチを信じなければならない。しかしながら、懐疑的な教員は、粗野な標準化テストを強制し、点数が向上した教員へはボーナスを出し、仕事に役立つスキルを重視し、経済に役に立たなかったり標準化した測定になじまない分野である芸術や人文学などは軽視するなど、政府が公立の中学・高校向けに行ったことを想起する。より広い、微妙な教育目標を熱心に信じ、教室内での自治［自分でやりたいように教えること］を重視し、さらに既存の職務で手がいっぱいの教員にとって、改革者の言葉は脅威に映るに違いない。この敵意を考えると、大学の幹部は教員の怒りを燃え上がらせたくないので、改革の必要性に関する議論を始めることに尻込みしてしまう。

しかしながら、これらの困難にもかかわらず、驚くべきことに教育における大きな改善が最終的には起こるであろうと考えられる理由がある。事実、すでに変化は始まっている。過去一〇年から二〇年、より多くの大学が重要なスキル、とくに批判的思考力を身につけることの進捗度を測る、あるいは学習を向上させると証明された方法の使用がどの程度進んでいるのか調査する、全米的プロジェクトに参加することを決定した(18)。教員対象の調査も、授業において講義の形態がゆっくりだが減ってきていることを示している。グループ学習、学生による研究、コンピュータ利用の学習、問題解決型の授業といった学部生の教育効果をあげるために試された方法のどれをとっても、大学での利用率は徐々に増加している(iii)（表10－1参照）。ここでの興味深い疑問は、変化が起こるか否かではなく、なぜ変化がついに始まったのか、このプロセスはどれくらい長く続くのか、ということである。

このプロセスはいかにして始まったのであろうか。一つの説明は、講義は学生を教える方法として理想的なものでなく、クラスで討論する、問題を解く、学生同士が協力するなどが有効である、というデータが蓄積されてきたことである。大学の諸団体はそのようなデータを含んだレポートを次々と発表し、関心のある教員と討論会

表10－1　学部生向けの教授方法（%）

	1991-1993年	2010-2011年
講義	54.2	47.4
授業内での議論	69.4	80.7
学生同士の協力	31.7	53.7
実験／フィールドワーク	19.8	23.4
グループプロジェクト	21.6	30.4
レポートの添削	14.4	21.7

出所：Eric L Day, Claudia Ramirez, William S. Korn, and Alexander W. Astin *The American College Teacher: National Norms for the 1992-93 HERI Facutly Survey* (1993), p.36 ; Sylvia Hurtado, Kevin Eagan, John H. Pryor, Hannah Whang, Serge Tran *Undergraduate Teaching Faculty: The 2010-11 HERI Faculty Survey* (2012), p.25.

などを開いている。一方、既述したように、全米大学基準協会も政府から大学における教育の実際の効果を測定する何らかの方法に関心を持つよう命じられている。

これらの展開は、全米のキャンパスでの関心と是認にすぐに結びついたわけではない。しかしアメリカの高等教育のように分権化していても、大学教育の効果についての懸念は完全に無視されているわけではない。あちこちの大学で、とくにしばしば小さく無名の大学の幹部は、教育の質の改善に特別な関心を持ち、教育法についての研究結果のいくらかを実行に移す努力を開始した[19]。アメリカ大学協会のような大学の団体に熱心に関わっている教員は、学生の学習についての増え続ける文献を議論する研究会やワークショップに参加する。他の教員もこの動きに気がついて、新しい方法を自分のクラスで試し始めた。第9章で紹介したトライズマンやメイザーなど驚くべき発見は広く知られるようになり、全米で数百の教員によって採用されている。変化のプロセスは依然として初期の段階にあるが、いまや明白であり無視することはできない。

このプロセスは継続するのか。おそらくそうであろう。一つには、説明責任と改善への圧力が強力なためである。継続させる理由はおそらく消え去らない。高等教育の費用はいまやとても大きくなっているので、政策担当

(iii) The National Survey of Student Engagement (NSSE) は、参加大学の中で一年生と四年生向けにより効果的な教育方法を採用している大学の比率が、過去一〇年強で増えていることを示している。NSSE, *Promoting Student Learning and Institutional Improvement: Lessons from NSSE at 13* (2012), pp. 12-13 を参照。

者は税金が適切に使われているという確認のために大学に対して何らかの形の説明責任を求めざるを得なくなっている。雇用者も、ますます競争的になるグローバル市場で成功するため、教育法の改善を重視するようになっている。

競争によって、多くの大学が教育の質の向上のために新しい方法を試行せざるを得なくなるだろう。[20]営利大学の中で最も大きく最も成功しているところは、日常的に教育の質の向上のための評価と研究を行っている。営利大学は拡張を続けコミュニティ・カレッジや総合大学と学生を奪い合っているので、後者の側も地位を保つために教育法の改善を導入せざるを得ないと感じている。一旦、個々の大学がこの道を進み始めたら、大学の諸団体や進取の気質に満ちたジャーナリストもこれらの努力を報道するようになり、他の大学がますます追随する。

より多くの大学が自分たちの教育プログラムの質を高めることに注目するようになり、学生の学習度に疑問を呈する調査報告が増えていくにつれて、大学幹部は、修士・博士課程の創設や研究を重視することにお金をかけるよりも、教育改革が大学にとって有望な戦略だと判断するようになる。多くの教員は新しい教育法を知り、自分自身の授業で使おうとする。学部の授業で改善された教育法が大いに利用されると、大学の幹部はめざすべき目に見える目標を持てる。一旦、努力の結果を測定できるようになれば、科学者が自分の分野でまだ答えが見つかっていない問題の答えを探すときに感じるような知的関心を、個々の教員はより効果的な教育法を見つけるための実験で感じるようになる。

さらには、新しい教育法によってお金が節約できるという期待のゆえに行動する大学も現れるかもしれない。カーネギー・メロン大学などの大学は、オンライン授業と対人授業との組み合わせが大規模クラスのコストを下げることを発見している。[21]いまでは、一〇〇以上の大学が入門クラスの授業を同様の組み合わせに変更している。大学の在籍者数は引き続き増加するので、大学幹部はコストのかかる新しい教室の建設を避けるためにオンライン授業の活用を迫られている。インディアナ州知事はすでに、増加が予想される学生数を吸収するため前述のウェスタン・ガバナーズ大学でのオンライン授業の利用を決めている。カリフォルニア大学の上層部の委員会も、同様の理由でオンライン大学の設置を提言した。

オンライン授業の成長は、教員に教育・学習においてより慎重で実験的なアプローチを取ることを間接的な形で求める。大規模無料オンライン講座（Massive Open Online Courses, MOOCs）の創設者たちは、授業の受講者を増やそうというのでなく、新しいより能動的な学習法を開発しようという望みから行動した。*Chronicle of Higher Education* 誌が書いているように、「スラン（Sebastian Thrun）の人工知能に関する無料の授業は世界中で一六万人の受講生を集めたが、彼はUdacityという新しい企業を設立し、学生が解法を教える教授の授業を聞かなくても、問題解法の練習によって学んでいけるＭＯＯＣの新しいモデルを開発している」(22)。

コストを下げるために新しい技術を使う努力が増えていることで、教員はよりよい結果を出すための教え方を考えるためにより多くの時間を使うようになる。オンライン授業を計画している教員は、この新しい媒体に最も適切なものにするには、自分の授業の内容と教え方をどのように適応させていけばよいのかを、技術スタッフと一緒に考える。どの程度学生が理解しているのか、どの内容や概念が学生にとって理解が難しいのか、問題や質問に答えるために学生はいかにいろいろと考えを巡らせるのか、といったことについて、新しい技術は豊富な情報を教員に与えてくれる。慎重な大学ならば、オンライン授業に大きな投資をする前に、オンライン授業の結果を評価することにこだわるであろう。こうして、授業の内容も進度も担当教員に任せっきりの伝統的教育法に代わって、教授陣は、情報を得た上で慎重に教員同士が協力して教育を行い、結果を注意深く評価するということに慣れてくる。

改革へのさらなる刺激は、教育の質を測定する二つの新しい方法の開発によりもたらされた。第一のNational Survey of Student Engagement（NSSE）は、参加する大学の学生に、どのくらいの頻度で教育面での向上に役立つ方法（速読、能動的討論、学生同士が協力して問題を解くなど）を経験しているかを尋ねた調査である。大学幹部は、これらの模範的な教育法が自分のキャンパスで実行されていて、それが同じタイプの他大学と比べてどうなのかということをまとめた報告書を受け取る。五〇〇以上の大学がこの調査に毎年参加していて、一〇〇〇校以上が少なくとも一回は利用した。[23] この調査の結果は、教員がめざすことができる目に見える新たな目標を与えてくれる。

第二の方法がCollegiate Learning Assessment（CLA）であり、作文力と批判的思考力を測定しようとするものである。[24] これらのテストの著しい利点は、正誤や選択でなく、問題解決に関連する事実やデータの要約を伴う設問から構成されていることである。学生は自分の結論とそれを支持する議論を小論文として書くことで解答する。テストはこれまでは訓練を受けた採点者によって採点されていたが、まもなく機械によって採点されるようになり、安く早く結果が出る。これまでに五〇〇以上の大学が、学生が入学から四年間で作文力と批判的思考力でどれくらい進歩したかを明らかにするため、このテストを使用している。

もちろん、もしこれらの調査や測定を行っている大学がその結果を教員と共有していないのならば、そこから得られるものは少ない。しかしながら、〔フランスの政治家〕タレーラン（Charles-Maurice de Talleyrand）がかつて銃剣について語ったように、〔彼は上司であるナポレオン（Napoleón Bonaparte）に「銃剣をもってすれば何でもできますが、一つできないことは、銃剣の上に安座することです」と言った〕データはその上に座る以外は、何にでも使える。早晩、テストの存在を知っている教員は結果にも関心を持つであろう。州議会議員は結果の公表を求めるであろう。いまでさえ、NSSEやCLAの集計結果をレポートした複数の調査報告が発表されている（大学名のついた個別データは公表されない）。[25]

このような調査は、多くの学生が批判的思考力と作文力でほどほどの向上をしている一方で、授業で出される宿題は減少していることを示している。これらの結果は当然、マスコミによって報道され、人気のある評論家によって繰り返し言及される。すでに多くの人々が、既存の教育法は、学生の学習支援に関して期待されている成果を充分に上げていないことに気がつき始めている。将来、教育における一層の技術革新が生まれ公表されるだろう。教育法の改善は、中退率の減少や、才能のある学部生の科学専攻離れを防ぐといった、社会にとって重要な他の変化も引き起こすかもしれない。

これらの発展が広まるにつれて、進捗状況を評価し変化を開始することを教員が引き続き嫌がることは次第に不合理で肯定しづらいものになる。もし蓄積されたデータが多くの学部生の中程度の知的進歩しか示し続けられないならば、より多くの教員は、現行の教育法と、学生の学習を支援したいという崇高な目標との間の矛盾を認知するであろう。矛盾が広く認識されるようになったら、教育法について疑問を呈することが教員からの抵抗を引き起こすこともなくなり、大学幹部にとって危険性が小さくなるであろう。

政府省庁とその他の学外組織は、このプロセスを加速することはできないが、妨げないようにすることはできるし、変化の程度そのものを高めることもできる。前述したとおり、政策担当者は、学生に特定のテストを受けさせてその結果を公表することを義務づけるという改革は避けるべきである。そのような提案は、教員側の抵抗を招き、既存の評価方法を改善する努力を抑制し、教育・学習方法の改善に関心を持っている教員と大学幹部の協力関係を弱めるだろう(26)。

政府や財団にとってよりよい戦略は、伝統的講義と技術とを結びつけて学習効果を上げコストを下げるという、カーネギー・メロン大学がやったような教育を向上させる有望な努力を支持することである。より有益な方策は、学生の進捗状況を測定するよりよい方法を見つける研究に資金援助することである。なぜならば、信用できる尺度は既存の方法の弱点を明らかにし、新しく改善された方法の優れた点を示すために不可欠だからである。また、学生の進捗状況についての調査は、同じ大学内の学生間の差異の方が大学間の差異よりも大きいこと

(iv) 改革を促進するもう一つの方法は、既存の認証手続きを少し変えて、学習の目的の定義づけ、学習の評価、新しく優れた教育法の実験などで例外的な向上が見られた大学には、全米大学基準協会が何からの形で特別の認証を与えるよう促すことである。大学がこの認証を受けたことを卒業生、入学を希望している学生、その他の関心のある人々に対して公表すれば、認知度を高めたい大学にとって改革を開始する重要な動機づけとなる。問題点は、認証を得る可能性を高めたい大学幹部が正直に教育プログラムの弱みを明らかにしなくなる、という認証プロセスの有用性と質を損ねる結果を招き、大学と基準協会との関係を変えてしまうかもしれないということである。

を繰り返し示しているので、もう一つの奨励されるべき調査は、ある学生が他の学生よりもはるかに大きな向上を示すのはなぜか、というものである。この種の研究に要する財政負担は比較的小さく、結果は学生の学習を向上させるのに価値のある方法を見つける助けとなるであろう(iv)。

学部生の教育を強化するために必要な、いくつかの種類の改革のうち、より効果的な教育法の導入が最も成功しそうである。この種の努力は卒業率を上げるよりも費用がかからない。また、カリキュラムの基礎的構造を変えるときのように、主要な関係者の利益に脅威となることもない。現行の実践の評価と新しく潜在的に優れた教育法の実験に向けた系統立った試みは、教員が研究で用いるプロセスと似ているので、問題をいかに解くかということについての深く根づいた信念と軌を一にする。結果として、必要な変革は忙しい教員の時間を食うことが明らかになるかもしれないが、学生を助けたいという彼らの根本的な熱情は、よりよい教育に対する社会からのプレッシャーとともに、最終的には勝ち抜いて、広範な改革を引き起こすだろう。

小括（Ⅱ）

大学が直面する二つの問題は他のすべての影を薄くする。第一の卒業率の低迷は、過去三〇年間で浮上した問題である。それ以前は、アメリカはどの国よりも高校の卒業証書と大学の学士号を持っている国民の比率の高い国だった。いまや多くの国が若者の大学卒業者の比率でアメリカを追い抜いた。このことの経済成長や競争力への含意は広く理解されているので、政治的リーダーは懸念を膨らませ、次の数年でアメリカの高等教育の普及レベルを上げるという意欲なゴールを設定した。

第二の問題は、学部生教育の有効性に関わるのだが、これも比較的最近に明らかになった事柄である。長い間、質の問題は一般教養教育の必須条件の議論の中で、保守的批評家からの古典的名著の軽視への不満をめぐって考察されてきた。しかしながら、過去数年の調査結果から、学生が授業のための勉強に費やす時間が減少していること、作文力や批判的思考力など基礎的能力の改善が非常に限定的であることなど、好ましくないデータが明らかにされた。また、単に大学卒業者数を増やすだけでなく、彼らが在学中に学ぶ量を増やす［教育の質の向上］必要があることも明らかにしている。

しかしながら、この時点で、鋭い読者は卒業率と大学教育の質の両方を同時に改善しようとすることの難しさを見てとったかもしれない。第一の課題は第二のそれと相反するかもしれないのである。学生のうち、真っ先に中退しそうなグループは、我慢強く勉強して卒業するグループに比べて、意欲に乏しく学力も劣るであろう。もし大学がもっと勉強させるため宿題を増やし授業の水準を高めたら、これらの学生は学士号を取りにくくなるであろう。逆に、もし大学が卒業率の増加にだけ力点を置いたら、必須条件を緩め、学生があまり努力してなくても許してしまい、教育の質の向上の見込みが小さくなる。

現在、後者の結果になりそうだ。アメリカの若者で学士号を持っている人の比率を増やす（そして教育するコストも下げる）努力は、学生が学ぶ量を維持、あるいは増加させる試みよりもずっと多くの注目を集めている。学生の学びを測定する一般的な指標がないことも、質の軽視のリスクを悪化させる。中退率を計算するのは簡単だが、教育の有効性の改善は測定しにくいので、大学が教学の水準を少しずつ悪化させながら卒業率を上げる、という明らかな危険性がある。学生の学力向上度を評価する充分な尺度がなければ、大学の幹部も学生も政府も市民も、質の低下が起こったか否かを知ることができない。結果として、アメリカの学部教育は容易に二重構造になってしまう。すなわち、授業料が高く質の高い高等教育はその授業料を払える家庭向けで、それ以外の人には授業料が安い、職業訓練的で質の高くない高等教育が充てられるのである。そのような結果は最も不幸なものだ。もし現在の努力の結果が、多くの知識を得たり、批判的思考力や作文力といった基本的スキルを習得することなく卒業する若者の数を増やすことになるのならば、高等教育を普及させても得るものはほとんどない。

過去の世代の大学生と異なり、今日の学部生は、仕事に就いたらより多くのことが求められる世界に入っていく。学士号を得たら、彼らは多くのポジションをめぐって争うが、競争相手はアメリカの他の若者だけでなく、世界中の大学卒業生で、彼らはアメリカの大卒者が受け入れる給与より低い給与でも喜んで働く。すでに、数十万枚のアメリカ人の税金還付書が、アメリカの会計事務所でなくインドの大卒者によって作成されている。アメリカ企業が雇う、数千人ものコンピュータプログラマーはアジア在住である。アメリカの大手企業は研究所をロシアや中国に開設しているが、そこでは優秀な科学者がアメリカよりも一層安い給与で雇われている。最近のある分析によると、ソフトウェアエンジニア、会計士、監査役などを含む八〇〇万人のホワイトカラーの仕事が海外に発注される危険性が「高く」、他の六〇〇万人の仕事はその危険性が「中程度」である[1]。移民法によって促進されている、教育程度の高い専門家の海外からの移住もまた、競争の源である。結果として、もしアメリカの大卒者が望ましい仕事で競争に勝とうと思えば、海外のライバルよりも優れた質の教育がますます必要になる。

学生の学びを向上させる重要性は、雇用面での競争に勝つという目標をはるかに超えるものである。仕事だけが複雑さを増しているのではない。医療保険プランの選択、税金還付申請書の作成、老後の計画など、毎日の生活の問題も、一昔前に比べると、より高度な分析スキルや読解力を必要とする。経済動向、環境問題、医療保険コストなどの社会問題も、前の世代に比べると大きな理解能力を求めている。単に知的に投票することでさえ、ほんの数十年前と比べても、より多くの知識が求められる。つまり、もし若いアメリカ人が彼らの周りの世界を理解し、適切に自分の仕事をこなし、理性的に啓蒙された分別ある市民になるためには、彼らはただ大学を出るのでなく、大学で充分に教育されなければならないのである。

大学卒業者数という量と、彼らの学びという質との間の緊張は現実のものである。これを解消するのは難題である。しかし、卒業率の上昇と質の改善は同時に可能であるべきである。まず第一に、中退する多くの学生は、そうでない学生に比べて、学力ややる気で劣るとは必ずしも限らない。低・中所得者層出身の能力のある学生は平均よりも中退率が高い。もし彼らが充分な奨学金を得ていたら、もし彼らが適切な進路指導を受け、奨励されて彼らが合格できた大学の中で最もレベルの高い難関大学に行っていたら、「難関大学はむしろ退学率が低いので」彼らの多くが学士号を取れたであろう。もし大学が学生支援サービスを改善し、学生をキャンパスライフに溶け込ませる努力をしていたら、中退率は低下するだろう。もし大学が補習クラスの教育を改善したり、高校の授業を大学の授業が求めるものに合わせれば、多くの学生が充分に準備した上で大学に入学し、「大学の授業が難しくついていけず」がっかりして退学する学生も減るであろう。これらすべての方法は、大学の質を犠牲にすることなく実行できる。

大学の幹部と教授陣は、大学教育から得られる長期的な便益を、学生にしっかりと納得させる努力をすべきである。今日、大多数の学生は大学が就職の成功と快適な生活には不可欠な経路であることを理解している。しかし、かなりの数の学生は学位を取ることしか関係がないと思っている。(2) 本当に重要な科目は、良い仕事に就くための準備になる特定の科目だと考えている学生もいる。彼らはリベラルアーツへの賛美に満ちた月並みな言葉を聞いても考えを変えたりしない。バランスの取れた教育に時間とエネルギーを費やすことが、在学中も卒業後も人生に影響を与える理由を学生に理解させるには、より思慮深い、実証的説明が必要である。

大学を中退したり、単位取得ぎりぎりの成績でいる学生は、勉強ができないからでなく、熱気のない授業に退屈したり、教員が教えようとしていることの要点がわからないからである。明快でよりしっかり構成された授業と、より能動的で共同作業も含んだ教育法は学生を意欲的にして、その結果、中退率も下がる。(3) 事実、最近の調査では、問題解決のための知識の応用、教室内外での討論、さまざまなソースからの洞察の統合、自分自身の考え方の評価など、能動的な学習に積極的に取り組んだ学生は、授業の予習・復習により多くの時間を費やす傾向がある。(4) このように、効果的な教育法は卒業生の量と在学中に学ぶ量という、学部教育で最も必要とされる二つの目的の間の相反を最小化するのに貢献する。

ここまでの章で、この二つの目的の和解を成功させることがいかに重要かということを明らかにしてきた。機会を増やして社会階層の移動を促し、多くの若者に充実した、努力の見返りのある人生を送ってもらうためには、大学卒業率が上昇しなければならないことは明らかである。同時に、いまや多くの国が「マス」高等教育に移行することに成功しているが、アメリカは単にそれに後れを取らないというレベルで忙殺されてしまっている。たとえ次の一〇年でわれわれが高等教育の普及度において伝統的なリードを取り戻したとしても、かつてアメリカが享受した、突出した優位性の再現は起こりそうにない。この高等教育普及での優位性こそが、アメリカが二〇世紀の大部分を通して比類なき繁栄を維持することに貢献したのである。もしアメリカが再び大きくリードするとしても、教育者と政策担当者は高等教育の量だけでなく、質についても考慮しなければならない。

多くのアメリカの大学は現在、定員過剰で財政的にも貧しいほとんどの海外の大学より優れた教育を提供している。しかしながら、多くの国がいまや高等教育を重視し、大学に多くの投資をするようになった。多くの政府は、教員が与えている教育の質について彼らに説明責任を求める改革に着手している。したがって、今日アメリカが享受している優位性は、学部教育法の改善のために真剣な努力をしないのならば簡単に消えてしまう。幸い、第Ⅱ部の各章で明らかにしたように、改善にはさまざまな方法がある。

学部生教育の質の持続した向上の見通しは、現在の教授陣の改革を行う意欲だけでなく、将来、学生を教えることになる院生に与えられる訓練にもかかっている。認知理論の進歩、学生の学びの評価能力の改善、新技術が教育にもたらす可能性によって、博士号取得候補者である大学院生に教育の訓練を施すことの必要性は、これまでになく切迫している。すでに、オーストラリア、ニュージーランドなど、いくつかの国ではこの種のプログラムを開始した。しかしながら、これまでのところ、アメリカの大学院は将来の教員に教室での責任を果たせるようになるための準備を充分に行っていない。なぜそうなってしまったのか、事態を改善するには何がなされなければならないのかが、次章のテーマである。

第11章　大学院教育

大学院教育の扱いは、本書では特異な位置にある。学部教育と専門職大学院との間にあるが、独立している。それには理由がある。博士課程は学部教育と専門職大学院のどちらとも密接なので、どちらかに統合するわけにはいかない。博士課程を指導する教員は学部生も教えているし、大学院生自身もしばしば学部において大きなクラスを教える教員の補助をしている。同時に、大学院は企業や政府の研究者も輩出するが、修了者の最も多くは大学（専門職大学院も含む）の教員になるので、専門家を養成するという使命では、専門職大学院に通じるものがある。大学のどの部門に最も似ているかにかかわらず、博士課程は圧倒的多数の新しい教員の供給源である。結果として、大学院が与える訓練は大学そのものに大きな影響を与えるので、アメリカの高等教育の現在の問題点や将来のニーズを検討する際には、大学院を注意深く考察する必要がある。

数百の大学が博士号を授与しているが、そのうちの上位六〇校程度が、授与数の半数を占めている。プログラムの基礎的な構造は、どの大学でも分野でも同じようである。大学院生は最初の一年か二年は大学院の授業を受ける（ゼミの形が多い）。そのあとで、分野における専門知識についての総合試験［筆記の場合が多い］に合格しなければならない。それから、論文を書くことに専念する。論文は、分野によっては本のような形態の場合もあるし、学術論文数本をまとめた形態もある。博士号取得までの年数は分野により異なり、一般的には自然科学では五年から七年、社会科学で六年から九年、人文学で七年から一〇年かそれ以上である。しかしながら、博士課程に在籍しながら、大学院生はパートタイムで働いている。それは教授の下でのリサーチ・アシスタントであったり、教授の学部生向けの大講義を補完して週に一回か二回、討論や宿題のチェックと小テストを行う小規模クラスを担当するティーチング・アシスタントであったりする。

大学院在籍の傾向

アメリカの大学院教育に関して不可思議なことは、修了後の就職状況はすべての分野で徐々に悪くなっているのに、大学院教育を受けたい人の数は一九七〇年代半ばから増えていることである。(1) 過去四〇年、大学教員の給与は、大学院での訓練が必要な他の専門職の所得よりも三〇%程度も低い。テニュア審査の対象となる大学教員のポジションは見つけにくくなっている。にもかかわらず、博士号授与数は教員の求人数を上回って伸びてきている。一九八一年から二〇一一年に、博士号授与数は三万一三五五人から四万九〇一〇人に増えた。(2) しかしながら、同時に、就職が決まらないまま博士号を取得して修了する人の数も増えた。フルタイムの教員になりたかった人も、パートタイムの教員やテニュア審査にかからない任期付きのフルタイム教員にならざるを得ない。他の多くの博士号取得者は、大学教員以外の仕事を見つけなければならない。

大学院進学希望者の増加の理由は何であろうか。一つは、大学教員ならびに法律、経営学、医師などの専門職に就こうという女性の意識の高まりである。一九五〇年代には博士号授与数の一〇%強しか女性に与えられていなかったが、今日では半分を超えている。また、外国人留学生の増加ももう一つの理由である。外国人の比率は一九八〇年の一二・二%から二〇〇九年の二八・三%と二倍以上になった。同様に非白人も増加の要因であり、アジア系アメリカ人の大学院生は過去二〇年で一六二%増加した。ヒスパニック系はもっと大きく、一八九%も

増加した。一方、黒人は六九・二％の増加である。(i)

見た限りでは、博士号養成の市場は需要の変化に自動的かつ合理的に反応していないように思われる。志願者も院生数も、就職の悪化に対応して減少していない。大学院が受け入れる学生数を減らして対応する場合、動くのは最も弱い大学院とは限らない。しばしば、ランクの高い大きな大学院が院生数を減らす。

詳しく分析すると、大学院が一貫した博士の過剰供給にどう対応すべきは明らかでない。博士号取得者を調査したいくつかの研究は、教員になれなかった人もほとんどすべてが大学以外の分野では雇用され、しばしば大学で教えている同期生よりも給与が高い。教員になれなかったことを悔しいと思っているが、平均するとテニュア審査対象の教員になった人とほぼ同じくらい自分の仕事に満足しており、大学院に行ったことを後悔している人はほとんどいない。(3) 問題なのは、大学コミュニティには留まっているが、学生と会ったりする場所、電話やパソコンといった通常の教員なら与えられる勤務環境もなく、安い給与のパートタイム（兼任）教員になった博士の苦悩である。彼らは教えることを楽しんでいるが、テニュア審査対象教員になった同期生に比べると現状に満足しておらず、もう一度やり直せるとしたら、博士号を目指すかどうかわからないとしている。(4)

大学院が多くの院生の入学を認め続けてきたことは罪であるか否かを議論するのは難しい。明らかに思われることは、各研究科は志願しようという学生に、最近のすべての修了者の就職状況の要約を含めた正確な就職の見込みを知らせ、彼らが充分に情報を持って入学して来られるようにすべきだということだ。全体的に見て、ほん

(i) 最近の増加にもかかわらず、大学院生における黒人とヒスパニック系の比率は、総人口における比率より依然としてかなり小さい。二〇〇九－一〇年度に博士号を取得した人の中で黒人は六・三％で、ヒスパニック系は五・九％であった。同じ年の学士号取得者に占める比率より少し低い。しかしながら、大学院にいる非白人学生を調査した結果では、大学院において人種差別は見られないという。Stephan Cole and Elinor Barber, *Increasing Faculty Diversity: The Occupational Choices of High-Achieving Minority Students* (2003), pp.138, 234 を参照。

のわずかな大学院しかそのような情報を提供していない。

大学院の在籍者数を議論する際、尋ねるべきは院生数が増加しているか減少しているかではなく、院生の質が上がっているか下がっているかということである。アメリカ人教員についての包括的調査で、シュスターとフィンケルスタインは、この疑問に関する膨大なデータを集めた[5]。彼らが用いた一つの指標が、ファイ・ベータ・カッパ［優秀な大学で成績優秀者が入ることができる団体］のメンバーが大学教員になることを選ぶ比率である。傾向は上下があるが、一九四五年から七〇年までは二〇%を超えていて、一九七〇年代には七・九%にまで低下するが、その後再び上昇して一九八〇年代には一七・七%となり、一九九〇年代に再び一三%にまで低下した。全体としては減少傾向だが、変動が激しく確かな結論を導くことはできない。

より明確な答えを探すため、シュスターとフィンケルスタインは、大学院生の質が研究の将来にとって重要な、有力大学院研究科の長を対象にした大規模なアンケートを行った。ほとんどすべての分野で、研究科長は二〇〇〇年の大学院生の質は一九八三－八七年よりも高いと答えた。驚くべきことに、回答によれば質の向上は、就職状況が最も悪い人文学の分野で最も顕著であった。物理科学については前回の同様の調査よりも少し評価が厳しくなっているが、それでも質の向上は否定より肯定が多かった。全体として、データによれば、大学での就職の見込みは良くないのにもかかわらず、重大な質の低下は示されなかった。

しかしながら、これらの望ましい評価の中でも、懸念材料はある。国家の成長と繁栄に大きな影響を及ぼす自然科学の分野に潜在的な問題の兆候がある。一九六六年以来、大学一年生で将来科学の研究者になりたいという人の比率は半分になってしまった（ただ、一九八〇年以降、二%を少し下回る数値であり、もともと低いのだが）[6]。さらに、一年生のときに自然科学専攻をめざしていた学生の四〇%程度が大学在学中に異なる専攻に変わってしまい、逆に他の専攻希望から自然科学に移ってくる学生はほとんどいない。二〇一〇年までに、少なくとも二六のヨーロッパとアジアの先進国が自然科学と工学で学士号を取得する学生の比率でアメリカを上回っている[7]。

こうした傾向のため、いくつかの有力な審議会は、アメリカが将来のニーズを満たすだけの科学技術者を供給できないリスクを抱えていると結論している。[8] 企業幹部、政府の担当者、そして科学者自身も、切迫した不足と、その結果として経済にもたらされる危険性に警鐘を鳴らしている。しばしば指摘される要因の一つが、公立高校に数学や理科の優れた教師が少なく、内容が古く不充分な教科書が使われているということである。しかし、新入生のときには科学を専攻したかった学生が他分野に移ってしまうという現象については、大学の科学の学科も責任を感じるべきである。教え方が悪いことが、学部生が専攻を変える理由で最も多いものである。[9]

さらに詳細な分析によれば、アメリカは科学を学んだ多くの学部卒業生を必要としているが科学研究者の不足が膨れ上がっている、という主張は誤解を招く。[10] 事実、科学と工学分野での博士号取得者の市場では不足の証は見られない。事態は逆である。毎年、求人の三倍の博士が市場に供給されている。科学での博士の初任給は、供給が需要に遅れているのならば上昇するはずだが、そうなっていない。代わりに、若手の科学・技術者の給与は、医師、弁護士、MBA取得者に比べてますます低くなっている。さらに、科学・技術者の失業率は、最近の不況の前からほとんどの分野で上昇傾向にある。科学の博士が少なすぎる場合に起こることとまったく逆である。

科学にとっての本当の危険は、研究をする科学者や技術者の不足が大きくなることではなく、これらの分野の新人研究者の就職状況が悪いことである。大学での仕事を望んでいた若い研究者が安い給与のポスドクの地位〔博士号取得後の研究職だが、主任研究者の研究室に属しており、独立した研究者の職位ではない〕に甘んじなければならないだけでなく、本来、一時的な修行期間のはずのポスドクでいる時間がどんどん長くなっていて、大学の若手教員のポジションを狙って業績は増えていくが希望をかなえられない。[ii] 夢をかなえられるのは結局、四分の一だけである。一方、ポスドクの待遇はせいぜい「中程度」というのが精一杯である。年収は二万五〇〇〇ドルから五万ドルでかなり幅がある。三〇大学を対象とした調査では、五二％の大学しか有給休暇がなく、四五％しか〔給与が差し引かれない〕病気による欠勤が認められていなかった。[11]

科学者、技術者の過剰は、いくつかの方面にとっては朗報である。企業は充分に訓練を受けた人材を安く雇用できる。有力な大学の教員は、安い給与で優秀な人材を集めてリサーチチームを編成することができる。しかし、現状は科学の将来に好ましいと論じることはできない。大学に就職できた少数の幸運な人でさえ、研究室を立ち上げるのは難しい。一九八〇年から二〇〇一年で、国立衛生研究所（National Institutes of Health）からの研究資金で三五歳未満の研究者に配分される金額の比率は二三％から四％に減少した。この問題を解決しようという繰り返しの努力にもかかわらず、科学者が最終的に研究資金を受け取り自分自身のプロジェクトを開始できる平均年齢は四〇歳を超えており、好ましくない事態が続いている。今日の一流の研究者は、主要業績を若いときに上げている。全米科学アカデミー（National Academy of Science）の会長講演で、アルバーツ（Bruce Alberts）会長は「私の同僚の世代の多くは三〇歳前に独立して研究資金を受けていた。今日、三五歳前に独立した科学者になることはほとんど不可能である」(12)と述べている。

科学を専攻していて一流大学院の博士課程に進む能力のある若い大学四年生にとって、これらの見込みは受け入れ難いものがある。結果として、科学と工学を専攻している学部生の約三〇％のみがその分野の大学院に進学し、二五年前に比べればかなり低下した(13)。一九七〇年から二〇〇五年までに、博士号を取得するアメリカ市民は工学では二三％、物理科学では四四％、数学では五〇％、それぞれ低下した(14)。減少傾向は、最も優秀な学生が行くとされる科学、工学の分野にも広がっている(15)。学部卒業生の中には大学院に行かず企業に就職する者もいる。中には科学を完全に離れ、専門職大学院に入ったり、科学の訓練を受けたことが役に立つ科学以外の仕事に就く者もいる。あらゆる点から考えて、もし科学と工学の博士課程に進学する有能な学生が少なすぎるのならば、その主たる責任は教育システムではなく、長期的に魅力的な仕事が少ないことにある(iii)。

今日まで、優秀な若いアメリカ人が科学で学位を取りたがらないという問題は、海外からアメリカで学位を取りたいという多くの学生が来てくれたことで相殺されてきた。一九七七年から二〇〇八年で、科学と工学の博士号取得者における外国人の比率は一九・三％から四六・七％に増加した(16)。卒業後、これらの大多数はアメリカで、短期間のこともあるが、働いてくれる。結果として、アメリカの科学者、技術者における移民の割合は、一九六〇年の七％から今日の二五％にまで上昇した(17)。この傾向のおかげで、科学・工学でのアメリカ人大学院生の減少はすぐには脅威にはならないが、諸外国、とくに急速に発展しているインドや中国が大学院教育や科学者の雇用を向上させている。これらの国の学生はアメリカでの訓練をめざさなくなるかもしれない。現在アメリカで働いている科学者も帰国するかもしれない。しかしながら、現在はそのような傾向の兆候はほとんどない。どちらかといえば、外国人の博士号取得者でアメリカに残って働きたい人の比率は増加しているようである(18)。

大学院教育の現状

われわれの大学院教育の状況は、何を観察するかによって異なる。一つの見方としては、アメリカの高等教育は国の宝であり、世界中から才能ある学生を集めている。何年にもわたって、何万人もの博士課程の学生が修了し科学や学問の道に入り成功している。実際、一九九七年から二〇〇九年の間で、科学と経済学のノーベル賞受賞者の半分以上はアメリカで大学院教育を受けている。

（ii）一九七三年、生物学の博士号取得者の五五％が六年以内にテニュア審査対象の教員になることができ、二％のみがポスドクかテニュア審査対象でない教員になった。二〇〇六年、六年以内で一五％のみがテニュア審査対象の教員に、一八％がテニュア審査対象でない教員となった。David Cyranoski, Natasha Gilbert, Heidi Ledford, Anjali Nayar, and Mohammed Yahia, "The PhD Factory: The World Is Producing More PhDs Than Ever Before: Is It Time to Stop?," 472 *Nature*（April 21, 2011）, pp.276, 277を参照。

（iii）労働市場全体の需要と供給の問題とは別に、優秀な学生が科学や工学の博士号をアメリカで取得しようと思わないことにはさまざまな理由がある。留学生に対するアメリカ入国の審査の遅れと拒絶は、優秀な若い外国人がアメリカの大学院で勉強することを妨げる。工学の博士号の二〇％のみが女性によって取得されているが、全大学院生の五七％が女性であることを考えれば低い比率である。教員のアドバイスが不充分など、本章の中退率の節で述べるようなさまざまな理由で、きわめて有望な学生が博士課程を中退している。

しかしながら、もし大学院プログラムが実際にどのように運営されているかを調べるのならば、学士号よりも上位の学位を出す大学のプログラムの中で［専門職大学院と比べて］、大学院は最も貧弱に設計され拙く管理されている。もちろん、これはきわめて広い一般化である。いくつかの研究科は、疑いなくそのような批判と関係ない優れた教育を行っている。しかし、この一般化は最良の大学も含めて多くの大学院プログラムに当てはまる。なぜそうなのか、それを改善するには何ができるのかが本章で取り上げる質問である。

大学院教育の抱える問題の多くは長い歴史を持つ。三つの点がとくに深刻なようだ。学生が博士号を取得するまでの時間が長くなっていること、多くの院生が博士号を取得できずに退学していること、そして博士課程プログラムが院生に大学の教員となる準備をさせるという責務を果たしていないことである。

博士号までの長い時間

博士課程修了というのは、速く簡単なプロセスでは決してない。大学院教育の歴史を通して、ほとんどの学生は博士号を取るのに少なくとも四、五年かかる。たとえば中東文明といったユニークな分野で、院生がアッカド語やヒッタイト語などのきわめて難しい言語を習得しなければならない場合には、もっと長くかかる。しかしながら、過去二〇年から三〇年、博士号取得にかかる年数は、とくに自然科学以外の分野をはじめとする多くの分野で徐々に長くなっている。社会科学では、三〇%近くが七年近くかかる。人文学では、四〇%近くがそうだ。そのように勉学期間が長くなることは、費用がかさむことを意味する。学生にとっては働かないことの機会費用であり、大学にとっては学生を修了させるために費やす資金やサービスが積み重なることである。

多くの研究科は修了までの年数を短くすることが可能である。しかしながら、関係する教員がいかにそれを行うかは明らかでない。学科によっては、多くの院生を抱えることは、彼らがティーチング・アシスタントとして採点してくれたり、教員が学部生のケアをする負担を軽減してくれるので、必要なのである。研究科は大学院生の担当学部授業を増やし、その結果、修了が遅くなる。しかし、その他の博士課程在籍者は、単に適切な論文テーマがなかなか見つからなかったり、書き始めても思うように適切な結論に達しないので、修了に時間がかかっている。

教員の中には、今日の厳しい就職状況では、大学院生は時間をかけて博士号を取り、その間に論文などの業績を貯めた方が良いと言う人もいる。しかし、この意見には疑問もある。院生の能力、学んだ研究科や大学の質などを一定としても、博士号取得に七年より長くかける人は、取得後三年以内にテニュア審査対象の大学教員になれる確率が小さくなる。[19] さらに、そのような院生は七年以内に博士号を取得した人よりも、論文発表が少ない。[20] これらを考慮すると、研究科は院生に、学位取得に七年を超えた期間をかけることを安易に勧めるべきでなく、むしろ七年以内に修了させ論文発表もするよう促すべきである。

問題は、それをどうやって実行するかである。研究科は望ましい修了年数を明言することができる。大学は、もしできるのならば、奨学金を充分に出して、少なくとも一年は院生がアシスタントなどせずに勉学に専念できるようにすべきである。こうした手段は助けにはなるが、しかし問題の根本的解決とはならない。

多くの院生は、博士論文作成で泥沼にはまってしまう。それは、彼らが当初のテーマに関心がなくなったり、執筆を難しく感じて初志貫徹できず、他の研究テーマに移ったりするためである。もちろん、理屈の上では研究科は遅い院生には厳しく指導し、特別な理由がない限り在学延長を認めないことが可能だ。しかし、実際にはほとんどの研究科は、そのような方針を採ることができない。その理由は明らかだ。一旦、院生が六年から八年を博士号取得のために費やし、修了しそうな可能性があれば、在学延長を拒否するのは難しい。結果として、適切な期間での修了を促す手段を検討することは望ましいが、とくに人文学や社会科学の研究科では、「全員」というのが無理ならば「ほとんどの院生」でもよいが、定められた年数で修了させるようになる可能性は低い。

研究科が実行できる最後の可能性は、博士論文の必須条件を見直し、長さや対象範囲についてこれまで求めすぎていたのではないかと検討することである。「博士論文徐行」と呼ばれる博士論文の遅い進捗が、修了に時間のかかる理由である。しかし、底に横たわる問題はかなり大きく、修正が難しい。そっけない言い方だが、博士課程、少なくとも人文学や社会科学の博士課程は、不幸にもこれまで想定されてきた院生の就職先とまっすぐつながって設計されている。すなわち、博士課程は、研究大学の教員になるための準備をする場所として構成されている。難しいことに、ほんのわずかしかそのような大学で長期的な地位を得ることはできない。残りの人は、博士課程で学ぶこととはまったく関係のない仕事のための準備をさせられることになる。

自然科学では、多くの院生は、教員にならなければ企業の研究所や政府機関に勤務し、そこで博士号取得までのプロセスで身につけた研究スキルを使うことができる。しかしながら、多くの社会科学の研究科の場合、多くの博士号取得者は学問研究をほとんどか、まったく必要としない仕事に就く。人文学ではより一層その傾向が強い。研究を重視しない大学で教える人もいる。非常勤やテニュア審査対象でない任期付き教員となり、論文発表は期待されないかもしれない。その他の人も、さまざまな仕事に就く。長い論文を書いた経験は価値がないわけではないが、それにしても博士論文は、その本質的な有益性に値する以上の長い時間を必要とする。

不幸なことに、問題を述べることの方が実行可能な解決策を考えるよりはずっとやさしい。もし大学院がもっと少ない学生しか受け入れなければ、彼らが望んでいるテニュア審査対象の教員以外の仕事に就く人の数は減るだろう。にもかかわらず、各大学院が受け入れる院生の数を独自に決めている以上、このアイディアは採用されないであろう。もしレベルの低い大学院が閉鎖してくれればもっとありがたいのだが、このような劇的なことは可能性の範囲外である。

もう一つの方法が、長い博士論文を書かず教育法の習得を重視する、大学院教育学という学位を設けることである。その学位は、研究が期待されない、または少なくとも重視されない大学で教えるのに最適である。この解決策の問題点は、多くの院生はそのようなポジションに就くかどうか事前にはわからず、そのような学位があっても取ろうとしないかもしれないことである。事実、かつて非営利財団の支援でそのような学位を試行したことがあったが、「大学院教育学博士」は二流だと見下され、人気が出ず広まらなかった。

したがって、現状では多くの分野の大学院は、博士号取得者が最終的に就く仕事の多くに適合しない教育を課している。最も実行可能な是正策は、研究科がこれまでずっと上昇傾向にあった博士論文が求めるレベルを緩和して、短い時間で博士号を取得できるようにすることである。教員の中には、このような穏やかな改革でも、将来の学者の水準が下がることを恐れて反対する人もいる。しかし厳しい水準は、書物のように分厚い博士論文を書かなくても、院生の研究を評価するときに適用できる。加えて、テニュア審査対象の教員になった学者に、テニュアを取得する前の審査で厳しい基準を適用すれば学者の質は維持できる。

博士号までの時間を短くする別の方法もある。丸五年で博士号を取得できるプログラムを作ろうとしているスタンフォード大学のような試みが成功し、他大学も追随してくれることを期待しなくてはならない。そのような試みは、大学院の教育と就職先でのニーズの不適合の問題は解決しないだろうが、少なくとも院生が現在、彼らの多くにとって不必要なことになる勉学に費やす年月を節約することはできる。

中退率の問題

私がハーバード大学の学長になったころ、ある主要州立大学の博士課程についてのレポートを読む機会があった。私は博士課程の修了率が、自然科学分野での七〇%以上から言語や文学分野での二〇%足らずまで、大きな差があることに驚かされた。これらの数字を懸念して、私はハーバード大学の社会科学と人文学の研究科に修了率を尋ね始めた。われわれの研究科の数字は私が読んだ州立大学のよりは良かったので安心したのだが、公表された数値を詳しく調べてみると、それらは過大評価だということがわかった。明らかにわれわれの教員は、深刻な問題が存在していることに気がついてもいなかったのである。

その後、全米の状況は改善されたが、問題が解決されたと述べるには充分でない。Graduate School Council の二〇〇九年の大規模なサンプルを調査したレポートによると、一九九八‐九九年度に大学院に入った学生のうち、一〇年以内に修了したのはわずか五七%であった。[21] 修了率は平均で人文学で四九%、物理科学と数学で五五%、社会科学で五六%、生命科学で六三%、工学で六四%（ほぼ三分の二が海外から来ている）であった。最高水準の大学院でさえ、自然科学以外の大学院生の多くは途中で挫折している。

中退率は大学内の研究科間で異なるし、大学間でも異なる。二つの大学の一〇の研究科の調査では、一つの大学での中退率は研究科間で一九%から八二%までばらつきがある。ある大学の全体の平均は六八%で、別の大学(三二%)の二倍以上であった(22)。そのような大きなばらつきは例外的ではない。一〇の主要大学の大学院の調査で、ボーエンとルデンスタイン(Neil Rudenstine)は、ある大学の中退率は他の大学の二倍であったことを明らかにした(23)。

これらの中退率は、入学者の九〇%が修了する、主要大学の専門職大学院よりもかなり高い。これらの専門職大学院では中退率が五〇%を超したら大事件である。同じ大学でも大学院は専門職大学院に比べてきわめて高い中退率を平然と受け入れ、毎年、数千ドルの奨学金と院生の時間が無駄になっている(iv)。

大学院生を教える教員がなぜ高い中退率を許容してきたかというと、問題の深刻さをほとんど誰も認識していなかったからだ。私が研究科長から得たデータは特異なものではなかった。いくつかの調査によれば、教員は自分たちの研究科の中退率を実際の半分と見積もっている(24)。その理由の一つは、中退の四〇%は典型的には大学院の一年目と二年目に起こるからである。その時期には院生は主に授業を受けているだけなので、研究科の教員が彼らのトラブルに気づくことはない。

高い中退率が維持されるもう一つの理由は、研究科によっては教員が事前にどの学生が才能があるかわからないので、最終的にある程度の数の優秀な研究者を輩出するには、多くの院生を受け入れて、中でふるいにかけるのが賢明な方法だと考えているからである。そのようなやり方にはきわめて大きな疑問がある。それは学生の人生を無駄にしている。とくに人文学では、中退者は最終的に大学院を去るまでにかなりの年月を費やしている。加えて、大学院の新入生は大学(または政府)から寛大な奨学金を受けているので、中退することはそれが無駄になったことになる。おそらく、研究科ができることは、一年目、二年目で慎重に各院生が博士号取得の見込みがありそうか否かを評価して、無理そうな院生には早めに退学してもらうことであろう。しかし、中退の半数以上は三年目以降に起こっているので、このような研究科の努力も効果的とは言えない。研究科が、初期段階の院生の厳密な評価を行ったり、院生が研究科に勧められて退学するというケースはほとんど報告されていない。教員が高い中退率を指摘されたとき、彼らは疑問のある説明をする。ある調査では、教員は学生のせいにしていた。(25)学生が学者として成功する能力に欠けていた、努力が足りなかった、学者人生を送る覚悟ができていなかった、そもそも最初から大学院に進学すべきでなかった、などである。しかし、中退した院生の成績は残った院生と少なくとも同じレベルなので、この説明は説得力がない。(26)

大学院を中退した学生への聞き取り調査では、教員側とは異なった理由が明らかになる。もちろん、中には個人的な理由があったり、続ける意欲が足りない人もいる。しかし多くは、彼らが大学院を受けようか迷っているときに受けたアドバイスと情報の不充分さをあげている。(v)他の院生は、入学後にほったらかしにされ、疎外感を受け、存在感がないように感じている。大学院進学前のアドバイスと並んで、進学後のアドバイスが不充分なことも高い中退率の主要因である。ある調査によれば、「院生と指導教員との関係が、院生がやめるか留まるか

(iv) 大学院と専門職大学院とを比べるのは公平でないと主張する人もいる。ロースクールやビジネススクールでは、これらの分野で働きたくないと決めた学生も、修了するまで一年から一年半ならば我慢して目的を貫くのは価値があると合理的に考える。一方、大学院生は博士号取得をめざして何年も頑張るよりは、理解できることだが、中退してしまう。この議論はロースクールやビジネススクールには当てはまるが、「やはり修了までに四年ほどかかる」メディカルスクールに入った院生の九六%が一〇年以内に修了していることを説明してはいない。また、授業料が年間五万ドルを超えるロースクールの高い修了率に対しても、もっともらしい説明とはならない。

(v) 大学院生を対象とした広範な調査によれば、「院生は博士課程に入るときに、博士号取得までにかかる時間と費用、プログラムの明確な目的、勉学が求める粘り強さ、などの情報を充分に得ずに判断している。院生の回答によれば、院生は自分が親しくしていた学部時代の教員に大学院進学を勧められるが、他の選択肢や大学院に進学する理由などをよく考慮していない」。Chris Golde and Timothy M. Dore, *At Cross Purposes: What the Experiences of Today's Graduate Students Reveal about Graduate Education* (2001), pp. 29, 31 を参照。

に関する最も重要な要因である」[27]。

博士課程は修了するのに時間がかかるので、経済的問題も中退の要因と考えられるかもしれないが、そうではないことが明らかになっている。非営利財団が中退率を減らす試みとして、寛大な複数年の奨学金を提供したが、修了率の増加にはほとんど効果がなかった[28]。

［元］院生自身があげた中退の理由は、中退率を下げるために研究科ができることを示唆している。中退した人は入るときにプログラムのことをよく理解していなかったと述べているので、研究科は進学を考えている学生への案内書をもっと工夫すべきである[29]。案内書はプログラムの性格や必須条件、修了までの平均年数、中退率、近年の修了者の就職先などを漏らさず、正確に書いているのであろうか。これらの質問に率直で完全な答えを提供することは、自分の選択がもたらす結末について、ほとんど理解せずに大学院に迷い込んでくる大学四年生を思いとどまらせる助けになろう[vi]。

入学した学生は、博士号を取得するのに通常どれくらいの年数が期待されているのか、毎年、どの程度まで進捗すればよいのかをはっきりしてもらえれば、ずっとうまくいくであろう。このような見通しを与えることは大きな専門職大学院ではよく理解されている。しかし、ピュー慈善財団が行った二七の大学院を対象とした調査では、「修了するのにどれくらいかかるのか、修了できると判断される基準は何か、ということは大学院で非常に混乱している事柄である」ことが明らかになった[30]。たった四五・四％の院生が、修了の要件を知っていると答えた。わずか三〇・九％が修了までどれくらいかかるか理解しているつもりだと答えている。

もう一つの有用な方法が、研究科が中退率を下げようとする誘因を持っているのかどうか、既存の制度を見直すことである。私が報告書を読んで問題の所在を知った、中退率が非常に高い州立大学では、配置される教員数は研究科の抱える院生数に比例していた。これは修了できそうか否かに関係なく院生を受けて入れてしまうので、好ましくないしくみである。研究科の教員数が修了率に依存するようにすれば、研究科も中退率に気を配り、改善しようと何かするであろう。

研究科にとって適切な誘因を作り出すことに加え、大学は入ってきた院生に対するアドバイスをしっかりと行うよう、改善策を取るべきである。ネットルス（Michael Nettles）とミレット（Catherine Millett）は、大学院教育に関する研究報告の中で「指導教員が院生に重要な役割を果たし、指導教員と院生との関係は重大な結果をもたらすことは疑う余地がない」と述べている[31]。大学の幹部は研究科長に、院生が研究科の活動に早い段階から参加できるようにする工夫を促すべきである。いくつかの調査によれば、院生が研究科の活動に参加する機会を持ったならば、最初の二年間での中退率が下がっている[32]。とくに役に立つのが、定期的に教員と院生とが集まって、当該研究分野での重要な話題を議論する機会を持つことである。

もちろん、中退率を下げる理想的な方法は、院生を選ぶよりよい方法を見つけることである。多くの場合、GRE（Graduate Record Examination）の点数と大学の成績は将来の成功を予想する弱い指標にすぎない。学部生のときの専攻学科での順位は、大学院以降の最終的な成功とほとんど関係がない[33]。これらの発見は、志願者を評価する信頼のできる方法を発見するための研究が必要であることを示唆する。しかしながら、大学がこの点で大きな努力をしている形跡はまだない[34]。

これまでの議論が明らかにするように、高い中退率にはさまざまな理由があり、これまでの改善は遅々としていた。しかしながら近年、この問題への懸念が高まっている。散発的ながら、中退率が下がり始めているという

（vi）　学部生に研究に携わる充分な機会を提供することも、学生が科学者や学者として生きることの喜びと苦しみを想像することの助けになる。教員の密接な監督の下で行われる研究プロジェクトは、この効果を持つことが明らかになっている。学部生の中にはこの経験をきっかけに大学院進学を希望するようになった人もいれば、思い直す人もいるであろう。Joyce Kinkead, "Learning through Inquiry: An Overview of Undergraduate Research," *New Directions in Teaching and Learning*, no. 93（Spring 2003）, p.5; Elaine Seymour, Ann-Barrie Hunter, Sandra L. Laursen, and Tracee Deantoni, *Establishing the Benefits of Research Experiences of Undergraduates in the Sciences: First Findings from a Three-Year Study*, http://wiki.biologyscholars.org/@api/deki/files/165/=Seymour_UG_research.pdf を参照。

報告も出ている。[35] もしそうならば、改善がついに始まったのかもしれないが、大学院ができることはすべてやったと確信できるまでには、やるべきことはまだたくさん残っている。

大学院生を大学教員になれるように準備する

博士号を取得するほとんどの院生は、その分野での研究方法については大いに学ぶ。もし親身で熱心な指導教員によって、良心的に指導されてきたのならば、院生は価値のある高い水準の研究をできるようになるだろう。彼らは自分の特定の研究分野では大いに知識を深め、近隣の分野についても理性的な理解を行えるようになる。最近の修了生ならば、彼らは他の研究科のいくつかの授業を受けて知識を広げているかもしれない。今日、教授陣は自分たちの研究に学際的アプローチを用いることに大いに関心を持っていて、多くの大学院プログラムは院生に、研究科の垣根を越えて学びやすくしている。

院生が大学院で得る知識は、向上心あふれる研究者になるためには明らかに価値があり、これを与えるという点では、アメリカの主要研究大学に匹敵するのは、世界にもしあったとしても数えるほどである。しかしながら、大学院が充分に行えていないことは院生への教育法の訓練である。多くのプログラムが院生に対して、有効な教育法、学部生の動機づけ、試験の準備などを学ぶクラスを必修にしていない。さまざまな調査は一貫して、研究大学であろうとリベラルアーツ大学であろうと総合大学であろうと、一週間の教員の勤務時間の中で平均すると教育が他のどの活動よりも多いことを明らかにしているので、大学院で教育法が教えられていないのは残念な結果である。[36] さらに、調査結果によれば、教えることへの関心が、大学四年生が大学院に進学することを決めた理由として圧倒的に多い。四〇〇〇人以上の院生を対象とした調査では、八〇％以上が「教えることの楽しさ」を大学教員をめざすことにした理由としてあげている。[37]

院生には、教員による大規模講義に伴うティーチング・アシスタントとして教育を経験する機会があることは事実である。典型的な仕事として、教授による大教室での講義に関した、小グループの学部生による討論のクラスを指導したり、試験を準備したり、レポートを採点する。そのような活動は明らかに教育スキルを身につけることに役に立つ。しかしながら、ある大規模な調査によれば、これらの役目を果たすにあたり、四〇％の院生しか担当教員から細心の監督を受けたと答えていない[38]。さらに悪いことに、多くの院生は、より重要な仕事である博士論文執筆を妨げないために、教育の仕事にはあまり時間をかけないよう指導教員から言われた、と答えている。実際、ティーチング・アシスタントの多用は、院生に教室で教える経験をさせるためというよりは、教員が教育と採点の負担から逃げたいためである、という疑念もある。

幸い、今日までに、ほとんどの大学には、関心のある院生が講義の仕方や討論グループの運営の仕方などでアドバイスをもらえる教育センターが設置されている。センターは新しいティーチング・アシスタントにオリエンテーションを行い、教員に関心のあるテーマで討論会も開いてくれる。センターではまた、院生の講義がビデオに録られ院生自身が観たり、経験豊かな指導者からアドバイスをもらうこともできる。研究科によって院生のセンターの利用が義務づけられていることは稀であるが、ほぼ三分の二の院生がそのようなセンターにアクセスしたことがあると答えている[39]。半分以上の院生が、その分野での教育法のワークショップやティーチング・アシスタントの職務のこなし方のプログラムに参加できている[40]。

こうしたセンターの設置は重要な改善であり、多くの院生が利用している。しかしながら、センターが提供する支援は、将来の教員が大学教員として身につけておくべきことの一部にすぎない。ほとんどの院生は、教育や学習に関する認知研究の役割、新技術の教育への導入、異なる教育法の有効性に関する実証結果など習ったことがない。さらに少数の院生しか、教員の倫理的義務、学部生教育に関する思想や歴史、大学の組織や統治などを学んでいない。大規模な調査によれば、わずか二九・一％の院生しか研究倫理についてのセミナーがあったと報告していない。高等教育の使命や歴史についてのワークショップがあったと記憶しているのは、六・四％にすぎない[41]。

したがって、いくつかの点で、多くの大学で院生がアクセスできる機会は、大学教員になるための充分な準備をさせてくれるわけではない。この不充分さの影響は以前よりいまの方が重大である。今日の院生が就職するころには、大学は教員中心から学生中心のカリキュラムに移行しつつあるだろう。この新しい世界では、教員は興味深い練習問題を作り、学生が必要ならば適切なヒントを与えることに時間を使い、講義そのものの時間は減るであろう。この環境で教育を行っていくためには、新任教員はティーチング・アシスタント時代の討論クラスでの指導経験を思い出したり、自分を教えてくれた教授の教え方をまねしても成功しない。

認知科学者は学生がいかに学ぶかについて多くの発見をしてきており、それらの多くは教育に適用できる。(42) 学生に意欲を出させるにはどうしたらよいか、学習の妨げになる学生の教員に対する先入観を教員はいかに打破するか、学生が学んだことを他の状況に応用したり移転できるようにするにはどう教えたらよいか、内容を皮相的でなく深く理解させるにはどうしたらよいか、といったことの発見や提言は蓄積されてきている。教育学の研究者もまた、学生が大学でどれくらい成長したかの評価と、異なる教育法の有効性の測定で、多くの成果を上げている。グループ学習と一人での学習の比較、授業と問題解法の効果の比較でも、文字通り多数の研究結果が出ている。一方、コンピュータと関連技術は教員に、学生の学習を向上させる新しい可能性を提供する。多くの院生はコンピュータの使い方には慣れているかもしれないが、オンライン授業の構成の仕方、生放送の場合と録画の場合それぞれでのネット討論の仕方、学生の学習効果が最大になる技術と対人授業の組み合わせの仕方などは、ほとんど何も知らないであろう。

上級学年の院生が教員としての能力にどの程度自信を持っているかについては、データによってまちまちである。ピュー慈善財団の二〇〇一年の調査によれば、三六・一%の院生しか講義の科目を教える準備ができていると答えていない。教育思想を持っていて明確に表現できると答えているのは二六・六%、新しい技術を自分の教室で使う能力があると答えているのは、わずか一四・一%である。(43) 最近のカーネギー財団の調査では、いくつかの研究科の院生は、科目の内容を構成し教えることに自信を持っているが、他の研究科の院生はそれほどでもなかった。(44) もちろん、そのような調査は院生が従前からの方法で教える能力にどれくらい自信を持っているかを尋ねているわけで、学生の学びを促進するための、より効果的な新しい方法をいかに使う能力があるか、ということではない。

最近の博士号取得者が就く傾向のあるポジションを考慮すると、より徹底した準備の必要性は急務である。最も有力な大学の出身であっても、最近の院生は優秀な学部生のいる主要研究大学への就職は期待できない。大学に就職した博士号の新規取得者の四分の一しか何らかの研究大学に就職していない。残りは主として教育だけに従事する大学からの求人に応じたり、研究が期待されていない任期付き教員になる。しばしば、これらの大学の学生は、自分が通った当時のエリート大学の学生や、大学院でティーチング・アシスタントとして教えた学部生とはかなり異なっているので、教育法も異なったものが必要である。第9章で述べたように、超難関大学でも、学生は二〇～三〇年前に比べると、一週間で勉強に費やす時間は少なく授業にも熱心でない。[45] これらの学生に意欲を出させるためには、教員は前の世代の教員に比べて、さまざまな教育法についてより多くを知り、それを使うことができなければならない。院生に対して教育法を充分に教えない大学院は、多くの新しい博士号取得者が、大学で教え始めたら直面する課題に不適切な備えで立ち向かわなければならないことを看過しているのである。

幸い、いくつかの主要大学院では、これらの欠点を改善するために必要な何らかの訓練を導入する試みの兆しが見られる。アメリカ大学院協会（Association of Graduate Schools）に促され、ティーグル（Teagle）財団から財政支援を受けて、スタンフォード大学、コロンビア大学、プリンストン大学などの主要大学で、最新技術の教育への応用、認知科学での発見とその教育への影響といったテーマでプログラムが試みられている。[46] いくつかの大学でも、学部生の学習到達度を評価する方法について大学院生に教える努力がされている。これらの取り組みは好ましいが、散発的で、実験的な努力は限られた数の院生にしか届かない。これらが根づいて大学教員をめざす院生への標準的な履修条件となるかは、時間を経なくてはわからない。

もし進歩が起こるべきだとするのならば、研究科は大学院プログラムを構築する役目を果たしてきたが、教育法を院生に教えるという改革の実行では、主要な責任を担うことは期待できない。ほとんどの研究科の教員は、その訓練を受けていないし知識もない。化学、社会学、文学の教授や学者が、認知科学の最新の進歩や、新しい技術の教室での使用についてよく知っているとは期待できない。必要な教育法関連の授業すべてを提供できるだけのスタッフを擁することは大学院全体でも容易でないのに、各研究科では不可能に近い。研究科も大学院もこの内容をプログラムに導入しない理由として、これは疑いなく重要なものである。もし大学の教員になるために知っておくべきことを院生に教えるべきであるとするならば、個々の研究科でなく学部長や教学部長が、必要な授業を組織して人を配置する作業で指導力を発揮しなければならない。

しかしながら、どの大学がこの責任を担うべきかは、簡単には明らかではない。博士号取得者を養成する大学であろうか、彼らを最初に雇う大学であろうか。この二つのどちらかであるには多くの理由がある。博士号を与える大学、というのは自然な選択である。なぜならば、教育法を教えるというのも大学教員を養成する一部だからである。しかし、博士号取得者の半分しか大学教員にならない。残りは企業の研究室勤務などを選ぶ。大学教員にならない人は、認知科学の応用を学んだり、教員が直面する倫理的問題を議論することを義務づけられることには反対するだろう。

同時に、最終的には大学教員にならない多くの院生も、博士課程で学ぶ間にティーチング・アシスタントを務める。彼らは大学教員になるために知っておかなければならないすべてを学ぶ必要はないかもしれないが、大学が院生は学部生に教える前に教育法のスキルを学んでおくべきだと主張するのは正しいことである。加えて、企業の経営者は採用した博士がコミュニケーション力に問題があるという不満を持っているので、教育法の訓練は大学教員にならない人にも有益となるであろう。

そうであるならば、最善の解決法は、大学がティーチング・アシスタント予定者に、大講義とペアの小グループ討論の運営や試験の問題作成と採点について知っておくべきことを教える、教育・学習センターが提供するプログラムの履修を義務づけることである。一旦、院生が博士号を取得して大学教員のポジションに就いたならば、今度は勤務先の大学が教育法、授業の構成、技術の使用、研究者・教員としての倫理的責任、学部教員の歴史、大学の組織と機能などを学ぶためのコースを受講させる。それらはティーチング・アシスタントに求められる基本的スキルよりはるかに難しく、大学教員としての経歴を開始するのに有用な知識を与えてくれる。

新任教員向けの一年にわたるコースは、これらのテーマを含み、大学全体から選ばれた有能な教員が担当する（新任の非常勤教員にも職務上の義務としてこのコースの一部を受けさせたらよいであろう）。カバーする内容が広いため、コースの授業は、必ずや表面的になりがちである。それでも採用された助教授［Assistant Professor 博士号取得者が最初に就く職階。日本では今日、助教と呼ばれる］は、適切な文献と新しい教育スキルを練習する充分な機会とを与えられたら、あとは自分で詳しく勉強する能力を持っているであろう。もし新任教員が最初の年度にやるべきことが多すぎると感じるのならば、授業負担を減らしてでもこのコースを受講することを優先すべきである。開講科目が減るという短期的コストは、このコースを受けて、教員としての責任を果たす備えをしてもらうことによって将来、償還されるだろう。

これらの方法は現行のやり方からは劇的に離れている。しかし、これらの提案に教員が真剣に反対する根拠は薄弱である。学部長や学長は、ティーチング・アシスタントが学部生の前で教えることを許される前に充分な訓練を受けているべきだと主張する権利を持つ。新任の助教授に着任後に教育に関するコースを取らせるのは微妙なことではあるが、それでも大学には、新しい教員が教育者として、ならびに自治的な大学という組織の知的な構成員としての責任を果たすために適切な資質を持っているかを確認するという正当な権利がある。

もちろん、実際問題として、シニア［テニュア取得済の］教授が時間の無駄と考えたら、そのような改革を始められる見通しは暗い。しかし、新任助教授用コースの設立に関心のある教員が参画の機会を与えられ、または少なくとも相談されていれば、学科内からの反対は小さいだろう。学科は、もし望まないのならば何の責任も担う必要はなく、全学レベルで実施されるコースを補完する形で、当該分野に独特の教育法を教えることは自由である。何よりも現有教員に、このような訓練プログラムの開設に反対できる状況ではないことを納得させなければならない。教員の倫理的責任、学生の学習成果の実証分析結果、新しい技術の教育への応用などなど、教育と学習に関する知識は常に増加を続けている。そうである限り、若い教員に自力でこれらの知識を習得するよう任せるのは非現実的である。

情報が豊富で興味深く、有意義な新任教員向けプログラムを作ることは重要な課題である。もし提供される内容が皮相的で教え方も下手だったら、院生や新任助教授は興味を失い不満を募らせるだろう。シニア教授は暗黙のうちに彼らを支持するようになり、すべての努力が水泡に帰す。

しかしながら、充分に配慮すれば、新しいプログラムを作る人はそのような運命を避けることができる。初めて学部生に教えようという院生は、この新しい挑戦的な課題を成し遂げるために助けになることならば、何でも学ぼうとするであろう。大学教員という仕事の入口に立ったばかりの新任の助教授も、彼らの新しい責任に関して何か情報を提供してもらえるのならば歓迎するであろう。新しい技術の教育での利用や、異なる教育法の有効性に関する文献には取り組み甲斐も意義もあるので、思慮深く設計され注意深く教えられるコースは、院生や新任教員の関心を集めるであろう。

過去の失敗と現在も続く欠点にもかかわらず、教育・学習のプロセス全体を改善し、院生に教員になる備えをさせようという努力がやがて根づき、将来的には勢いを増すと予想する理由がある。すなわち、改革を支持する議論は説得力がある。その目的は教員の深い価値観にかなうものである。いくつかの有望な試みはすでに進行中である。きわめて多くの大学院が存在するということは、いくつかの大学院が真剣に努力をすれば、その成功例を見た他大学も追随することで、大きな変化になっていくということである。

改革の遅いペース

本章での大学院教育の概説は、少なくともなぜアメリカの博士養成が世界の羨望の的であり、にもかかわらず、自らの業界のために向上心あふれる大学教員を養成することには深刻な問題を抱えていることを示した。一方で、その弱点にもかかわらず、アメリカの大学院教育は世界の主要国に比べて、研究者の訓練では優れている。アメリカの多くの教員は院生と、とくに学者や科学者として有望に思われる院生と一緒に研究することに真剣に取り組む。弟子にあたる教員たちが自分の師匠の晩年に記念論文集を編纂することは、指導してくれた教員に対する尊敬と親愛の情を物語っている。さらに、研究者をめざす院生が一人の教員のみから指導を受けるヨーロッパのやり方とは異なり、アメリカの大学院教育は研究科単位で行われ、院生は自分の分野の多様な授業やセミナーを受け、将来の仕事に役立つ広い分野の知識を得ることができる。これらの利点と優れた施設、教授陣によって、アメリカの大学は世界中のきわめて才能豊かな学生が選択する場所になり、諸外国がアメリカに似た科学者・学者の養成システムを導入しようとしていることは疑いようがない。

他方で、アメリカの大学院が院生を大学教員として養成することでは問題があることも同じく明らかである。これについての議論は、大きな変化を生むことなく何年も行われてきた。前述のように、今日の問題の一部は、大学教員の養成に必要とされるものの多くがもはや個々の研究科の専門性ではカバーしきれないことにある。大学院教育の改革で多くのものが得られるのならば、なぜ学長、学部長、その他の大学幹部が必要な変化を始めようとしないのか。改革の必要性についての議論には反論の余地がない。教育の責任を充分に担えるように院生を訓練できていないことが、学部教育の変革が進まない理由であることは疑いない。問題が修正されないのならば、教育の質を向上させる進歩は、もし生じるとしてもゆっくりでしかないだろう。

想像するに、大学の幹部が博士養成の事柄に関わりたがらない理由は、伝統的にこれは各研究科の仕事だったからである。研究大学の学長や学部長はこの伝統から離れることを躊躇する。なぜならば研究大学というのは、教員の力が最も強いからである。介入しようとする試みは教員を怒らせ、議論を沸騰させ、露骨な反対運動や好意的でない報道につながり、厄介な結果になる。

大学の幹部がこれらのリスクを取る切迫した理由はない。多くの博士号取得者を採用するリベラルアーツ・カレッジや総合大学は、採用した人が大学院で学部生を教育する訓練を充分に受けていないと不平を言うが、雇い入れる新しい教員の養成を任せられる他の組織はない。現行の博士養成システムは確立され当然のものと受け入れられているので、院生はめったに不平を言わない。研究大学のシニア教授は大学院教育をコントロールしているが、プログラムの内容を変更しようという切迫した必要性を感じてはいない。もし彼らが大学院教育に何か問題を認識するとすれば、院生が修了するのに時間がかかりすぎることである。この点では、教育法のために必修科目を増やすことは教員の賛成を得にくいだろう。

もちろん、原則としては教員は院生を適切に訓練したいと思っている。しかし多くのシニア教授は、教育というのは教えられるものではないと考えている。彼らは、教育とは経験を通して向上するスキルであり、天賦の才の影響も大きいと思っている。結局のところ、彼らはそう習ってきたのである。九〇%以上の大学教員は、自分は平均以上に教え方が上手だと考えており、自分の教え子の院生が別の方法で教育の訓練を受けなければならないとは思っていない。

この停滞した状況は、研究大学において現在、機能している方法の弱点に再び注目を集めさせる。少なくとも研究大学をはじめ、多くの大学の幹部は教育の方法に介入する役割は限定的にしたいと思っている。管理と資金集めの仕事で忙しいため、教学の責任は各学科に任せようとしているようだ。もちろん、教授陣はこのことを歓迎する。結果として、第3章で述べたように、共同統治はカリキュラムや教育法についてはますます教員の影響力を強めることになったのである。

教育法とカリキュラムに関する判断は最終的には教員の手に委ねられるべきだ、ということを誰も否定することはできない。実際に教育を行っている人が教育ポリシーや必須条件で合意を形成すべきである。なぜならば、決定したそれらを実行するのは彼らだからである。しかし、たとえそうであっても、大学幹部が教育・学習の事案について情報を受け、教員と率直に議論する自由な雰囲気がなければ、システムの中で停滞した状況が続くことになる。この問題は、教員が忙しく、慣れ親しんだ教育法の根本的な変化を真剣に検討する時間を取りたくない研究大学で最も鋭く現れる。しかし、この研究大学でこそ、改善が最も重要である。なぜならば、研究大学の学科は最も注目を集めやすく、まねされることも多く、改革のスピードを速めることもできるからである。

現在では、教育の質を高めようという取り組みは、政府、非営利財団、高等教育の団体、教育学者といった大学の外部から起きている。彼らの声は有用だが、充分とは言えない。財団、団体、教育学者は、大学に実質的な変化を起こす力を持っていない。ただ、資金、情報共有、アイディア提供という点では助けになる。一方、政府は大きな力を持っているが、充分に情報を持っておらず、彼らの介入は大学を変化に向かって説得するよりも、大学からの疑念と抵抗を招く。結果として、院生を大学教員として訓練するといった問題を取り上げ、教員の最善の努力によって克服しなければならない問題が存在していることを、信頼できるデータを示して教員に説得し、また、そのための知識も充分に持っているという点では、大学学長、教学部長、学部長に替わる人物はいないのである。

第Ⅲ部

専門職大学院

序論

アメリカはかなり以前から、ある識者が呼ぶところの「専門家の時代」に入った。知識が量的に増加し複雑さを増すにつれ、普通の市民は税金の還付、持ち家の売却、大学への出願といった日常の手続きでさえ、能力を持った専門家のアドバイスを仰ぐようになった。かつてなら、避けられない老化現象だと冷静に判断されていたことも、今日では疾病とみなされ高度な知識を持った専門家が治療に当たる。

同時に、専門家の仕事もますます要求が高くなり難しくなっている。医師はより多くのことを知っていなければならず、より最新の技術を用いなければならない。法律家は日々変化し、扱いにくくなっている大量の法律、規制、手続きに精通していなければならない。企業の幹部は、しばしば国境を越えて世界中に展開するより大きく複雑な組織を統括しなければならない。

そして、大学にとって専門家の育成は、学生の多くがそれをめざすという点だけでなく、市民がその専門性に依存しているという点でも、重要性が高まっている。専門職大学院は、その役割と学内におけるその存在感、重要性によって、高等教育を考える上で無視できないものになった。しかし、専門職大学院を分析に含めるとジレンマにも直面する。さまざまな職業の準備のための学生教育を行っている学校はたくさんあり、それをすべてカバーすることはできず、ましてや専門職教育を総じて論じることなど不可能である。それゆえに、専門職教育に詳しく取り組んだ本はほとんどない。

この問題を解決するため、次のいくつかの章では、最も強力で影響力もある三つの専門職大学院である、医学のメディカルスクール、法律のロースクール、経営学のビジネススクールに議論を限定する。(i) この選択によっていくつかの重要な分野を除いてしまったことは認めよう。しかし、これから議論する三つの分野での成果と問題点は他の専門職教育にも共通しているので、この限定的な分析は理想的とはいえないまでも、充分に正当化できるものであろう。

議論する三つの専門職大学院は、過去数十年で著しい成長を経験した。一九五一－五二年以来、ビジネススクールの在籍者は五〇倍になり、二〇一〇年には一七万七〇〇〇人が修了した。(1) ロースクール在籍者も同様に増加し、二〇〇九年秋には五万人が入学を許可された。(2) メディカルスクールは開設に費用がかかるので、増加はそれほど急速でなく、医師になりたくても入学できない人がいる。しかし、国立衛生研究所からの潤沢な研究資金によって、メディカルスクール修了の医学博士（M. D.）と分子生物学などの博士（Ph. D.）の両方を取得しようとする人や、ポスドクは著しく増加している。メディケアとメディケイドのおかげで、［大学病院で治療を行う］臨床分野の非常勤教員の数が増えた。そのため、メディカルスクールとその附属病院に属する教員は、学内の他の全分野の合計よりもしばしば多くなっている。

ロースクールとビジネススクールも、メディカルスクールと同様に、研究にも力を注いでいる。研究の質と厳密さを強化するため、専門職大学院は［経済学、心理学など］文理学部の博士号取得者を積極的に採用する。メディカルスクールでも、基礎医学の教員は［メディカルスクール修了ではなく分子生物学などでの］博士号（Ph. D.）取得者が多い。主要ビジネススクールでは自校の博士課程修了者を大量に採用するのでなく、社会科学の博士号取得者を採用しようとする。ロースクールは例外的で、いまでもロースクールで訓練を受けた人が教員になる。それでも教員の中には、法律だけでなく他の社会科学分野で博士号を取ってから教壇に立つ人が増えてきた。

いまでは、専門職大学院の教員は文理学部の教員と質・量ともに互角以上である。主要大学では、最も著名な生物学系の教員は文理学部でなくメディカルスクールか附属病院にいる場合がある。過去五〇年で、ビジネススクールは研究能力を向上させ、ノーベル賞受賞者も輩出している。もはや専門職大学院の教員が応用実務家として学内で見下されることはない。

学生の質も、少なくとも著名な専門職大学院では目覚ましく向上した。いま、アメリカでは、優秀で意欲的な四年生の次のステップは、専門職大学院に入って医学、法律、経営学の修士号を取得することである。結果として、専門職大学院は学部時代の成績が優秀で、テスト〔各専門職大学院入試用の統一試験〕の点数も高い学生を集めている。

三つの専門職大学院とも、過去数十年で学生は多様化した。一九五〇年代と六〇年代では、修了者のほとんどは白人男性だった。今日、メディカルスクールの学生の半分近く、ロースクールの少なくとも四〇%、ビジネススクールの三分の一以上が女性である。(3) もっとも、非白人の数はずっと少ない。黒人は一九七一―七二年にメディカルスクールの修了者の二・四%、二〇〇七～〇八年では六・九%であった。(4) ロースクールでは、二〇〇八年の学生の七・三%である。(5) ビジネススクールはさらに後れていて、黒人、ヒスパニック系、先住民を合わせても主要ビジネススクールの在籍者の一〇%に満たない。(6)

また、出身所得階層でも多様化に逆行している。ロースクールとメディカルスクールの驚くべき事実は、低所得者層出身の学生がほとんどいないことである。(7) 修了まで時間がかかり、費用もかかるので、メディカルスクールの修了者は平均で一五万ドル以上の負債を抱えている。学部を卒業するときにすでに相当の負債を抱えている

(i) 読者の中には、ビジネスは厳密な意味では専門職ではないという意見もあるかもしれない。しかし、ビジネススクールは要求の高い職業のための特定の知識と準備を学生に与え、またこの分野には厳密な学問的研究に取り組む多くの優秀な教員がいるので、含むこととした。

中所得者層出身の学生にとって、メディカルスクール進学には大きな壁があることがわかる。負債が増えていくので、所得分布で下位二〇％出身の学生はメディカルスクールにはほとんどおらず、最高でも五・五％を超えたことはない。対照的に、二〇〇五年には五五％が上位二〇％の出身者であった。この問題を奨学金で解決できるほど財政が豊かなメディカルスクールはほとんどない。豊かなメディカルスクールも奨学金に関しては、困窮度よりも成績を基準に支給している。

ロースクールも同様の問題に直面している。(8) 一九八〇年代末から、エリート校だけでなく全体的に授業料が急速に増加した。一九八七年から二〇〇九年の間に、州立ロースクールの州内者〔州内居住者は本人か親が納税しているので授業料が安い〕の年間授業料は、平均で二三九八ドルから一万八四七二ドルに上昇した。私立ロースクールでも、平均で八九一一ドルから三万五七四三ドルに劇的に増加した。一流校または大都市校では五万ドルを超え、アイビーリーグ校の学部よりも高くなっている。(ii)

ロースクールの費用を払うため、ほぼ九〇％の学生が借金をしている。高い授業料のため、修了者一人当たりの平均で州立ロースクールでは七万ドル、私立では一〇万ドルの負債がある。そのような多額の負債も、エリート・ロースクールの修了者には問題ではない。彼らのほとんどは、弁護士としての初任給が年額一五万ドルを超えるような大規模な法律事務所に就職できるからである。しかしながら、上位二〇校以外のロースクール修了者では、一〇％程度しかそのような法律事務所に就職できず、多くの修了者はどんな仕事でも見つけるのが難しい。多くのロースクール修了者の負債はとても大きいので、法律関係に就職できたとしても、収入に対する返済額は、ファイナンシャル・アドバイザーが推奨する上限を上回ったものになっている。

授業料の高騰は、自分であまりお金を持っていなかったり、低所得者層出身であったりする学生がロースクールに進学することを難しくする。上位一〇校のロースクールで、五七％の学生の親は所得が上位一〇％の階層である。下から一〇〇校のロースクールでも、二七％の学生の親が所得で上位一〇％である。さまざまな要因が考えられるが、多額の負債と不確実な就職状況が、もし負債を抱えたら親に頼るわけにいかないとして進学希望の学生を断念させている。

ビジネススクールは過大な負債の問題をおおよそ回避してきた。修了するのに二年間しか要さないし、入学一年後の夏休みに好条件のアルバイトができる。高給な仕事に就けそうもない学生というのは、それほどランクの高くないビジネススクールに行っていることが多いが、そのような学校の中には認証評価を気にしないところもあり、基準をクリアすることにコストをかけていないので授業料も安い。結果として、ロースクールやメディカルスクールに比べると、ビジネススクールは低所得者層や中所得者層からアクセスしやすい。

これら三つの専門職大学院のカリキュラムは、おのずから大きく異なっている。しかしながら、学生を実務のために訓練するという責務は共通している。その職務の精神――仕事上生じる典型的な問題を分析する独特の思考方法――を教え込むことが第一の、そして最も重要な責務である。メディカルスクールならば、「臨床での知的対応」、ロースクールならば「弁護士的思考」、ビジネススクールならば「経営管理者的視点」である。

（ii）ロースクールの授業料の上昇にはいくつかの理由があり、その一部は正当化できる。ロースクールを出たての弁護士は実務的ノウハウに欠けるという法曹界からの批判に応え、ロースクールは教員を増やして基礎的スキルや法務実務の実習を監督するようになった。法律事務所が給与を大きく上昇させたので、ロースクールも高い給与を出さないと優秀な人材が教員になってくれない。州立のロースクールでは州政府からの予算が削られているので、授業料を上げざるを得ない。

他の理由は授業料値上げの理由としては正当化しにくい。*U.S. News & World Report* 誌のランキングを上げる激しい競争の中で、ロースクールは著名な学者を高給でスカウトしなければならない。さらに、学校としての研究業績をあげるために、教員の教育負担を減らすので、授業担当のために多くの教員を雇わざるを得ない。入学してくる学生の質の向上もランキングには重要なので、優秀な学生を集めるために、成績基準での奨学金を出さなくてはならない。

最後に、ロースクール教員とアメリカ法曹協会が共同で行う、ロースクールの認証評価の基準も低コストでの教育を行いにくい一因になっている。三年修了が基本で、二年間での修了は認められない。一定規模の図書館の維持やテニュア取得済み教員を主体にすべきという基準もコスト増加をもたらす。ロースクールのコストについての詳細は Brian Z. Tamanaha, *Failing Law Schools*（2012）を参照。

これらの知的な対応は、基本的知識と専門分野における原理の習得を必要とする。しかし、それ以上に求められるものは、専門家が日々直面する実践的な問題について、注意深く正確に推論する本能的能力である。その精神力を鍛えることは骨が折れて疲れ果てるプロセスである。Scott Turow による *One L* や、Charles Le Baron による *Gentle Vengeance* など専門職大学院に関する元学生の著作が、架空の地イサカ〔神話に登場するギリシャ西方の島〕をめざしての苦しい試験と苦行の連続の末、どこにたどりついたか、その道中で自分がどう変化したかもわからずに目的地には到着するという個人的な叙事詩のようにみえるのは、専門職大学院の教育を考えれば偶然ではない(9)。

専門職大学院の第二の責務は、学生に現場で必要な特殊な知識を習得させることである。各校の教員は、日々変化しまた増えていく、実際の専門家が知っておくべきで現場でも使う関連情報に精通していなければならない。政府と民間からの寛大な資金投資の結果として、医学に関する科学知識体系は第二次大戦後に大きく拡大した。加えて、メディカルスクールの教員は保健政策がもたらす医療サービスへのアクセスやコスト面での効果とともに、環境や個人のライフスタイルがもたらす健康への影響も知っていなければならない。ロースクールの教員も同様に、新しい法律、規制、判決があふれているので、教育・研究のためにそれらに後れを取らないようにしなければならない。ビジネススクールの教員も新しい製品・製法、国内外の新しい市場、ビジネスに影響する新しい法律や政策にあふれ、日々変化しより複雑になる環境を学生に熟知させなければならない。修了までの期間は限られているので、学生がどの知識を最も知っておく必要があるか、その知識の教育を限られた授業時間にどう組み込んでいくか、という挑戦に教員は立ち向かっている。

これら三つの専門職大学院の第三の責務は、学生に現場で使うスキルを習得させることである。患者から採血したり、顧客に準備書面〔裁判の法律上の要点を書いた書類〕を書いたり、新企業のために事業計画を立てたりするスキルである。この責務を果たすために、教員はどのスキルは教えておくべきで、どれは仕事を始めてから実地で覚えればよいものか、選別に取り組まなければならない。スキルを教えることを引き受けたとしても、教員は教室での座学という通常の方法ではうまく教えられないかもしれない。マニュアルを読んだだけでは誰も運転を覚えられないし、試合の詳細を解説してもらっても野球の選手になれるわけではない。むしろ、学生は単に見たり聞いたりするのでなく、実践の中でスキルを身につける。学生が必要な専門スキルを身につけることを助けるために、三つの専門職大学院はそれぞれの方法で対応し、それぞれの成功を収めている。

最後に、すべての専門職大学院は、学生にその分野での専門家が職務上持たなければならない責任と倫理基準を教え込まなければならない。これらの責任と倫理基準を持っているから、専門職は他の職業とは違うものになっているのであり、社会からの信頼を得て、素人が専門家からアドバイスを求めるのである。結果として、アメリカ法曹協会（American Bar Association）やアメリカ医師会（American Medical Association）は、傑出した経営者と同様、社会に貢献し信頼を得るために専門職の責任と倫理観の重要性を強調する。しかし、これらの価値観を教え込むのは、教員が直面する最も困難な挑戦の一つである。専門職の責任、倫理基準、それに付随する社会的義務を定義して、これらの責務が患者、顧客、株主の利益よりも優先されるべきなのはどのような場合かを判断することは、それ自体難しい知的な課題であろう。顧客の要望や上司からの圧力に屈せずに、これらの義務を尊重する強い人格の形成を手助けすることも難しい挑戦である。これら三つの専門職大学院がこのゴールの達成に苦労していることは、不思議ではない。

共通の責務を果たすときに、各専門職大学院の教員は彼らの専門職での実際のニーズと、彼らが属する学問コミュニティでの価値観や基準とのバランスを取らなければならない。優れた専門職大学院は、即戦力となる実務ばかりを教える専門学校とは一線を画している。同時に、彼らが超然として学問的関心に走ってしまえば、学生にも専門職にも貢献できない。この両極端の適切なバランスを見つけることは簡単ではない。最も進みやすいのは、どちらか一方に寄り添った道である。したがって、どんなときでも、専門職大学院は学界からの批判か、専門職コミュニティからの批判のどちらかを聞いて、進む道を急に反転させてしまうこともありうる。

上述したすべての挑戦と責務は、メディカルスクール、ロースクール、ビジネススクールに共通である。それぞれの教員はそれぞれ対応をしている。違いは専門職の持つ特質によるものである。他の差異は学校組織と資源の差による。しかしながら、ある専門職大学院が分野の異なる専門職大学院のやり方を導入して成功することもある。この理由のゆえに、第Ⅲ部の小括では、同じ挑戦に対する専門職大学院のさまざまな対応を比較して、あるところはなぜ成功し他より先に進めたのか、ということを考察する。

第12章　メディカルスクール

医師の教育は素晴らしい仕事である。メディカルスクールは大学を出たばかりの聡明な若い男女を受け入れ、一定の期間で心臓外科手術や人工膝手術、診断と適切な処方のための精巧な技術を使いこなせる専門家に育て上げる。専門知識を習得するのは簡単ではない。他の専門職以上に医師の訓練では、学生は生死に直面し、死体を解剖したり、ほとんどの人が嫌がることも経験する。しばしば訓練プロセスは長時間を要し重労働である。成功するために、彼らは将来、経験する苦悩・苦痛に対して鋼のように強くなる。医師がメディカルスクール時代の思い出を書くとき、学ばなければならないことを苦労して勉強した思い出だけでなく、当時の訓練が性格、価値観、人生観に与えた影響を書いていることは不思議ではない(1)。

医師になるのは、常にこのようにつらく苦しいプロセスを生き延びるといった厳しいものではなかった。ジェームズ（William James）が一世紀半前にハーバード・メディカルスクールに入ったとき、勉学はまったく異なっていた。

学生は二学期在籍すればよく、いくつかの授業を受け、何回か病院を訪問して短い卒業論文を書けばよかった。すべてを一年で終わらせることが可能だった。学生が二学期を終えたら、短い論文を書き、三〇ドルを払い、試験を一つだけ受けた。試験も短く、口頭で九科目をカバーした。学生はそのうち五科目を合格すれば医学博士の学位を取得でき、医師免許を与えられた。［九分野のうち五つだけ受かれば良いので］新米医師は医学がカバーするおよそ半分の分野では知識がなくても開業できた。(2)

当時から一五〇年がたって、訓練はもっと時間をかける、中身の濃いものになった。人体のしくみと、それを苦しめる疾病に関する多くの知識が蓄積された。学生はそれらすべてを学ぶことはできないが、知識を効果的に利用する方法を学ぶために多くの実習を行いながら、驚くべき量の知識を吸収する。

今日、アメリカには約一四〇のメディカルスクールがあり、年に一万五〇〇〇人の医学博士（M. D.）の学位を授与している。志願者の半分以下が入学を許可される。典型的な教授陣には長期間研究を続けてきた基礎研究科学者と、大学が所有するか提携している研修病院に所属する臨床医師から成る臨床教員とがいる。国立衛生研究所からの多額の研究費と、臨床教員が診療によって得る収入とのおかげで、メディカルスクールは数百、場合によっては数千の教員を抱えることができる。しかしながら、彼らの多くはパートタイム教員で、多くの時間を病院で患者の治療と医局員の指導に費やし、メディカルスクールでの教育と研究には週に数時間しか費やさない。

何を教えるか

医師になるための学習プロセスは標準的な課程に従っている。メディカルスクールに進学予定の学部生（Pre-Med Students）は生物学、化学、数学、物理学などの基礎的な科目を履修する。メディカルスクールに入学したら、最初の二年間は基礎科学を学び、人体解剖を経験したり、臓器、疾病について勉強する。残りの二年間は病棟で、外科、小児科、内科などの専門分野での医師・看護師の仕事を見て学び、業務の手助けもする。医学博士を得たら、自分の選んだ分野でインターン医師か医局員（レジデンシー）として数年間、研修する［以下、本章ではメディカルスクールの三―四年生で行うものを実習、修了後のものを研修と呼ぶ］。この進んだ段階では、病院の医師として患者の治療に当たり、メディカルスクールの教員になっている医師の監督の下で学生の教育支援も行う。

法律家養成と異なる、この課程の特徴は、訓練の段階がメディカルスクールだけでなく、異なる組織に責任分担されていることである。メディカルスクールは医学博士までの四年間を担当する。そこでも後半の二年間は研修病院が実習の場を提供し教育の責任を分担する。メディカルスクールに進学する前のPre-Med教育は四年制大学の文理学部が行い、インターンや医局員の研修は研修病院の責任で、内科や外科などの専門分野の委員会が作った内容に沿って行われる。想像できるように、医師の養成における分散した責任は、充分に満足のできる円滑で統合された教育システムを難しいものにする。

過去一世代を通して、医学教育のカリキュラムはいくつかの大きな改革を遂げた。一つは基礎科学と臨床医学との関係に関わることである。学生たちは長年にわたって、最初の二年間履修しなければならない、基礎科学の講義が退屈で、実際の疾病や治療と関係がないように見える、と不満を言っていた。この不満に対応するため、多くのメディカルスクールは基礎科学と臨床医学を結びつける努力を行い、基礎科学の講義の時間を減らして、小グループで実際の疾病・治療への基礎科学の応用について議論する時間を設けるようになった。最後の二年間でも、基礎科学と臨床医学とを融合させる努力が行われている。結果として、最初の二年間の基礎科学と後半二年間の臨床医学を隔てていた壁はあちこちで崩れてきている。

最近の変化は、メディカルスクールに進学するために学部時代に履修しなければならない、いわゆるPre-Med必修条件について起きた。生物・医学の知識が進歩するにつれて、通常のPre-Med科目は現代の医学が求めるものと次第に合わなくなってきた。有機化学で習う内容はかつてほど医学にとって関連性が強くなくなり、一方、生物化学の基礎がずっと重要になった。これまで物理学の勉強に使ってきた時間は統計学にまわした方が有益である。しかしながら、ある大学が大きく変更してしまうと、その学生が他大学のメディカルスクールに進学しにくくなるのを恐れ、長年、Pre-Med 課程の内容は同じままだった。

しかし、すべての大学とメディカルスクールの課程を変更する大学界全体での努力がこの問題を解決できる。幸い、ついにこの動きが起きている。アメリカ医科大学協会（Association of American Medical Colleges）とハワード・ヒューズ（Howard Hughes）医学研究所の合同検討委員会の作成した計画は、メディカルスクールの志願者は、伝統的な Pre-Med 科目を取る代わりに、医師になる勉学にとって不可欠と思われる、注意深く定義された科学知識を習得していることを示す入学試験を受けることを提言している[i]。

メディカルスクールの内容の第三の変化の源は、過去半世紀にわたる人間の健康についての生物学的・医学的理解の急速な増進である。遺伝、環境、生活習慣の健康への影響などの知識は急速に拡大した。この知的刺激によって多くのメディカルスクールは科目構成を大きく改定した。たとえば、ジョンズ・ホプキンス大学のメディカルスクールはまったく新しいカリキュラムを発表した[3]。次の一〇年で医療がどのように行われるようになるかを広範に検討して、教授委員会は「次の世代の医師は個人の遺伝的特徴に注目し、それが経験してきた環境とどのように関係するかを調べる、という健康と疾病についての新しい概念的基礎を持っていなければならない」と結論した[4]。委員会のメンバーが説明するには、「この新しいカリキュラムの狙いは、健康と疾病をより広範に再解釈して、学生に個人の健康の生物学的特徴を、社会、文化、心理、環境の変数も含め大きく統合されたシステムに照らし合わせて理解することを促すことであり、生物学的・環境的個性の原則というべきものである」[5]。新しいカリキュラムを実行するために、同メディカルスクールは少人数教育ができるように新しい建物を建て、教員に対して学生の教育に研究と同等の評価と給与を与える人事体系を導入した。

すべてのメディカルスクールがそのような包括的な改革に着手しているわけではない。しかしすべての教員が、関連する知識の蓄積に合わせて、常に講義を改定して新しい科目を設けている。有用な情報が増加し続けるので、一つひとつの科目に充分な注意が払われていないという不満の声も生まれる。識者の間には、多くの医師は慢性的な痛みの治療についての知識が不充分で、その結果、本来、治るべき何百万人もの患者が苦しみ続けている、という批判もある。[6] 一般医師は精神疾患についてよく理解しておらず、そのためアメリカのうつ病患者のうち三人に一人しか適切な治療を受けられていないという指摘もある。[7] さらに学生は公衆衛生に関わる医療行為の現場をあまり知らない、または情報技術やデータの抽出や取扱いの技法に疎いといった意見もある。[8]

医療保険ポリシーの変化と実施も、医学教育の内容に影響をもたらす。連邦議会が通した法案は増大する医療コストに対処するもので、その結果生まれた健康維持機構（Health Maintenance Organization, HMO）〔会費を払っている会員に契約医師を通して医療サービスを提供する民間の組織〕などの医療サービスの提供の新しい方法は、医師の仕事の仕方を大きく変えた。この新しい環境に適応しようとするのなら、医師はこれらの展開に無知でいられないし、医療サービスの提供のためのアメリカのシステムに欠けている問題は、現場の医師が意欲と知識を持って協力してくれないのならば克服できない。

医学部教員は医療経済学や医療政策論の科目を開設して、このニーズに対応してきている。いまでは、このような科目はほぼすべてのメディカルスクールにある。にもかかわらず、科学的医学の授業がほとんどを占めているメディカルスクールでこれらの科目を教えるのは、想像以上に難しい。最近の調査では、対象となった学生のほぼ半数が現在開講されている授業に不満で、九〇％近くがこのテーマをさらに勉強する必要があると思っている。[9] 別の調査では、回答した医師の四分の一以上が、アメリカが世界で最も医療費が高いシステムであることを知らなかった。ほぼ三分の一がアメリカ人は平均年齢が世界で最も高いと思っていた。四〇％はアメリカの無保険者率をかなり過小評価していた。[10]

（ｉ）メディカルスクールの志願者は長い間、Medical College Admissions Test（MCAT）という統一テストを受けなければならなかった。ＭＣＡＴは最近改訂され、メディカルスクール入学前に知っておくべき内容を取り込もうとしている。ＭＣＡＴについての論文は Association of American Colleges and Universities, *Peer Review*（Fall 2012）を参照。

（大学院医学教育として知られる）インターン医師や医局員の研修は、われわれの医療提供システムの主要問題を若い医師が知る機会を提供している。少なくとも、インターン医師や医局員は医療費の高騰への対応として、患者の診断検査は減らし、これまでのデータとつき合わせて診断と治療を行うことを重視するといったやり方を、注意深い監督の下で教え込まされるべきである。[ii] 現在毎年、九万八〇〇〇人もの命が奪われるとされる医療ミスを最小限にするよう医局員を訓練することによって、医療サービスの質を向上することができよう。[11] にもかかわらず、著名な専門家によって構成される委員会の最新のレポートは、大学院医学教育がこれらの結果を達成できずにいると結論している。[12]

カリキュラムに関する諸問題の最後は、医学倫理や患者のケアに関する人間関係のような問題の取り扱いである。長年、これらのテーマは正式な授業でなく、病棟で学生を指導するベテラン医師が事例を伝える形で継承されてきた。しかしながら、この前提はさまざまなプレッシャーの高まりとともに崩壊した。倫理問題は中絶、安楽死、クローン技術、幹細胞研究などでの意見の対立を契機に複雑かつ重要な問題になった。同時に、研究者が栄養摂取、運動、喫煙の健康への影響を発見し、驚くべきほど多くの患者が医師の言うことを聞かないことを明らかにすると、医師のコミュニケーション能力は非常に重要となり各々の医師の行動や常識に任せておくわけにはいかなくなった。

しかしながら、これらのテーマを効果的に教えることも難しいことがわかってきた。生命倫理は科目として発展してきたので、学生は複雑な問題が発生したらそれを認識して、さまざまな対立した意見に照らし合わせて分析することを学べる段階に達してきた。患者のニーズと、なぜ彼らが医師のアドバイスに従ったり、健康的な暮らしを送ることができないのか、ということについても多くのことがわかってきている。にもかかわらず、このような知識を学生に伝えることと、学生の行動を変えさせ、彼らが実際に高い倫理的水準を保って医療行為を施したり、患者の心理的ニーズや多様な人々の文化の違いに強い感性を示したりできるようになることとは別である。挑戦の第一歩は、科学的医学の雰囲気が支配的な大学の文化の中でこれらの科目を学生に取らせることである。現在の環境では、学生は倫理や人間関係に関する科目の履修を、科学的知識や医学ノウハウをたくさん学ばなければいけない勉学からの逸脱だと、否定的にとらえるであろう。

さらに、倫理や人間関係を効果的に教えようとすることをさらに複雑にするのは、学生がこれらの授業で教えられることはしばしば彼らが病棟で観察することと矛盾するからである。もし医学生やインターン医師に調査するならば、病院スタッフによる医療記録の改竄《かいざん》、部下への高圧的な言葉、患者への配慮のない言葉、他人の業績の横取り、勤務中の薬物・アルコールの摂取を見たという報告が高い比率で得られるであろう(13)。ペンシルバニア州の六つのメディカルスクールを対象とした調査では、六一％の学生がこれらを目撃したと答えている(14)。

数十年前には、ほとんどのメディカルスクールには、患者への心遣いや行動において責任ある医療サービスと人間的思いやりの態度の模範的なモデルとなるような、大物教員がいたものである。今日、そのような人物は疑いなく存在するが、継続して学生と頻繁に接触する教員がほとんどいない大きな教授陣の中に埋没してしまっている。現代的なメディカルスクールにおいて、臨床教員によって示される行動はよくて「玉石混淆」といったところである。医局員とインターン医師を対象にしたアンケートでは、自分にとって模範となるのは所属病院の医師の四二％だけだと答えている(15)。

これらの困難を考慮すれば、医師の職業規範に深刻な欠落があるという調査結果も驚くことではない。ほぼ半数の医師が、上司には報告しないが、同僚に能力がなかったり、倫理的に問題があるとわかっていると回答している(16)。多くの医師は自分と利害関係のある施設での検査を患者に勧めることを問題だとは思っていない(17)。三分の一以上は、患者が本当に希望すれば、無駄で不必要とわかっていても検査を勧めていると答えている(18)。

(ii) ハーバード大学のニューハウス(Joseph P. Newhouse)によれば、アメリカで行われている医療行為の六分の一から三分の一は「明らかに不適切」で、それ以外にもかなりの数が「疑わしい」。"Why Is There a Quality Chasm?" 21 *Health Affairs* (2002), pp.13, 15を参照。

全体的に見て、メディカルスクールは新しい知識の急速な増加に後れを取らず、学生に患者の診断と治療に役立つ専門知識と技術的ノウハウを教える点で良い仕事をしている。一方、医学・科学を超えて学生が医療サービスシステムの改善のための能動的な協力者、ならびに医師コミュニティの完全に有能で責任あるメンバーになるために必要な価値観と人間関係でのスキルを身につけることでの訓練では、それほど成功していない。あるときは、このような欠点は小さいものに見えたかもしれない。しかし、生活習慣がウィルスや遺伝子と同じくらい健康に影響を及ぼすと認識されている、患者の構成は人種的にも文化的にも多様になり、医療サービスのコストの増大がアメリカの財政政策の主要な課題になっている、そのようなアメリカでは、これらの弱点は前の世代よりもずっと大きな緊急度を持っている。

いかに教えるか

メディカルスクールの教育法の改善の努力は大きな称賛に値する。過去の二〇年から三〇年以内で、多くの大学で一年目と二年目の教育の仕方を変更した。前の世代のように基礎科学科目をたくさん履修させるのでなく、多くの教員は今日、実際の疾病の事例への科学の応用に関して小グループで討論することに多くの授業時間を費やしている。これらのクラスでは、患者を診断して適切な治療をするためには、何を知る必要があり、その情報はどうやって入手でき、どのように利用できるのかを学ぶために、実際の患者の問題に取り組む。

新しい教育法は学生にとってより興味深いだけでなく、能動的学習や協働での問題解決など現代の認知理論からのヒントも取り入れている。多くの大学は授業の補完として、診断スキルの練習の機会を学生に与えるコンピュータによるシミュレーションを使っている[19]。これらの練習は映像や人間そっくりの人形をコンピュータ技術と一緒に用いて、さまざまな症状の患者のシミュレーションを行うことができる。学生は「患者」に質問して、すぐに回答を得たり、シミュレーションのテストを行い、正確な診断に成功するまではシミュレーションを繰り返し、回答もすぐ返却してもらう。

最初の二年の後、学生は病院での徒弟制度タイプの学習を経験する。そこで学生は医師が患者に質問し、治療を施すのを観察する。しばらくして、学生は簡単なことはやらせてもらえるようになる。医学教育のプロセスは有名なフレーズ「見て、やって、教えて覚えろ」〔まず先輩を見る、自分でもやる、後輩に教える、そうすることで習得する〕で特徴づけられるが、自分で実践することと他人に教えることは、スキルを本当に身につける上で最善の方法であるという認知科学の発見にも裏づけられている。

これらの称賛されるべき特徴にもかかわらず、メディカルスクールの現在の教育法は批判と論争にさらされてもいる。最も深遠で根本的な疑問は、専門性の性格そのものについてと、その専門性がいかに獲得されるかという点に投げかけられる。専門家は問題をいかに解くかをいかに習得するのか。とくに正解の可能性のあるたくさんの答えや情報をいろいろとチェックすることに時間をかけずに直観的に問題を解決することができるようになるのか。おそらく、医学を学ぶ学生は経験によって問題解決ができるようになる。しかし、専門的判断が働くのか、いかにして教育は学生がこれを身につけることの助けができるのか。

より多くのメディカルスクールがこの質問に対して、学生が一年目から、現実の医学問題についてどんな情報を彼らが必要とするのかを知る、その情報はどこで見つけられるのか、それを正解に至るようにいかに分析するのか、ということを議論することだと答える。しかしながら、このやり方が最適だと、すべての人が同意しているわけではない。伝統を守りたい人は、臨床での問題を早く導入すると学生が基礎科学の知識が不充分になってしまうと懸念し、退屈に思えて関連がないように見えても、講義から始まる昔ながらのカリキュラムの方が、そこから症状の分析と病気の診断が始まる、さまざまな事実に関する基礎的知識を与えるので好ましいと主張する(20)。

この議論を実証的に解決する努力は、結論がまだ出ていない。少なくとも研究者のチームの結論によれば、基礎科学を昔ながらに勉強した学生は、早く臨床分析を行うようになった学生よりは患者の診断において、より効率的で学力もある。[21] これらの研究者によれば、基礎科学をしっかりと教育された学生は関連性のある情報が整理できて臨床のデータを正確な診断のために使うことに秀でている。新しい方法の支持者は臨床の問題を議論し始めた学生の方が勉学への興味を高くもち、関連性のある情報を長く記憶し、基礎科学のテストの成績も伝統的なカリキュラムの学生とほぼ同等であったというデータを引用して反論する。[22]

関係する議論は、医師は科学と実証分析から導出され、証明された経験則またはアルゴリズムに基づいて判断を下すべきという意見と、このデータ重視アプローチでは、これでうまく解決できない不都合なケースを無視してしまうという反論である。少なくとも症例の一〇～一五％を占めると予想される後者のようなケースでは、身体の詳しい観察と、一見、関係がなさそうな患者の生活についての詳細を聞き出すための丁寧な質問から得る情報を含めて、医師はあらゆる情報を考慮しなくてはならない。[23] この見方によれば、多くの実験室の試験から得られたデータとアルゴリズムに依存する医師は、患者の疾病の本当の性質を明らかにしている手掛かりを見逃すかもしれない。

基礎科学と臨床問題解法をいかに結びつけるかなどの議論はまだ解決されていない。もちろん、二つの考え方がともに正しいということも可能である。データ重視の医学は例外的なケースをうまく処理できないが、医師の診断水準全般を向上させるかもしれない。医師の多くは、民間保険プランの下、個々の患者に時間をかけられないなかで、正しい診断をするのに充分な知識と熟達を完全に最新のものに追いつかせることができないでいる。議論が収束するまでは、対話型の診療を学生に教える最良の方法をめぐる疑念が残ることはやむを得ないであろう。

ここで述べた問題は、賢明な試行錯誤を重ねてどの教育法が最も効果的であるかを突き止めるためには、学生がいかに多くを学んでいるかを測定することが重要であることを浮き彫りにしている。病院はすでに、どの治療法が異なる疾病の治療に最も良いのか、どの薬が一番副作用が小さそうなのかを発見するために、注意深くこの種の評価法を積極的に利用している。この種の方法を通して、治療の仕方と患者への効果は大いに改善している。いくつかの最近の医学教育の調査は、教育の質の改善とその評価ならびにカリキュラム全体の有効性の評価のために、教員は日常的に同様の方法を用いるべきであることを指摘する[24]。

臨床訓練の環境

最後に述べる問題は、臨床教育が行われている環境の大きな変化から生じる。第二次大戦以前、多くのメディカルスクールの規模は中程度であった。研修病院は医学生と医局員の訓練を優先していたので、受け入れ患者数を制限していた。教員も同様に数が少なく、彼らは開業医よりもかなり給与が低かった。著名な医師も臨床教員になっていたが、彼らの多くは他の収入源があったので、ほどほどの給与も受け入れた。彼らはインターン医師や医局員を広範に受け入れていて、三、四年生の病棟での教育と興味深い事例を議論する定期的な症例検討会に多くの時間を割いていた。前述のように、これらのうちトップレベルの教授は模範的モデルとなり、彼らが指導していた学生たちにも大きな影響を与えた[25]。

著名教員の生き方は第二次大戦後に変化を始めた。国立衛生研究所が設立され、多額の研究資金が大学と教員に流れ始めた。一九四〇年代末に数百万ドルを分配するというそれほど大きくない規模から始まって、国立衛生研究所は、二〇一〇年には約三〇〇億ドルを主として大学に分配するようになった。この支援のおかげで、メディカルスクールと研修病院は研究規模を拡大する一方で、最新機器に満ちた新しい実験室の面積を増やしていった[iii]。研究は教育よりも優先され、基礎科学の研究者がメディカルスクールの学生と過ごす時間は短くなった。

(iii) 基礎科学の研究者がメディカルスクールの一、二年生に講義をすることは続いている。同時に医学研究者となるため医学博士(M. D.)でなく博士号(Ph. D.)取得をめざす大学院生の指導に多くの時間を割いている。この院生の数は、ここ一〇年から二〇年で急増している。

一九六五年に連邦議会はメディケアとメディケイドを創設した。広範な民間の医療保険とともに、これらのプログラムは医療従事者の新しい収入源となった。患者の治療が大学の医療機関にとって初めて利益があがるものになった。教授陣の中の医師は団結して治療計画を立て、メディカルスクールと研修病院に新しい収入源をもたらした。一九六五年から二〇一〇年までで、その金額は年四九〇〇万ドルというほどほどの額からから三六〇億ドルに成長し、大学の医療機関が受け取る収入の約半分となった。

この成長に合わせるために、メディカルスクールも研修病院も仕事の仕方を変えた。研究の成功は、国からの多額の研究資金を維持することにかかっている。なぜならば、それは研究者に研究費を与えるだけでなく、新しい実験室の建設と、拡大した広範なプログラムのために必要な多くの支援スタッフの資金源となる間接費［研究者への研究費の一定割合が、研究管理の諸費用として所属組織にわたる］をもたらすからである。研修病院の資金繰りは患者の流入量、または一時間当たりに診療できる患者数に依存する。結果として、幹部は多くの患者を引き付け、次の患者を受け入れるためにいまの患者には早く退院してもらうことに苦心する。この成長を可能にするため、メディカルスクールは臨床教員の採用を増やす。彼らの中には教育や研究の経験がない医師もいるが、患者を連れてきてさえくれればよい。これらの多くの新任教員は教育にはほとんど関わらず、学生との交流もない。実際に、三、四年生が訓練を受けている研修病院に臨床教員がいる時間も少なくなってきている。代わりに自分の病院で診察を行い、患者が高価な治療を大学の研修病院で受ける必要があるときに、その研修病院に行くことを勧める。

これらの展開は臨床教育の性格に大きな影響を与えた。病院での実習の期間が短くなり、病気の症状や治療の効果の長期的変化を以前ほど観察できなくなった。多くの患者を開業医師の病院で治療するようになり、研修病院は、アメリカの健康問題で最も広範に見られる慢性疾患に苦しむ患者の治療をそれほど担当しなくてもよいことになった。研修病院はかつてそうだった理想の教育環境を提供しなくなった。

メディカルスクールは地域の病院や外来患者が多い病院と連携関係を結んで、そこで学生が多様な疾病を観察できるようにしようとしている。この戦略はある程度成功している。しかしこの環境にある医師はできるだけ多くの患者を診て、一人当たりの診療時間を短くすることで効率性を高めるというプレッシャーを感じている。政府の規制と民間医療保険会社は、医師に追加の事務業務と管理業務を強いる。結果として、臨床教員は学生を相手にできる時間が減っている。多くの診療所は学生の受け入れを拒否したり、受け入れたとしても指導はせずただ学生に勝手に観察をさせることにしている。

臨床教員である医師が研修病院で過ごす時間が減ってくると、学生の教育はインターン医師や医局員からの指導に頼らざるを得なくなる。臨床教員は研修病院に来たときもしばしば非常に忙しく、学生は彼らから多くを学ぶことができない。学生は彼らが学んだ科学がいかに疾病の治療に結びつくのかを観察する機会を与えられていない。さらに、学生は研修病院に常勤している有名な臨床教員とでさえ、日常的に昼食をともにして、インフォーマルにいろいろな問題を語り合うことができなくなってきている。最近では、研修病院は“hospitalists”と呼ばれる若手の医師〔開業医に対する勤務医の意味〕を雇い、フロア（診療科）全体を任せて学生の教育も担当させ、さまざまな診療科全体での治療行為が適切に調整され、効率的に行われるようにしている。[26]そのような医師の存在は患者への治療行為を改善しているように見えるが、経験が浅く、教員・指導者として割ける時間も充分でない。

規模を拡大し資産も増やしている研修病院は、お金への関心が高まることになる。病院の上層部は寄付集めに多くの時間を割いている。幹部は患者の数を増やして治療の無駄は削って予算が均衡するよう常に努めなければならない。国の法律が変わって、メディケアで稼いだ利益でメディカルスクールの教育を支持することは難しくなった。

一方、臨床教員は製薬会社、バイオテクノロジー企業、医療機器メーカーへのコンサルティングや医療関係者を対象に行う（その企業の製品を推奨する）講演の謝礼などで大きな副収入を得ることができる。このような環境では、利益相反や外部からの収入の不完全な報告などの事件が、繰り返し生じる。一方、製薬会社の社員は病院に来て医師に贈り物を配り、とくに医局員やインターン医師を昼食に誘って自社製品を説明し、将来その人たちが薬を処方する立場になったときの売り上げ増加を狙っている。[iv] 一方で医学教育の底辺では、学生が一五万ドルを超え、二〇万ドル近くにさえなる学生ローンを返済できるだけの収入を得られるか心配している。[27]

研修病院の環境のそのような変化は医学教育に影響を与えないわけにはいかない。疑いなく、過去数十年もの研究の進歩は疾病の治療について多くの知識を学生に与えることになった。同時に、今日、教育は研修病院の主要な機能ではなくなり、何らかの価値観が損なわれた。ベテラン医師との接触が減って、学生は模範となる医師が伝える職業上の価値観を吸収する機会が小さくなった。医師が教学上での実績は考慮されずに臨床教員となり、大学にいる有力な医師はかつてに比べると学生と接触する機会が減っている。このような状況で、学生は病棟で目にすることと、教員が教える医療倫理や医師が患者や社会に対して果たす責任とが矛盾していることを知り、冷めた目を持つようになる。[28]

メディカルスクール修了後の大学院医学教育も教育環境に起きた変化によって影響を受けている。医学教育の状況に関する一連の報告書は病院が教育の責任を果たしていないと批判してきた。[29] 現状では、時間当たりに診療できる患者数を増やすことや、収入・財務が重視されているので、インターン医師や医局員も勉強する時間を惜しんで診療活動を行い、臨床教員も彼らを充分に指導する時間がない。内科の研修医に対する最近の調査によれば、四六・三%が勉強する時間が充分に与えられておらず、教育訓練的要素が限定的なことが典型的な入院患者対象の研修の上での最大の問題点だと感じている。[30]

こういった状況は決して新しいものではない。識者は少なくとも五〇年間、このことに不満を述べてきた。しかしながら、既存のままでいることから利益を受けるグループの強力な反対があるので、改善は非常に遅い。病院にとって、インターン医師や医局員は患者を治療し事務雑用もこなしてくれる安い労働力である。臨床医師も研究や副業に回せる時間が得られるので、現行システムを支持する。[31] 結果として、研修病院にいる若手医師の教育が引き続き犠牲になる。

病院での医師養成の問題は広く認識されている。メディカルスクールは少なくとも弊害を緩和しようとこの問題に取り組む方法を積極的に求めている。数多い例の一つが、ハーバード大学のメディカルスクールと提携研修病院によって合意された、メディカルスクール三年生の実習の改革である。(32)

この改革の主な目的は、三年目に一カ月ごとに、内科、外科、産科・婦人科、小児科、放射線科、神経科、初期医療〔最初に患者を診察してどの科に行けばよいかアドバイスする〕など、さまざまな診療科を回って実習するというのをやめて、勉学面を重視するものである。これまでは診療科によっては実習先が異なる病院である場合もあり、実習した診療科の間での連携がなく、学生がどのように成長したかの記録がとれていなかったし、また、学生も患者を長期にわたって観察するということができなかった。この問題に取り組んで、大学と研修病院とが合意して、三年目の一年間は教員がグループで特定の学生グループを継続的に教えることにした。

この統合型実習プログラムに参加するある地域病院では、各診療科から一人ずつ集めて医師のチームを作り、学生グループが特定の患者を治療し続けるのを指導する。こうして、学生は長期間にわたって患者の状態の変化や治療の効果、異なる分野の医師の治療への貢献の仕方を観察する充分な機会を得る。また、学生は指導チームのベテラン医師と密接に話をすることができる。ベテラン医師は学生の成長をチェックし、足りないところの向上の手助けをするとともに、学生にとってはお手本、モデルとなる。

ハーバード大学の他の研修病院では医師のチームは作っていない。しかし、学生を同じ病院の異なる科で一カ月ずつ研修させ、特定の医師グループが継続的に毎週数時間、学生に会って話を聞くようにした。これらの医師は異なる科で行われている実習活動を整合的になるよう調整し進捗状況を確認して問題があれば克服できるよう手助けする。こうして、学生はベテラン医師と密接な関係を築くことができる。加えて、中心となる教員は毎週

(iv) 最近では多くのメディカルスクールが製薬会社社員との接触を禁止している、あるいは厳しく規制している。

の学生との懇談の機会を使って、科学と臨床治療との関係、医療行為での倫理の重要性など、一、二年生のときに学んだことを改めて強調することができる。

新しい統合型実習は、参加する教員に多くの時間を割くことを求める。何らかの見返りを用意する必要もあろう。実際、この提案の実行を可能にするには、メディカルスクール、病院、診療科が費用を分担することに同意しなければならない。予算は全費用を賄うには不充分かもしれないが、診療科と医師に参加するよう説得するのに必要な手当てには足りるかもしれない。臨床教員は数多くいるので、学生を指導するのが好きで、指導者やモデルとしても適任な資質を持つベテラン医師を集めるのはそれほど難しくないかもしれない。この努力を補強するために、メディカルスクールは昇進審査で研究だけでなく教育の実績も高く評価したり、多くの大学の学部で作られているような教育改善のためのセンターを設立することによって、教育重視の姿勢を強調すべきである。

この新しいアプローチを評価するため、統合型実習はまずは試験的に運用し、参加した学生の成長を、伝統的な研修を受けている慎重に選ばれたコントロールグループと比較する必要がある。いくつか行われたこのような評価はすでに試行された統合型実習プログラムでの学生と教員の高い満足度を明らかにしている。教員は学生と長い期間にわたって一緒に活動できることを楽しむ。学生はきちんと指導を受けられることとベテラン教員と知り合いになれることに感謝している。特筆すべきは、以前の三年生対象の調査でみられたような、患者への思いやりが減ったり、医療の現実に対して冷笑的になることがあまり見られなくなったことである。

明らかに新しい統合型実習は、創設した目的を果たすことに成功している。他のメディカルスクールはこの目的を果たす独自の方法を見つけている。これらの改革は現在の病院設備の陳腐化の速さ、模範となるベテラン医師の減少、患者の入院期間の短さなど、医学教育の環境を大きく変える医学と医療サービスの変化から生じる他の問題を克服することが期待されている。

これからの道

学部を卒業したての学生を能力のある医師に育て上げるのは、他のいかなる形の専門職養成も達成できないことだ。しかしながら、医療サービスが提供され賄われる方法が大きく変化していることから生じる困難さは、簡単には消えてなくならない。メディカルスクール修了後の大学院医学教育の問題などは、研修病院の担当することなので、メディカルスクールができることは限られている。他の欠点は医学博士（M. D.）のプログラムに関することなので、メディカルスクールの責任である。

後者に関して、少なくとも慎重な楽観主義でいてもよい理由がある。[33] 長年看過していたあと、最近ではメディカルスクールが一斉に Pre-Med 教育を改定しようとしているのは建設的な第一歩である。臨床実習に入る前の学年での、問題解決型授業の多用も好ましい変化である。倫理、人間関係、医療保険システムに関する授業の創設も完全に効果的とはいえないが、少なくとも医師の専門家としての責任への懸念の表れである。統合型実習、新しいジョンズ・ホプキンス大学のカリキュラム、コンピュータ・シミュレーションの利用、その他の変化は、革新への継続的努力の意思表示である。したがって、全体としてメディカルスクールは自分が直面している課題を認識しており、建設的に対応する優れた努力をする意欲がある。そして、医学教育の現状を考慮するとき、ウィリアム・ジェームズの時代以来、これまで作られてきた専門家養成のシステムは依然として残っている問題に打ち勝つ道を見つけることに成功するだろう、という希望を抱くことができる。

第13章　ロースクール

ロースクールとメディカルスクールを比べると、共通点よりも相違点の方が目立つ。ロースクールの教員は一〇〇人足らずだが、メディカルスクールはその何倍も多い。ロースクールの教員は多くの時間とエネルギーを教育に向けているが、メディカルスクールの教員は教育にはほとんど時間を費やさず、研究と患者の治療に多くの時間を費やしている。ロースクールの授業は大規模、中規模のクラスで行われ、メディカルスクールの授業は少人数である。ロースクールの学生は一年目にふるいにかけられ、それ以降は授業をあまり受けなくなるが、メディカルスクールの学生は講義室と実験室の授業から病棟での実習に移行し、医療行為の日常的スキルを身につける(1)。

ロースクールにおける階層

アメリカには現在、約二〇〇のロースクールがある。事実上すべての大学は同じタイプの教科書、事例研究(ケースブック)、教育法を使っている。ロースクール間の最も大きな違いは、学生の質と卒業後の進路である。

有力校は全米中から学生を集め、志願者のうちわずかしか入学が許可されない。入学者が長い間、医師になりたいと思っているメディカルスクールとは異なり、ロースクールの入学生は学部生活の後半になってから進学を決めた人も多く、その理由も確固たる信念というより他の選択肢がなかったからというものも多い。多くはどのような仕事をするようになるのかわかっていない。かなり多くの人が法律家になるかどうかもかなり不確かである。一旦、ロースクールを修了したら、大部分の学生は都市部に行って少なくとも二〜三年は大企業を顧客とすることに特化した大手法律事務所の一つで働く。(2)

それほど有力でないロースクールは、志願者の多くを同じ州、もしくは同じ都市圏から集める。これらの学校では、学生は明確に弁護士になろうと思って志願し、エリート大学の授業よりも実務的内容の傾向がある。(3)彼らは実際の顧客を弁護することの学習に時間をかけ、法理学や法律への理論的アプローチなどはあまり学ばない。学生は法律家としての経歴を求めるかどうかを疑問に思うよりも、弁護士試験に受かるかどうか、そして学費ローンを返済できる程度の高収入の仕事に就けるかを心配する。

これらのロースクールの卒業生のほんの小さな比率（通常一〇％未満）しか、大手の法律事務所には就職できない。卒業生は実際には異なるタイプの仕事に就く。多くは政府省庁や企業の法務部に勤務する。残りは小さな法律事務所に入り、個人や小企業を顧客としたり、罪を犯した人、職場で怪我をした人、自動車事故に巻き込まれた人を弁護する、などに特化する。さらには個人で弁護士事務所を開業し、その町で遺書を書いたり、契約書を作成したり、税金の仕事をしたり、町の住民や小企業のからんだ、さまざまな法律問題を解決することを仕事とする人もする。

低位ランクのロースクールの卒業生のかなり困った数が、法律関係の仕事をまったく見つけられない。労働統計局によると、二〇〇〇年から二〇一〇年まで、二七万五〇〇〇人の法律家の求人があった。(4)しかしながら、同じ時期に四〇万人がロースクールを修了した。二〇〇九年には四万二八五四人が修了し、二万八一六七人が九カ月以内に法律関係の仕事に就けた。(5)二〇〇九年は経済状況がとくに悪い年だったが、予想では次の五年の経済環

境が改善したとしても、法律家の供給過剰は続くとされている。(6)

ロースクールは少なくとも現在までは、この問題に効果的に対応してこなかった。彼らは激しく競争しているが、競争はコスト削減にはつながらず、しばしば *U. S. News & World Report* 誌のランキングでより高い地位を占めたいといった形をとる。(i) 多くの大学で実際に起こっているように、競争の激化の結果は論文発表数の多い教員の引き抜きと、新入生の統一テストの点数を上げるための優秀な学生の勧誘である。結果として、ランキング競争は教員の給与を引き上げ、不必要に授業料を上昇させ、奨学金をニード基準型からメリット基準型に大きくシフトさせた。

ランキングをめぐる格闘によって引き起こされる問題にもかかわらず、この無駄な競争が廃止される見込みは薄い。明白な欠点があるにもかかわらず、商業的には良く売れて利益が出ているので、出版社はランキングの発表をやめないであろう。大学ランキングを無視できる大学は、あったとしてもごく少数である。なぜならば、雑誌でのランキングの低下は、志願者の減少、入学生のテストの点数の低下、一部の卒業生からの懸念などを招くからである。ランキングの低下のために院長が辞任したロースクールも何校かある。一方、低位のロースクール

(i) 多くの場合、ロースクールはランキングを上げるために、最近の修了者の就職状況を過大に報告する、教員一人当たりの学生数の数値を人為的に下げる、入学者の統一テストの成績を上昇させるように入試選抜の方法を変更する、など恥ずべき方法をとっている。学生・教員比率を改善するため、大学は教員にサバティカル（充電のための有給休職期間）は春学期にとることを奨励する。なぜならば、ランキングでは秋の年度初めのキャンパスで教えている教員数の数字を使うからである。新入生のテストの点数を上げるため、大学は新入生の受け入れ人数を絞り込み、授業料の不足分は二、三年の編入生で補う。テストの点数を上げるため、初期には点数の低い学生を、（平均点の計算には含まれない）パートタイム学生として入学させ、のちにフルタイムに組み入れていたが、*U.S. News & World Report* 誌が学生数の数え方を変えたので、このやり方は行われなくなった。最近の修了生の就職率を上げるために、ある有名大学は多くの修了生を一時的に時給一〇ドルで雇い、法律関係の仕事に就いている人数として計上していた。詳細は、Brian Z. Tamanaha, *Failing Law Schools* (2012), pp.71-99（この本の著者はロースクールの教授で以前には院長代理も務めた）を参照。

は多くの修了生が法律関係の職に就けず、学費ローンの返済を難しくするような低所得の仕事に就かざるを得ず、存続そのものが厳しくなっている。

何を教えているか

階層の位置にかかわらず、ほとんどすべてのロースクールは一年目の学生に、民事手続き、契約、財産権、刑法などの一連の基本的な授業を履修させる。二年目と三年目は、カリキュラムはそれほどきつく規定されず、いろいろな特化した分野のための選択科目が数多くある。一方、教員は新しく生まれた法律分野にすぐに対応してきた。「アースデイ」と大気浄化法が制定された後、環境規制の授業が設けられた。グローバル化時代を反映して、教員は国際法や法律比較についての多様な授業を提供する。インターネットや他の通信技術の進歩は、これらの技術革新の引き起こす法律的問題を扱うコースの開設を促した。論争されている重要なテーマを思い浮かべたら、移民、医療保険制度、女性の権利などどれでも、それに関する法律と適切な事例研究が少なくともいくつかのロースクールでは教えられているとわかるであろう。

しかし、内容の豊富さにもかかわらず、典型的なカリキュラムは多くの批判にさらされてきた。新しい批判はほとんどない。多くの批判は満足のいく解決策がないまま数十年もなされてきたものである。

三年間の在学中、学生の関心を保つ

多くの点で、ロースクールの一年目は教育として成功している。法律を初めて学ぶ学生も、単に大量の情報を暗記したり処理しなければならないというのでなく、次々と問題を注意深く思考する授業に刺激を受ける。しかしながら、ロースクール教員にとって昔から続く困難は、学生が二年目、三年目になったときに新しく異なった方法で学生を刺激して、一年目の基礎の上にさらに成長させるにはどうしたらよいか、ということである。この問題を解決するための数十年の努力にもかかわらず、一年目の厳しさを続けるのは難しいということは変わっていない。二年目、三年目の学生は多様な科目を選択できるのだが、一年目と同じように授業に取り組んでいる学生はほとんどいない。

授業への関心が減少するので、多くの学生が授業準備、予習に費やす時間は一年目から三年目の間に半分になってしまう。(ii)(7) 最近のある調査によると、修了寸前の学生の四〇%以上が「三年目は余計だった」と答えている。(8) 驚くべきことではないが、ロースクールの学生の知的成長に関する実証データは、学年が上がると知的成長のペースは遅くなる、という学生の懸念を確認している。(9)

これらの問題の視点から、ロースクールの履修期間を三年から二年にする提案が、これまでも繰り返し行われてきた。(10) 現行の認証基準は学生が三年分の授業単位を取得しなければならないと規定している。この規定を二年に変えると、多くのロースクールがすでに財政収支を保つことに苦しんでいるときに、収入がさらに大きく減ってしまう。そうであっても、現在、ロースクールの志願者は減ってきており、学生は大きな負債を抱えて修了しているので、そのような改革は支持を集めるであろう。

二年制のロースクールが可能か否かにかかわらず、三年目をより有用なものにするために考慮するのは、もう一つの可能性である。一つの案は、経験豊かな法律家兼教員の監督の下で、学生が実戦力をつけるために実際の顧客を担当することである。もう一つの案はビジネススクール、公共政策・公共経営専門職大学院の助けを借りて、ロースクール修了者が企業や政府官庁に就職したり政界に進出する際に役に立つような授業を提供することである。さらに別の提案では、すでにどの分野に進みたいかが明らかな学生向けに、訴訟法、反トラスト法、証

(ii) 学部では学年が上がるにつれて勉強しなくなるとは必ずしも言えない。たとえば、大学四年生は一年生よりもわずかながら長く勉強している。Philip S. Babcock and Mindy Marks, *The Falling Time Cost of College: Evidence from Half a Century of Time Use Data*, National Bureau of Economic Research, Working Paper No. 15954 (2010), p.7 を参照。

券法など、異なる専門の法律分野ごとの科目を集めて開講することである。[iii] これらの提案は、一つを行ったら他はできない、という排他的な性格のものではない。これらはともに、学生の関心を維持して、最終学年でより有用な訓練を与えるためのさまざまな方法が提供できる。適切な組み合わせは、各ロースクールの学生の典型的な就職分野に応じて変えていけばよい。

法務スキルを教える

かつては、ロースクールは控訴審の事例や裁判官の推論を分析することに集中しすぎて、予審法廷、行政省庁などの他の法律組織、ならびに和解、調停、交渉という裁判以外の係争解決方法を軽視していると批判されていた。今日までに、ロースクールはこれらのかつては軽視されていたテーマをカリキュラムに導入することに成功している。しかしながら、学生が有能な開業弁護士になるために必要な広範なスキルを身につけることについて、教員は充分な注意を払うことに遅々としてきた。

何十年もの間、教員は学生に、法律係争を解決するための帰納法、演繹法、類推を使う能力を身につけさせることを主に考えてきた。学生は模擬裁判の要約を書いたり模擬裁判で議論するといった専門能力を訓練する機会を、場合によっては与えられてきたが、これらのスキルの習得は主に卒業して就職してから経験のある同僚から習うという形であり、学生任せである。法曹界の指導者はしばしば不満に思っているが、このシステムはうまく機能してきたようである。少なくとも最初の就職先が大手法律事務所だったりベテラン開業弁護士と何らかの密接な関係を持てた人には問題がない。

しかしながら、最近の数十年では、法律事務所はもっと大きくなり、事務的になり、顧客がお金を払ってくれる勤務の時間を最大化することをめざすようになった。[11] この環境下では、パートナー［弁護士事務所の幹部弁護士］は、不服申し立て、遺言書作成、宣誓証書作成などの仕方を知らない新人弁護士を指導することに時間を割けない。したがって、ロースクールにこの責任をもっと果たしてほしいというプレッシャーが高まっている。[12]

幸い、この大きくなっている要求にロースクールの教員はまったく準備していなかったわけではない。多くのロースクールでは、弁護士費用を払えない人のために、関心のある学生が法律相談にのるという課外活動をしてきた。一九六〇年代末に、社会的意識の高い学生からの圧力で、この活動は拡大した。この活動プログラムの多くは単位を認定されるようになり、経験ある弁護士が学生の監督のために雇われた(13)。次第にこのプログラムは臨床法学教育として拡充され、さまざまな法律環境の下で働くことを想定した訓練機会が与えられるようになった。まもなくロースクールの学生は、立ち退きを迫られている貧しい入居者、軽犯罪の被疑者、国外退去の危険がある移民、離婚調停を求めている夫婦、その他さまざまな法律アドバイスを求める顧客を助けるようになった。

同時に、上述の法律相談とは別に、ロースクールは学生の法律家としてのスキルを教える方法を開発し始めた。学生はさまざまな種類のシミュレーションで訴訟能力を磨くことができる。教員は学生に原告・被告などの役割を演技させる授業で、交渉術を学ばせることができる。ロースクールは学生が書いた文書を教員が添削するクラスを通して、学生の法律文書作成能力を強化することができる。

これらの方法は、間違いなく広範な専門能力を学生に身につけさせるのに役に立つ。そうであっても、ほとんどのロースクールは、有能な法律家として必要とする基本的なスキルのすべてを学生に訓練させることに成功してはいない(iv)。授業は依然として実体法に関することが中心である。その結果、法律事務所は雇った新人法律

(iii) 弁護士事務所など法務サービス提供組織の間での競争が激しくなるにつれて、法律家の間の専門化も進むであろう。しかしながら、学生にロースクールの最初の二年間で専門を決めさせるのは難しい。自分が入学時に、法律を学んで何がやりたいかはっきりしていない学生が多いロースクールではとくにそうだ。その点で、ロースクールの教員は早い段階で、学生に法律を学んだあとにどのような仕事に就くことが可能で、その利点、不利な点は何かを説明する必要があるかもしれない。

家が、法律文書の作成、証人の聞き取り、裁判官や陪審員の前での議論、顧客への助言など実務的なことで訓練が不充分だという不満を言い続けている(14)。

倫理と専門職の責任

ロースクールのカリキュラムに対する大きな批判の最後は、専門家としての責任感と適切な倫理的判断基準を学生に充分に身につけさせていないというものである(15)。最近の数十年で、法律家の高潔さという点での評判は市民の目からは大きく下落している。そして、大手法律事務所の収入は増えているのに、彼らが提供する公益のための仕事は減っている(16)。このような傾向に促されて、アメリカ法曹協会は一九九六年に法律家となる基準を見直し、ロースクール学生に倫理・職務上の責任に関する科目を少なくとも一科目履修することを義務づけた(17)。ロースクールはこの必須条件を守り、個々の教員は優れたコースを作っているが、結果は期待していたものにまだ及ばない。多くのロースクールで、学生は義務づけられた科目を教員にとっての「自己満足」のための必修科目とみなし、法律家になるための本当の訓練からの逸脱だとして軽視している(18)。

教授陣は倫理を教えようとすることで、いくつかの困難にぶつかっている。単にアメリカ法曹協会の専門職の責任に関する規定を満たす科目を提供すればよいのか否か、それとも法律家がしばしば実際に直面する問題に一般的な倫理原則を適用するための授業にすべきか否か、という議論からは混乱が生じている。その科目がいかに教えられるにせよ、カリキュラムがカバーする法律のさまざまな分野で生じる倫理的な問題を議論する、他の授業で補強されないのならば、一つの科目がもたらす影響力は限定的である。この点で、現状では進歩は、せいぜい散発的である。倫理の学習をカリキュラム全体に統合しようという提言がしばしばなされているにもかかわらず、全体の対応は失望すべきものである。多くの教員はこの問題を扱うのに自分は適任でないと思っているか、自分は本流の授業で忙しく、倫理や専門職の責任感といった本流から離れた分野に足を踏み込む余裕はないと考えている。

倫理的議論がカリキュラムの他の科目では行われないということは、倫理の科目は多くの教員によって重視されていないという印象を学生に暗黙のうちに与え、倫理の科目そのものの影響力が弱くなる。(v) 驚くべきことではなかったが、ロースクールの授業の学生に対する影響力の調査によれば、倫理的価値観の向上には授業は何の影響も与えていなかった。(19) より困ったことに、専門家の責任についての授業や、貧しい恵まれない人向けの法律相

(iv) 実務的スキルは就職してからの学習に任せておいた方がよい、という意見もある。Thomas D. Morgan, *The Vanishing American Lawyer* (2010), pp.2002-3 を参照。しかし、若い法律家の中には実地で優れた指導を受ける人もいるであろうが、先輩弁護士に法律実務のスキルの教育すべてを任せるのは、頼りにならず、運頼みで、当初の目的は充分に達成できないであろう。もし実務訓練に問題がなかったのならば、法曹界の上層部や現役裁判官が多くの弁護士の基礎的スキルの欠如に、不満を言い続けるような事態にはなっていなかったであろう。したがって、バランスをとった意見は、法律家は他の専門職と同様に勤務経験の中でスキルを磨くが、ロースクールの最も賢明にデザインされた授業は、卒業後の経験によるスキル向上がその上に築かれていく、実務的能力のしっかりとした基礎を学生に与える、というものであろう。ロースクールで与えられるスキルと目標の種類は、各ロースクールにおいて多くの学生が求める法律家としての職種に応じて変えていけばよい。

(v) エール大学のロースクールの元院長のクロンマン（Anthony Kronman）は、過去三〇年の法学への主要な二つの理論的アプローチである「批判的法学」と「法と経済学」は、法律家の行動の前提を倫理感を持った弁護士という理想から逸脱させることになったと指摘した。この理由の一つとして、彼は「長い間、アメリカの法律家を形作ってきた［公益・市民に奉仕する］法律家・政治家の理想像は崩れ、いまでは退場を余儀なくされた。至るところで法律家を支配する規範ではなくなっている」と述べている。*The Last Lawyer: Failing Idea of the Legal Profession* (1993) p.354 を参照。

しかしながら、法律家・政治家の理想像が実際の法務で広く現実のものだったかは完全には明らかでない。もしそうならば、ロースクールで広まった二つの理論的アプローチとは別の要素である、法律事務所がパートナーの収入のようなことに夢中になっていること、シニアパートナーと大企業の幹部との間の長期的協力関係が弱くなっている［長期的法律顧問契約でなく案件ごとに法律事務所同士が競って契約を結ぶようになったので、弁護士が顧客企業に対して耳の痛いことは言いにくくなった］ことなどが、法律家・政治家理想の衰退に責任があるであろう。G. Pearce, "Lawyers as America's Governing Class: The Formation and Dissolution of the Original Understanding of the American Laywers' Role," 8 *Roundtable* 381 (2001) を参照。

談の実施にもかかわらず、学生は入学したときよりも公共サービスに傾倒することへの関心を小さくして、法律についてもより冷めた目をもって卒業している。(20)

教え方

教える内容から教える方法に話題を移すと、ロースクールは教育法では自慢できるものがある。専門職大学院の中で、ロースクールは最初に伝統的講義をやめ、能動的な授業に変えた。大きくて扱いにくい実体法と手続規則を習得しようとする代わりに、ハーバード大学のロースクールのラングデル（Christopher Columbus Langdell）は、すでに一八七〇年代にロースクールは学生に規則と応用可能な手続きを自分で見る方法を教えればよいと述べている。教員は学生に対して、彼らが読んだ控訴審判決が新しい事件にはどう応用できるのか、法律家が被告、原告それぞれのためにどのような議論ができるのか、いかに裁判官は結論に達するのか、などについてじっくり質問して、学生が法律的な推論能力を育む手助けをするために授業時間を使う。司法意見を分析するためにこのソクラテス型問答を使うことは、驚くべき成功となった。まもなくこれは法学教育の主流となり、今日でもロースクールの特徴である。

学生に「法律家らしく考える」ことを助けることは別にして、ソクラテス型問答による教え方は、作った人は予想していなかった、もう一つの結果をもたらせた。教員にとって、討論を準備する方が講義を計画するより難しいことが明らかになった。教員は討論では何が起こるかわからない。予期せぬコメントに出くわしたり、意図していた議論から計画していなかった逸脱が起こったりする。同時に、教員にとって問答型の教育でうまくいかなかったときの方が、授業でうまくいかなかったときより落ち込みが大きい。もし学生からの予期せぬ質問に立ち往生してしまったら、教員は面目を失う。もし教員の出した質問が学生の関心をかきたてず活気のある討論が起こらなかったら、結果は盛り上がらないカクテルパーティーになる。そのような不愉快な経験を避けたいため

にロースクールの教員は、毎年同じことを講義する学部の教員よりも、授業のために入念な準備をする。(vi)

答えを言うよりは、質問をすることによって、ロースクールの教員は学生に学部生時代よりも慎重に正確に思考することを強いる。講義ノートと教科書を暗記することに慣れていた学生にとっては、教室での討論は身のすくむ思いの挑戦である。討論のプロセスは学生にとっても骨が折れるものであり、教員が学生の推論の誤りをからかったり軽蔑したりすれば不愉快なものにもなりかねない。しかし、向上心あふれる法律家はこの体験を、元海兵隊員が新兵訓練所を思い出すように、懐かしく記憶する。つらい経験だったが、より明快に考えられるように訓練してくれ、法律の世界にいようといまいと、今の自分を築いてくれたものだからである。

テレビドラマ"The Paper Chase"での架空のキングスフィールド教授が学生をバカにしたりからかっていた時代から、典型的なロースクールは大きな変化を遂げた。ソクラテス型問答の粗野な形は、学生が反発し、また欠点が広く理解されるようになるにつれて、消失した。教員は学生をいじめたりからかったりすることはめったにしなくなった。成績評価は厳しくなくなり、クラスでの順位は強調されなくなった。最近のロースクール卒業生の調査では、六四%が教室は好意的で温かったと答え、八%のみが敵対的で冷かったと答えている。(21)

ソクラテス型問答は引き続き大きな利点があるが、本当に成功しているわけではない。一つには、それが繰り返しクラスで使われると学生は退屈し二年目三年目になると学生は関心を失う。この問題に気づいて、多くのロースクール教員は他の教育法を用いて通常のやり方に変化をもたらせている。教員の中には教室での討論を補完するコンピュータ実習を取り入れている。他の教員はシミュレーションと学生に原告・被告などの役割を演じさ

(vi) もし学部の授業が変化し、能動的で問題解決重視型になったら、ロースクール一年目の授業が学生にとっても変わらずに刺激的かどうかを想像してみることは興味深い。ロースクール一年目の授業が成功しているのは、学部での一方通行の講義に慣れてきた学生が、効果的なソクラテス型問答を初めて経験したことにあり、法律そのものの面白さによるものではないかもしれない。

せる授業を二年目、三年目に導入している。多くの教科書は控訴審判決の分析を超えて、学生に判例と控訴審の判決や手続きだけでなく、法律問題が生じた広い意味での人間・ビジネスの関係を考慮することを強いるよう書かれている。授業での討論は裁判官が訴訟に対していかに対応するかだけでなく、顧客が法的制裁を受けたり、裁判に巻き込まれ費用を負担せざる得なくなるというリスクを冒すことなく目的を達成する、賢明な法律相談の行い方についても考察する。

これらの有望な進歩にもかかわらず、伝統的なコースの教え方における変化の過程は迅速で広範とは言い難い。新しく有望な教育法を導入する教員もいるが、多くの教員は学生の二年目三年目の退屈さの対策として、改善というよりは退歩なのだが、講義を増やしている。ソクラテス型問答と講義はロースクール三年間で最も一般的な授業法であり続けているので、とくに三年目に見られる増加する無関心さに対する、批判の要因となる。

ソクラテス型問答の成功は、ロースクール教員が教育法の問題点を見過ごすことを容易にする。認知科学の進歩とその教育・学習への応用は、いくつかの欠点をさらけ出し、学生の昔からの不満に対して正当性を与える。多くのロースクールで実行されているように、教室での授業は、法律への愛着や複雑さへの好奇心を浸透させるよりも、教員に指名され発言させられるかもしれないという恐怖心や落第や充分な給与をもたらす就職への失敗という不安を引き起こすことによって、学生を動機づける[22]。調査結果によれば、学生は自信を持てばより効果的に学べることがわかっているのだが、ロースクールの授業はしばしば、とくに重要な最初の年に、学生の自尊心を損ねている[23]。

学生の学びを妨げ、不安を募らせるロースクールの教え方は他にもある。とくに、学生は自分がいかに向上しているのか、どこを直せばよいのかについて、驚くほどわずかしかフィードバックを得ていない。多くの授業で、学生は最終試験までテストもレポートも提出しない。学生にとって自分の学習の成果についての情報は、授業終了後、数週間後に届く成績だけで、それもどこが悪かったなどについては書いていない[24]。このやり方は教員が怠惰だからではない。大学内の他の学科の同僚とは異なり、ロースクールの教員は大きなクラスでも答案は自分で読むということを続けている。これは毎年、数週間を費やす、退屈な仕事である。しかしながら、この努力をしているので、答案にコメントするとか、定期的に小テストするなど、学生に向上の度合いを知らせる機会を持つ余裕がない。しばしば、学生は答案を返してもらうこともない。成績も学生が達成した専門性のレベルでなく、クラスの中での相対評価である。[vii] 全体的に見て、この時間のかかる採点システムそのものは学生の便益というより、雇用者が採用候補者の学生の相対的な順位をわかるようにつくられている。

フィードバックの欠如の他にも、ロースクールの教育法は効果的教育法の他の原則を無視する傾向にある。[25] 多くの一年目のクラスはなぜソクラテス型問答が採用され、学生に何を期待しているかを充分に説明しないまま始まっている。法律事務はしばしば弁護士がチームで効果的に仕事をすることを必要としているのに、ロースクールの教員のほとんどは、学生に協力してレポートを書かせたりプロジェクトを仕上げることを教えていない。

いくつのロースクールでは「法律家のように考える」ということに難しさを感じている学生への支援がほとんどない。[26] すべてのクラスの中に、「理解できていない」学生が何人かいる。授業ではさまざまなケースについて討論を重ねるにもかかわらず、広範な事実の中で何が法律的に問題なのかを見つけることのセンスに欠ける学生がいる。ロースクールは通常の授業よりも個々の学生により注目して指導する弁護士実務や作文の授業を導入することによって、学生支援について改善した。[27] しかし、これらの授業は学生には助けになるが、法学的推論のすべてをカバーしているわけではない。またこの限られた授業でも、教員は学生に厳密に思考することを教えるのはきわめて難しく、ついてくるのが非常に困難な学生がいることを認めている。[28]

(vii) ロースクールの中にはこの状況を改善したところもある。たとえば、臨床法学教育プログラムでは学生は経験豊かな法律家の下で働き、コメントをもらう。法務文書作成のクラスでは、レポートの作成が求められ、コメント入りで返却される。また、ある種の法的問題についてすぐにコメントを返すことができるコンピュータ・プログラムを使ったりもしている。

いくつかの点でロースクールは他の学部に比べて、教育法の質の改善と学生の学びの向上への取り組みで後れている。ロースクールは文理学部に比べて新しい教員に教師・教育者としての責任を果たすための訓練の機会を与えることができていない。そのような訓練なしには、新任教員は自分の学生時代に最も成功していると思った教員のやり方をまねすることしかできない。これでは革新を生みだすことはできない。信じがたいことだが、ロースクール教員は学生にきわめて長い間、ごくわずかなフィードバックしか与えてこなかったし、また、いかに学生が学び、またいかに学びが改善されうるかについての、実証研究や増えつつある著作にこれまで触れることができはずなのに、有効な教育法の原理について無知である。

ロースクールはまた、学生がどの程度、知識や有能な法律家として活躍するのに必要な専門性を得ているかを測定する試みでも後れている。[29] もちろん、教員は学生の最終試験での成績はわかっている。しかし、その成果のどれくらいが授業によって得たものか、それとも授業を受ける前から元々学生が持っていた資質によるものかはわからない。[30] 教員は学生のクラス内でのランクはわかるが、クラス全体の学習レベルはどれくらいか、個々の学生がどれくらい向上したか、どういうタイプの学生がどういう点で後れているのか、などはわからない。その結果、教授陣としても個々の教員としても、どの点で教育法を改善しなければならないのか、新しい教育法はうまくいっているのか、などを理解するための情報が充分得られていない。

多くのロースクールで、革新的な教育法の積極的な中心地は臨床法学教育プログラム（Clinical Program）である。教室での講義を補完する、役割演技、シミュレーション、録画、協力しての学習等が頻繁に行われている。ここでは、新しい教員向けの教育法の特別なコースが時には登場している。臨床法学教育プログラムや法務文書作成担当の教員が、あまり有名でない法律雑誌にではあるが、認知科学の理論や学生の学習成果についての研究、ならびに法学教育への応用の可能性について論文を書いている。[31] しかし、これらの取り組みが興味を引き潜在的には実りあるものであっても、臨床法学教育の科目は大部分の学生にとってプログラムの小さな割合しか占めていないし、そこで見られる革新的な教育法は、臨床法学教育担当教員の中でもあまり広まっていないことが多い。結果として、そのような貢献は多くの伝統的科目での欠点を補うには充分でない。
ここに述べた短所は「成功が失敗につながる」という金言を思い起こさせる。推論のスキルを醸成し、一年目の学生を引き付ける、ソクラテス型問答の成功そのものが、教育や学習を有効に向上させる他の方法に注意を払わなくなった要因かもしれない。なぜならばソクラテス型教育法は念入りな準備を必要とし、ロースクールは任用と昇進において教室での授業のスキルを大いに重視してきたので、教員はそれ以外の方法での教育の質の向上をいまさら問題にしなくなっているからである。

これからの道

今日、ロースクールが直面する最も深刻な問題は、教育の質ではなく、またロースクール自身が解決できるものでもない。苦境の最も重要な点は、引退者の穴埋めと新規採用によって二〇一八年までに生まれる法律家の仕事の数を上回る卒業生を、ロースクールが輩出していることである。すべての修了者が必ずしも法律家にならないとしよう。しかし、過去の経験から、修了者の多くが法律家になろうとするので、現在の不況が終ったとしても法律関係の仕事を見つけることは難しい。とくに教育ローンを返済するのに充分な給与の仕事はそうである。

(viii) 分析家の中には、法律家の求人は現在の不況の前から伸びが鈍化していて、経済が平常時に回復しても、伸びが遅いことは続くだろうと結論する人もいる。彼らはこの傾向の要因を、顧客企業が法務サービスを小分けにして入札を求めたり、日常の法務サービスを安くできるアメリカ国内外の法律家に委託したり、法律家の仕事を完全に代替する新しい技術を用いるという、コストを下げている努力が引き起こす法務サービスのリストラにあると見ている。William D. Henderson and Rachel M. Zahorsky, "Law Job Stagnation May Have Started before the Recession–and It May Be a Sign of Lasting Change," 97 *ABA Journal* (2011), p.40; Bernard A. Burk and David McGowan, "Big but Brittle: Economic Perspectives on the Future of the Law Firm in the New Economy," *Columbia Business Law, 2011* (2011), p.1を参照。

ロースクールの院長の中には、これらの予想に反論し、過去の不況のときのように法律家の市場は改善すると考える人もいる。しかしながら、ほとんどの分析家が予想するように、もし院長の予想が間違っているのならば、法律家の過剰を解消するために何かしなければならない[viii]。大学の四年生は、見込みの暗い労働市場に対応してロースクールに進学することをあきらめるかもしれない。または学費ローンを返済できないロースクール修了生の数の大きさを懸念した連邦政府が、ロースクール学生が借りられる債務保証ローンの金額を減らすかもしれず、その結果は、ロースクールで学位を得ることを、不可能でないにしても難しいものにする。どちらのケースでも、経済力に限りのある学生がロースクールを出ることをあきらめざるを得なくなる一方で、二番手以下のロースクールは予算の収支を保つのに充分な数の学生を集めるのにプレッシャーを感じるようになる。

現状のままでは、法律家の過剰供給の深刻なリスクを背負うロースクールは自分自身を守る簡単な手段を持っていない。ロースクールは雇用を抑え、現有教員の教育負担を増やし、お金のかかるランキング上昇の努力をあきらめたいが、認証基準は彼らのできることを制限する。四五の州で法律家になるには認証を受けたロースクールを修了していることが義務づけられているので、認証はロースクールにとってきわめて重要である。現行の基準では、各ロースクールは、三年の学習に相当する必修条件、教員一人当たりの学生数の低さの維持、図書館の規模と質、非常勤教員と（低い給与の）兼任教員の使用の制限など、費用を増加させる多くの条件を満足することを求められている[32]。

連邦政府は、給与の良い仕事を見つけられなかったロースクール修了者に、ローン負債の減免をすることで支援できるが、すでにこの方向で踏み出している。にもかかわらず、この方法は単に財政負担を納税者に押し付けるだけで、学生がきわめて高給の大手法律事務所に就職できるという誤った見込みに陥っている限り、学生の負債が増大したり授業料が上昇したりすることの抑制には役に立たない。

もし他に何も変わらないのならば、法律家の過剰は多くの弁護士志望者が他の仕事を選んで、多くのロースクールが閉鎖すれば解消される。すでに、ロースクールの志願者は二一世紀初めの一〇万人から二〇一二―一三年度の五万四〇〇〇人に減少した。読者の中にはこれは供給を需要に適応する競争市場の正常な機能であると反論するかもしれない。しかしながら、法律の場合、法律の訓練を受けた専門家の過剰は存在していない。逆に家庭のトラブル、税金でのトラブル、地主・借地家の問題などの日常の法律相談で弁護士を雇うことができない、低・中所得者層の法務サービスへの需要は満足されていない(33)。学生は、これらの仕事をするための訓練と免許をほどほどの費用で与えられるべきである。しかし、これらのニーズは現在、満たされていない。それは現在のロースクールに対する認証基準のため、法律家になるには費用のかかる訓練を修了しなければならないからである。

これらのルールの再構築に必要な方法は、二年制ロースクールを認可すること以上のものであり、達成が難しい。そうすることは法務サービスが提供される方法と、誰によって提供されるかについて大きな変化を要する。そして確固たる利益を持つ人々が頑強に反対するであろう。しかしながら、ロースクール自身、とくにそれによって恩恵を得るスクールは、変化を引き起こす力がない。

この構造的な問題は別にして、現行の法学教育の状態は玉石混交である。法律の意見を分析するソクラテス型問答の使用は、ハーバードのラングデル院長が一五〇年前に導入したのだが、これまで偉大な成果をあげてきた。この手法は依然として、法律分析での優れた訓練を与えているが、法律家として生きていくことに必要なすべてのスキルを、学生に与えるわけではない。幸い、ロースクールは教える科目数だけでなく、教えられる専門性や教育法の意味でもプログラムの広がりを示している。にもかかわらず、多くがなされなければならない。依然として学生は自分を向上させるためのフィードバックを教員からほとんど得ていない。教員が用いる教育法と、彼らが育成しようとするスキルは、一年目の授業の厳しさから一旦生まれた法律への関心がその後も保たれるようにするために、また法律の実践のために学生を訓練できるためには旧態依然としている。最後にロースクールは、倫理、職務上の責任感の教育については他の専門職大学院と変わり映えしない［同じ程度、不充分である］。多くのロースクールにとって、臨床法学教育プログラムはこれらの欠点を補う最良の機会を提供する。ロースクールの学生に多様な経験を与え、法律家としてのスキルを向上させ、法務サービスのための訓練の中で足りない部分、満たされないニーズを彼らに明らかにする。そうすることによって、二、三年目に学生の関心を維持させるという難題に対する答えの一部も提供する。実際の顧客の相談に乗り、新しいスキルを実践する機会は、メディカルスクールが行っているように、この目的を達成する。しかしながら、臨床法学教育プログラムはこの潜在的な力を発揮するための地位を多くのロースクール内で得ていない。また、それらの教えるスキルは、学生が求めるすべてのタイプの特殊な仕事にも合うように学生を訓練するために柔軟に変更されていない。[34] もしプログラムが広がらず、カリキュラムに完全に統合されず、すべての、少なくとも大多数の学生にとってロースクールの経験の中でも重要な部分になることができなければ、二、三年目に明らかな知的向上を与えるという重責すべてを担うということは期待できない。

臨床法学教育プログラムが潜在的な力のすべてを達成することの主要な障壁は、多くの中核メンバーの教員の側に、このプログラムそのものとそれを提供する教員が適切な教学面、研究面的で知的水準を満たしているか否か、という疑念があることである。この点ではロースクールは兄弟分であるメディカルスクールほど成功していない。多くのテニュア取得済み教員は法律実務の経験がほとんどなく、臨床法学教育プログラムに無関心でいるか軽蔑するから、臨床法学教育の教員の貢献は容易に重みのないもののようにみなされる。もちろん、臨床法学教育の教員はロースクールの多くの一般教員ほどには出版したり、いかめしい履歴書を自慢したりしない。しかし、臨床法学教育の教員は実務経験を持っており、他の一般教員が教えられない、教えたがらないある種の実務的スキルを学生に伝えることができる。臨床法学教育の教員が大部分の伝統的教員以上に、教育・学習について創造的に考え、新しい教育法を導入しようという明確な意思表示をしていることは、例外的ではない。このように考えれば、臨床法学教育の担当教員が法学教育を豊かなものにするという可能性は、臨床法学教育プログラムが現在ロースクールで与えられているのより大きな役割を持つことを正当化するであろう。

しかしながら、臨床法学教育プログラム以外のロースクールの授業は変化が遅いが、凍結してしまっているわけではない。新しい科目は絶えず追加され、新しい教育法も試されてはおり、ロースクール界全体で新しい問題を提起している。いくつかのロースクールは、企業法の実務訓練ため現職の企業弁護士に話をしてもらったり、役割演技をして想定問答したり、問題解決型演習を導入したりしている。(35) 他のロースクールでは三年目のカリキュラムを改定し、学生が自分の進みたい分野に合った勉強をできるようにした。臨床法学教育プログラムの地位はまだ向上の余地が大いにあるが、過去数十年で次第に改善してきている。(36) しかるべきときには、法学教育は法律実務で成功するために必要な基礎的な専門的知識を学生に与えつつ、三年間にわたり有用で没頭できる経験を提供することに成功するかもしれない。

学生が大いに倫理的判断力を身につけ、法律家の仕事の理想を高め、社会の利益のために努力するようになることを、ロースクール教員が支援する方法を見つけるかどうかはかなり不たしかである。この点で、ロースクールはメディカルスクールとビジネススクールと同じ問題を抱える。しかしながら、教員を責めるのは公平ではない。ロースクールの教員はたしかに倫理的議論を通常の授業にもっと組み込んだり、倫理的問題についてのより効果的な教育方法を試行したりできるはずである。しかし、倫理を学生に教えることと、学生に理想像を与え、学生の個性を鍛えるのは別物である。どんな専門職大学院が後者を実現できるか否かは、まだ結論の出ていない問題である。

第14章　ビジネススクール

ビジネススクールは、ロースクールやメディカルスクールよりは後れて誕生した[1]。一八八一年にペンシルバニア大学に設立されたウォートンスクールは、初期には経営学や商学よりも社会科学の授業が多かったが、最初の経営学での大学院であると言われている。ビジネススクールは一九世紀末までは追随が起こらなかった。しかし、一八九八年から一九一三年の間で、カリフォルニア大学バークレー校、ノースウェスタン大学、ミシガン大学、ハーバード大学、シカゴ大学など二五ほどの大学がビジネススクールを持った。

当初から、ビジネススクールの目的そのものには論争があり、これらの目的が達せられるか否かも議論された。ビジネススクールを創設した大学の学長は、その理由を崇高な目的でもって説明した。ミシガン大学のジョーンズ学長（Edward Jones）によれば、

もしわれわれの文明における物を獲得することばかりへの欲求を嘆くのならば、われわれは対案を生みだすことを望みたい。もしもそれを産業界自身の中に生みだせたなら、われわれは、企業経営者の願望を鼓舞し（中略）より新しく社会的な理想像を実現することができる[2]。

コロンビア大学のバトラー（Nicholas Murray Butler）学長は心情を露わにしてた。

神学、法学、医学、教育学の哲学があるように、経営学にも哲学があってもよい。哲学の扉を通して、根本的な原則と高い水準が理解できる。そして大学はこの種の知的活動と社会貢献の形を追究できる能力と専門知識を備えた人材を生みだそうとしている。(3)

しかしながら、誰もが経営学は大学にとって適切な学問だと同意したわけではなかった。コロンビア大学、ハーバード大学などの教員はこの考えに反対した。一九〇九年から五三年までハーバード・ビジネススクールの教授を務めたコープランド（Melvin Copeland）によれば、「多くの教授と卒業生から、企業経営のような腐敗したテーマを教えることはハーバード大学の品格を損ねる」と言われた。(4)高等教育の著名な評論家だったフレクスナー（Abraham Flexner）は、ビジネススクールを持ったらハーバードは大学と名乗るに値するのだろうか、とまで述べていた。(5)振り返って、歴史家のアレン（Frederick Lewis Allen）によれば、「企業経営は専門職であろうか。専門職だというのは無垢な考えだ。企業経営は一番になるための人間同士の荒々しくごちゃごちゃした戦いであり、教員が学生にこれに備えるよう教育するというのは無意味だ」という懐疑論が知的な人々の間からは聞こえてきた。(6)

初期の時代には、教員の中でもどのような授業科目が適切なのかについて、合意を形成するのが難しかった。大学幹部を中心に、高尚な理想像と学術的科目を教えることを強調する教員グループと、企業経営者が求める技術的専門性を高める実学科目を重視するグループとの間に亀裂が生じた。一九二八年のノースウェスタン大学のビジネススクールの院長は、「アメリカのビジネススクール一覧ガイドブックを見て、明確に定義されたコンセプトや目的に関する広範な合意を見つけようと思う人は、見つけられずがっかりするだろう」と述べた。(7)大多数の主要ビジネススクールで共通の必修科目は、会計学、法学、実用英語作文、入門経済学のみであった。これらの科目の実践的性格のため、院長の中にはビジネススクールは早くも初期の理想像を見失ってしまったと嘆く人もいた。ウォートンのウィリス(Joseph Willis)院長は一九三四年に「われわれは経営の専門家になる技法ばかり教えていて、政治家的性格を持った経営者、すなわち良き市民でもある経営者の養成を軽視している」と述べている。(8)

設立以後、最初の二〇年から三〇年の間、ビジネススクールは学生をほとんど集められなかった。一九三九-四〇年度でも、全米でわずか一一三九のMBA(経営学修士号)が授与されただけであった。この数字がその当時までの最高であった。経営学の教員の著作は貧弱だった。いくつかのビジネススクールは研究「局」を作っていたが、その活動は情報、統計の収集と企業からの委託研究であった。ラーンド(Edmund Learned)や、よく知られた「ホーソン効果」[人間は関心を持つ人の期待に応えようとする。上司が注目していると労働者の生産性は上がる。医師の期待に応えようと、患者は治療を施されると病気が治ったような気になる]で有名なメイヨー(Elton Mayo)、レスリスバーガー(Fritz Roethlisberger)のような厳格な研究は、影響力があったが明らかに例外的だった。(9)

第二次大戦はビジネススクールの歴史の分岐点であった。大恐慌で地に落ちた大企業の評判は戦時中の目覚ましい貢献によって回復した。アメリカがソ連(当時)と軍事、外交だけでなく経済でも競争する中で、企業経営者には新たな重要性が与えられた。復員兵への連邦政府からの奨学金制度(GI Bill)によって、ビジネススクールの在籍者数は増加し、その増加は数十年続いた。

戦後は経営学の教育に新しい資金源が生まれた。フォード財団、カーネギー財団は経営管理の教育の強化に強い関心を持つようになった。支援先を決めるにあたり、両財団はそれぞれ、経済学者による大規模なビジネススクールの調査を行った。その結果として、一九五九年、フォード財団からゴードン(Robert Gordon)とハウエル(James Howell)による *Higher Education for Business* が、カーネギー財団からピアソン(Frank Pierson)による *The Education of American Businessmen* がそれぞれ刊行された。(10)

両報告書はビジネススクールの教育と研究に批判的で、現行の水準は「恥ずかしくなるほど低い」と述べ、(11)同じような改善策を提案した。それらは、数量的手法と厳密な社会科学に基づいた経営科学による厳格なカリキュラムと研究の努力を求めていた。これらの目的を達成するため、報告書は知識と第一級の教育と研究に必要なスキルを備えた教員を育成するために博士課程の創設を提言している。とくにフォード財団は報告書に続いて多くの主要大学に多額の寄付をした。

半世紀前の有名なフレクスナーの医学教育に関する報告書とは異なり、フォードとカーネギーの報告書は弱小ビジネススクールを淘汰することはできなかった。全米大学基準協会によって認証されていない多くのビジネススクールは継続し、今日でも存続している。低位の管理職をめざす人が行ったり、学歴詐称より少しはましといった程度のところもある。法律や医学と異なり、経営学では経営管理の仕事に就くためには教育で資格を取らなければならないというしくみを確立できなかった。このことが経営管理は専門職でないと批判されるゆえんである。ビジネススクールの団体であるAssociation to Advance Collegiate Schools of Business（AACSB）も認証評価のための最小限の基準を強制することができなかった。

フォードとカーネギーの報告書はスタンフォード大学、ペンシルバニア大学、シカゴ大学、ノースウェスタン大学のようなエリート大学のビジネススクールと、一流をめざす多くの地域大学のビジネススクールに劇的な影響をもたらせた。これらのスクールのほとんどが認証を受けており、『ビジネスウィーク』誌によってランクづけされていた。これらが多くの評論家がビジネススクールについて、またはその教育について語る際に念頭に置いた学校である。

主要ビジネススクールはフォードとカーネギーの報告書の提言を積極的に受け入れ、すぐに教授陣の質の向上に着手した。自分の博士課程からは優秀な人材を充分に集められなかったので、彼らは社会科学で最近、博士号を取った人を採用し始めた。一九八〇年代までに、経営学以外の博士号取得者が主要ビジネススクールの教員の八〇％を占めるようになった。まもなく、これらのビジネススクールは、有名学術雑誌に載せられる優れた論文を作り出すような厳格な研究プログラムを持つようになった。

二〇年の間、経営学教育の新しいバージョンは驚くべき成功を遂げた。一九五六年から一九八〇年、年間MBA授与数は三二〇〇から五万五〇〇〇に増えた(12)。現役の企業幹部または幹部候補生向けプログラムはそれまでは中途半端で心もとない存在だったが、この時期にプログラム数も在籍者数も増加した。この成長を支えたのは成功した卒業生からの寛大な寄付であった。多くのビジネススクールが多額の寄付の見返りに、篤志な実業家の名前を冠するようになった。主要ビジネススクールの建物や施設はキャンパスの中で匹敵するものがないくらい、高級なものになった。

これらの成功はすぐに海外の関係者の注目を集めた。一九六〇年代に、〔フランスの〕セルバン＝シュベール (Jean-Jacques Servan-Schreiber) は、ベストセラーとなった *The American Challenge*（邦題『アメリカの挑戦』）のなかで、アメリカ経済の成功は主要ビジネススクールで訓練される経営者の質の高さのおかげだと主張した(13)。すぐに、アメリカと同様のビジネススクールが西ヨーロッパ中に広がった。もし同じものを作って張り合うことが最高の敬意の表現ならば、アメリカのビジネススクールは、多くの国でのアメリカ型モデルに倣ったプログラムの設立を非常に喜んでよい。

これらの成功にもかかわらず、石油産油国が作ったカルテルであるOPEC（石油輸出国機構）による原油価格引き上げ、スタグフレーション〔物価上昇と景気後退の二重苦〕にアメリカ経済は苦しみ、世界市場で厳しい競争にアメリカ企業が直面するようになった一九七〇年代には風雲急を告げることになる。風向きの変化はビジネススクールの二人の教授へイズ (Robert Hayes) とアバナシー (William Abernathy) によって書かれた、*Managing Our Way to Economic Decline* によって示される(14)。彼らはアメリカの経済競争力の低下を指摘し、現場の経営経験から得られた洞察でなく、ビジネススクールで教えられた客観的分析手法を重視し長期的成長に必要な技術に投資せず短期的費用削減に走る企業を批判した。これらの批判は、ピータース (Thomas Peters) とウォーターマン (Robert Waterman) による *In Search of Excellence: Lessons from America's Best-Run Companies*（邦題『エクセレント・カンパニー』）のような一般向けの本でも繰り返された(15)。

アメリカの企業は国際市場での競争力強化のために立ち上がったが、一九八〇年代は市民の企業幹部に対する信頼を揺るがす、多いに報道されたスキャンダルと暴露が相次いだ。ボースキー（Ivan Boesky）とミルケン（Michael Milken）のような資本家による一九八〇年代末の金融取引のやり方は、世紀末のエンロン社やワールドコム社のような企業の破産につながる経営陣の犯罪行為への道を開き、二〇〇八年の大不況の原因となる投資銀行などの金融機関のリスクの高い行動につながった。

この災難に巻き込まれた多くの企業幹部はビジネススクールを出ていたので、企業への批判は経営学教育への不満の嵐を伴なった。マスコミ、企業幹部、ビジネススクール教員までも一端に加わった。経営学教育のどの部分も無傷ではいられなかった。教えられるテーマ、教え方、ビジネススクールの教育の基にある経営管理や企業行動の理論などが批判された。

ビジネススクールで教えていること

フォード財団とカーネギー財団の報告書が発表されてから何年にもわたって、主要ビジネススクールは学生が取るべき基本科目についてはかなり明らかな意見の一致をみてきた。[16] コア科目は次の八つから成る。会計学、財務論、ミクロ経済学、戦略論、組織行動論、組織管理理論、マーケティング論、意思決定論または統計学である。これらの科目は必修か、強く推奨され、ほとんどの学生が一年目に履修する。二年目は異なる状況である。学生はほとんどが選択科目だが、多くの授業から、自分の関心ある分野、または指導教員の研究分野に近い科目を履修する。二年目は一年目よりは縛りがゆるいのが通常である。授業にもそれほど時間を費やさず、すでに仕事を持っている学生以外は就職活動に忙しく、企業の求人担当者と会ったり、幹部との面接のために全米を文字通り飛び回る。[17]

経営管理の教育を思い浮かべたら、時代遅れと言える科目は一つもない。ビジネススクールの案内書をちょっと見れば、教員は企業で起きている問題をすぐにカリキュラムに取り込んでいることがわかる。国際ビジネスや企業家精神に関する授業の提供がそうだ。もちろん、すべての新しい科目が同等の地位にあるのではない。単にカリキュラムの中に取り入れられるのと、教員や学生から尊重され「重要科目」として教えられる地位を得るのとは別ものである。(18)

経営学の教育の内容は、現在、激しく動揺し、企業の人々から懸念が表されていることもあって自己反省の時期にある。批判の一つがMBA取得者がきちんとした経営判断をする能力を持っているのかということである。(19)企業経営者はビジネススクール卒業者の、明快に具体的に思考する、異なる文化や価値観に順応する、政治・規制の影響を把握する、企業の直面する倫理的問題に敏感である、といった能力に欠けていると不満を持っている。企業の幹部はまた、MBA取得者の決定されたことを実行する能力、労働現場の現実を理解する能力にも疑問を呈している。ビジネススクール卒業生はリーダーシップ、人間関係、協働、さらには明確さと説得力をもったコミュニケーションといった能力の欠如でも批判されている。

これは自己中心主義がもたらした、返済がきわめて難しい「つけ」である。しかし、ビジネススクールは今日、もっと厄介な疑念に遭遇している。急激な成長と立派な教授陣、多くの教員がもたらした学問的秀逸さにもかかわらず、企業経営者の中には、現行の経営学教育は二年間を費やすだけの充分な実践的価値をもたらすかどうか疑問に感じ始めている人がいる。

一見すると、そのような疑念はこじつけのように見える。何よりも九五%以上のビジネススクール卒業生が「他人にもビジネススクールに行くことを勧める」と答えている。(20)（二五年前のだが）ある調査では八一%の企業経営者がビジネススクールを「素晴らしい」か、少なくとも「かなり良い」と答えていた。(21)より一層物語るのが現職の企業幹部［候補者］向けコースの人気である。もし企業が経営学の教授陣は教えるべき有用な知識を持っていないと感じるのならば、なぜ幹部をこのようなコースに送り続けるのであろうか。

答えとして、懐疑論者は説得力のある議論をしている。ビル・ゲイツ（Bill Gates）やジャック・ウェルチ（Jack

Welch）のような最も成功した経営者の多くはビジネススクールに行っていない。過去数十年に在籍者数は急増し、卒業生は在学経験を高く評価しているが、これらの好ましい証は経営学教育の質とはほとんど関係ない。むしろ、一流ビジネススクールに入学を許可され卒業できたという単なる事実が、就職で成功して他者に先んじることの助けになる。同様に、企業の求人担当者にとってもビジネススクールの価値は、それが与える知識でなく、企業が面接をし雇用する優秀で意欲的な人々を集めている、というその役割にある。企業がますます、授業でどれだけよく学習するかもわかっていない一年目のビジネススクール学生に求人するようになっているのには、他にどんな理由があろうか。

ビジネススクールが教える客観的な分析が最も役に立ちそうなコンサルタンティング企業でさえ、しばしば法律、公共政策、さらには医学など他の専門職大学院の卒業生を多く採用している。証券会社、機関投資会社ならびに他の金融機関も同様である。学生は経営学の訓練の欠如で損はしていないようである。コンサルタンティング会社のマッキンゼー社では、ＭＢＡを持っていない新入社員は顧客の相手をする前に簡単なオリエンテーションを受けるが、その後の仕事での実績はＭＢＡ取得者と変わらない[22]。

ビジネススクールの教育の価値についての論争は決着には程遠い。そして、その在籍者数への影響は不確かである。しかし、明らかに懸念すべき理由もある。大手企業はビジネススクールに代わって、幹部がより適切だと考えた、強力な社内研修プログラムを提供するようになっている。明らかに金融機関（ならびにコンサルティング会社）の中には採用したばかりの社員が二年間、ビジネススクールに通うことをもはや奨励せず、社内で勤務しながら訓練させるところも現れている[23]。主要ビジネススクールの最近（少なくとも二〇〇七年から〇八年の不況の前までは）の卒業生の四〇～六〇％は金融機関かコンサルティング会社に就職するので、この社内研修重視の傾向は経営学プログラムにとって本当の脅威になる。

ビジネススクールは卒業生の値打ちについてつきまとう疑念の結果、あきらめたり、閉鎖しようとしているわけではない[i]。この種の疑問を投げかけられている専門職大学院は、ビジネススクールだけではない。たしかにメディカルスクールを出てない人から手術を受けたくないし、ロースクールを出た人の助けなしには企業合併は難しい。これらの修了資格の価値はわかりやすい。一方で、教育学の大学院に行っていなくても教壇には立って優れた教師になれるし、公共政策大学院卒は政府高官の間ではまだまだ例外的な肩書である。経営管理の道に入りたい才能豊かな若者を集めランクづけするというビジネススクールの機能は、求人担当者や入学希望者自身にとって、何が実際に教えられているかにかかわらず、ビジネススクールの価値なのである。しかし、MBAの価値について表された疑念と企業幹部からの不満は、ビジネススクール院長の間でショックであった。それは当然ショックであるべきだ。

皮肉なことに今日の経営学教育の問題は無視できない程度で、フォードやカーネギーの報告書と彼らの財政支援で行った改革の意図しない結果でもある。（両財団の熱心な支援を受け）ビジネススクールの社会科学の博士号取得者を採用することによる研究の厳密さを向上させる努力によって、ビジネススクールでは教員と教える対象である専門職との関係が、他の専門職に較べて特異なものになった。ロースクールやメディカルスクールと異なり、ほとんどのビジネススクール教員は、自分たちの教える分野での実経験がまったくか、ほとんどない。

メディカルスクールでも、基礎科学者は疾病のことを知らないかもしれないが、彼らは疾病の診断や治療について教えることを求められてもいない。その職務は多くの臨床教員が担うが、彼らは病院に勤務し患者の治療に積極的に取り組んでいる、経験ある医師から構成される。ロースクール教授陣は診療教員ほど実務経験はないかもしれないが、彼らの中には少数のベテラン弁護士の実習スタッフが含まれている。さらに、ほとんどすべての教員はロースクールを出ている。多くは裁判官の補助をする事務スタッフの仕事をしたことがあり、数年間、弁

（i）しかしながら、上位一五校以外のビジネススクールでは、すでに二年制のMBAプログラムは在籍者数が減少している。一方、一年制プログラムや企業幹部向けといった、仕事を続けながら夜間や週末に受講できる短期プログラムは人気が出ている。

護士として活動した人もいる。

対照的に、主要ビジネススクールでは、名誉講師となっている何人かの元経営者を除いて、博士号を持つ多くの教員は企業を経営する方法を習っていない。経営の研究はしばしば、ビジネススクールに採用され授業の準備を行うようになってから始めたという人もいる。したがって、彼らは単に、企業とのコンサルティング活動を通して、または企業や経営者について実証研究をすることによって、実務的な知識を得たのかもしれない。しかしながら、彼らの研究は日々の経営実務についてではなく、理論的問題か集計したデータの分析である。彼らの発表する論文は研究者向けであり、企業幹部向けではない。驚くべきことではないが、多くの経営者はこれらの論文に何の実務的関連性を見出さない。

ビジネススクール教員の経歴と経営経験の無さは、彼らが教室で何を重視するかにも影響する。多様な科目が提供されているが、多くの主要ビジネススクールで必修となっている科目はほとんどすべては、内容が厳格で数量的な分析である。人的資源、管理、リーダーシップ、などの経営者にとって重要なスキルは、主要なビジネススクールの三分の一以下しか必修科目にしていない[24]。学生が学ぶことは理論、分析、意思決定論に重きが置かれ、決定したことをいかに実行しうまく実践するかの方法は重視されない[25]。主要ビジネススクールの修了生が最初の就職先として金融やコンサルティングが多いのは不思議ではない。そこでは、分析が主で何かを実行することは重要でないからである。MBA取得者が製造業や小売業で高い管理職に就くべきでないと言っているわけではない。しかし、彼らが就いたら、その成功は彼らがビジネススクールで習ったことよりも、天賦の資質か就職してから得た経験によるのであろう。

カリキュラムの問題はさらに根深いが、それもフォードとカーネギーの報告書にその源がある。社会科学の研究の重視は経済学の影響力を強めた。経済学は社会科学の中で、価値観から自由な厳格な「科学」を生みだすことに成功したと広くみなされている。何人かの影響力のある経済学者はフォードやカーネギーの報告書のときには依然として制度分析を記述的に行っていたが、その手法は主流ではなくなり、理論研究ときわめて抽象的で洗練されたモデル構築に取って代わられた。

この種の研究は効率的市場仮説［資本市場では、影響を与えそうな情報はすべて利用されて証券の価格が決まる、という考え方］やエージェンシー理論［雇用者（プリンシパル）と被雇用者（エージェント）が、利害を一致させるような契約関係を考察する］等に現れるが、企業に影響を与える重要な問題に明確で、信頼できそうな答えを出してくれそうなので、ビジネススクールの教員の関心を集めた。これらの理論によれば、突き詰めると企業は契約関係のネットワークから成り立っていた。(26)最も重要な関係は株主と雇われ社長とのプリンシパル・エージェントのそれである。主流派経済理論との整合性を維持するため、エージェントである社長は合理的、利己的な個人で、彼の利益はかならずしもプリンシパルである株主と一致しないと仮定される。好きにさせておくと社長は、株主を満足させるため最大限の利益をあげるということに専念するのでなく、外部の関係者、従業員のニーズ、周りのコミュニティの利益に注目を払い過ぎる。そして、投資家にとっての挑戦は、社長に株主の利益最大化の目的と合致するような強力な誘因を与えることである。(ii)エージェンシー理論によれば、この解決策は社長に充分なストックオプション［自社株の保有］を与え、彼らの報酬が株価の増加と直接に比例して上昇するようにすることである。(27)

この線での推論は企業の取締役や社長とともに経営学の教員の関心を集める。取締役は気前よくストックオプションを社長に与え、彼が何百万ドルも稼ぐことを許している。一方、学生は「株主の利益を最大化」が社長の主な目的であり、ストックオプションの使用は企業経営者を株主のために最善の努力に仕向ける「動機づけ」と

（ii）経済学の研究者がこの企業理論を好むのは偶然ではない。なぜならば、彼らの作ったモデルは、企業がいくつもの利害関係者の利益に注意を払うよりも単一の目的を持つと仮定するときのみに、うまく当てはまるからである。

（iii）アスペン研究所の最近の調査によれば、ビジネススクールの学生のおよそ三分の二が、一〇の選択肢の中で「株主の利益の最大化」を企業の主要な責任だと答えた。この目的を支持することは、学生がカリキュラムで勉強を進めるにつれて強くなる傾向がある。Aspen Institute, *When Will They Lead? MBA Student Attitudes about Business and Society*（2008）を参照。

して適切な方法だと考えるようになる。(iii)

振り返れば、これらの理論は明白であるべき点を見逃している。財務的な目的を達成することに大きな金銭的誘因を社長に与えることは、もし正当な経営意思決定が望まれた結果を達成できないならば、帳簿を改竄《かいざん》し［役員の］報酬決定委員会を操作し、疑問のあるやり方に訴えるであろう。しばしばストックオプションは社長に短期的収益を過度に重視し二〇〇七－〇八年の金融危機を引き起こしたような、無謀なリスクをとることを促す誘因を作り出す。(28)

株主の利益の最大化の重視は、経営学教育へのもう一つの予期せぬ効果をもたらす。従業員、地域コミュニティ、社会の利益を考慮に入れるという企業経営者の責任は、株主の利益を増加させないのならば否定されるということである。株主以外の利害関係者は経営者から注視されなくても、市場のメカニズムとそれを補強する適切な法律と規制によって充分、守られているとみなされる。

この企業経営者の適切な役割についての概念は、ビジネススクールに困った問題を生じさせる。このような理論を抱いている教員が、どうやってビジネススクールのモットーにある社会的責任と高い道徳的理念をもった企業リーダーを育てるふりができるのであろうか。エージェンシー理論によれば、企業のトップは「広い見識を持った経営者」には程遠く、株主は彼に大きな金銭的報酬を与えて動機づけしているが、実際には株主にとって信頼できる執事ではない。(iv)

エージェンシー理論の重視は倫理を教える際にもマイナスの影響を及ぼす。高い倫理基準を守ることは収支も改善すると固執した議論をすることは可能である。しかし、倫理はエージェンシー理論では重きを占めておらず、ビジネススクールの教育でも道徳を考慮することは軽視されるという印象が生まれる。より一般的に、倫理や企業責任の担当教員は、はっきりした答えを出しそうな数量的分析や精密で厳密そうにみえる理論やスキルを重視するビジネススクールの文化に合わないと感じている。(29) 現在までのところ、トップ五〇のビジネススクールで倫理の履修を必修にしているのは半分以下である。そのような必修を設けていないビジネススクールの院長によれば、学生は「倫理の科目は『厳格さに欠けていて』、ミクロ経済学や財務分析などのような科目ほど役に立たない」という不満を持つ[v]という。

批判に応える

これまでの議論は、ビジネススクールは単に科目を加えることでは批評家を満足させられないことを示唆している。多くのＭＢＡプログラムに欠けているといわれるリーダーシップ、道徳的推論、批判的思考などは、すで

(iv) 頻繁に引用されるスタンフォード・ビジネススクールのリービット（Harold Leavitt）の言葉によれば「新しい専門職的なＭＢＡタイプの経営者は、専門化した傭兵のようだ。どんな戦いにも参加し冷静に規律正しく戦うが、戦う価値がある戦争なのか、正しい戦争なのか、何が原因なのか、その原因を支持するのかといった、戦争になった根本原因についての疑問は考えない」。Rekesh Khurana, *From Higher Aims to Hired Hands: The Social Transformation of American Business Schools and the Unfulfilled Promise of Management as a Profession.*（2007）, p.326 に引用。

(v) 倫理を重視しないことはいくつかの理由から不幸なことだと思われる。大学四年生を対象にした調査によれば、ビジネススクール進学希望者は「お金を儲けることに関心がある」、「学部在籍中に一、二回以上、カンニングをした」ということについて他の学部生より比率が高い。Donald L. McCabe and Linda K. Trevino, "Cheating among Business Students: A Challenge for Business Leaders and Educators," 19 *Journal of Management Education*（1995）p, p.205. 別の調査によると、半数以上の現役ビジネススクール学生が在学中にカンニングをしている。A. Hendershot, P. Drinan, and M. Cross, "Toward Enhancing a Culture of Academic Integrity," 37 *NASPA Journal*（2000）, p.589. 次も参照されたし。Donald L. McCabe, K. D. Butterfield, and Linda Trevino, "Academic Dishonesty in Graduate Business Programs: Prevalence, Causes, and Proposed Action," 5 *Academy of Management Learning and Education*（2006）, p.294. 企業経営者やＭＢＡ取得者が他の専門職よりも倫理的でないか否かは誰もわからないが、多くの人々はそう思っているようである。あるアンケートでは、企業で勤務する人のわずか四七％が彼らの経営者が「高い道徳的な高潔さを持った人物」であると答えている。Henry Mintzberg, *Managers, Not MBAs: A Hard Look at the Soft Practice of Managing and Management Development*（2004）, p.144. 驚くべきことではないが、有力ビジネススクールの卒業生、思慮深い企業経営者、そして一般市民は、長い間、倫理を教えるべきだと主張してきた。

に既存のカリキュラムの中に少なくとも選択科目としては導入されている。したがって、解決策はどんな科目を教えるかではなく、いかに教えるかである。

企業幹部から指摘されるとくに弱いところは、原理的にはきわめて簡単に対策を出せる。たとえば、批判的思考力に関しては、多くのビジネススクールは、企業が経験した現実の状況を基にした問題を精巧に記述したケーススタディ（事例研究）に、多くの授業時間を費やしている。しかし現在、多くのビジネススクールの教員はいかに経済分析や他の社会科学の理論が経営問題の分析に利用できるかを示すためにケーススタディを使っている。これを変更して［従前のやり方に戻して］授業での厳密な討論を通して巧みに教えるようにすれば、ケーススタディは問題を厳密に分析することと口頭発表や説得のスキルアップための、学生にとっての理想的な教材となる。

明確で効果的な文章の作成や、倫理的な問題が生じたときにそれを特定し、注意深く考察することに関しては、その教育法について多くのことが知られている。これらのスキルを向上させる際の原則的な問題は、いかに教えるかについての答えを出すだけでなく、進んでその努力をする有能な教員を見つけることである。教員の中に多い経済学者・心理学者などの博士号取得者は、作文、道徳的推論、批判的思考でさえも、その教育のために自分が雇われたとは思っていない。彼らは自分の責務は、自分の分野の知識や手法がいかに経営問題を理解するために利用できるかを学生に教えることだと信じている。

このジレンマの最も簡単な答えは、これらのスキルを教える有能な教員を雇うことである。いくつかのビジネススクールはすでに、作文と批判的思考を教えるためにこの方法を選んでいる。しかしながら、特別に教員を雇うことは、この科目は本当には重要でないという学生が抱いている疑念を裏づけることになるかもしれない。さらに、入門科目を履修させるだけで口頭発表力、作文力、批判的思考力を学生に訓練することは、初心者レッスンだけでゴルフやテニスを上達させようとすることと同じようなものである。どちらも、熟練を身につけさせるためには、繰り返し練習しフィードバックを受け反省する機会を持つことが重要である。

理想的な答えは、全教員が自分の授業の中で学生に練習する機会を与えて望まれるスキルを身につけさせるよう積極的な役割を果たすことである。しかし、今までの伝統で、教員同士が協力することに慣れていない教員を説得するのは難しい。彼らが嫌がるのならば、次善の策としてはこれらのスキルのための授業を、上級クラスとして専門家に教えさせることである。この解決策の問題点は、必修でなければ学生はそのようなクラスをほとんど取らないし、教える側も学校内で孤立していると感じることである。さらに、残りの教員の参加なしでは、学生にこの科目は学校から本当に尊重・重視されているということを説得することができない。このような環境では一級の担当教員をこのクラスのために招くことも難しいかもしれない。

企業幹部に改善の必要性が指摘された他の点は、まったく異なる挑戦である。たとえば、知的専門性の場合、企業経営者が他国の文化の下で事業を行うときの手法について確立した原理はない。にもかかわらず、ビジネススクールはこの問題を克服できるだけの素晴らしい資源を持っている。すでに、教員は多くの国際ビジネスのケーススタディを教材に取り入れている。いくつかのビジネススクールは他の文化や市場の理解を容易にするため海外にリセーチセンターを設立している。アメリカの上位五〇のビジネススクールの教員の四分の一以上が海外生まれで、異文化が企業活動に与える影響について有用な示唆を行う陣容を整えている。(30) これらのビジネススクールの学生の三分の一以上は海外から来ているので、友人と練習問題やケーススタディを勉強するときに、異なる文化的視点を取り入れる多様な協働の勉強グループを作ることは容易であろう。(31)

学生がビジネススクールで学んださまざまな分野やスキルを統合できるようにするのを、手助けすることは克服できない問題ではない。学生がいくつかの異なる分野を学んで、それを現実問題を解く際にうまく組み合わせる仕方を理解できるようになることは、そう仮定しているビジネススクールもあるようだが、自動的に仮定できるものではない。学生は個々の分野の限界を認識し、経営問題の分析にいくつかの考え方をいかに利用するかについて指導を受ける必要がある。これを考える際にすぐに使えるルールのようなものはないが、教員はケーススタディを作るなどして、場合によっては担当教員単独ではなく、他の分野の同僚と協力して、説得力のある解決策を見い出すために、異なる分野の知識や手法を常識とともにいかに用いたらよいかを示すことで、学生を指導することができる。実際、いくつかのビジネススクールでは経済学のモデルが認識の偏り、大衆心理、政治的要素などを考慮したらいかに改善できるかを示す内容を、ケーススタディに補完することによって、すでにこの方向に踏み出している。

最近の幹部報酬の歴史は、企業経営者への最も良い報酬を決める際に、より思慮深い見方を与えるために、倫理学や行動科学などの他の学問分野や学術的伝統が、いかに経済学分析を補完できるかという点で、優れた例を提供している。そのようなやり方は、多様な問題を解決するために異なる分野を組み合わせる際、すべてでうまくいく一つの方法を学生に与えはしないかもしれない。しかし、学際的に考える機会を与える教材は、少なくともすべての学問分野には限界があり、有能なリーダーは彼らが遭遇する重要な問題の多くで堅実な解決策に至るためには多様な方法を使う必要がある、という認識を与えてくれる。

企業幹部からのビジネススクールでの訓練についての残りの不満も大きな挑戦である。教員が学生に、より創造的に問題に取り組む、高い倫理基準を実行する、指導力を発揮する、ということでの手助けができれば素晴らしいことは明らかである。しかし、経営学の教員であれ誰であれ、学生にいかにこれらの行動を身につけさせるかについて充分な知識を持っていない。心理学者は創造性を増すために自由な意見交換会（ブレイン・ストーミング）などを使って一歩踏み出しているが、創造性を向上させる教育にはわかっていないことが多く、論争も続いている。応用倫理学の教員は道徳的に問題なことを特定しそれを注意深く考察することの知識は豊富だが、学生が将来、同僚や上司から道徳的に妥協を求められたときに、倫理原則に則って生きられるための強い人格を形成するのをどう手助けしたらよいかはあまりわかっていない。指導力は多くの一般書のテーマなので、それらを読むことも助けにはなるかもしれないが、組織を指導し、また他から支持を取り付ける特別な能力を個人に与える、目に見えない資質について完全に理解している人がいるとは思えない。要するに、ビジネススクールの「世界を変える有能なリーダー」や「独創的思考を身につけた経営者」を育成するという宣伝文句に疑いの目をかけることはできるが、現在の知識レベルでは実現することが無理なことを教員が達成できなくても彼らを攻めることはできない。

究極の挑戦

ビジネススクールに対する現在の特定の批判とは別に、二つのより根本的な性格の問題がある。どちらも新しいものではない。逆に、両方とも創生期からの問題で今日まで解決されないままで来ている。

第一の問題は、経営者の責任の範囲についての問題である。企業の最高幹部はどの利害関係者にまで義務があるのか、投資家のみなのか、会社の事業の仕方が影響を及ぼすべての集団か、ということである。その答えはビジネススクールが本当に専門職教育に関わっているか否かに関わるし、どんな経営者を教員が育成しようとしているのか、経営者が自分自身または他人による評価の基準を何とするかを明確に定義することになるので、この疑問はきわめて重要である。

一つの考え方、とくに経済学者フリードマン（Milton Friedman）によって主張されるものは、企業経営者の唯一の責任は利潤を極大化し株主の価値を増加させることである。[32] フリードマンによれば、企業の資金や経営者の時間を、環境保護であれ、価値のある「何とか運動」であれ、極端に不幸な目に遭った従業員の支援であれ、収支決算の向上以外に用いることは投資家から盗みを働いたのと同様である。そのような関心を持つことは、政府、慈善団体、公益組織の責任であり、企業幹部の適切な活動ではない。幹部はそのような目的のために企業の資源を用いることを訓練されてもいないし、許可されているわけでもない。[33]

これに対する考え方は、企業の責任をより広く理解する。企業とその幹部は、投資家はもちろんだが、顧客、従業員、納品業者、操業場所の地域コミュニティなど、その生活が企業に関わりのあるすべての人に責任があると考えられる。最近では、評論家（そして複数の企業経営者）の中には、大きな多国籍企業のリーダーは、世界全体での社会的不平等の増大、環境破壊、腐敗の蔓延といった自由市場制度の長期的な正当化に疑義を投げかけるような問題の解決に努力することで、資本主義そのものを守るために貢献する義務があると述べている(34)。

詳しく調べると、この二つの考え方の違いは、見た目ほど大きくない。企業の責任を広くとらえる人々も、社長が社会的、倫理的、人道的目的に使える会社の資源には上限があることはおそらく認識している。逆に、狭い責任を支持する人々も、コストがかかっても倫理的に行動すること、企業の行動によって影響を受ける人々の正当なニーズに応えることは、政府関係者から好意的に見られ、顧客からの信頼を維持し、よりよい従業員を集められることで企業の利益にとって価値があるという点では、おそらく同意するであろう。フリードマンもこのような行為が企業の事業利益を促進するよう注意深く行われることには明らかな支持を表明していた。

いまや、議論は長年にわたって解決案が出ることなく続いているので、重要な責務は一方が他方を論破しようとするのでなく、同意できる大きな共通項を見つけていくことである。共通項を見つけるにあたって、両派は相手の議論を考慮に入れる努力をすべきである。企業の責任を広く定義する人は、企業経営者が企業行動に影響を受けるすべての利害関係者の切望に耳を傾けることが許されるのならば、経営者の評価基準はどうなるのか、考えてみる必要がある。国際経済の激しい競争の中で経営者がさまざまな利害関係者のことに注意を払いつつ、企業の成功のため、もしくは生き残りのために品質の良い財・サービスを提供できるかも考えるべきである(35)。逆に狭い企業責任を支持する人々は、収支決算ばかりに注目している企業経営者が、［粉飾決算の］エンロン社やメキシコ湾での［原油流出事故の］ブリティッシュ・ペトロリアム社のような倫理的堕落や無責任な行為から罪を逃れられるかどうか考えてみるべきである。元に戻せない環境破壊、金融危機、そして資本主義や自由市場システムへの長期的リスクにつながりそうな問題に対して何の取り組みもしないでいたら、これらが実際に起こることは避けられない。

企業の責任についての議論は、近い将来に解決するとは思われない。同じビジネススクールの中でも教員間で意見の相違がある。こういった条件の下では、ビジネススクールはこの問題についての公式な見解を出すことを控え、両者の相違を小さくするさらなる研究と考察に努めることが賢明である。この問題は授業内で議論されるべきである。経営学の教員は企業とその経営者の適切な責任について、学生に深く考えさせることをしないで、リーダーシップの訓練ができたと主張することはできない。

読者の中には、この結論では不充分だと感じる人もいるかもしれない。何よりも、経営の責任の性格に関する論争は企業の精神そのものをめぐる戦いである、という声もある。この論争への答えは経営学教育の持つ目的の定義づけを助け、社会に大きな影響を及ぼす。この議論の視点では、この問題に公式な立場を取りたくなる誘惑に好意を示すことを理解できる。にもかかわらず、教育機関にとって、熱い論争が繰り広げられている問題を扱う上で適切な役割は、論争に対して特定の公式見解を述べて、学生を教え込んだり、教員を抑え込んだりするリスクを取ることではない。むしろ、学生を現実世界に向けて訓練する最善の道は、学生に両派の論点を知らせ、問題の活発な討論に参加させ、注意深く自分で考え、確信の持てる自分の意見を持つことを促すことである。

今日のビジネススクールが直面するもう一つの根本的な問題は、これらの問題の中で最も難しく、メディカルスクールやロースクールの直面するどの問題よりも難しいであろう。すべての専門職大学院の基本的な存在理由の根拠と正当性に関わる。他の専門職大学院と同様、経営学の教員は学生に、他の方法では簡単に得られない持続する価値観を持つ教育を、与えようと努めなければならない。理想的には、ロースクール修了生が何らかの形で法律の世界に入り、メディカルスクールの修了生が将来の医師になるように、訓練は仕事で成功していくために不可欠なものでなければならない。少なくともビジネススクールは卒業生に、卒業していない人に比較して、ある程度の大きさと複雑さを持った企業での責任ある地位を務めることに関して明らかな有利さを持つことを可能にする、知識とスキルを身につけさせる教育を提供すべきである。

経営学教育の最初の一世紀半では、この挑戦は満たされなかった。これらの初期の努力の欠点は、フォードとカーネギーの報告書によって明確に指摘され、ビジネススクールは完全に異なるアプローチを取らざるを得なくなった。彼らが選択した新しいモデルはだいたいのところ、報告書の中で、尊敬される大学が必要とする厳格な水準を満たしていないと指摘された辛辣な批判に対応するものであった。彼らの答えは教授陣を社会科学の博士号取得者で固めて研究を強化することであった。

振り返ると、新しいモデルは部分的にのみ成功した。報告書を出した財団の懸念を払拭し社会科学教員の中での尊敬を得ることには充分な質の研究成果を生み出した。学生を集め、民間の寄付者から財政支援を得ることにもかなり成功した。しかし、将来の企業リーダーに持続する価値観を与える教育プログラムを開発することを妨げるいくつかの弱みに悩まされたり、いまでも悩まされている。

まず第一に、文理学部の大学院出身の多くの新任教員は経営の実経験が欠けているだけでなく、ビジネススクールに通ったこともない。彼らはしばしば問題を分析したり、可能な解決策を示唆する理論を展開する訓練は充分に受けてきている。しかし、学生にまず最初に問題を発見し、対応策として採用された戦略を実行することを教えることでは充分に上手とはいえない。そして、彼らの理論と解決策も経営問題の分析としては、しばしば過度の抽象化か簡素化の問題を抱えている。

ビジネススクール教員の第二の問題点は、彼らの多くは能動的学習法よりも講義を重視する教育の仕方の訓練を受けてきたことである。結果として、教員は学生にケーススタディを読んでくるよう指導するが、彼はケーススタディを学生が問題を分析し自分で解決策を導くにはどうしたらよいか、ということを学ばせる能動的な討論を刺激するために使うのではなく、いかに社会科学の理論やモデルが経営の局面に応用できるかを説明するために授業中での事例として用いている。

現在広まっているビジネススクールの教育法の第三の問題点は、メディカルスクールの学生が病棟で経験したり、ロースクールの学生が経験ある弁護士の監督下で行う実際の顧客との法律相談で得られるのと同等な、実際の経営スキルを教える手段が欠けていることである。この問題点はビジネススクールだけの責任ではない。企業は研修病院やベテラン弁護士のような実習の監督者を支援してくれていない。企業の抱える問題は外科手術や法律問題と異なる。企業の問題は手術室や裁判所のような限定された場所でなく、企業全体で発生している。通常、解決までに長い時間がかかり、完全な結末はすぐには明らかにならないので、学生が自分が下した判断の効果的な実行を助けるのはどんな要素なのかを経験から理解するには実習は短すぎる。

教員の実経験と監督された実習プログラムとがないので、現行の経営学教育では企業を経営する際の明確で持続する価値観を持つ、知識とスキルの中核を作り上げることが難しいのは理解できることである。このジレンマから抜け出す一つの方法は、ロースクールがソクラテス型問答を使うことによって、学生に法律問題をより注意深く秩序だって推論する仕方を教えたように、経営の問題を厳格に体系的に分析する訓練の周りに教育プログラムを作り上げることかもしれない。しかしながら、このアプローチを行うには一旦、学生が就職したら問題を発見し、注意深く分析し、解決する戦略を組み立て、その戦略を実行に移す実践可能な計画を立てることができるようになるよう、広範な企業経営の状況に応用可能な体系的な分析方法についての合意が、教員の間で形成されていなければならない。そのようなプロセスは学際的でなければならない。その習得は能動的な学習と問題解決型の討論という教育法を通した繰り返しの練習を必要とする。そのような教育は講義に重きを置いた教育法を使った個別の学問分野で訓練を受けてきた教授陣にとっては容易ではない。そして、たとえこれらの障害が克服されたとしても、学生が有効な経営に関する具体的で実践的なスキルを得られるような、研修病院や法律相談と機能的に同等な組織が経営学でも必要である。

これらの問題点は重大で、とくに教育より研究を重視するビジネススクールではそうだ。このような挑戦に直面して、教員に対して問題を率直に認識して解決策を見つけるために積極的に創造的に努めることを頼むしかない。幸いなことに、この点で、慎重ながら楽観的になれる理由もある。ビジネススクールへの広範な批判といくつかの有名ビジネススクールへの志願者の減少を認識して、経営学の教員は修了生の質の向上をめざし努力している。いくつかのビジネススクールは企業の置かれた環境の中で実際にいかに対応したらよいかについて実践的な知識を教えるために、経験ある経営者を教授陣に加えている。専門職教育が必要とする特殊な教育法のために新任教員に準備をしてもらうための努力をしている学校もある。

多くの教員はまた、創造的な新しい教育法を試みることによって批判に応えている。[36]スタンフォード大学のビジネススクールをはじめとして、学生が創造的に他人と協力して思考する方法を学ぶ授業を教授陣とともに開発しているところもある。エール大学のビジネススクールは異なる学問分野の知見を統合する努力をしている。ハーバード大学のビジネススクールは倫理と専門職の責任について教えることに大きな努力を払っている。多くのビジネススクールは教室と現実の世界を橋渡しするためにフィールドワークの授業を導入している。たとえば、ミシガン大学やシカゴ大学をはじめとしたビジネススクールは、海外で事業を行う問題を学生に教え込むために、短期海外研修を行い、特定の海外プロジェクトに集中して取り組んでもらっている。学生がコンサルタントとなり実際に企業の問題に取り組み、学生の出した解決策を企業幹部に批判してもらうという試みもある。リーダーとなるスキルを育成するために、多くの教員がコンピュータゲームを使っての努力も行っている。[37]これらの実験は歓迎できる。もしこれらが維持されて結果が注意深く評価されていけば、経営学の教員は、識者によって批判された欠点の少なくともいくつかを、最終的には克服するであろう。

ビジネススクールが教育プログラムを最終的にどの程度改善するかは不確実である。いくつかの特殊な就職先に有益なのではなく、きわめて多様な現実の企業の問題を扱う際に本当に有用で、かつ教授会の誰もが支持するような体系的な分析手法を見つけるのは容易ではない。一つの学問的伝統で訓練を受けた教員に、異なる教育や学習の方法でも秀逸であるよう求めるのは簡単ではない。教育の実践スキルについて、たとえ経営学の教員が研修病院や法律相談と同様のものを作ったとしても、学生に長期的な影響力を与えるようにこの教育法を用いるためには、成功する指導者としてのスキルと、企業の計画やポリシーを実行するために人や資源を動員する能力とに対する深い理解が不可欠である。

そのような基本的な問題が引き続いて存在するので、読者は容易にビジネススクールはメディカルスクールやロースクールよりも後れていると思うかもしれない。しかし、そのような結論は公平ではない。経営学教育の難しさは、専門職として成功するために学ぶ必要がある教育可能な原則や手法の体系が、医学や法学に比べて経営学では形づくるのが難しいところにある。

医学では、複雑さにもかかわらず、人間の疾病は、規則的で発見可能な因果関係のプロセスを通して遺伝、行動、環境の要素が影響を及ぼす傾向があるという形で、人体という限定された範囲に限られている。大きな研究支援のおかげで、この種の知識の多くはいまや解明され、病棟や技術的に創られたシミュレーションの環境下で学ぶことができるスキルの助けを借りて理解されて、多くの患者の治療に使われている。法律は人が作った規則と手続きであり、新しい状況に適用するには、論理的または分野別の常識が必要である。その常識とは役割演技、シミュレーション、法律相談などで教えられるスキルの助けを借りて実践と実習のプロセスの中で形成される。

一方、経営学の教育は因果関係の信頼できる原則が打ち立てられるのが難しい分野で、特定の状況での個々の企業の分析を行っている。さらに、既述のように有能な監督の下で基礎的実戦能力を試験する、研修病院や法律相談のようなものを経営学で見つけるのは容易ではない。これらの困難は克服が可能かもしれない。人間の知恵が誰も予想ができなかったようなことを最終的には成し遂げることもある。しかしビジネススクールは、メディカルスクールやロースクールよりもこの問題の克服が難しい。結果として、学生の大部分に重大で持続する価値観を持った経営学教育の形を作り出すにはずっと時間がかかるとしても、驚くべきことではない。好ましい事実は改善のための真剣な努力が行われていることである。学生と資金を集める能力を見れば、ビジネススクールは、現行の批判にもかかわらず、成功をめざす試みを行うのに充分な時間を持っているはずである。

小括（Ⅲ）

これまでの章で述べてきた専門職大学院の状況については称賛されるべき点も多々ある。アメリカのメディカルスクールは一九三〇年代にはすでに世界最高水準になっており、その後も国立衛生研究所からの寛大な支援を受けて世界から羨望の眼差しを受けている(1)。その高い質を認めて、世界中からアメリカの医療機関には研究や特定診療科の研修のために人材が集まっている。アメリカのビジネススクールは世界中で起きている経営学教育の目覚ましい成長のモデルである。最も高く評価されているビジネススクールの半数以上がアメリカにある(2)。海外のビジネススクールの教員の多くはアメリカの大学で訓練を受けており、アメリカの主要ビジネススクールの学生の三分の一以上が外国人留学生である(3)。法体系は国によってかなり異なるので、アメリカのロースクールを海外のそれと比較するのは難しいが、両方で教えたことのある教員はアメリカの法学教育は他の追随を許さないと述べている(4)。

同時に、三つの専門職大学院は、見た目の違いにもかかわらず、四つの基本的な挑戦に取り組み続けている。これまでの章で述べたように、第一は学問的価値と専門職としての即戦力の必要性とのバランスである。第二は専門家が持たなければならない情報と知識の量が増加し続けることにいかに対処するかということである。第三は医師、法律家、企業経営者に必要な数多くのスキルと専門性の中には、教えることが難しいものがあるが、それを学生が学ぶことをどのように支援できるかということである。最後に第四には、市民の信頼を得て、全体としてその専門職が社会や他人の利益に適切に敏感であり続けられるために必要な、倫理感と社会的責任感を定義し育てることである。

学問と即戦力のバランス

学問としての厳密さと、専門職としての即戦力とのバランスをとることに関しては、完全かつ永続的な解答を得ることが難しい。しかし、教員の中には安定し満足できるバランスをとっている人もいる。メディカルスクールはその規模と充分な資源のおかげで最も成功している。素晴らしい基礎科学の研究者と研修病院にいる多数の臨床教員が中核にいて、彼らは基礎科学の第一級の研究と教育を行う一方、学生が科学的知識を疾病の診断と治療に用いて、専門職としての実戦的スキルを身につけられるよう指導する。基礎科学者と臨床教員とはつねに完全に調和しているわけでなく、互いのコミュニケーションも多くはないが、互いに相手が必要だと認識しており、両者とも学生と一般の医師の尊敬を集めている。

大学の他の教員に比較して、ロースクールの教員は学会で生きていくことに一番執着していない。おそらくそれは、彼らが文理学部の大学院でなくロースクールを出ているから［ロースクールでの成功にのみ関心があるから］である。また、法曹界からは、修了生は法律家としての実際のスキルの訓練が不充分だとの不満を受ける。最近の数十年、ロースクールは法律相談の臨床法学教育プログラムを始めたりして、この批判に対応している。これらのプログラム担当のベテラン弁護士は、伝統的な教員が教える学問的分析を補完する多様なスキルを教える。このプログラムは新しい教育法を提供し、学生の関心を二年目以降も維持するという新しい挑戦を行っている。さらに、これらの教員は自分たちの教える環境に応生を教育し実際の裁判に関わる機会を与えることを通して、

じた教育法を開発しようと努力するので、従前の法学教育とは異なる教育法の最近の実験について新しい考え方を与えてくれる。(5) これらの貢献は有望だが、臨床法学教育はまだ医学教育ほどでの地位と重要性を勝ち得ていない。カリキュラムの中で多くの科目数を与えられず、全学生には行き渡らず、一般教員から完全に尊重されているわけでもない。このプログラムが成長し、ロースクールの中でその可能性をフルに活かせるのに必要な位置を占めることができるかどうかは、時間をかけて進展を観察するしかない。

主要なビジネススクールは研究の質によって学会での敬意を集めることに成功した。しかしながら、実戦的訓練では一番、後れている。実習プログラムがなく、研修病院や臨床法学教育に相当するものを作る動きもない。メディカルスクールやロースクールと異なり、ビジネススクールの教員の多くは企業で働いたこともなく、ビジネススクールも出ていない。彼らの実戦的経験の欠如は、企業幹部や著名な教授からさえも、ビジネススクールは経営者にとって第一線での責任に役に立つことを教えていないのではないか、という不満の声が聞かれる原因となる。(6)

この三つの専門職大学院内で行われている研究を調べることによって、専門職のニーズと学問的研究の水準との間の調和に光を照らすことができる。繰り返すが、多数の教授陣と豊富な資源によって、メディカルスクールは両方を三つの中で最も容易に満足させている。基礎科学部門は、学内の生物学関連の学科の教員以上に研究業績を上げ評価も得ている研究者を擁する。同時に、多くの臨床教員が医師にとって実践的に重要な応用につながる研究をしている。

ロースクールは少し異なる研究の歴史を持つ。メディカルスクールの基礎科学者と臨床教員とは異なり、ロースクールの教員は、ごく最近までは、学問分野で使われる研究方法の正式な訓練は受けてこなかった。大部分の歴史の中で、ロースクール教員というのは、法律的見解を注意深く分析し批判したり、起こりそうな判決結果を評価したり、内部矛盾やその他の欠点を解消し、より整合性があり適切な法理体系に変えていくにはどうしたらよいか、などを議論して論文を書いてきた。この種の研究は、古典である *Wigmore on Evidence* や *Prosser on Torts* から最近のトライブ（Lawrence Tribe）の憲法に関する専門書や、アリーダ（Philip Areeda）の反トラスト法の大著などまで、長い間、法律家にとって有用であった。これらの著作は法律家に判断のための議論や裁判官が法律の中の矛盾や非整合性を解消しより思慮深く合理的な法規制を行う方法を示唆する。同時にいくつかの例外を除いて、研究は大学内の他の分野の教員にはほとんど関心がないものであった。

最近では、より多くの教員とくに主要ロースクールの教員は、博士号を取得しており、他の学問分野で充分な訓練を受けている。結果として、主要法学雑誌に載る論文は、理論的性格が強まり、他の学問分野のモデルや概念を法体系に応用するものが増えた。多くの研究は抽象的になり理解するのも難しくなった。いくつかの論文は法曹界に影響を与えたが、多くは裁判官や開業弁護士からは冷淡な扱いしか受けていない(7)。ある調査は、法学雑誌の論文は最近では以前ほど裁判官によって引用されなくなったと主張するが、他の調査はこれを否定している(8)。法学研究が法律家の仕事と関連がなくなったとまで言う批判もあるが、大多数の論文は依然として伝統的な法学論文であるので、この批判には疑問がある(9)。

若い法律学者は、理論に関心を持ち広範な訓練を受けてきているので、社会科学者、とくに経済学者との関係が密接になってきた。経済学者は経済学と興味深い実社会の問題に橋をかけようとするときに、経済学に精通した法律学者が助けになると期待するからである。しかしながら、さまざまな学問分野の知識は、法律的意見の基にある前提を分析したり、さまざまな法律や法的手続きの実際の影響を追跡調査する、大規模で厳格な実証分析にはまだつながっていない(10)。この欠落は、法律をしっかりした事実的基礎がないままの状態にするだけでなく、大学の他の分野の教員がロースクールの研究に関心を持たない要因にもなっている。

ビジネススクールでの研究の発展は、企業幹部と学内の他の分野の教員からの、異なる要望へのまた別の対応を示している。ビジネススクール、とくに主要ビジネススクールでは多くの教員を文理学部の大学院の博士号取得者から採用するだけでなく、彼らの昇進や給与は多くが査読付きの学術雑誌掲載論文数で決まる。結果として、ビジネススクールの教員は経営者にすぐ役立つ知識よりも学問分野での研究者の知的要求を満たそうとする。

これらの優先順位によって、ビジネススクールは文理学部の教員から尊敬されることができるであろうし、実際にそうである。しかし、この成功には犠牲も伴う。皮肉なことに、企業幹部や、さらには何人かのビジネススクールの教員までも、主要ビジネススクールのほとんどの研究は経営の実践には関連性がないと切って捨てている。[11] そのような批判として、スタンフォード大学ビジネススクール教員のプフェッファー（Jeffrey Pfeffer）は、*Business Week* 誌の書評で「ベスト」とされた本のほとんどは、ビジネススクールの教員の著作ではなく、経営者にとっての新しいアイディアの三分の一足らずだけがビジネススクールの教員によって生みだされたと指摘している。[12] 経営者が直面する問題は、一つの学問の知識では完全に理解し適切に解決することができないのに、ビジネススクールの研究はほとんどが学際的でない、という批判もある。[13] もちろん、すべてのビジネススクールの研究を役に立たないとして切り捨てるのは誤りであろう。ある分野、たぶん金融、では経済学モデルは最も有用性があり、資本資産価格形成理論などは現場の専門家の間で広く使われている。しかしながら、多くの産業の経営者にとって主要ビジネススクールの研究のほとんどは実用的価値がないというのはおそらく真実であろう。[14]

ビジネススクールの研究に対する批判は、「現場との関連性が薄い」というレベルを超えているものもある。故ゴシャール（Sumantra Ghoshal）はビジネススクールで人気のある社会科学のモデルは人間の性格についての簡素化した仮定に強く依存しており、それが倫理的に問題があり社会的責任を放棄した結論に至ってしまう原因であると述べていた。[15] 前の章で述べたエージェンシー理論や効率的市場理論はこの例としてしばしばあげられる。[16] ほとんどの主要ビジネススクールは倫理学の教員を入れているが、彼らが同僚の経済学者の研究に影響を及ぼした実例はほとんどない。

情報過多

学問的研究と実践的ニーズとのバランスを取ろうとすることに加えて、三つの専門職大学院はすべて、関連する情報と知識が常に増加していることに対処しなければならない。このまま進化していくと、いつの日か、知るべきすべての情報を学生に教えることは現実的でなくなるかもしれない。ロースクールにとっては決定的な時期というのは一九世紀末に訪れた。各州の法律の相違が大きくなってしまい、授業で「法律」を教えても、さまざまな学生は異なる州で法律家になるので役に立たなくなった。解決策として、ハーバードのラングデル院長は一八七〇年代に、教員に法律そのものを教えることをやめさせ、代わりに法律の基本的な実体と手続きの原則を教え、あとはソクラテス型問答でこれらの原則をさまざまな状況に適用する仕方を訓練することに集中させた。少しずつであったが広まって、この教育法が最終的にはほとんどすべての学校に普及し、今日でも依然として主流である。

続いて、ビジネススクールでは経営学の分野が広くまた変化も速いので、「重要な事実すべて」を学生に教えるのは現実には不可能で、有益でもないと認識した。一九二〇年代と三〇年代に、多くの教授陣は、企業が直面する実際の問題の詳細な記述から成るケーススタディの使用を通して、意思決定の教育を重視することで対応した。ロースクールの教員と同様、ビジネススクールは大量の情報を教えることのウエイトを減らし、現実の問題を使って、学生が実際にどう行動するか決めるために、関連する事実を分析し、解決策の候補となる議論を比較する方法を学生に教えることを重視するようになった。しかしながら、一九六〇年以降、ビジネススクールが社会科学の博士号取得者をたくさん雇うようになると、新しい教員は授業時間を文理学部の授業のようなやり方に費やすようになった。ケーススタディは引き続き学生に予習教材として与えられたが、教室での討論を通して解決策を見つける題材としてというよりも、社会科学の理論と分析手法を企業の状況に応用する例として用いられるようになった。

情報伝達型のカリキュラムから撤退したのは、メディカルスクールが最後である。何十年にもわたって、学生は最初の二年間に果てしない数の退屈な講義に出て、また膨大の量の暗記をしなければならないことに不平を言っていた。ＤＮＡの発見とそれに続く医学的知識の爆発的増加によって、ついにリーダー的な教員たちが、情報は多すぎ、知識は蓄積され急激に変化し、旧式の方法は陳腐化されていくと認識した。その結果、一九八〇年代に多くのメディカルスクールはロースクールやビジネススクールが辿った道と同じく、講義の数を減らし始めた。代わりに、学生に自分自身で必要な知識を見つけるにはどうしたらよいかを教えるようになった。授業では、小さな討論グループで疾病・治療の事例研究を行い、何を知る必要があるかを自分で理解し、必要な情報を見つけたら、疾病の診断と適切な治療・処方のためにいかに分析するのかを、学生に訓練するようになった。

仕事上の独特の問題を解決するために情報を使うことを学生に教える中で、三つの専門職大学院の教員は能動的な討論と問題解決演習を授業で多用することになった。この点で、彼らは文理学部の教員以上に教育法を変えた。同時に、能動的学習はすべての教員によって受け入れられたものでもなかった。メディカルスクールの教員の中には、新しい問題解決型カリキュラムでは基礎科学を充分に教えておらず、学生は疾病の診断を始めようとする前にもっと多くを知っているべきだという意見もある。[17] 既述したように、多くのビジネススクールの教員は依然として講義を多用するが、それは間違いなく、自分が博士号を受けた文理学部で広く用いられていた方法だからである。ロースクールの教員でさえ、ソクラテス型問答に飽きた二、三年目の学生の無気力さへの対策として講義を増やしている。

学生の関心を維持して学習効果を上げる他の教育法の採用の進み具合は、一様ではない。これら三つの専門職大学院の個々の教員は、よりよくより迅速な学生へのフィードバック、グループ学習、シミュレーション、フィールドワークなど有望な新しい教育法を実験している。これらの革新的教育法はすべて、学生の学習に関して現在わかっていることを反映した特徴を持っている。そうであっても、これらの方法を全面導入する学校はまだない。学習についての知識とその効果的な教育法への含意を教員に知らせるという一連の努力でさえほとんど行われていない。これらの三つのタイプの学校では評価も進展していない。メディカルスクールの教員は新しいカリキュラムと教育法の革新の有効性を測定する体系的努力をしてきた点では一番進んでいる。しかし、学習目的を定義し、弱点を明らかにするために定めた目的への学生の到達度を評価し、それを改善する新しい教育法を実験するという連続的なプロセスを持っている学校はまだない。

すべての必要なスキルを得る

近年、三つのすべての専門職大学院の教員は広範な専門知識を教えることを求められている。この変化への対応に際して、メディカルスクールは、研修病院の病棟で学生が患者を診察する教育の長い伝統のおかげで、成功している。ロースクールも、メディカルスクールのほど重視されていないが、法律相談実習という臨床法学教育プログラムを発展させて同様の学習経験を提供しようとしている。ビジネススクールは、学生がベテラン経営者の監督の下で実務経験を積む明確な場所がないので、最も大きな問題を抱えている。

三つの専門職大学院が直面する最も厳しい挑戦は、有効な教え方がまだあまり理解されていない重要なスキルや価値観を、学生が身につけるのを助けるにはどうしたらよいかということである。開業した専門職は多様性を増している顧客に、説得力と熱意とを持ってコミュニケーションをとることが必要だが、いかにこの能力を学生に身につけさせるかはまったく明らかでない。指導力もとくに経営者としては、高く評価される資質で、多くの本や講座がこのテーマには存在している。そうであっても、なぜ特定の人には指導力があるのか、そのように成功した要因は何か、ということについてわかっていることはあまりない。想像力や判断力も高く評価される資質だが、他人にどうやって教えたらよいかは充分に理解されていない。

このようにわかっていないことが多い状況の下では、専門職大学院は専門職として必要とされる資質を学生が身につけることを手助けできていない、と批判することは公平でない。ただ、教員がこの問題点を認識し、求められる資質を身につけさせるために必要な知識や教育法を発見する努力をすることによって、乗り越えようとしているのか、ということは問うてみてよいであろう。この種の努力は三つの専門職大学院すべてで行われている。しかしながら、完全に成功するためには、教員は実践と注意深い結果の評価以上のことをしなければならないであろう。前述のように、そのような評価はメディカルスクールではすでに行われるようになっているが、ビジネススクールやロースクールでは行われていない。

倫理と社会的責任を教える

三つの専門職大学院すべてに対してずっとなされてきた批判が、学生に倫理原則にしっかり従うことと社会的責任について強く感じることを教え込んでいないということである。これらの専門職への市民の信頼が薄れ、同時に環境が変化し道徳的に疑問のある行動をとるようプレッシャーがかかる状況になってきたので、高い倫理的基準の必要性はこれら三つの専門職にとってより一層明らかになった。医師はメディケアでの受給を増やそうと診療請求書を捏造したり、新薬の推奨と引き換えに製薬会社から支払いを受けるという利益相反を引き起こしたくなる誘惑にかられる。法律事務所の弁護士は裁判に勝つためには手段を選ばなくなる一方、公益のための裁判には関わらないようにして、事務所の収入の極大化に専念する。企業経営では、企業業績に応じた報酬体系を強化することによって、経営者がより大きな報酬を得たいがために疑問のある行為をする誘惑が生まれる。

それぞれの専門職大学院は、その職業に共通の倫理的責任や道徳的なジレンマなどを教える教員を任命することで対応している。しかしながら、概してこれらの科目はカリキュラムの傍流であり、学生の関心も敬意も集められていない。いくつかの教授陣は間違いなくこの科目での有能な教員を採用するのに成功している。大きな努力をもって、その科目を強化する方法を見つけたり、他の教員に倫理問題を各自の科目の中で討論するよう説得することによって、倫理の重要性を強調することができるかもしれない。しかし、三つの専門職大学院ではほとんどの教員が、これらの成果を得ることに成功してない。実際、専門職大学院を調査すると、他人が大事に思っていることを自分も思いやる、といった道徳的行動は勉学を進めるにつれて強くなるどころか弱くなる。(18)

専門職の責任感を身につけさせる努力は、最近数十年で急を要するようになり、複雑にもなっている。医学では、社会が支えられる以上に費用が膨れ上がった医療保険システムの中で、医師は専門知識をもって患者に献身的であること以上が求められる。責任感のある医師は富裕層限定の専門診療科から成る病院［「ブティック病院」と呼ばれる］に加わるべきであろうか。自分は必要ないと思っている薬を患者が求めた場合、責任ある医師はどうすればよいのか。病気を見つけられず医療過誤で訴えられるのを過度に恐れた医師が、価値はあまりない高価な検査を勧めることは正当化できるだろうか。

法律家も現在の職業倫理を定義するうえで大きな問題を抱えている。顧客企業が組合運動を潰すために中心人物を悪意で解雇したり、脅迫まがいのことをする専門の会社を使っていたりしたとき、責任感のある弁護士はどうしたらよいのか。弁護士は顧客が訴えられた場合、和解に持ち込んだり訴訟を取り下げさせるために、こちらからも訴訟を起こしたり、過度な開示請求［正式審理の前に法廷外で当事者同士が情報開示する手続きの際での、相手方への過度な開示請求］をすべきであろうか。法律事務所は、競争相手が弁護士一人当たりの利益を極大化するために、時間当たり高額な料金の請求できる仕事をたくさん取ってくるように求めているのに、いかにして、貧しい顧客や非営利組織のために法務サービスを充分に提供できるであろうか。

ビジネススクールでは、責任の定義そのものが、株主の利益の最大化が企業経営者の唯一の正当化できる目的であると信じている教員から疑問を呈されている［これ以外の定義は不要だという主張がされている］。この見方は、過去二五年にわたって繰り返される企業の不祥事や「やり過ぎ」を受けて批判されている。しかし、企業経営者の責任の適切な範囲というのは決して簡単に定義できない。収支決算しか関心のない経営者の問題が明らかになった今日、どんな条件を契約書に含めるべきであろうか。一方で、もし株価がもはや経営の成果の尺度でなくなれば、「すべての関係者の利害のバランスをとる」という概念も実際に使うには曖昧な場合、どのような尺度が経営者に指針を与え、説明責任を保たせるために使われるべきなのか。

もし学生がこのような問題を知的に考察するならば、彼らはまず第一に自分の職業が直面する主要問題に精通しなければならない。メディカルスクールの学生は、社会のすべての人々に適切な医療サービスを提供しつつ、医療コストをいかに抑制するかに関する論争を知っておくべきである。ロースクールの学生は、低・中所得者層に充分に支払い可能な料金で法務サービスが提供されないシステムの欠点、大手法律事務所の規模と性格の変化から生じる問題、費用が高く時間のかかる訴訟制度から生じる困難、などについて理解する必要がある。企業の幹部をめざす人は経営者の責任についての長きにわたる論争について学んでおくだけでなく、最近の金融システムの危機のような不幸を引き起こす競争市場でたびたび起こる問題についても知っておく必要がある。

各校で教員はこれらの問題の要因と解決策について合意が形成できないかもしれない。そうであっても、学生は実際に仕事で直面させられることになる前に、少なくとも問題の活発な議論を肌で感じさせられ、深く考えることを奨励されるべきである。上昇指向の強い専門職業人は、主要な問題点とその職業の抱える満たされないニーズを把握していなければ、社会的責任感について強い意識を持つようにならないであろう(19)。

しかしながら、重要なことは、道徳的問題や社会的責任感について単に学生に認識させ、注意深く検討させただけでは、批判に応えるには充分でないことである。市民が専門職大学院に求めているのは、実社会の誘惑とプレッシャーに囲まれても啓蒙的な原則に沿って行動できる強い人格を持つように学生を教育することである。そのような期待は高尚で充分理解できる。しかし、市民は充分に理解されていない課題の達成を教員に求めている。多くの人は達成の可能性さえ危ぶんでいる(1)。

仮にもし専門職大学院が学生の人格を改善できるのならば、授業だけでは難しいであろう。古代のことわざが言うように、「道徳的とは何か知りたいのならば、道徳的な人を観察しなさい」である。倫理的、社会的責任の感覚を高めるためには、学生は模範的だと特定でき、またまねをしたいと思えるベテランの専門職の人に出会うことが必要である。

見本となる人は、とくに献身的で模範となる実習指導者となってくれる、経験ある医師がたくさんいる研修病院では見つけやすいであろう。これが第12章で述べた注意深く選ばれた医師がチームを作って一年間、さまざまな診療科で患者の世話をする学生グループを指導する統合型実習がとくに期待できる点である。同じようなことは、ロースクールでベテラン弁護士の監督の下で法律相談を行う臨床法学教育プログラムに学生を参加させることによって、行われている。繰り返しになるが、ビジネススクールは、教員は学生が望んでいる企業勤務を経験していない博士号取得者なので、適切なお手本を見つけにくい。一つの解決策は、ビジネススクール院長が模範となる卒業生で第一線を退いた元経営者に教員になってもらい、企業の社会的責任と倫理原則への強い関心と成功した経営者としての経歴とをいかに組み合わせたのかについて、学生に教えてもらうことである。[20] いくつかのビジネススクールはすでにこの方向に向かって動き出している。

専門職で実りある人生をめざす

上述の議論で、強い道徳観や専門職としての責任感を養うのは、単にこれらが関わる問題を考察するために科目を取ることではないことがわかった。それはどのような人間になりたいのか、誇りと満足感を持って振り返ることができる人生とはどんなものか、ということを理解する統合的なプロセスである。これは倫理や社会的責任を教えるよりもずっと難しい挑戦であるが、ほとんどの専門職大学院は彼らの適切な責務の範囲外だとみなしている。しかしながら、この種の自己反省はたいへん重要になり無視することができず、専門職大学院が対処すべき究極の挑戦といわれるようになったのには理由がある。

最近の数十年、本書で扱った三つの専門職を含めた多くの職業は進化して、どのような経歴と実務を求めたらよいのか決めることを複雑にしている。三つの専門職は競争が激しくなったが、それによって魅力的な仕事と感じる学生もいるし、そうでない学生もいる。医療行為は医療サービスの提供で競争し合う大きな組織（健康維持機構：HMO）の登場で性格が変わった。法律事務所は大企業の顧客と長期的な関係をあまり結ばなくなり、個々の事件や裁判の担当契約を取るため事務所同士が争わなければならない。企業は世界中のライバル企業との激しい競争に直面しつつ、株主を満足させるため短期的利益を高めなくてはならず、新しい技術や敵対的企業買収によって存続が危ぶまれることにも注意しなければならない。すべて三つの仕事で、専門職は市場からかからかにかかわらず、プレッシャーを強く受けているし、より大きな官僚的組織に成長していく趨勢の中に身を置いているので、競争は専門職の裁量権を小さくしている。

多くの点では、専門職をとりまく新しい環境は彼らの仕事を満足感のあるものでなくしていく。緊張感のレベルは高まってきた。時間のプレッシャーは巧みな熟練を発揮する機会を制限する。慈善活動や公益活動に取り組む機会はしばしば収入最大化のために働くプレッシャーの前に小さくなってしまった。市民の専門職への信頼は、大きく報道されるスキャンダルと専門職と彼らが働く組織は公共のために賢明かつ懸命に働くよりも金もうけに関心があるという認識の高まりとによって、損なわれてきた。

同時に、環境の変化は多くの専門職にとって報酬の増加をもたらす。企業の最高幹部、有名な専門医師、大手法律事務所の上級弁護士の報酬は前例のないレベルに上昇した。これら三つの専門職で成功した人はアメリカの所得者の上位一%を占めている。同時に、三つの分野では新しい機会も生まれている。たとえば、医学では専門

(i) 二〇歳代になった学生の人格を形成するのは難しいという観点から、専門職大学院は入学選抜において、成績や統一テストの点数に過度に依存するよりは、正直さや他人への思いやり、良い人格を持った志願者を入れるべきだという意見がある。しかしながら、振り返ってみると、人格重視の審査をしてきた学部の入学担当者でさえ新入生の倫理水準を高めることができるかは明らかでない。志願者数千人の性格を評価すること、とくに賢い四年生が正直で倫理的に問題がない候補者を演じて、この選抜システムに挑戦してくるのを打ち破るのは専門職大学院の入学選抜委員会にとって不可能に近い。このような学生の行為が横行すれば、志願書が選抜担当者から疑いの目で見られることになり、まじめで慎み深い学生が低い評価を得たり疑われたりして損をすることにもなりかねない。さらに、疑問のある性格だとして不合格になった学生には何が起こるか考えなくてはならない。彼らはどうなるのか。彼らは倫理的に行動することを促す努力を学校全体でしてくれるビジネススクールに行った場合よりも、落としてもらった方がショックは小さいだろうか。これらの懸念は充分に深刻なので、入学選抜プロセスをいじって、専門職の道徳的な人格を改善しようとする努力はやめた方がよさそうである。

医師が集まった組織は、患者一人当たりに多くの時間を費やすことができ、事務雑用も少ない。一方、新しい非営利組織が国内外の必要とされる地域に医療サービスを提供している。法律では、企業は社内法務部のスタッフ（そこの弁護士は顧客を探す必要がない）を増やし、大きな非営利組織も自前の法律家を抱えるようになった。公益企業も移民、環境保護、人権、その他の価値のある目的のために積極的に裁判を起こすようになった。実業界では、ベンチャー企業が前例のないペースで、バイオテクノロジーなどの新しい分野で設立されている。一方、利益をあげつつ、公共のニーズを満たす財・サービスを提供する社会起業家の登場も新しい機会である。

このますます複雑化する専門職の環境の中で、学生にとって、どの仕事が一番大きな満足感と充実感を人生を通して与えてくれるかを決めるために、どの程度収入が得られるかを知る必要がずっと大きくなった。個人の好みによるが、学生は生計を立てるために働かなければならない時間、異なる専門職・勤務状況での満足度のレベルとの比較、保育施設や家庭に便利な制度、離職率・転職率、公共サービス・慈善活動の機会などを知りたがる。

ほとんどすべての専門職大学院は、学生の就職を支援する就職課を持っており、それらは学生が求める情報の多くを集めてくれる。仕事の選択肢を比較している学生は、彼らの人生をじっくり考え、どんな目的や価値観が個人的な充実感と幸福感に最も大切なのかを考察する機会が必要である。これはほとんどの専門職大学院が真剣に取り組もうとしてこなかった教育的挑戦であり、教員が普通の授業をしているときに直面する挑戦とは異なっている。この点では、確定した事実や教えるべき原則はほとんど存在していない。これら三つの専門職大学院は単一の理想的な専門職像を描いていない。もし描いたとしても、学生に模範的な人生を生きるためにはたった一つの方法しかない、と示唆することは誤りである。代わりに、教員の責務は、学生が問題点を考え自分で結論を出せるように動機づけられる環境を作り出すことである。この探究を真剣に行いたい学生は、多くのことから啓蒙されることが可能である。より多くの情報を得たり、手本となる人を観察するだけでなく、哲学者の著作を勉強したり、伝記や回想録を読んだり、小説や短編物語でさえ友人と議論すれば有益である。

そのような機会を与える科目はあちこちに現れているが、依然として珍しい存在である。理解できることだが、多くの教員はそのような任務は検討することさえ嫌がるだろう。この責務の難しさを考えれば、その挑戦を受けて立った専門職大学院が成功するとは想定できないし、失敗したからといって非難されるべきでない。しかし、大学に挑戦を受けるよう求めることは無理なことではない。結局、専門職大学院にとって学生が本当に充実した人生を送るための賢明な職業選択をできるよう支援すること以上に、重要な貢献などあるであろうか。

第Ⅳ部

研究

序論

研究は常に高等教育の重要な使命だったわけではなかった。一八世紀には語るべき研究などアメリカの大学で行われていなかった。科学者と学者は南北戦争の前にはキャンパスに登場したが、論文発表は教員採用の必須条件ではなかった。科学は大学の周辺部として存在しており、科学の学位だけを出す独立したスクールの中に限定されていた。研究と科学的調査を職業とするための学生の訓練を大学院として行うようになったのは一八八〇年頃である。そのときでさえ、多くのキャンパスで、研究を重視すれば教育がおろそかになるという反対論が出ていた。

アメリカという国家は、研究の促進という点では大学以上に遅かった。一九二〇年代と三〇年代には、大学の科学者はほとんどすべての研究資金を企業や非営利財団から受けていて、政府からの資金はほとんどなかった。第二次大戦前夜、ワシントン［連邦政府］は年に一億ドル足らずの研究開発費を大学に支給しており、ほとんどが農業と公衆衛生改善のためであった。

勃興から全盛期へ

第二次大戦は、研究が国の政策の中でますます重要な役割を示すようになる新しい時代の始まりであった。レーダー、ペニシリン、そしてもちろん原子爆弾は科学での新発見の威力を見せつけ、一九五〇年の全米科学財団（National Science Foundation, NSF）［わが国の文部科学省に当たる連邦省庁］の設立につながった。次の四〇年、冷戦と国家安全保障の必要性が、連邦政府研究資金の急速な増加を促した。冷戦終了後、増加はそれほど大きくなく、変動もあった。それでも、全米科学財団の予算は、一九五二年の三五〇〇万ドルから二〇一〇年の七〇億ドルまで増えた。

疾病の克服は研究支援の第二の強力な源であった。抗生物質や小児まひワクチンの発見は、疾病への勝利と苦痛の軽減のための医学の進歩の役割を劇的に示した。一九四七年に作られた国立衛生研究所は、平凡な存在で始まり、大学に分配する年間研究予算は一九五四年でも七四〇〇万ドルであったが、二〇一〇年には何倍にも増加して三〇〇億ドルになった。

経済学者は研究の背後にある第三の原動力を引き出した。何世紀にもわたって経済成長と繁栄の原因が議論されてきた。天然資源の豊富さが重要な役割を果たすと長い間考えられていた。投資のための資本の充分な供給も不可欠だとみなされてきた。ずっと最近になってやっと、新しい発見、技術進歩、そしてより一般的には、知識の増加が経済拡大への重要な刺激だということがわかった[1]。二〇世紀の最後の一〇年間、ボストン近郊やシリコンバレーでのコンピュータ、トランジスタ、携帯電話、ロボットなど新しい科学を基礎にした製品によって加速される新産業の爆発的成長は、科学上での発見がダイナミックな経済に果たす役割の重要性を明らかに示している。

今日、大学の研究支援の最大（ほぼ六〇％）のスポンサーは連邦政府である[2]。受け手はたいへん集中している。八〇％以上の政府資金はわずか一〇〇の大学に行く[3]。過去六〇年間の資金の増加はこれらの大学を変化させた。国立衛生研究所からの多額の研究費の流入は、メディカルスクールと附属病院の予算とそこに働く人々の給与を変えた。文理学部の中の自然科学の学科も同様に、実験装置の追加、教員の増員、教員の補助をするポスドクや技師の一団によって、繁栄を遂げた。

研究の重視は大学内のさまざまな部署には異なったインパクトを与えた。国家の利益に関係あるテーマを扱う学科には研究費増加の恩恵がもたらされた。公衆衛生の学科はその典型である。外国についての研究を行う学科も、アメリカが国際社会で軍事、外交、経済における支配的に大きな役割を果たすにつれて、公的支援でも恩恵を得た。経済学科はビジネス、金融、貿易の理解についての貢献の結果、重要度が増した。教育学部でさえ、一九八〇年代初めに国家レベルで教育の立て直しが求められると、増加する研究支援を引き付けた。

これと同時に、学内のいくつかの学科は研究資金増加の恩恵をほとんど受けなかった。文学、芸術、歴史、哲学、神学、古典は気前よく資金を得た学科に比べれば乏しい資金でやっていかなければならない。人文学の学科のいくつかは彼らの科目を国家の利益と結びつけようとしたが、わずかな成功のみを享受した。研究予算はキャンパスの他の学科では豊富だが、人文学では教員給与が後れをとり、学生数も減少していて、金と物質によって支配されている社会からは無視されていると考えざるを得ない。

教育もまた研究の繁栄と因果関係を持つと広く考えられている。この意見が正当化されるか否かは次の章で考察する。たしかに真実なのは、著名な教授が夏休みに学外から得る所得、コンサルタント料、社会的知名度は、これらを得られないがこつこつ働く分野の教員に疎外感を与える。要約すると、研究への需要は多くの大学で前例のない富裕者を生みだし、全学的バランスと学科間の均等な扱いに関する問題点を生じさせた。

アメリカの研究における傑出は維持できるか

数十年の間、主要大学に率いられてアメリカは世界で科学研究（おそらく科学以外の分野でも同様）で世界の中で傑出した存在であった[4]。二〇〇五年、査読雑誌に載ったアメリカ人研究者が筆者となっている科学論文は他のどの国よりも多かった。アメリカは科学と工学での博士号の数、世界の研究開発支出の中でのシェア、世界のハイテク製品輸出でのシェアで、世界一である[5]。科学と経済学のノーベル賞受賞者の過半数はアメリカで働く研究者である。世界の主要な数学者、物理学者、微生物学者はアメリカの大学の教員として所属し、アメリカの科学者は最も頻繁に引用される論文［引用回数の多い論文は質が高いと考えられる］の世界シェアはどの国よりも高い[6]。

しかしながら、近年、アメリカは科学での傑出さを失いつつある。一九八一年から二〇〇九年で、自然科学と社会科学の雑誌のすべての論文で少なくとも一人はアメリカ人が執筆者になっているシェアは四〇％から二九％に低下した[7]。最も被引用回数が多い科学・工学の雑誌におけるアメリカ人による論文のシェアは一九九二年の六四・六％から二〇〇三年の五六・六％に低下した[8]。

他の二つの展開はアメリカの科学における支配力の衰退を示し、アメリカの優位がいつまで続くかという疑問をかきたてる。一つは二〇のヨーロッパ諸国が一つのヨーロッパ連合（ＥＵ）になったことで、もう一つは科学研究でのアジア、とくに中国の発展である。

もし、ＥＵを一つの国とみなすのならば、アメリカの優位は明らかに衰えてきている。二〇〇五年、ＥＵと比べて、アメリカは依然として対ＧＤＰ比で大きな比率を研究開発に投資している。ハイテク輸出でも高い比率を誇っている、より多くの特許を得て、より被引用回数が高い論文と特許［特許申請時には参考にした文献だけでなく先行特許も記載するので、被引用回数の多い特許はそのような論文と同様、質が高いといえる］を生みだしている。しかし、ＥＵは科学・工学の博士号の数、査読雑誌に載った科学論文の数ではアメリカを上回っている[9]。

新しい展開の最も顕著な例が、科学・工学の研究機関としての中国の進出である。二〇〇六年に中国は研究開発投資額の対ＧＤＰ比率を二〇二〇年までに倍増し二・五％にする、と発表した[10]。経済そのものの成長率が最近では年一〇％近い中国において［対ＧＤＰ比率が増えれば］科学への研究投資額の絶対額の増加は著しい。他の科学指標での著しい成長率も、同様の注目度を集めた。中国はアメリカやＥＵよりも年間の博士号取得者は少ないが、最近の増加率は年一五％を超えている[11]。査読雑誌掲載論文数は年に一七％で増加しているが、アメリカは一・五％、ＥＵは一・三％に過ぎない[12]。ハイテク製品の世界全体の輸出に占める比率において中国はアメリカやＥＵに後れをとっているが、中国は年に三〇％で伸びており、一九九九年には世界のハイテク貿易の三％に過ぎなかったのが、六年後には一五％になっている[13]。対照的に世界のハイテク製品輸出でのアメリカのシェアは年に三％で減少しており、ＥＵのシェアは変化はなく、上昇もしていない。

趨勢を注意深く延長していくと二〇二〇年には、中国は科学・工学での博士号授与者数、世界の研究開発投資に占めるシェア、査読雑誌論文でのシェア、ハイテク製品の輸出の中でのシェアにおいてアメリカを追い抜くことが示唆されている。急速な成長はまた韓国、インド、その他のアジア諸国で起こるであろう[14]。まとめると、全体に起きていることは科学・工学において相対的な地位がアメリカ、ＥＵからアジアにシフトしていることである。この傾向はアジア諸国の経済成長がアメリカを含む西欧諸国を上回っている限り続くであろう。

このシフトがもたらすアメリカの大学の他の先進国に対する相対的地位への影響力は予想が難しい。アジアでの科学研究資金の急速な上昇は質の向上を伴うはずであるが、創造性・想像性の向上は、研究開発投資額や博士号の数、論文数の増加と同じペースか否かは予想できない。中国や他のアジア諸国の政治状況は、大学とそこでの研究の進歩を妨げる。大学の質を変えるのに必要な長期的スパンでは、経済成長率は中庸になるかもしれないし、二〇世紀の最後の四半期における日本のように劇的にもなりうる。

同じように不確実なのは、アメリカでいま、働いている最も有能な中国人、韓国人、インド人科学者のうち、どれだけの人が母国経済の好転の中で帰国するのか、ということである。一九六〇年以来、アメリカの現役科学者の中で移民は七・二％から三〇・〇％に増えた。さらに、科学の分野での博士後期課程での外国人修了者のうち、少なくとも数年はアメリカで働きたい希望を示している人の比率は増加しているようである。少なくとも次世代では、外国生まれの科学者が「修了後にアメリカに残らず母国に帰るという形で」流出してしまう危険はほとんどなさそうだ。

上述のグローバルなシフトは、アジアの経済成長率を高め、中国の軍事的パワーを増強し、ワシントンの政策立案者に挑戦を与える。しかし、大学の研究者にとっては、科学研究におけるアジアの成長はゆゆしく切迫した問題ではない。仮にそうであってもアメリカの大学ができることほとんどない。この国ならびに世界のどの国の科学者にとっても、中国や他のアジア諸国の成長は、発見のペースを速め、他人が利用できる知識のストックを増やし、連携できる科学者の数が増えることによって、恩恵がもたされることが約束できる。最後に、アジアの科学者でアメリカ残留が減り、トップレベルのアジアの学生がアメリカを留学先に選ばなくなっていることだが、全体として、科学研究はゼロ・サムゲームではない。一国の進歩は他の組織の研究に恩恵を与える傾向がある。

考えるべき問題

アメリカの高等教育の今日の研究状況を論じる中で、いくつかの方法が可能である。このテーマで書かれるものの多くは連邦政府ポリシーに関することである。この主題の下で、物理科学と工学では伸びがほとんどなく、生命科学では政府資金が増えている傾向について、賛成・反対の考慮をすることができる。もう一つの重要な問題は、最も重要な発見は研究者が若いときに行ったことが多いのだが、資金提供省庁が若手でなく年をとって評判が確立しているベテラン教員を優先していることである。このために、優秀な学生が科学の研究を行うために大学院に進学しなくなるかもしれない。若手が大学教員への就職の難しさはもちろんとして研究での資金も得られないので、重要な新発見がなされないかもしれない。さらにもう一つのなかなか解消しない問題は、研究グラントの獲得や、実験における安全と、ヒト被験者の保護を担当するさまざまな部局から認可を得る手続きの複雑さである。最近の調査によれば、大学教員は研究時間の四〇％を、研究資金の獲得、研究実施の認可申請、人の雇用、受けたグラントの管理状況の報告に使っている(15)。

これらの問題はすべて重要であり、アメリカの研究努力の成果に影響する。しかしながら、この本の焦点は資金を出したり大学の行動を監視する省庁のポリシーよりもむしろ、大学自身が何をしてきたかということである。大学の実務は複雑すぎるので、他のトピックスは別の機会に扱うことにしないと一冊の本にはまとめきれない。

大学の研究を議論するもう一つのやり方が、さまざまな学問分野で生じている問題や論争を考察することである。たとえば、経済学では、新古典派モデル、行動経済学、より伝統的な制度分析の尊重すべき点と欠点とを議論できるだろう。法学では、法と経済学、批判的法学〔法は中立的・客観的でなく社会の権力関係の現れという考え方〕、伝統的な法体系分析などを検討できる。文学では、文学理論や語法分析での学派ごとの考え方を評価したり比較できる。

そのような議論は興味深いが、それ自体は実行がきわめて難しい。知識にはきわめて多くの分野があり充分に分析できない。分析するにはきわめて多くの文献を読んで比較しなければならないが、それはどんな優秀な学者でも手に負えない。多くの異なる研究分野の共通部分に集中して分析するのが賢明であろう。私はこのパートの章では三つの点を選んで考察する。

第一は、あまりに多くの大学が教員に対して「出版かしからずんば死か」〔研究論文を書かず業績があがらないと大学で採用・昇進されないという研究業績重視主義〕を強要しているのではないか、ということである。〔研究業績を上げることを求められて〕教員はたくさんの論文や本を書いているが、誰も読んでくれないようなものが多い。その分、学生の教育に時間とエネルギーを向けた方がよいのではないか、という議論がしばしば主張される。この主張は正しいのか、もしそうならば、何ができるのか。

第二のトピックは、大学に経済発展への貢献を求める政府の政策とどう向き合うかということである。大学は企業と共同研究したり、潜在的に価値のある発見を特許化し企業にライセンスしたり、教員が研究成果を基に企業を設立するのを支援したりしている。一九八〇年以降、大学が政策立案者の意向に応え、企業と密接に協働するようになると、技術移転を促進する大学の努力は、大学の研究を本来得意とすること〔真理を追究する基礎科学研究〕から逸脱させ、教員は公正無私で信頼できる研究をしているという評判が傷つけられるという批判がされてきた。[16] 一九八〇年からはある程度の時間を経たので、これまでの記録を精査しおぞましい結果が実際に起きたかどうか分析することができる。

最後の第三の分析は、科学者や学者が研究を行うキャンパスの環境についてである。ここでの問題は議論が絶えないテニュアも含めた学問の自由をめぐる論争である。しかしながら、章はこのなじみ深いトピックだけではとどまらない。研究の質を判断するプロセスの中で教員の発表内容の性質や独創性が脅かされ、バイアスや不完全性が存在し、昇進にマイナスになることを恐れて教員が自由に発表しにくくなっていないか。「ポリティカル・コレクトネス」〔差別・偏見を含まない非差別的表現を重視する立場、政治的正当性〕がキャンパス内に広まり人種、階級、性差などの微妙な問題を研究者が語りにくくする悪影響を及ぼしているのか。教員は左翼・リベラルばかりになって、キャンパスでの意見の多様性が狭められ、学問の質が脅かされているのか。これらの疑問に対する意見は大きく異なるであろうから、証拠を注意深く調査する必要がある。

第15章　「出版か死か」

過去四〇年以上、研究への資金の不充分さを懸念する声が多く聞かれてきた。人文学者は国立人文学基金（National Endowment for the Humanities）への議会の予算が小さいと不平を述べてきた。自然科学者はさまざまな研究分野への連邦政府の資金が小さいので、創造的な若い学者がグラント（研究資金）を得られず、ベテラン研究者も常に当たるとは限らないので、いくつも研究申請書を書かなくてはならなくなり、彼らが若かったときに比べて二倍の時間を書類書きに費やしている。一方、売上そのものと大学からの補助の減少によって大学出版会が危機に陥っており、有能な学者が出版する機会が閉ざされようとしている。

これらすべての不満と叫びからは、研究出版物は減少しているに違いないと思うであろう。しかし、実際にはそうではない。バーバード大学出版会のウォーターズ（Lindsay Waters）によれば、一九八〇年から二〇〇〇年で大学出版会によって出版された新著の数は急増した[1]。それ以降、増加は頭打ちになったが、北米の大学出版会は年に一万冊以上を出版し続けており、それ以外にも一般の出版社からも大学教員は出版している[2]。ネット出版は大学教員の出版をさらに増やすのではないという意見もある[3]。一方、学術雑誌の出版も年に約三%のペースで増加しており、世界で一〇万もの学術雑誌が出版されている[4]。

矛盾の説明

学術出版物の増加と、繰り返し主張される不充分な研究支援と出版機会の減少との違いをどう説明できるのであろうか。たしかに一つの説明は、科学者・学者の数が研究資金の供給や学術研究論文の発表の機会よりも速く増加していることにある。しかし、もう一つの要因は、教員の採用・昇進に論文発表していることを必要としている大学が増えたことである。一九六九年から九七年までに、「自分の大学での採用・昇進するにはかなりの研究業績がないと難しい」と答えた比率は四〇％から六五％に増加した(5)。現代語学会によるテニュアと昇進のための研究評価諮問委員会は、研究業績出版は六二％の言語・文学学科で昇進にとってより重要になり、教育よりも研究を重視すると答えた学科長は一九六八年の三五・四％から二〇〇五年の七五・七％と二倍以上になった(6)。

研究重視の流れに対応して、自分の分野で論文が五本以上ある人の比率は一九六九年の一一・一％から一九九八年の二二・五％に上昇する一方、過去二年間論文発表がないという人は一九六九年の四九・五％から二〇一〇年の二八・一％に減少した(7)。研究業績出版のプレッシャーを増強するために、すべてのタイプの四年制大学で教員給与が業績出版と関係するようになってきた(8)。教員が本や論文を多く出せば出すほど、給与は多くなる。教室で費やす時間が多ければ多いほど［出版は少なくなるので］、給与は少なくなる。

業績出版のプレッシャーは、多くの大学が採用と昇進の候補者の出版記録を評価する際に質より量を重視する傾向のため、さらに強まる。二〇年前でさえ、一九九二年のカーネギー財団の調査で、全教授の四五％が「昇進の評価材料となるのは出版されたものの質ではなく量だ」と答えている(9)。二〇〇八年の現代語学会の諮問委員会は、すべての学科の三分の一でテニュアを取得するためには二冊目の本の出版が前提条件になったと報告している。一方、すべての分野で博士号取得の候補者［科目履修や試験は終えて、論文を仕上げるだけの院生］は学位を取得して求職を始める前に、何本か論文を発表していることが重要だと言われている。大学で求職する人がテニュア審査対象教員の求人を上回っているので、学位取得をわざと遅らせたり、ポスドクの仕事にしばらく就いたりしている。就職の機会を待つ一方で、彼らは多くの競争相手の中から選ばれるチャンスを増やそうと、できるだけ多くの論文出版を出すことに専念している。

研究論文の数が増えていると、査読雑誌に載ることも難しくなる。海外の学者も採用・昇進をめざして学術雑誌に投稿するようになったので、論文が受理されるチャンスはますます小さくなる。研究業績の質より量が重視されているというものの、候補者の中から一人を選ぶ中で、多くの大学は公刊された論文の数だけでなく掲載された雑誌の評判も考慮する。評価の高い学術雑誌のほとんどはアメリカかイギリスなので、これらの雑誌に投稿される論文の数は洪水のようである。たとえば、評判の高い *Nature* 誌ではすべての投稿論文の五%足らずしか掲載許可とならず、自然科学と社会科学での他の主要雑誌でも拒否率が八〇から九〇%である。

原稿の洪水は研究支援の不充分を嘆くという一見矛盾する疑問を提起している。これらすべての研究が必要なのだろうか。ウォーターズは「誰にも好まれず読まれもしない論文」が編集長室に積み上がっている、と公言した。[10] カリフォルニア大学ロサンゼルス校で長く教鞭をとったスミス（Page Smith）教授によれば、「現代の大学で行われている研究と呼ばれているものはほとんど価値がない。誰にも何にも測定可能な便益をもたらさない。それは莫大でほとんど理解不能な規模の研究成果に加わる見せかけの作品の一つにすぎない」。[11] 皮肉なことに、多くの大学は教員に出版することを求めているが、研究環境の調査に回答した教員のほぼ半数が研究分野の進歩をフォローする研究時間がないと回答している。[12] この反応はおそらく、多くの学問分野で、毎年きわめて多くの本と論文が出版されていることも理由の一つであろう。

スミス教授に同意する人は、この議論を支持する印象的な統計数字を引用できる。文学と人文学では驚くべきことにすべての論文の九八%が一回も引用されていない。社会科学では七五%であり少し良いといったところである。[13] 自然科学の学術雑誌はかなり良く、二五%の論文のみが引用されなかった。[14] にもかかわらず、論文当たりの平均被引用回数は一回と二回の間である。二人の社会学者（Jonathan and Stephen Cole）によれば、最も頻繁に引用され重要とみなされる論文は少数の有力大学の教員によって書かれていて、その他の膨大な数の論文は公刊されているが学問分野の進歩にはほとんどか、まったく影響がない[15]。

公表された研究論文の多くが単に読まれないというのは、木を無駄に伐採した［紙の無駄］という以外に懸念することはない。しかしながら、研究重視の傾向は新たなリスクを生じる。主な懸念は教員が教育に充分な時間を割けなくなることである。もし多くの大学の多くの教員が昇進や昇給のためには論文や本を書かなくてはならないと感じるのならば、原稿書きや実験を行うのに費やす時間が増えて、授業の準備、学生の指導、レポートへの添削に費やす時間は減らざるを得ない。長年にわたって、多くの評論家が大学の、教育や学生の指導を犠牲にして一流研究大学教員に伴う名声と富を得ようという、実りのないコストのかかる努力につながる「出版か死か」という風潮を批判してきた[16]。

予想できるように、これまでの研究批判の議論は反論を受けないわけにはいかない。反対論者は第一級の研究成果を生み出そうという真剣な努力は多くの中程度の質の論文にしかならないと認める。取るに足らない論文になる場合さえもある[17]。彼らによれば、どの研究プロジェクトが重要な貢献につながるかは事前にはわからないので、研究を抑制することは長期にわたって影響力を持つ価値ある研究成果を生みだす研究を中止してしまうリスクをもたらせる。これは、多くの有能な若い博士が主要研究大学でのテニュア対象の職をいつかは得ることを夢見て、当面は無名な大学に就職せざるを得ない今日のような状況ではとくに重要である。

現状を擁護する人はまた研究が優れた教育と矛盾するという考え方にも疑問を呈する[18]。彼らによれば、逆に、研究に熱心な教員はそうでない教員よりも最前線の研究動向に敏感である。彼らは教育とともに研究にも関心を維持しているので経歴の途中で「燃え尽きる」ことも起こりにくい。少なからず、彼らは知識の最前線での発見をめざす活発な活動を源とする特殊な熱意と興奮を学生に伝える。

研究重視の傾向を批判的な目でみている人は、この議論にすでに反論している。彼らは、どの研究プロジェクトが重大な貢献につながるかは事前にはわからないという点には同意する。しかし、彼らは研究者がそれ以上研究に固執し続けても、長期にわたって意義を持つような結果を生みださなくなる上限点があると主張する。もし文学や人文学の九八%が一回も引用されないのならば、研究大学の学科や少数のトップクラスのリベラルアーツ・カレッジ以外が教員に論文発表を課すことをやめても失われるものは多くない。研究が教育に貢献するかということについても、今日の研究論文は特化したテーマが多く、学部生の授業との関連性は薄い。したがって、不可解なテーマでの研究に費やす時間がその教員の行う授業の充実につながるということは明らかでない。

教員に業績として論文を課すことが広まることを擁護する人には最後に一つ論点がある。たとえ研究がほとんどか、何も影響力をもたらさないとしても、研究業績は若い教員の知的能力の判断基準になり、大学はまともな採用と昇進を行いやすくなる。(19) しかしこの議論でさえ反論されうる。もし大学が質の高い教育を研究よりも重視するならば、昇進の根拠はおそらく教室に関係する業績からもたらされるべきであろう。シラバスや新しい教育法の活用の度合いをチェックしたり、授業参観したり学生による授業評価を読んだりすることの方が、経歴書に書かれている引用されない論文の数を数えるよりは、その候補者の将来にわたって大学にもたらす貢献のよりよい尺度を与えてくれるであろう。

証拠を見る

ここまで述べてきた議論の多くはたびたび繰り返されてきた。しかしながら、不思議なことに、この議論の論者は、研究活動の教育への影響についての実証分析はいくつも行われてきたのに、引用してこなかった。これらの実証分析は論文をたくさん出している教員の教育と出版をあまりしていない同僚と比較するものである。テニュア授与や昇進の基準として研究を重視することの教育への影響について多くのことを明らかにしてくれる。

フェルドマン(Kenneth Feldman)はこのテーマについて最も包括的な研究を行っている。(20) 彼は、論文をたくさん書いている教員とほとんど書いていない教員に対する、学生による授業評価の結果を研究した三〇の調査を分析した。三〇のうち一つで論文を書いている教員の評価が低かったが差は小さかった。一一では論文を書いている方が学生による授業評価は高いというプラスの効果はあるが、量的効果はそれほど大きくなく、残りの調査では差がなかった。全体として、相関関係は統計的には有意でないが、研究の教育への影響はプラスであった。データをより注意深く観察して、フェルドマンは研究と教育の間の最も強いプラスの関係は、教員のそのテーマに関する知識、教材の構成、明瞭な単位取得・成績基準によってもたらされると明らかにした。教育に関しては二点のみが教員の研究熱心さとマイナスの関係があった。それは授業中での討論・質疑応答、学生からの親しみやすさ・アクセスの容易さであったが、どちらも研究活動との相関関係は小さく統計的に有意でなかった。

のちの調査は教育と研究の関係にさらなる光を投げかける。オルセン（Deborah Olsen）とシモンズ（Ada Simmons）は論文をたくさん書いている教員は、論文をほとんど書かない同僚と同じくらいのオフィスアワーの時間を設けており、訪問してくる学生はむしろ多い[21]。研究熱心な教員は入門クラスの授業担当を避けてはいないし、授業が講義形式ばかりだとか、試験が論述式でなく選択式になっているわけでもない。サリバン（Anne Sullivan）は論文をたくさん書く学者は学生の気持ちを考える、明確な成績づけをする、詳細な授業シラバスを書く、時間通り教科書を注文する、詳細な点まで授業計画に盛り込むなどの点で、論文を書いていない教員に劣っていなかった[22]。他方で、ジョンソン（Robert Johnson）によれば、論文をたくさん書く教員は、試験において批判的思考力よりも知識を問う問題がやや多くなる傾向がある[23]。最後に、マッコーヒー（Robert McCaughey）は研究大学と難関リベラルアーツ・カレッジの教員を対象とした大規模な調査を独自に行った[24]。それによれば、論文をたくさん書く教員はあまり書かない教員と比べて、授業評価の結果では差がなかった。

全体的に見て、ここで紹介した調査は研究に取り組むと学部生教育がおろそかになる、という論者を喜ばすものではない。そうだとしても、研究が教育に悪影響を及ぼしていないということが証明されてわけではない。論文をたくさん書く教員はそうでない教員よりも有能であるから、もし研究をしなければよりよい教師になれたかもしれない。しかしながら、この可能性を支持するデータはない。

もちろん、これらの調査は多くの人が主張する、研究が学部生教育にプラスの効果をもたらさない、ということを示唆してもいる。論文をたくさん書く教員はそうでない教員よりも、知識があり授業の構成立てもうまいかもしれない[25]。しかし、その傾向はそれほど大きくなく、重視するのは賢明ではない。むしろ、既存の調査結果からの最も穏当な結論は研究活動は学部学生への教育の質にプラスもマイナスも重大で明確な効果を与えていないということである。

研究の影響は学期中［授業期間中］に四年制大学の教員が教育と研究にどのように時間配分しているかについての、定期的な調査結果の収集によってさらなる光があてられる。もともとは一九七二年に始まり、一九九二年に終わったのだが、この期間は昇進にとって研究業績が不可欠だと答える教員の比率がほぼ二倍になった時期である[26]。研究時間と授業時間が補完的でなく代替的ならば、論文発表重視の傾向は授業準備の時間を減らすことが予想される。しかしながら、そのようなことは起きていない。一週当たりの研究に費やす時間は増加した。とくに研究業績重視の強まった総合大学の教員で著しい。しかしながら、興味深いことに学期中に教育に費やす時間も減っていない。代わりに、学生のアドバイスに費やす時間が減ったようで、勤務時間そのものが増えている。

一九九二年から二〇一二年の直近の二〇年を対象にした別の調査では傾向が少し異なる[27]。この期間では、教育に費やす平均時間は減少したようである。にもかかわらず、この現象は教員の授業担当コマ数の減少によるためのようである。一コマの授業の準備にかける時間は減っていない。研究重視は教育の質には必ずしも影響を与えていないが、教員に求められる授業負担の量の減少に徐々に影響したことを示唆する。

授業負担の減少は「出版か死か」の学部教育にもたらせる唯一の影響ではない。研究が大学の基本的な使命となるにつれて、大学院生の教育・訓練が特殊な知識と先進的な研究テクニックを求めるようになった。院生時代とそして教員として自分の選んだ狭い専門分野に傾倒した人は、学部の授業も自分の専門分野に近い内容になる。大学では知的水平線を広げる新しい内容の授業を始める進取の気質あふれる教員と、一、二年生向けの入門科目を教えるのが好きな教員とがいるが、多くの教員は自分の研究の関心に沿ったセミナーや特殊な科目を教えるのを好む。驚くべきことではないが、教員が一番知識を持っていることと学生が一番学ぶ必要があることとは必ずしも一致しない。

カリキュラムは教員が作るので、大多数の四年制大学の必修条件は教員の好みに合わせて考えられる。リベラルアーツ・カレッジではいくつかの必修科目があり、それは多様な文化・民族の理解、作文力、外国語習得、それほど多くないが古典講読のためである。しかし、その多くは教員の特殊な関心に沿った内容か、そうでなければ、この目的で雇い入れた、正規教員でない、任期付講師、非常勤講師、場合によっては大学院生が教えるものである。作文、数学、外国語など必修基礎科目と、古典講読や西洋文明などの範囲の広い基礎的科目の討論セッションなどを非正規教員に担当させることは大規模な大学では常態化している。

結果として、カリキュラムは既存の学問分野の中で特殊な研究をしてきた教員の、知的な関心と専門知識に合わせて構成される。これは自然な成り行きである。教員は自分の専門知識を教えることに一番長けている。しかし、こうした必修科目は学部生の教育の理想像とは程遠い（理由については本書第8章参照）。これは根本的には改革しにくい。とくに教員が一番力を持っていて、専門知識の進歩を最も重視したがる研究志向の大学ではそうだ。

これらすべてのことは、学科を廃止しろとか、知識の専門化は批判されるべきだということを示唆しているのではない。専門化とそれを支える組織化は重要な意味があるから行われてきた。しかし、払うべき対価も大きい。その対価は一般教養科目という、通常カリキュラムでは「残余の部分」とみなされるところに現れる。そこでは、教員が元々は重視していた意欲的な目的に注意が払われるためには、教える意欲のある教員が少なく開講科目も少なくなりすぎている。

研究重視傾向はまたカリキュラムや教育法の根本変化のための提言を行う、教員の意欲に影響する。最近の調査によれば、六〇％以上の教員が研究と学内委員会の仕事の負担にストレスを感じており、七四％が個人的な時間を取れないことに不満を持っている。(28) そのようなプレッシャーを感じている教員は、新しい技術を教室で使う方法を覚えるとか、教育法の革新について週末の教員研究会に出るとか、より能動的な学習を導入するため内容や教え方を変更しようということに積極的になれない。二〇〇四年に当時の全米科学アカデミーのアルバーツ会長が言うように、「全員が時間に余裕なく全速力で走っている組織を変化させるのは難しい。私が大学で会った教員は私より忙しい」(29)。

教員に求められることの増加は、かつてベル(Daniel Bell)が「大学教員になることを選んだ主な三つの理由は六月、七月、八月だ〔夏休みがあるからだ〕」(30)と述べた一年の使い方にも大きな影響をもたらせる。論文発表を期待されている教員にとって、夏休みが真剣に研究と執筆を行うための、ほとんど唯一のまとまった時間である。調査によれば、この期間の教員は教育・授業(その準備)よりも研究に時間を費やしており、授業期間中とは逆である(31)。より多くの大学で研究が重視されるようになると、授業内容を改定したり新しい科目を作ったり、教育法を改善したりすることに使える夏休みの時間がその分、犠牲になる。

もし研究重視が続き、大学幹部が学部教育の重大な改革に教員が積極的でないことを放置していたら、大学は市民から乖離してしまう。多くの大学にとって学生を教育し彼らの学びを助けることが最も重要な貢献である。認知科学の進歩、新しい技術、さまざまな教育法の効果に関する研究蓄積が合わさって、学生の学習効果改善の有望な可能性は大いに生みだされている。同時、本書の第9章と第10章で述べたように学生の多様化、宿題に費やす時間の減少、大学教育の目的に向かっての彼らの歩みの遅さは、教員側が学生の関心をつなぎとめ学習を助ける、よりよい方法を見つける努力と思考をしなければならないことを示唆している。

教員は学生教育の改善のためにもっと多くの時間を使うことに必ずしも反対ではない。調査によれば、七〇%以上の教員が研究よりも教育志向だと答えている(32)。八二%が学生教育に関心があり、強く関心があるという比率は一九六九年から最終調査年の一九九七年にかけて二〇ポイントも増加した(33)。これらの数字は多くの教員が新しく、改善の可能性がある教育法を実験したり、カリキュラムを改定したりする努力に参加することを拒絶しないかもしれないことを意味する。もしそうならば、研究重視の傾向によるプレッシャーはタイミングの悪いときに到来したといえよう。

これらの可能性を考えると、なぜそんなに多くの大学が昇進やテニュア授与のために研究を必要と考えるようになったかは不思議である。一つの要因は大学側の求人が足りないので、新しい博士号取得者は研究業績がないと大学に就職できないということがある。研究が高く評価される大学院で訓練を受けてきたので、新たに採用になった教員も所属学科に自分が大学院時代に見たのと同じような基準と優先順位を導入することを求める。

たとえこの説明が正しくても、なぜ若い博士号取得者を採用した学科が論文出版をテニュアの前提条件に決めたのであろうか。彼らは確かに研究重視の新規採用者に好意的である。しかし、出版を奨励することと必須条件とすることは別である。さらに正当化しにくいのは、出版された本や論文の数をテニュアや昇進の審査で重視することである。すべての大学の教員が価値のある論文や本を書いているのは事実である。しかし、必要に迫られて書いているので、本当に傑出した本は出にくい。一、二作の本当に質の高い著作を書くことに集中するよりは量を増やさなければならない、というプレッシャーを感じているからである。より多くの大学の教員を多くの研究業績をあげるように強制することは、学問の蓄積に本当の価値を付け加えることなく、教員に大きなプレッシャーを課して忙しくしているだけである。

研究重視を始めた多くの、おそらく大部分の大学で、その方針は教授会でなく大学幹部によって始められた。総合大学では、研究大学からスカウトされた新学長は彼らが慣れ親しんだ採用・昇進の基準を導入することに自然と熱心である[34]。いくつかの大学の学長は、活発な研究活動は大学の財政状況を強化する間接費の支払いを伴う外部資金を引き付ける、と感じているのかもしれない。さらに多くの学長はより多くの寄付、有能な学生、卒業生の間でのより大きな誇りにつながる、名声と高いランキング順位を得ることを期待して研究を重視している。

この種の戦略は成功しそうにないし、公共の利益に供することはさらに起こりにくい。活発な研究プログラムを開始することはリスクが大きく、収支決算を改善する試みとしては費用がかかる方法である。研究重視の戦略は、研究業績の高い教員への高い給与、そのような教員への授業負担の軽減［その分、非常勤講師を含めより多くの教員を雇うための費用がかかる」、図書館蔵書の増加、大学院生の奨学金、適切な研究室の設備・機器などへの大きな支出を必要とする。たとえ外部から研究費が来ても、それらが研究に伴うすべての支出をカバーする間接費を含んでいるのは稀である。ほとんどすべての経験ある大学関係者は、これまで研究での伝統・実績がない大学にとって、活発な研究プログラムをつくることは教育から資金を割くことになり、研究で儲けた金が教育にまわるという方向ではないと考えている。(35)

公表される大学ランキングでかなり高い順位を得ようという努力は、時には成功するが、それは経済的に成長している地域の大学に新たに生まれた富が回ってきた場合であって、既存の大学ではめったに起こらない。大部分の場合、試みは失敗する。かかる費用が大きすぎ、既存の有力大学の地位は追いつけないほど強固である。せいぜい、できることは有能な教員を他学から引き抜いたり、他学に行きそうな優秀な学生を勧誘することだが、国全体の大学の質には純増はない。

教育の改善によって傑出した地位を狙う方がより見込みがある、という見方がいくつか出ている。費用はずっとかからないし、この面での競争は激しくないし、成功への障壁はそれほど強固でもない。最も重要なことには、教育の質の本当の進歩は有名教授や統一テストで好成績の学生を大学間で取り合うことで達成するものではないのである。この競争では学部生の教育全体の有効性や恩恵を受ける学生数を増加させる形で行われる。

教育の質の向上を重視することは研究水準の低下を示唆するものではない。各大学はテニュアや昇進の候補者に大学の使命へ対する高い貢献度を示すことを求めるべきである。研究業績を本や論文の本数で決め、多ければ多いほど良いとすることが問題なのである。しばしばそのようなポリシーは知識や理解の増大には貢献せず、学部生の教育の質を向上させる機会を見逃しつつなおかつ「好まれも読まれもしない刊行物」の量を増やし続ける。

必要な逸脱

教員の生活を詳しく調べると、研究論文刊行への要求がプレッシャーとストレスの唯一の原因ではないことがわかる。一週間当たりの平均勤務時間は増えてきた。仕事と生活上でのストレスは過去二〇年で大きくなり、これは研究と論文発表への要求だけでなく、委員会の仕事、学内の手続きや規制をクリアするための仕事が多いからである。(36) これらの傾向は高等教育の状況を記述するときには、めったに考察されない質問につながる。教員の時間がより重要な目的をめざすことを犠牲にして、無意味に浪費されていることは他にもあるのではないか。

過去二世紀で教員の責務だったことで部分的にまたは全面的に他人の手に渡ったものもある。一八世紀と一九世紀の間に教員の主な仕事であった学生の躾、生活指導がそうであり、最近では学生への進路指導（就職相談）、試験の作成と採点である。しばしばそのような変化は、教員、大学院生、事務職との間の責任の分担全般に関する組織だった検討はいうまでもなく、いかなる真剣な議論もなしにほとんど秘密裏に徐々に行われる。結果は授業コマ数と学生指導の時間の減少であった。

教員の時間配分を検討する努力は大学の置かれた状況によって、大学ごとに異なる結論になる。結果の判断は教員の優先順位についての考え方の違いに依存する。そうであっても、簡単に、いくつかの言及するに値する大学共通の問題について指摘してみたい。

委員会

委員会というのは、教員の採用やカリキュラム改訂のような教員にしかできない重要な仕事を実行するためには、大学にとって必要な部分である。しかしながら、多くのキャンパスで、どんな著名人を次の講演会に呼ぶか、今年の最優秀教員は誰にするか、どの学生を成績優秀者として表彰するか、といった些細なことを処理するため新しい委員会がつくられる傾向がある。これらの委員会は個々ではたいした時間を取らないが、委員会の数が増えて、のべの拘束時間は増えている。このような案件は委員会でなくて一人の教員か事務職員が決めて、教授会で最終承認されればよいことである。

もう一つの共通の問題が、委員会が必要以上に大きくなることである。この傾向は最近の数十年、委員会はさまざまなグループ、とくに、非白人、女性、テニュア取得前の教員などの代表者から構成されるべきだという考え方によるものである。委員会の扱う問題が特定のグループに直接関係しているときには、そのグループの代表を入れるというやり方は有益だが、そうでない場合は委員会を必要以上に大きくし教員が忙しくなるだけである。とくに学科内の限られた数の非白人と女性教員はどの委員会にも入ることとなり、その教員たちの負担が大きくなる。委員会が大きくなると議論は長くなり、そもそも開催日を決めるのも難しくなる。

推薦状

学生がさまざま大学のプログラムや大学院に志願するには推薦状が要るということは、教員にとっては本当の価値ある仕事を超えての負担となる。推薦状の問題点はよく知られている。推薦状を書く人は良い点を強調して悪い点は書かない。それは推薦状はもしかすると内容が漏れて本人がそれを知ってしまうかもしれないし、過大評価の推薦状が多い時代に、正直に書いたら学生を不当に不利にしてしまうからである。多くの場合、教員は志願者のことを成績以外はよく知らない。そして成績は書いてもらう出願者本人も知っているものなのである。志願者を審査する側の教員は推薦状を書いた人のことを知らないことが多いので、どの程度推薦状を重視したらよいかわからない。また、時には、出願書類にはない悪いことなどが推薦状によって暴露されることもあるが、それ以外では推薦状は選考に影響を及ぼさない。にもかかわらず、それでも内容をざっと見る以外は時間を取られないので、審査委員側は推薦状を求める。

そのようなやり方の改革は、おそらくは大学や専門職大学院の団体主導による、ある種の共同行為が必要であろう。少なくとも、これらの団体はすでにいくつかの専門職大学院がすでに行っているが、推薦状の共通の書式を作って、教員が複数の学校に志願する学生のためにも一つ書いたらあとはコピーできるようにすべきである。さらに望ましいのは、法曹界が使っているように、共通の書式では志願者の適性や良い資質についてあてはまる点は該当する四角欄にチェックを入れればよいようにして、コメントは特記事項を書きたい教員のみが書けばよいようにすることであろう。

官僚制の負担

大学が大きく複雑になるにつれて、監督、調整、一般管理の必要性も大きくなった。ほとんどの大学で、事務職スタッフの数の増加率は学生や教員のそれよりも大きい。この傾向は必ずしも無分別というわけではない。増加したスタッフの一部は学生のサービスへの要望の増加や政府による規制の増加に対応するためのものである。増加の他の部分は技術スタッフで、教員が新しい機器、コンピュータなど、新技術を教育や研究にフルに活かすには必要である。さらに他の追加スタッフはより多くの奨学金、教員の増加、よりよい研究施設のために必要な資金集めを支援する。

事務職の増加は、正当化されるか否かにかかわらず、教員の負担に小さく漸進的にだが影響する。新しいスタッフは新しい情報が欲しいので、教員や学科に現状調査への協力や報告書作成を求める。会議は増える。新しい階層ができると、以前ならばその場で決まったり電話一本ですんでいたのが、改めて申請・請願しないと、許可がおりなくなる。担当事務部局の数が増えるということは、何か一つを決定したら他の部局のポリシーと矛盾していないかチェックする調整が必要になることを意味する。

これらの負担の増加は法律で求められていたり、価値のある目的のためである。しかし、調査を依頼したり、会議を招集したり、追加の調整を求めるかどうか決めるときに、事務局はその必要性は考慮するが、教員の時間と手間の負担については気にとめていない。個々のケースでは負担は小さく深刻に心配するほどでない。しかし、合計すると新たな要求は教員が行おうとしている教育・研究の努力からの目に見える逸脱につながる。過去二〇年、「大学の手続きと規制」は「個人的な時間の不足」に次いで教員のストレスの二番目の要因になっていることは注目に値する。結果として、余分なものを切り取れないか決めるために、既存の手続きと事務局からの要望を定期的に検討することは大いに推奨できる。

この章の内容は通常の教育と研究のジレンマの説明とは異なっている。重要な問題は、研究を重視することが研究により多くの時間を費やすために学生を軽視する無関心な教員の任命につながるということではない。論文発表に積極的な科学者や学者は、授業に専念して研究をしていない教員と比べて有効に教育を行っている。最大の問題は大学院博士課程の訓練の時代から始まる著しい研究志向が、カリキュラムと、教員の授業内容・教育法の大きな改善や改革を行うために割ける時間とに与える影響である。

この問題は、多くの大学が、不必要な雑用が徐々に累積されていっていることを防がず、教員が本業に時間を確保できるようにすることに注意を払っていないので悪化している。結果として、最近の調査では約三分の一の教員が彼らの仕事量に不満を感じている。[37] ほぼ半数が「自分の仕事はかなりの個人的緊張感の源である」と答え、三分の一のみが「仕事とプライベートの健全なバランスがとれている」と答えている。[38] 驚くべきことではないが、そのようなプレッシャーを感じている教員は、新しい教育法を習得するために時間を費やすことを嫌がり、現状よりも努力を要する教育ポリシーの変更や新しい教育法の導入に反対したくなる。

第16章　科学研究の性格の変化

過去三〇から四〇年、大学での科学研究の行われ方は根本的な点で変化した。すべての研究分野が影響を受けたわけではないし、それ以前に変化がまったく起きていなかったわけではない。にもかかわらず、これまでとの違いは充分に広まっていて、小さいながら目に見える変化にまでなっている(1)。

「新しい科学」

一九五〇年代と一九六〇年代に、大学の科学についての著作は「純粋研究（pure research）」と「応用研究（applied research）」という明確な分類を行っていた。純粋科学は主に大学で行われ、実用性は考慮せず新しい知識の発見をしたい研究者の欲求が動機だとされた。しかしながら、この種の研究の成果は、応用科学者がそこから実用的問題解決のために利用できる新事実の発見の宝庫となる。研究課題を解決すれば、疾病の新しい治療法、改善された財・サービス、まったく新しい製品、さらには新しい産業が生みだされることになる。

今日、この説明はかつてほど満足のいくものとはみなされていない。基礎研究［純粋研究という言い方は応用研究が不純なようなので、まず基礎研究（basic research）という言葉に改められた」と応用研究との区別は曖昧になった。基礎的な研究から応用研究、そして新製品の開発という「線型モデル（リニアモデル）」は現在、科学で行われているプロセスを正確に描いていない。今日の大学の研究テーマの多くは、研究者の独立した思考やそれまでの研究から生まれたのではなく、やはり研究を行っている政府機関や企業の研究所の研究成果によって示唆されたものである。基礎的な研究をしている多くの科学者は自分だけのために発見をしようと思っているのでなく、社会にとって重要な問題を解決したり、人類が必要としているものを満たそうという希望が、少なくとも部分的には動機になっている。著名な化学者シュライバー（Stuart Schreiber）はハーバード・MITのブロード（Broad）研究所での自分たちの仕事を説明するにあたって「科学と社会を改善するための最大限の機会を考えるために一緒に努力したい」と述べた[2]。スタンフォード大学は世界にとって重大な問題の解決に貢献することを新たな使命として定義している。政府は国家のニーズに関係のある科学分野に大学の研究費を重点的に配分することでこのアプローチを促している。[一九七〇年代の]「ガン撲滅運動」やヒト遺伝子解析は顕著な例である。

大学の科学者の研究は一昔前に比べて、より共同作業的にまた学際的になった。幹細胞、ナノテクノロジー、環境科学などの知的興奮の機会に恵まれたり、また人類にとって重要な問題に取り組む研究者は、進歩するにはいくつかの学問分野の研究者の助けが必要だと感じている。今日、構築されている巨大なデータベースを使いこなすためには、研究者はコンピュータの専門家の助けが必要である。マラリアの研究をしている生物学者は、疫学者や生物統計学者との協力を望む。インターネットは国内の離れたところにいる、または世界のさらに遠くにいる学者との共同作業を容易にすることで、このような協力関係をやりやすくする。

解決すべき問題が大きく複雑になるにつれて、共同研究者の数も増える。遺伝子解析、タンパク質学、遺伝情報学などの学問体系は、かなりの数の科学者チームが必要であり、スイスにあるＣＥＲＮという研究施設でのリニア加速器を使った高エネルギー物理学の実験は、各々は小さな科学者チームが、多くの研究所からやってくるので大所帯になる。これらの展開のために、一九八〇年以来、執筆者が二〇人以上の論文の数は急増した。今で

は、一〇〇人の執筆者の論文も科学雑誌に現れており、中には四〇〇人以上の執筆者を誇っているのもある。(3)

研究での協力は大学を超えて起こっている。以前に比べて、有能な研究者が少なくとも一時的には企業の研究職になってもよいと思うようになっている。これは、多くのベンチャー企業で興味深い研究が行われ、企業によっては立派な研究施設を持つものもあり、企業にとって関心のある研究テーマに政府機関からのような外部資金が得やすくなったからである。結果として、大学の研究者が共同研究の相手として企業の研究者を見つけることが多くなった。

大学の研究者になることを選んだ人も、企業、とくに医薬品の企業を相手にコンサルティング活動をしている。この種の交流は複数の利点がある。教員にとって副収入だけでなく、企業が持っている価値のあるデータベースやリサーチマテリアルにアクセスでき新しいアイディアも浮かぶ。企業は、大学教員との密接な交流によって複雑な科学的問題を探求するのに最善の方法は何か、という点での価値あるアドバイスとともに、有望な研究テーマについての最新の情報を得られる。学生は企業との共同研究によって、実社会の問題に取り組む機会から学ぶことができ、将来の就職のきっかけづくりにもなろう。(4)大学にとって、企業は、研究費スポンサー、特許ライセンス料支払者、教員の研究成果を活用したベンチャー企業のパートナーである。政府省庁も産学連携はイノベーション、経済成長、最終的には新雇用創出につながることを約束してくれるので、予算面などで促進策を講じている。

科学研究の成果を刈り取り、画期的な製品・製法に変えていく努力の中で、議会は一九八〇年に、大学が政府資金による研究の成果を特許とし、企業にライセンスして得た収入を［国庫に返納せず］自分のものにしてよいこととしたバイ・ドール法を制定した。この法律を受けて、研究大学はすぐに、研究室の特許となりそうな発見を探し回り、特許申請して企業とライセンス契約を結ぶのを仕事とする技術移転室（Technology Licensing Office, TLO）を立ち上げた。加えて、大学は教員が企業を設立する際に、ベンチャー・キャピタリストとの仲介をしたり、大学自身が資金を投資したり、外部の投資家が成功可能と判断して資本を供給するようになるまでの間、教員・卒業生が設立したベンチャー企業を支援するインキュベーション施設を提供するなどして支援を行うようになった。

いまや大学の科学者は企業とより一層結びつき、彼らの仕事は直接、目に見える影響を企業にもたらすので、教員は大学の外部の組織にも説明責任を持つ。もし人間が臨床試験の対象ならば、その研究プロジェクトは事前に学内の治験審査委員会によって承認されなければならない。安全基準は数が多くなり詳細になった。いくつかのタイプの実験は有害で危険すぎるため許可されないということにもなりかねない。さらにブッシュ（息子）大統領の命令で、幹細胞の研究への連邦政府資金提供は厳しく制限される一方、ヒト・クローンの研究は完全に禁止されている。大学の研究はますます、学問的意義のみで判断されるのでなく、実用的な最終結果も考慮されるようになった。ストウムカ（Piotr Sztompka）は「科学コミュニティに政治家、行政官僚、マーケティング専門家、ロビー活動家など、知識の無心な追究とは異なる価値観や利益によって動いている人々が侵入してきている」と述べている(5)。研究をしようと思っても詳しく調べれば、多くの規制や禁止事項にぶつかり、遅延につながる。

ここに述べた展開は新しいことばかりではない。しかし、大学の科学の性格が根本的に変わってしまうような程度にまで進んでいる。「象牙の塔」は多くの点で壊れ、外部との接触は数が増え密接にもなり、この言葉は記述する価値をもはや持っていない。研究大学の使命そのものが、これまで完全に理解されていなかった科学の影響力を受けて、国家にとってのニーズや経済発展への貢献を含むよう拡大した。

学際的研究の促進

この新しい傾向は、これまで述べてきた恩恵とともに、研究大学に問題も生じさせる。一つは組織上の難しさである。現在の多くの科学研究の共同的、学際的性格は、分野ごとに縦割りの大学の組織にはうまく合わない。学科（研究科）は重要な目的を提供し続けているから、いまでも存在している。それらは同じように訓練された専門家の集団が新しい世代の教員と研究者を養成するのに適切な部署である。それらは大学の中で誰が採用され昇進するかを決める際に候補者の知的な資質を判断するという、重要な役目を果たす知的な集団である。国中の同じような学科と一緒になって、大学院生がさまざまなタイプの大学の教員になるための準備ができる共通の育成システムを提供する。

彼らが成し遂げている有益な機能にかかわらず、学科は大学の科学者がますます求めるようになっている学際的な活動を妨げる障壁を作る。学科は伝統的なテーマと研究手法に合致する研究を自然と好むので、しばしば学際的研究をしている教員を新たに採用することを嫌う。学科は学部生の専攻科目と大学院生の授業のための人員確保を最優先したいので、教員が学際的科目を教えることも奨励しない。テニュア取得前の教員はとくにこのようなプレッシャーと抑制に敏感である。なぜならば、学際的分野で教えたり、学際的研究に参加したりすることは、いま所属している学科でも、他大学の同分野の学科でも、テニュアの審査では好ましい業績として数えてもらえないからである。大学院生でさえ、研究科が博士号取得に単位として数えてくれないのならば、研究科の外の科目を取ることを遠慮するだろう。

幸い、学科を取り囲んでいる壁は難攻不落ではない。学部生向け学際的な専攻を作ることには、異なる学科の二人以上のテニュア取得済み教員が申し出れば、通常はそれが可能である。稀なケースで、大学から新しい学科を設立する正式な許可を得るかもしれない。生物化学や生物物理学はよく知られた例である。異なる学科からの教員が共通の関心のために結集する方法で、より簡単でしばしば見られるケースは、環境科学や生物工学のような学際的なテーマで研究センターや共同委員会を立ち上げることである。

しかしながら、これらの解決策は有益ではあるが、学際的研究に対するすべての障壁を取り除きはしない。とくに、既存の学科が決定するので、学際的教員の任命の難しさを生じさせる障壁は取り除くことができない。そして、環境科学研究センターは経済学者の任命を求めるが、大学が経済学者を雇うには経済学科の承認が必要となり、経済学科は予算があっても同意をしにくい。理屈の上では、この問題は学際的な学科そのものを設立してしまえば解決できる。しかしながら、もし新しい学科のテーマが永続的に重要だということが明らかでないならば、テーマがもはや知的に興味深くないとなっても学科は廃止は難しいので、実際には大学は学際的学科の新設を嫌う。

近年では、学際的研究のニーズは大きいのでテニュア取得済み教員は費用はかかっても学際的研究を文字通り容易にする方法を求めている。これらのプレッシャーに対応して、学科は大学院生が他の分野の科目を取りやすくする方向に踏み出した。学際的プログラム、新しい学際的学科でさえも既存学科を横断する形で作られ、教員が幹細胞や環境学のような分野で大学の他の分野の教員と共同で研究したり教育することが可能になっている。

これらの努力の中で最も好奇心をそそるのが、大学の異なる分野からの教員が数年間、共通のテーマに取り組んで、必要な技術的・金銭的支援を受けるというものである(6)。規模が大きく成功した例が、大きな私的な寄付とハーバード大学とマサチューセッツ工科大学との協力でできたブロード研究所である。この研究所はボストン地域の大学と病院で働く研究者の中から選ばれた主に医学関係の研究者に、研究施設・機器を与える。少数のテニュア取得済み教員が、組織を導く常任運営委員会を立ち上げ、探究の価値がある問題やプロジェクトを選択し、数年の間、連携する研究者を選ぶ。認められたプロジェクトは、主に二つの大学とハーバード大学の提携研修病院から選ばれた期間限定で結成された研究グループによって行われる。プロジェクトが終了したとき、協力者は元の所属学科に戻る。

他大学では、学際的研究促進の働きかけは事務局中枢からくる。たとえば、ウィスコンシン大学では教員の学際的グループは最初の予算化のための提案書を提出する。教学部長が最も有望な共同プロジェクトを選んで、立ち上げのための資金を提供する。他のキャンパスでは、企業や州政府からまとまった資金を集め、経済発展促進の可能性のあるテーマで学際的研究を行う場所を提供している。たとえば、アリゾナ州立大学では州政府が予算を組んで、「実用目的志向の生物体系に関する研究と多くの学問領域にまたがる研究によって、人間の健康と生活の質の向上をめざして」生物工学のための新しい学際的研究プログラムを立ち上げた(7)。

時には、新しい建物が学際的共同研究のために建設される。最も成功した例の一つがスタンフォード大学のBio-X施設で、参加している教員の所属学科の建物に隣接して建てられた。運営委員会は講演会、シンポジウム、教員セミナーを開催する。重要なのが、異なる分野の教員が昼食に簡単に集まって議論のできるカフェテリアである。施設内では共同研究プロジェクトが行われ、参加者はプロジェクトが終わると元の所属学科での通常の職務に戻る。数百人もの教員がこの種のプロジェクトに参加している。

学際的研究を容易にしようとするこれらの努力は称賛に値するものだが、伝統的な学科組織が作りだす障壁を克服するにはまだまだ長い道のりがある。ブロード研究所のように予算が豊富な学際的研究組織でも学際的、問題解決型プロジェクトを行う際の問題点をすべて完全に解決することはできない。若手教員が自分の分野以外の研究に参加することのリスクは残っているし、伝統的な既存学科の優秀な教員が学際的プロジェクトに参加して、既存学科の教員との協力が希薄になれば、既存学科の教員との間で緊張関係が生じる。

これらの困難を見ると、伝統的学科は進歩の妨げであり解散させた方がよいのではないかと思う人もいるかもしれない。しかし、学科は重要な役割も果たしているので、簡単には廃止できない。とくに、学科は研究者の雇用を支えているので、院生や若手教員の仕事をなくすというリスクを冒してまで学科を廃止する大学はない。この理由から、既存の学科の構造を残しつつ、必要な新しい研究も行うBio-X施設は考えられる中で最適な妥協なのであろう。

商業化

ここまで述べてきた組織上の難しさは、科学研究の新しい環境が生みだした唯一の問題ではない。異なる困難が、生命科学であろうと、それとまったく異なるコンピュータ科学、高分子学、材料科学であろうと、さらには経済学や言語学であろうと、大学の科学研究成果を積極的に商業化しようとする努力から生じる。

多くの面で、政府は大学の研究成果を経済発展につなげることを支援するために、技術移転などを促進することに成功してきた。議会が一九八〇年にバイ・ドール法を制定して以来、大学の発見が特許になる件数は急増した[8]。大学の特許はアメリカの全特許のわずか二%を占めるのみだが、バイオテクノロジー関係の特許では一六%、新薬の特許では九%を占めている。大学の研究を基にした「スピンオフ」ベンチャー企業は一九九四年の二四一社から二〇〇七年の五五五社に増加した。企業とのさまざまな形での連携は政府からの支援を伴って開花している。

そのような活動の主要な原動力は、民間企業との密接な協力から得られると期待されるお金である。教員はコンサルティング料、特許収入、ベンチャー企業設立で大きな金額を稼ぐことができる。いくつかの大学は特許ライセンス収入［教員の発明した特許は大学のものになるが、ライセンス収入は教員、教員の学科、大学本体に分配される］、企業からの研究費、教員の設立したベンチャー企業への出資（株の保有）から大きな利益を得ている。全米研究評議会（National Research Council）は、大学はこれらの活動を科学知識を迅速に広範に応用することで公共の利益に貢献する手段とすべきとしているが、多くの大学の技術移転室は収入の最大化を活動の主要目的にしている[9]［産学連携は研究成果を実用化する手段なのに、営利目的になっている］。

商業化の弊害

大学が企業と密接になることとの促進にはリスクもあり、そのリスクは取るに足らないものではない。教員はベンチャー企業経営に多くの時間を割いて大学での職務を疎かにするかもしれない。科学的重要性よりも商業的価値を優先して研究プロジェクトを選ぶかもしれない。教員兼企業家は大学院生を自分のベンチャー会社の仕事や商業的プロジェクトのために利用して、彼らの将来の経歴にとってより重要な研究活動に割ける時間を減らしてしまうかもしれない。大学は教員の採用・昇進の際に、実験室や教室での実績（研究・教育実績）でなく、特許取得数や企業設立数を評価として優先させるかもしれない[10]。

加えて、研究の商業化は、傑出した社会学者であるマートン（Robert Merton）の著作で描かれた、科学の最適な進歩にとって根本的に重要だと長い間考えられてきた価値観を侵食する恐れがある。とくにマートンによれば、科学研究は結果が公開され、研究成果とリサーチマテリアルへのアクセスは自由であるべきという意味で公開［マートンの表現ではCommunalism 公有主義］されていなければならない。研究者はまた、真理の探究以外の誘惑や圧力に屈してはならないという意味で無私［Disinterestedness 利害の超越］でなければならない。さらに、研究成果は独立した追試によって確認［Organized Skepticism 系統的懐疑主義］されなければならない。[11]

現在の大学の新しい、より商業的な環境ではマートンの価値観がリスクにさらされる可能性がある。[12] 企業から資金を受けている大学の科学者は、営業秘密として永久的か、またはスポンサー企業が特許申請するかどうか決めるまでの期間限定的かにかかわらず、研究成果を秘匿するという契約を結ぶことで「公開」の原則を侵す。研究の発見は特許化され、大学幹部や大学からライセンスを受けた企業が商業的利益を守るために、マテリアルやデータを共有させないと決めれば、他の研究者がアクセスできなくなる［公開が損なわれるだけでなく、追試もできなくなる］。最後に、教員は金銭的利害関係を持つことで研究実施の際に「無私」でいられなくなるという利益相反の問題に巻き込まれる。自分がコンサルティングしていたり株を持っている会社の薬の臨床試験をするかもしれない。または、重大な金銭的利害関係のある企業の薬の安全性・有効性を評価する論文を書いたり、許認可を審議する政府の委員会で発言したりするかもしれない。これらすべての面で、商業化は大学と教員に対して、金銭的利得と伝統的な大学の価値観との間で選択を迫られたときに、いかに行動するべきかという試練を課す。

大学の対応

さまざまな誘惑にもかかわらず、大学が実験室で生まれた発見を実用的な製品・製法に転換することを許したり、奨励することでさえ、本質的に誤りというわけではない。逆に政府は多くの異なったやり方で大学に企業と連携するよう求めている。そうすることで、政治家は医療の増進と経済発展のために研究を利用し、公共の利益を反映させている。大学は毎年、数十億ドルもの連邦政府からの研究費を積極的に受け入れているので、納税者に大学の研究を支援してもよいと思わせるような、実用的な便益を政府に還元する義務がある。同時に、大学は大学の研究の長期的な健全さと活力にとって本質的だ思われてきた基礎的な価値観を守るように、企業との関係を適切に保つという義務を、市民と大学自身に対して負っている。もしこの義務を怠るならば、大学は金の卵を産むガチョウを最終的には殺してしまうであろう。

産業界との連携に伴うこのリスクを認識して、大学幹部は教員が大学での職務から逸脱しない安全策を講じた。ほとんどすべての大学はすでに長い間、教員の学外活動（コンサルティングやベンチャー企業の設立・運営を含む）が週一日を超えることを禁止してきた。にもかかわらず、ほとんどの大学幹部はこのルールの明らかに曖昧な点を是正しようとはしていない。「週に一日」というのは週末は含むのか、それとも月曜日から金曜日までか。休暇中にもルールは適用されるのか。他大学での学会や講演は「学外活動」に含まれるのか。国家にとって重要な案件を政府高官に助言するのは、コンサルティングなのか。どのような定義であっても、大学幹部は、教員にこのルールを守らせたり、教員の学外活動をチェックすることにはあまり熱心ではない。多くの大学は教員に定期的に学外の活動を報告させているが、この報告が正確かどうかチェックするのは難しいし、大学はほどんとチェックしていない。

科学での過度の秘匿主義を避ける必要性にもかかわらず、スポンサー企業は特許申請するか否かを決めるために、大学の教員が行った研究結果をチェックする機会を持つべきということには広く合意が得られている。多くの識者は六〇日程度で充分だと考えている。しかし、この問題に関する最新の包括的調査によると、スポンサー企業が特許保護申請に必要な期間よりも長く非公開にすることを禁止する取り決めをしているのは、大学と企業との契約の半分に満たない[13]。別の調査によれば、わずか一二%の大学で、スポンサー企業が研究結果を非公開にできる期間を定めていた[14]。

多くの大学が企業からの資金で行う研究での大学教員の学問の自由を守るルールを緩めている。二〇〇三年の技術移転室のスタッフを対象にした調査では、二八％の大学はスポンサー企業が教員の研究結果の論文の内容をチェックしたり発表を差し止めたりするのを禁止する条項を定めてないと答えている。[15] 少なくとも半数の大学で企業が発表の前に研究結果を見ることは認めている。さらに、いくつかの大学では企業が発表差し止めや研究データの公表をコントロールできる条件で、その企業の新製品を対象にした試験を行うことを認めている。[16]

大学における金銭的利益相反のルールも理想とは程遠い。多くの大学は研究者に企業との金銭的な利害関係を大学に届けることを義務づけているし、多くの生命科学系雑誌は執筆者に読者への開示を求めている。しかし、ほとんどの大学も雑誌も届け出を怠ったことへの処罰はしていないし、この規則を強制することに熱心ではなく、多くの人が順守されていないと感じている。[17] 議会の委員会は、何人かの著名な研究者が大学に届け出ている以上の資金を企業から講演会謝礼や受託研究費として受け取っていたことを突き止めて公表している。[18] しかしながら、ルール無視の正確な状況はまだわからない。

利益相反は［教員だけでなく］大学自身にも生じる。もしメディカルスクールが製薬会社との間で、料金を取って新薬の臨床試験を行う契約を結んだら、この金銭的利害関係のため大学は顧客である製薬会社を喜ばそうとして、白黒つけ難い結果だったら「有効・安全」というプラスの結果を出す恐れがある。大学が教員の作ったベンチャー企業の多くの株を保有したら（多くの大学は教員の作ったベンチャー企業が未来のグーグルやマイクロソフトになることを期待して出資している）、大学はその教員を昇進、サバティカル［充電のための有給休職期間］取得、大学院生のその企業での勤務、その他の教員の処遇に関する判断で厚遇する恐れがある。

そのような大学組織としての利益相反［組織的利益相反と呼ばれる］は、何も実際には行われていなくても、「えこひいき」が行われているとの疑惑を招き、大学の管理運営における高潔さが損なわれる。[i] にもかかわらず、大学はこの状況にはほとんど対策を立てていない。[19] 実際、大学は連邦政府担当者からの組織的利益相反規制の努力に抵抗してきてた。したがって、大学幹部が教員に利益相反のルール順守を求めても、説得力がない状態になっている。[20]

少なくともいくつかの大学は大学の持つ価値観を守ることに関して、ここに要約したよりも好ましい状態であることを指摘しておくのが公平であろう。より厳しい規則と安全対策が次第に広まっているのも事実である。しかし、多くの大学幹部が利益相反の規則を策定し執行するときに、あるべき姿よりも緩くしてしまっているようでもある。おそらく大学幹部は、厳しい規則によって企業が別の大学に研究費を回してしまったり、優秀な研究者がコンサルティングや他の収益活動を減らすことを嫌って他大学に移ってしまうことを恐れている。理由は何であれ、利益相反に関しては、お金が原理原則に好ましくない頻度で勝っている。

商業化の影響

多くの大学が大学の価値観を守ることに熱心でなくなったという事実は、弊害が起きていることを必ずしも意味しない。科学者と学者には大学の研究で重要な多くの価値観を自分自身で保持する理由がある。したがって、技術移転の効果を評価しようという人は、単に大学のとった予防策を調べるだけでなく、いかに大学の研究者の実際の行動が変化したかを知る必要がある。

幸いにも、一つの重要な点で、悪影響は起こっていないようである。大学が教員の研究成果を商業化し始めたときに、識者は科学者が特許のライセンス収入や株の保有につながる応用研究に精力を注ぐので、基礎研究が損なわれると予想した。[21] 結果を評価するのに充分な時間が経過し、実証研究はそのような変化は起きていないことを示している。[22] 生命科学の研究者の多くは企業と密接な関係を持っているが、そのような教員は、商業的関係を持っていない教員に比べて、論文発表、教育への関与、教育での成果、学内行政への参加などで劣っていない。三〇〇〇人の大学の生命科学の研究者を対象にした調査では、五二％が企業と何らかの関係を持っていた。しかし、企業との連携に費やす時間は平均で週に五・八時間だけで、週に一日という従来からの基準を大きく下回っている。[23]

研究成果が特許になることの研究テーマへの影響も、初期には懸念されたが根拠がないようだ。生命科学の研究者の調査で、五〇〇人以上の回答者のうち七人のみが、特許を獲得できる見込みが研究テーマの選択で重要な要因であると答えた[24]。他の調査では、大学の研究者で多くの特許を取っている人はまったく取っていない人と比べて、論文の発表数でも被引用回数でも劣っておらず、特許を取るようになってからも論文の生産は落ちていない[25]。(工学部教員のみが対象だが)ある調査によれば、企業を設立した教員は論文執筆や被引用回数で同僚より優っている[26]。要約すると、大学の研究の商業化に関する研究者が言うように、「大学での特許活動の増加が教員の時間、関心、注意を標準的な科学研究の伝統的な重視からそらす、という主張はデータが否定している」[27]。全米研究評議会の二〇一〇年に発行されたレポートも同様の結論に達している[28]。

教員の研究成果を特許化することでの大学の積極的な努力はまた、何人かの識者が懸念したほどの、リサーチマテリアルへのアクセスの制限にもつながっていないようである。裁判所が遺伝子やいくつかの自然界の事実や自然法則にまで特許になることを認め、企業だけでなく、特許化された他人のアイディアやマテリアルを自分の研究のために使う大学教員も特許侵害で訴えられる対象となるという判断を下したにもかかわらず、弊害は起きていない[29]。いくつかの大学が基礎研究の研究成果を特許化しようとするだけでなく、その特許保護を通してライセンス収入を最大化することに積極的なのは事実である[30]。しかしながら、最近の調査によれば、対象となった生命科学の研究者が特許になっている情報やマテリアルのアクセスを要求して拒絶されたことはない[31]。他大学に対してマテリアル使用の正式な要望を出したほとんどすべてのケースで、使用許可がもらえ、一〇%のみで交渉が一カ月以上かかった[32]。ほとんど例外なくマテリアルは無償で提供された。

(i) 組織的利益相反は研究以外の面でも生じてきている。第7章で示したように、大学が営利目的のオンライン授業を行おうとしたり、海外キャンパスを建設する場合、組織的利益相反を生み、利益を増やすために教育の質に妥協が強いられる恐れがある。もちろん、大学スポーツも利益を求めて教育水準を犠牲にすることに関して、もっと古くからのもっと悪名高い例である。

見たところでは、大学の研究者の多くは他人の特許によって研究を妨げられていないようである。一つの理由は単に特許の存在を気にしないことである。特許保有者もほとんど抗議しない。それは特許侵害の存在に気がつかないせいでもあり、訴訟を起こしても費用と努力ばかりで得るものが少ないからである［他の大学教員に特許を侵害されても、まだ製品になっていないので損害賠償を請求しにくい］。大学教員はもし特許侵害の抗議を受けたら、研究プロジェクトを断念したりせず、特許になっている他人の成果を使わず、別のアプローチで研究を続けることは可能であることが多い。データを注意深く調査して、ある研究グループは「特許は研究に支障をきたらせておらず、マテリアル移転(33)（データやリサーチマテリアルへのアクセス要請への対応）もほとんどもめごとなく行われている」と述べている。これも含めたさまざまな調査の結果から、全米研究評議会の二〇一〇年のレポートはこの結論に同意した(34)。

企業との関係から生じる他のリスクに関しては必ずしも好ましい状態ではない。秘匿に関しては、ある調査では、研究資金のスポンサー企業の五八％が大学に、特許を申請するかどうか決めるに通常必要とされる六カ月以上の発表遅延を恒常的に要求している(35)。別の調査では企業から資金を受けた大学の研究者の一三％以上が、商業的理由で論文発表を六カ月を超えて遅らせたと回答した(36)。さらに別の調査では、企業から資金を受けた大学の研究者の一四％が研究成果を営業秘密として非公開にしたと答えている(37)。もちろん、何世代にもわたって科学者はライバルに対するリードを守るために研究結果の公開をしないことがあった(ii)［少しの進歩をすぐに発表すると追いつかれるので、完全に仕上がるまでは秘密にする］。たとえそうであっても、企業からの資金を受けている教員はそうでない教員に比べて三倍の頻度で成果を秘匿にする傾向がある。

全体として、スポンサー企業との契約で定められている発表遅延は、必要以上の長さであるが、［論文発表での一番乗りをめざしている］大学の教員はある程度の早さで発表することに強くこだわっているせいもあって、遅延はそれほど大きくない。したがって、二〇〇七年の企業資金による研究に関する調査は、平均の遅延は四ヵ月であり、科学の進歩に重大な影響を与えるほどの長さではないことを明らかにしている(38)。

最も深刻な問題は、大学の研究者が研究の結果と利害関係のある企業から、研究資金、コンサルティング報酬、その他の金銭を受け取る形での利益相反である。そのような相反は、とくに新薬や医療関係の製品の臨床試験でよく見受けられる。しかしながら、多くの大学の教員は、自分が評価している製品を作っている企業との金銭的な関係は自分の科学的判断に影響を与えないわけがない、という点に無頓着なようである。

不幸なことに、これまでの事例は、そのような独りよがりを正当化していない。心理学者は小さな贈り物や心遣いも、受け取った側が送った側に好意的になるような影響を及ぼすことを明らかにしている。(39) 新薬の有効性や消費財の健康への影響に関するこれまでの結果を精査すると、この関係が明らかになる。臨床試験についてのある調査は、企業の資金で行われたか、企業と金銭的関係のある研究者によって行われた研究は、金銭的関係がなく独立して行われた研究に比べて、三・六倍もその企業の薬に好意的な結論を出す傾向があることを示している。(40) 別の調査によれば、タバコ産業の資金で行われた研究の九四％が受動喫煙は無害だと結論したが、独立した資金で行われた研究では一三％のみがそう主張した。(41) 同様な結論に至る調査結果は数多く存在する。企業は好意的な結論を出しそうな研究者をうまく見つけて資金を出しているというのは一つの理由であるが、これだけで結果の大きな違いを説明できるかというと疑わしい。

ヒト被験者が絡まない研究の場合、利益相反の通常の予防策は研究者が自分の利害関係を大学に、論文が出版されたら編集者を通して読者に知らせることである［ヒトの被験者対象の臨床試験ではより厳しいルールが定めてられていることが多い］。不幸なことに、この開示がどの程度のことができるかはわからない。読者に警告は発するが、利害関係が結果に影響を与えたのか、もしそうならば、どの程度深刻に与えたのかについて、読者が判断するこ

(ii) 最近の少なくとも一つの調査は、情報を公開しない要因として科学者間の競争の方が商業的理由よりも重要だと指摘している。David Blumenthal et al., "Data Withholding in Genetics and the Other Life Sciences: Prevalence and Predictors," 81 *Academic Medicine* (2006), p.137 を参照。

とを助けることはできない。代わって、開示は単に大学の研究者の仕事への信頼感をさらに損なう疑念を生みだすだけに終わるかもしれない。

いくつかの調査によれば、読者は逆に開示している執筆者を正直な人として評価するので、開示は読者を守ることには役立っておらず、一方で執筆者は、読者に警告を発することで客観的に論文を書きつつも良心の呵責を覚えている[42]。これらの指摘が正しいのならば、執筆者に利害関係を開示させることにどんな利点があるのかは理解しにくい。たしかに、もし利害関係を持つすべての教員がそれらを正直に届け出ることが期待できるのならば、開示は読者が少なくともどの論文は金銭的にバイアスがかかっており、どれはかかっていないか判断することを可能にする。しかし、利害関係の届出のポリシーの執行そのものが理想とは程遠い状態なので、開示はこの恩恵でさえもたらすことができない[43]。

公共への開示は利益相反に対する完全な対策とは言えないので、大学幹部は利益相反が存在するときにはバイアスが発生しないように、しばしば別の対策を講じる。研究プロジェクトを担当する教員から金銭的な利害関係が届け出られたとき、大学はバイアスの発生を防ぐため研究の監視を強化する。ただ、金銭的関係が研究に影響を与える仕方はさまざまなので、本当に効果的な監視というのは現在行われているのよりはもっと集中的なチェックを必要とする[44]。別の方法として、大学は利害関係のある教員と関係のない教員とがペアで研究するよう求めてもよい（共同研究者がうまく見つかると仮定しての話であるが）。もしこれらの安全策が実施不可能ならば、大学は研究プロジェクトを完全に取りやめる。

利益相反に関する多くの調査や報道は医学研究の分野である。医療関係の企業からの資金提供が多いので驚くことではない。しかしながら、他の研究分野でも金銭的利益相反がしばしば見られ、しかも重要な研究での価値観を守ろうとする大学の努力がきわめて緩慢か、存在してないのではないかと疑われる場合がある。社会科学者は企業から資金を受けその企業が関係する重要な政策問題について論文を書いているが、資金提供源について開示しない。エネルギーの研究では、数億ドルの研究資金が連邦政府と産業界から流れており、利益相反は頻繁に生じ、研究結果を非公開にする期間の上限は国立衛生研究所の規制よりも緩く、プロジェクトは独立した、同じ分野の研究者による審査を経ずに、資金提供を受けたらすぐに開始されてしまう。[45] 栄養学では、大学教員はしばしば企業からの資金を受けて研究を行い、その企業の製品の良い点を試験で証明するが、悪い点が出たら発表をしないよう企業から求められると言われている。[46]

企業が自社製品の有効性や安全性の試験を依頼して、その結果に影響力を行使しようとする見え透いた試みという、より問題のある事例も明らかになっている。いくつかの大学の附属病院は企業と提携の契約を結んでいるが、その契約の中に企業が研究結果としての論文の原稿を改訂できたり、論文を発表するか否かでさえ決められる、という項目がある。[47] ある調査では、医薬品や医療関係の製品についての八〇九本の発表された論文のうち一一%では、大学教員が書いたように見せかけているが、実際には研究に資金を出した企業の社員が代筆していた（ゴーストライターとなっていた）。刊行された論文に執筆者として記載されている人物の役割は、企業が書いた原稿に目を通すだけであった。[48] いくつかのケースでは、大学の研究者は試験のデータを自由にできず、企業の準備した要旨か仕上がった原稿を与えられるだけであった。企業に自社製品の関わる試験についてそのように大きな影響力を持たせてしまうならば、大学教員は専門家として失格以外のなにものでもないであろう。しかし、二〇〇七－〇八年度での調査で、大学附属病院の七〇％はこのような行為を禁止する明確な規則を持っていなかった。[49]

最終考察

商業化の大学の研究の質と高潔さにもたらす全体的な影響を要約すれば、商業的に価値のある研究成果から金もうけをする機会が、大学の研究者の論文の作成には、確証できる効果をほとんどかまったくもたらせていないという事実からは安堵してよいといえよう。基礎研究から応用研究や金もうけにつながりそうな研究への目に見えるシフトは起きていないし、研究成果の商業化やコンサルティングに熱心な教員が研究論文の質や重要性で目に見える減退を起こしてはいない。もちろん、これらは金もうけの誘惑が悪影響をもたらす可能性を排除してはいない。しかし、マサチューセッツ工科大学やスタンフォード大学のように教員に長年にわたって企業家活動を奨励してきたいくつかの大学が、教員の研究の評判も損なわれなかったという事実は、大学が慎重かつ意識的に技術移転を行えば弊害なく成果をあげられるということを示唆している。

他方で、多くの大学で厳密な利益相反規制がなかったり、あったとしても執行が緩慢だったりすることは、大学の研究者自身の論文であろうと、科学的または一般向けの論評であろうと、書かれた文章の信頼性に疑問を投げかける。多くの研究論文が執筆者の金銭的な利害関係を開示するようになるにつれて、市民は研究の客観性に疑問を抱き、新薬、治療法から栄養摂取、地球温暖化、職業上の安全などまで、さまざまなテーマで大学教員が行う政策提言への信頼が失われる。そのようなテーマに関する科学者や学者の意見は偏向していないのか、それとも発言内容に利害関係を持つ企業からの開示されていない金銭的な関係によって影響されているのか、これらをいかにして知ることができるのであろうか。民主主義社会は、賢明な意思決定と啓蒙された市民の討論を行うために、高度に知的な人からの偏向のない信頼できる情報を大いに求めている。したがって、大学の研究者の客観性がもはや当たり前のものでないという事態になれば、国家は大いに損失を被る。

全体的に見て、商業化の結果は明らかに良い面、悪い面の両方がある灰色である。差し引きした結果は*Knowledge and Money*という本を出したゲイジャー（Roger Geiger）が最も簡潔に次のように要約している。「収支決算としては、市場は大学に大きな資金と、知識増進の大きな能力とアメリカ経済への生産的貢献を可能にした。同時に、大学の自分自身の活動に対する主導権を減少させ、公共に奉仕する使命を弱め、そして商業的利益が密接に絡み合うにつれて、少なくとも知識の公平な仲介者という特別な役割を損ねる可能性を生みだした(50)」。

要約すると、もし技術移転と企業との密接な連携の効果が初期の識者が予想していたほど悪いものでないとしても、完全にプラスでもない。大学の価値観が損なわれていないのは、科学者コミュニティそのものの中にある伝統的な規範の強さか、外部からの介入に帰せられる。大学幹部は、教員と協力して利益相反問題に対する効果的な安全策を講じてその執行を教員に対して徹底するという役割において不充分であり続けてきた。著しい例外もあるが、大学幹部は全体として、教員の行動を監視する充分なメカニズムを作り、違反が起きたら適切な手段を講じるということができていないにもかかわらず、政府が厳密な監督を行ってくることには抵抗する。したがって、技術移転のプロセスを支持する中で、大学はイノベーションと経済発展に寄与するかも知れないが、大学の研究のこれからの高潔さにとっても重要な価値観を守るためにはいかなることでもしなければならない。

第17章　研究の環境

大学学長に繰り返し尋ねられる質問が、「学長として何が一番難しい仕事ですか」ということである。資金集めと答える学長もいるだろう。果てしなくなされる要望への対応と答える人もいるであろう。しかしながら、私にとっては、ある知的環境が他に比べて本当に創造的思想を生みだすのに成功しているのはなぜか、ということを考えることだった。具体的に言うと、紀元前五世紀のアテネ、一五世紀のフィレンツェ、二〇世紀初頭のブダペストのように、創造性と才能を持った多くの人々を例外的に輩出した所には何があったのであろうか。もし学長はこれを理解できたならば、自分の大学に本当に目覚ましいことを引き起こすことができる。

私は自分の疑問に満足のいく答えを見つけられなかったが、成功するためのいくつか要因は簡単に思いついた。最も才能のある教員をそろえることはたしかに答えの一つである。関心、背景、世界観の異なる多様な人々を集めるのも答えだろう。三番目として教員が自分の意見を自由に発言したり執筆したりできる自由を保障することがあげられる。たしかにそうだ。しかし歴史はこのことを常に明確には支持してはいない。人類の歴史の中で最も創造的だった時代は完全に自由だったわけではない。アテネの黄金時代は当時としては寛容な社会のモデルとみなされていたが、すべての市民が自由に思想を表現する権利を与えられていたわけではない。ソクラテスは結局のところ、若者を誤った教育によって扇動したとして死刑になった。一八世紀のフランスも決してよくはない。ヴォルテール［Voltaire はペンネーム］らの啓蒙主義者はフランス以外での出版を余儀なくされ、著作が理由で処罰されることを恐れ完全に国外に逃げたケースもあった。しかし、自分の生命や自由への本当の危険を顧みず（たとえば中国やロシアを考えてみよ）、論争の的となる考えを勇気を持って発表する勇敢な思想家は何人か必ず現れるが、言論と思想の自由の制限は創造的な精神が人類の知識と理解に貢献することを妨げるとみなさなければならない。結果として、適切なことだが、表現の自由はアメリカの大学にとって不可欠なものと考えられてきて、ほぼ一世紀にわたり尊重されてきた。

今日、大学教員は教育と著作を「学問の自由」と憲法修正第一条［「言論の自由」］とによって保護されている。ブレナン（William Brennan）判事は、*Keyishian v. Board of Regents* 判決［ニューヨーク州が州の公務員が共産党員になることを禁じており、共産党員ではないという宣誓書への署名を拒否した州立大学の教職員が解雇された事件で、州政府の規制が憲法違反だと判断された一九六七年の最高裁判決］において「学問の自由はわれわれ全員にとって、すべてを超越する重要な価値観であり、単に教員に関わることではない。この学問の自由は憲法修正第一条がとくに重視するものであり、教室で主流派の考えを押し付けるような法律は許容されない[1]」と述べた。

学問の自由と修正第一条はブレナン判事の言うように重複するが、いくつか点で異なってもいる[2]。憲法は政府の行為からのみ市民を守ってくるので、私立大学の教員は保護されないが、学問の自由は私立大学にも州立大学にも適用される。他方、すべての市民を保護する憲法と異なり、学問の自由はテニュア取得済み教員のみを保護する。テニュアを取得していない教員・研究者は自分が保護されていると確信が持てない。さらに、言論の自由は憲法によって法的に保障されているが、学問の自由はアメリカ大学教授協会（American Association of University Professors, AAUP）が採用した信条に過ぎず、批判すればＡＡＵＰから激しい批判を受けるだろうという形で守られている。しかしながら、現実には、学問の自由は今日では高等教育界で広く受け入れられており、異端の見解を述べた教授をあえて解雇して、激しい抗議と評判の下落を招くリスクを甘受する大学はほとんどない。

教員は広範な表現の自由を享受しているが、その自由は絶対的なものでないし、絶対的であることは不可能である。学問の自由は教員が教室で学生を侮辱したり、授業と関係ない論争的な事柄で自説を長々としゃべり続けることは保護しない。大学がしばしば教員の採用・昇進を候補者の著作を基に判断して拒否するが、その判断が候補者の政治的・宗教的見解のような外部的な事柄でなく、学術的著作の質に基づいて知的な同僚教員によってなされたのならば問題ない。

今日では、アメリカ大学教授協会は学問の自由の侵害で大学を非難することはめったにない。一九九五年から二〇〇四年までに、四〇〇〇以上の大学の中で一九のみが批判の対象になった（一六はのちに改善して対象から外れた）[3]。にもかかわらず、調査によれば、キャンパスでの言論の自由について教員の間では懸念も生じている。一九六九年から一九九七年までで、「あなたの大学は学問の自由を支持していますか」という質問に「強く」または「いくらか」そう思うと肯定した教員の比率が七六・一％から五五・三％に低下した[4]。信頼感の喪失は研究大学で最も激しく、七八％から五三・三％への低下だった[5]。二〇〇七年の一九カ国の教員を対象とした調査では、アメリカの教員の四一・一％のみが「自分の大学は学問の自由を支持している」と回答し、調査対象国の中で最低であった[6]。二〇〇七年の調査で、「過去数年であなたの学問の自由は脅かされたと思いますか」という質問で、二八％の回答者が「いくらか」または「おおいに」と答えており、これは、連邦議会が大学教員と共産党との関係を暴露しよう公聴会を開いたり、カリフォルニア大学機構の理事会がすべての教員に国家への忠誠の宣誓証書に署名するよう求めたりした「マッカーシー時代」よりむしろ悪化している[7]。

この信頼感の低下の原因は何か。「9・11」のアルカイダによる世界貿易センターへのテロが原因ではない。少数の教員が9・11の後でテロリスト寄りの発言をしたり、テロリスト組織と関係があるという疑いで解雇されたが、教員の発言の権利についての信頼感の低下は二〇〇一年のずっと前から始まっていた。テニュア取得済み教員の間でも急落しているので、非常勤教員やテニュア審査対象でない任期付教員が増えたためでもない。

より可能性の高い要因は一九八〇年代に多くのキャンパスで公式な言論規定（Speech Codes）が導入され、人種、宗教、性別、性的嗜好で個人を傷つける言動が禁止された。このような言論規定は大部分が、学生が女性、非白人、同性愛者に脅し文句を言ったり、罵ったり、その他の敵意に満ちた振る舞いをして、被害者が怯えて、勉学にも支障をきたすことになるのを防ぐという正当な目的で設けられた。しかしながら、多くの規定が曖昧な言葉で書かれ、「意地悪な目つきで見る」「色目を使う」「性に関わるジョークを言う」「不適切に特定の人間を指して笑う」といった行為への規制など理解に苦しむものも含まれている。これらの禁止事項は主に学生を対象としているが、いくつかの大学では、人種差別的内容の授業をしたとか、女性をからかう発言をしたという学生からの通告で、極秘に調査が行われ教員も規制の対象になることがある。(8) そのような規定ができ、関連した報道が増えたことで、「教員は教室で授業と関連する話題で自由に発言できる」と答えた人が八三・九%から六二・八%に低下した。(9)

ついに、言論規定は連邦判事によって憲法違反と判断された。(10) にもかかわらず、「表現の自由は同僚や大学幹部によって保障されている」ということへの教員の信頼感は多くのキャンパスで揺らいでいる。言論規定は執行されることはまれだが、多くの大学で文書として残っている。(11) 教員は依然としてどの程度の学問の自由が与えられているのか不安に思っている。とくに、言論規定が教室での発言にどう適用されるかは、明確な前例がなく曖昧である。教員に与えられる自由は、職場での性的嫌がらせ（セクハラ）を禁じた法律を合憲と判断した最高裁の判決理由の中での曖昧な表現で、なお一層不確かになった。(12) 言論規定がなくてもいくつかのキャンパスでの広く報道されている論争を読めば、多くの教員は学生から人種差別主義者、女性差別者、反ユダヤ主義者、反同性愛者と誤解される発言につけ込まれ、批判されるようになったら、大学がどれだけ自分を守ってくれるかは確信が持てないと感じるようになる。

説明は何であれ、研究大学のほぼ半数の教員が「自分の大学は学問の自由を守ってくれない」と感じていることは由々しき問題である。(13) 学部長、教学部長、とくに学長にとっては大学の基本的な価値観を守り育て、教員が抱く、自由に発言・表現する権利についての不安を払拭するのが責務である。ここで引用した数字は多くの大学の幹部がこの責任を果していないことを示唆する。

テニュアという制度への疑問

どのくらいどっしりと守られているかについてのいろいろな疑問はともかく、今日までに学問の自由の考え方は大学に広く受け入れている。論争が続いている疑問は、この自由を保障する伝統的な手段、テニュア（終身在職権）の有用性である。この制度への論争はそれが作られてからほぼ一世紀の間、行われてきた。高等教育の中で、これほど意見の相違が生じ、賛否どちらの側も怪しげな議論を主張するテーマは他にない。

テニュア支持者は安全な地位が学問の自由を守るためには不可欠だ、と長い間主張してきた。しかしながら、この主張の妥当性は自明ではない。生涯にわたる雇用を保証することなしに言論の自由を確保する方法を考案するのは、人智を超えた難しいこととは思われない。すでに憲法修正第一条はテニュアを持っていようと持っていまいと州立大学の教員を保護している。自分の権利の正当性を証明するために裁判を起こすのは時間と費用がかかるという意見もあるが、アメリカ大学教授協会に大学を非難してもらったり、契約不履行の裁判を起こすよりは時間はかからないかもしれない。

より費用がかからず、かつ迅速な方法は、すべての教員に学問の自由を保障し、侵害されたというときには私的仲裁で解決することを義務づけることである。(i) 同様のプロセスは団体交渉において、正当な理由なく解雇する

(i) 長年にわたるテニュアの支持者であるアメリカ大学教授協会は、テニュア授与の否定、授与したテニュアの取り消しは、同僚の大学教員によって判断されなければならないと主張してきた。この伝統に沿うには、学問の自由の仲裁にあたっては大学教員を含んだ委員会から聞き取りを行うことを義務づければよい。ここでは議論しないが、証拠の証明の仕方、仲裁人を選ぶしくみなど、仲裁制度を始める際には決めておかなければならない多くの点がある。

ことを禁止するよくみられる条項を執行する際にもうまく使われている。そのような手続きは、法律によって、組合のある大学ならば団体交渉によって、または大学の自主的な行為によって作ることができるであろう。なぜならば、多くの大学はすでに、理由なく解雇されないという権利を含む被雇用者の平等の扱いを達成しているのである。用いられる方法にかかわらず、終身的テニュアは自分の意見を表明して教員が罰せられることを防ぐ唯一の方法ではない。テニュアはすべてといえなくても大多数の教員への包括的な保護を与えているわけでもない(ii)。仲裁はテニュア取得済み教員だけでなく、すべての教員を保護する一方で、言論の自由に関して、解雇だけでなくいかなる報復や脅しからも保護してくれる(14)。

同時に、テニュアが学問の自由にとって不可欠ではないという事実は、テニュアは廃止すべきということを意味してはいない。そのような改革を主張する人は、終身的に雇用を保証することで、大学が教育でのニーズや優先課題に対応することができなくなっている、と述べる。しかし、これは確実に誤解を招く議論である。テニュアがなければ教員はもっと簡単に解雇したり交代させられるので、大学が教育面での優先課題の変化に柔軟に対応できるようになる。しかし、これに対する決定的な反論は、大学はすでに多くのテニュアを持たない非常勤講師を雇用しているということである。研究大学は典型的にテニュアのない、任期付きまたはパートタイムの教員を作文や外国語の授業のために雇っている。総合大学はより広範にそのような雇用を行っている。コミュニティ・カレッジの中には全教員がこの形態のところもある。全体として、今日、大学で新規に採用される教員の半数をはるかに超えた数がテニュア審査対象でない任期付き教員である(15)。このやり方は大学の運営に影響を与える変化に対して大学が柔軟に対応することをすでに可能にしているはずである。

テニュアの反対論者はまた大学はもはや必要なくなった、または能力が下がったテニュア教員を解雇できたらコストを削減できるとも主張する。しかし、この議論も疑わしいというのがせいぜいのところ［悪ければまったくの誤り］である。このような理由で解雇した教員の後任にまた教員を雇って給与を払わなくてはならない。さらに、テニュア廃止を費用をかけずに行うことは不可能である。終身的な地位の確保はそれを持っている人にとってはきわめて重要である。テニュアは教員にとってのステイタスシンボルでもある。結果として大学がテニュアを廃止するならば、そのために大きな支払いを行われなければならないことになるであろう。テニュアがなければ、一流の教員を集めるためには大学はさらに高い上乗せ給与を提示しなければならない(iii)。これらの状況下では、テニュア廃止の財政面での帰結は予想が難しく、まったく期待と逆ということもありうる。

テニュア廃止論のためにしばしば用いられる最後の議論は、テニュアをなくせば大学が能力の低い教員を排除できるというものである。テニュアそのものが研究の生産性を下げているわけではないが、どのキャンパスにも「枯れ木」［やる気・能力がない教員］がいることは事実である。テニュアは何人かの無能な教員を保護しているということには多くの教員が同意している(16)。

問題は、今日、議会が定年による強制的な退職を違法としたことで、より深刻になった。この年齢差別法によって、テニュアは文字通り終身、死ぬまでに伸びた。多くの大学の教員は七〇歳になると自発的に退職するようにしているが、主要研究大学の多くの教員、とくに自然科学の教員は授業負担も少なく、仕事が好きなので、とくに外部資金が得られ続けているならば、七〇歳代、さらに八〇歳代でさえ引退しない。そうすることで、彼らは、自分たちよりも活発でより価値のある研究を行える最近の博士号取得者やテニュアを取得していない教員の

(ii)　最近の *Chronicle of Higher Education* 誌の報道によれば、四年制大学の教員（大学院生のティーチング・アシスタントは除く）の七〇％がテニュア審査の対象となる教員でない。別の一〇％はテニュア審査対象者だがまだ審査されていない。*Chronicle of Higher Education* (November 9, 2012), p. A6.

(iii)　この意見に対してテニュア反対論者は、テニュアをやめた大学も仕事が安定していなくても働きたい多くの志願者を集めていると反論する。しかしながら、個々の大学がテニュアなしでもうまくいくということは、多くの大学がテニュアをやめても給与上乗せなしで同じように質の高い教員を雇うことができることを意味してはいない。同様に、テニュア審査対象教員の求人が少ない現在のような時期に候補者がテニュアなしの条件でも仕事を受けるという事実は、市場が変化し、質の高い候補者が見つけにくくなったときでも候補者がテニュアでない仕事を受けるということを意味してはいない。

チャンスを奪っている。

七〇歳を過ぎても多くの教員が現役でいることが、学生が抱く高等教育で研究職になろうという将来像を暗くしている要因に、もう一つの障壁を付け加えている。博士号取得者の過剰供給とテニュア審査対象の求人の減少は大学教員という職業を選択することを、以前よりもリスクの大きなものにしている。若い研究者が政府からの研究費を獲得するのが一貫して難しくなっていることが、もう一つのリスクの要因である。そして、いま伝統的な定年を過ぎても高齢の多くの教員が引退しないということは、若い科学者、学者にとってのチャンスをさらに小さくする。これらの困難の累積的効果によって多くの才能豊かな若者が研究や教育を職業とすることに飛び込むことを避けるようになっている。

しかしながら、テニュア廃止はこの問題の理想的な解決策ではない。大学幹部が一定年齢以上の教員のテニュアを廃止しようとしたら、間違いなく教員から大きな抵抗を受ける。大学のやる気が失われ、移籍してしまう教員も出るだろう。

加えて、年齢差別法は高齢教員のテニュア取り消しはすべての年齢の教員と同じ基準で判定することを求めている。これを実行する方法は、すべての教員を定期的に審査してテニュア維持にふさわしいか判定する手続きを決めることである。しかし、そのような手続きはとくに研究大学では効果的に実施することが難しい(iv)。たとえば、一人の物理学者を解雇するか否か決めるために、学部長や学長がその教員の研究の質を判断する専門知識を持っていることは稀なので、大学は専門家の意見を聞かなくてはならない。その教員と同じ学科の教員は審査員としてはふさわしくない。なぜならば、彼らは同僚であり、しばしば友人でもあり、しかも数年後には自分が審査される側になるので、厳しい審査結果を下すことを嫌がる。他の大学の教員が依頼されるが、彼らも［学科の同僚と同じような理由から］評価を下すのを嫌がるかもしれない。もしすべての研究大学が同じ手続きを取るようになったら、相互評価は教員にとってきわめて大きな負担となる。このような理由から、大学は必要な審査を適切に行うのは難しいとわかる。

すべての教員を定期的に審査するのはまた、教員の質にも好ましくない影響を与える。第9章で指摘したように、テニュアを取得していない教員は、学生による授業評価で高いポイントが欲しいので、宿題を減らしたり、学生に対する成績評価が甘くなったりするかもしれない。テニュアを取得していない教員はまた自分の学科が若い優秀な人を採用するのを嫌う。なぜならば、自分がその人に取って代わられるかもしれないからである。テニュアの廃止は優秀な学生が大学教員になろうとすることも抑制する。経歴途中で契約を切られた大学教員は再就職が容易でないからである。

テニュア廃止はまた教員の採用・昇進の基準を緩くするかもしれない。終身在職権を与えるというのは、その人が長期にわたり学科にいることになるわけで、学科の質に大きな意味を持つので、心の優しい教員でさえ賛成票を投じるときには候補者にかなり高い水準を求める。もし現行のテニュアが、たとえば五年任期の教員の採用に変わったら、採用審査はそれほど厳しくならず、資質に問題がある若い候補者にも仕事を与えるであろう。一旦、その教員が二、三回契約を更新したら、四〇歳、五〇歳で更新されなければ他に就職先がないから、テニュア取得済み教員らは同情して、更新不可の判断を出せなくなる。

要約すると、テニュアが学問の自由に不可欠という議論の正当性は疑わしいが、廃止する議論にも同じく問題がある。テニュア廃止の大学の財政への影響はよくて「不透明」と言える程度で、実際にはマイナスであろう。テニュア廃止の教育と研究の質への影響も同じような不確実性がつきまとう。これらの状況から、テニュアは必ずしも学問の自由を確固たるものにするわけではないが、廃止することが現状を改善するのか悪化させるのかを知ることは不可能である。すべての教員に表現の自由を保障する早急な手続きが、教育と研究が満足いく水準でなくなったら七〇歳以上の教員が引退する簡単な手続きを可能にする、年齢差別法の部分的緩和が合わさって行

(iv) 多くの大学は定期的にテニュア取得済み教員の審査をしている。そうであっても、教員の業績向上を促すための審査と、誰を解雇するか決めるための審査とはまったく別物である。

われれば、テニュアの廃止よりも大学での勤務をずっと改善させることができる。

学問の自由に対する他の圧力

研究活動を脅かすものは、学問の自由に対する批判だけではない。知識と理解のための自由な探究を妨げる微妙な制約は数多く存在している。一六世紀を観察したフランシス・ベーコン（Francis Bacon）が言うように「要するに、数えきれない仕方で感情が理解を歪め影響を与えている」[17]のである。

さまざまな明らかな抑制が、教員がどのテーマで研究するかについて制限を加えている。自分のプロジェクトを実施するためのお金が欲しいのならば、研究者はスポンサー団体の嗜好・優先順位をあらかじめ知っておくことが必要である。外部からの研究費に依存している研究者は研究費提案が却下されるのを恐れて安全な〔画期的でなく、論争の的にもならない〕テーマを選択せざるを得なくなる。若手教員は自分では政府からの研究費を獲得できないので、研究費を得ているベテラン教員と共同研究をせざるを得なくなる。教員は、学生からの批判を恐れて教室の中でも論争の的となるテーマを取り扱わなくなる。

教員採用のプロセスはもう一つの種類の制約である。テニュアをまだ取得していない教員は、現在の勤務先で不可能となれば、同じようなレベルの大学での保護された地位を獲得しようとする。結果として、彼らは彼らの研究分野の通説に逆らうことは避け、独創的で大胆な研究を行うことを嫌う。

採用プロセスは学科が特定のイデオロギーや研究アプローチに固執しているとき、とくに特定の影響をもたらせる。文学部はフェミニストの支持者によって支配されているかもしれないし、政治学部は合理的選択分析の支持者によって支配されているかもしれない。そのような学科でテニュアを取得しようと思っている助教授〔助教〕は普及している主流派の理論に従おうとする。

大学幹部にとってこの種のすべてのプレッシャーを取り除くことはできない。独創性と偏狭の間の線引きは簡単ではなく、合理的な人は異なる試みを行う。幸い、一旦教員がテニュアを取得したら、同僚の意見によって自分の考え方が抑制されているとは感じないであろう。テニュアの前でさえ、学科に属する若手教員はベテラン教員によって完全に支配されているわけではない。なぜならば、彼らは主流派に支配されていない他大学でのポジションに応募できるのである。(v)

テニュア獲得のプレッシャーは別として、どのテーマ、どの研究手法を選ぶかには他の要因も影響している。将来、政府でのポストを得ようと思っている意欲的な教員は、大胆で論争の的となるような考えを発表することを避ける。政府高官がそのような執筆者を堅実で信頼できる人物とは思わないからである。知名度や名声を獲得したい科学者は、自分のデータを疑いのない印象強い結論を支持するものだと主張しがちである。逆に、最も傑出した学者も敏感なテーマ、中傷されかねないテーマでの主張は控えるかもしれない。ダーウィン（Charles Darwin）は信仰心の厚い妻を刺激したくないので、神の存在についての彼の否定論を著すことは控えていたといわれる。(18) この種の抑制はいろいろな形で起こり得る。そして誰も変えることはできない。

しかしながら、こうした教員の客観性を脅かす圧力に対して、大学がその源を取り除こうと試みることもある。前の章で指摘したように、大学の中には教員が金銭的利害関係のある企業に影響を受け、不利な結果を発表

(v) いくつかの場合、主流となった思考法がその学問分野全体の性格に大きな影響を及ぼす。たとえば、ビジネススクールでは、多くの若手教員は特定の分野で訓練を受けてきて、将来専門職大学院での居心地が悪くなったら、文理学部の教員に戻りたいと思っている。結果として経営学科の若い経済学者は経営と何らかの関係はあるが、主流派経済学者の関心を集めるような研究テーマを選ぶ。他の分野で訓練を受けた同僚も同じような行動をする。テニュアを獲得した後でさえ、彼らは自分の分野に受け入れられるような研究を続ける。そうすることが分野での知名度と名声につながるからである。したがって、驚くべきことではないが、ビジネススクールは厳密な理論には貢献するが、企業経営者には実際にはあまり役に立たないと批判される研究成果ばかり生みだす傾向にある。しかしながら、そのような影響力は学問の自由の侵害ではなく、単にビジネススクールの教員採用方針の結果である。

したくない、少なくとも無意識にそうしてしまう、という状況に身を置かないように、利益相反の厳密なルールを定めているところもある。このような状況は教員の著作に影響を与える多数の要素の一つにすぎないが、この種の規則を作る価値はある。

時には、大学の外部のグループが議論における活発さという常識を超えて、特定の著作や意見を抑える敵意に満ちた圧力をかける努力をしてくる。親イスラエルグループはこのような行動を取っていると批判されている。そのような団体の一つ、キャンパス・ウォッチ（Campus Watch）は寄付を考えている人に、アラブ寄りで不当にイスラエルを批判している教員や研究センターを名指しして寄付しないように知らせている。[19] 別のケースでは、憂慮する大学理事・同窓生協会（Association of Concerned Trustees and Alumni, ACTA）は反アメリカ的学者のリストを作った。ただ、その存在が報道され批判が広まったので、リストは取り下げられた。[20] より最近には、何人かの保守派政治家が州立大学に地球温暖化の存在など政府に逆らう立場を公言している教員のメール通信記録を引き渡すよう要求した。これは教員に嫌がらせをして沈黙させる材料となる、［スキャンダルの種になる］都合の悪い通信記録を手に入れるためだと言われている。

もしあるテーマに強くこだわるグループすべてが日常的に、反対する教員に［資金提供しない］金銭的または［いやがらせや声高な批判を行う］政治的圧力をかけようとするのならば、学術研究への影響は深刻なものになる。しかし、世論はこの種の行動にかなり批判的なので、それほど頻繁に起きていない。にもかかわらず、大学幹部は自分たちの意志でこれらの圧力に対していかなる合法的手段でも抵抗する必要がある。もし組織化された嫌がらせが広がれば、論争の的となる発言をした教員が解雇され、デューイ（John Dewey）［シカゴ大学などで活躍した哲学者・教育学者］らが学問の自由のために立ち上がった一世紀前と同じように深刻な事態である。国家にとって重要な公共での論争に教員が意見を言うのは、健全な民主主義にとって不可欠である。政策担当者や民間団体が反対派の正当な意見を沈黙させてしまうとすれば、大きな後退である。

同じような社会的圧力が最近の数十年では大学内で生じている。とくに学生団体が論争の的となっている問題で自分たちの意見を押し付け、学生同士の議論だけでなく、教員が論文を書いたり研究したりすることも妨げている。教員もキャンパスでのけ者になったり、学生による印刷物でさらし者になりたくはないので、この圧力に屈しやすい。

一九七二年、数年にわたる学生運動の後で、著名な政治学者故ウィルソン（James Q. Wilson）は「キャンパスで自由に公開の場で議論できないテーマが増えている。いまや、ベトナム戦争、都市の貧民街、知性と遺伝の関係、いくつかの海外政権とアメリカ企業との関係などがそうである」と述べた(21)。幸い、今日のキャンパスはずっと穏やかで、ウィルソンのあげたテーマは（おそらく知性と遺伝の関係以外は）自由に議論できる。しかし、大学幹部が活発な議論と嫌がらせ・脅しとの線引きをしなければならない論争が時として生じる。

この問題でのもっとも最近の報道されている例は、女性、非白人、同性愛者に関する表現に関することである。多くの識者は政治的正当性［ポリティカル・コレクトネス］の運動がキャンパスに現れ、学生活動家が、女性、非白人、同性愛者に対して少しでも寛容でない、敬意を払わない、批判的な表現に対して敵意をむき出しにすることを批判している。この批判は保守派やリベタリアン（個人の自由をきわめて重視する自由主義者）によってしばしば主張され、いくつかの著作が出されている(22)。

政治的正当性がこのような論争を引き起こすというのは奇妙にも見える。何よりも、学生というのは何年にもわたって、主流派の意見と偏見の継承を受け入れ、表現の自由を妨げることを心地よく感じていた(vi)。たとえば、一九四〇年代末から五〇年代初めには、共学のキャンパスにいた多くの女子学生は、恋人に知性よりも家庭的な面を求める男子学生から敬遠されるのを恐れて、学問への関心や自分の好成績について語らなかった。男子・女

（vi）バード大学学長を長く務めたボツタイン（Leon Botstein）は「今日『政治的正当性』を主張する学生の考え方は数十年前と変わっていない。流行、服装、イデオロギー、政治観は変化したが、異なる意見を言う人物を仲間はずれにして侮辱するのは変わっていない」と語った。*Jefferson's Children: Education and the Promise of American Culture*（1997）, p.191を参照。

子学生とともに、黒人やユダヤ人をソロリティやフラタニティやパーティから締め出した。いまやこれらの態度は、多くのことに寛容でないことへの敵意に変化した。識者はなぜ今回は批判するべきなのか。

一つの理由は、多くのキャンパスで政治的正当性は学生を超えて人文学、社会科学の多くの学科に影響を及ぼし、さらには一九八〇年代や九〇年代に採用された言論規定によって大学の正式なポリシーにまでなってしまったからである。学生が、妊娠中絶を批判したり、わいせつな表現をしたり、女性を蔑視したりした級友を批判するのと、大学が「女性蔑視のジョーク」や「不適切に特定の人を物笑いにする」などを禁止して、違反者を処罰するというのは別物である。もし大学が「政治的正当性」を抗議や議論が生じるのを恐れ授業や執筆での表現を抑えるよう教員にも適用するのならば、大きな懸念材料である。

教員のリベラルへの偏り

もっと大きな不満、とくに右派からの不満が、政治的正当性への批判につながっている。保守派からみれば、政治的正当性というのは、大学の教員の間に広まっているリベラルな思想のいま一つの現れなのである。この傾向は人種、性別、性的嗜好の問題を超えて広がっている政治思想の反映だと批判される[23]。

近年、保守派批評家は大学がリベラルなことへの批判を強め、教員の中での政治的・社会的見解のバランスを取るような人事を大学に義務づける法案を出す動きもあった[24]。したがって、政治的正当性の論争は学生の行動を超えて、研究・学術に根本的に重要な問題に関わるようになった。もし多くの問題で教員の見解がかなり一方的ならば、独立性と創造的思考の雰囲気が悪い方に向かってしまう。

保守派が不満を持つ大学教員の政治的見解でのリベラルさはデータが示しているのであろうか。教員の見解についての調査はいつも同じ結果とはならず、またあるものは他のものよりも注意深くなされている。しかしながら、グロス（Neil Gross）とシモンズ（Solon Simmons）による最近の調査は、現状をかなり正確に明らかにしている。[25] この調査によれば、九・四％の教員が自分のことを「強くリベラル」、三四・七％が「リベラル」、一八・一％が「ややリベラル」、一八・〇％が「中道」、一〇・五％が「やや保守」、八・〇％が「保守」、一・二％が「強く保守」だと回答した。

他の研究者は多少異なる結果を報告しているが、リベラルな教員の方が保守的な教員よりもかなり数が多いということは、議論の余地なく明らかなようである。大学の中でも学部・学科によって多少は異なる。ビジネススクール、自然科学、工学はリベラル色がそれほど強くなく、人文学や社会科学ではリベラル色が強まり、とくに歴史や社会学では、リベラルと保守は、一〇から一五対一でリベラルが多くなる。

リベラル志向の影響力が優勢であるにもかかわらず、政治・経済政策の問題に関しての教員の意見はラディカルというわけでない。グロスとシモンズによれば、六〇％の教員が「政府はたとえ財政を悪化させても困窮者を助けるべきだ」という意見に賛成である。[26] 一方で、五五％が「政府は税金を無駄に使っている」と考えている。「企業はもうけ過ぎている」という意見には賛否が拮抗している。二一・四％のみが「連邦政府はすべての人が雇用と良質な生活水準を得られるよう努力すべきだ」という意見に賛成している。[27] 社会的問題では、教員は平均的アメリカ人からより離れている。七五％が「妊娠している女性は自分が望めば理由にかかわらず、中絶できる権利を持つべきである」という意見に賛成している。六九％が「同性による性的な関係はまったく悪くない」という意見に賛成している。[28] しかし、これらの意見でさえ極端というものではないので、教員はそれほど極端な思想の持ち主ではない。

識者の中には、教員はリベラル度を増していると批判する人もいる。しかしながら、この主張の正否は検証できないし、データを調べた人も意見が分かれる。[29] 異なる人が統計を取ると、よりリベラルになる傾向、保守的になる傾向、中道になる傾向と異なった結果になる。「リベラル」「保守」「共和党」「民主党」が意味するものが時代とともに変わるので、リベラル度が進んだかどうか、という調査の不一致は解消しにくい。リチャードソン（Elliot Richardson）［ニクソン、フォード政権で閣僚を歴任した人物］はかつて「記録だけ見ればニクソン（Richard Nixon）

大統領はクリントン（William Clinton）大統領よりも左寄りである」と述べた。[30]

実際の傾向は何であれ、教員で左翼・リベラルが支配的だという意見は、一九六〇年代の学生運動の世代が齢を重ねて「ラディカルなテニュア教員」になり大学を侵している、という批判に代表される最近の現象ではない。古い時代のデータはあまりないが、社会学者のコーンハウザー（Arthur Kornhauser）は一九三七年に大学教員の意見を調査し、他の職業に比べて教員は社会経済的意見でリベラルかラディカルかを明らかにした。[31] コーンハウザーによれば、驚くべきことに八四％の社会科学の教員がニューディール政策を支持したが、肉体労働者では五六％、法律家、医師、歯科医師、エンジニアでは一五％のみの支持だった。数十年後に調査した、ホフスタッター（Richard Hofstadter）、シュンペーター（Joseph Schumpeter）、ヴェブレン（Thorstein Veblen）も大学人や知識人はリベラルな社会・政治的意見を持つ傾向があると述べている。[32] 一九六〇年代末までは調査データがあまりそろっていないが、一九四八年から一九五六年までの大統領選挙で、大学教員は他の専門職や中流階層に比べて、共和党の候補を支持しない傾向があった。[33]

大学教員の間での一貫したリベラル志向の理由は何であろうか。ラッド（Everett Ladd）とリプセット（Seymour Martin Lipset）はこの疑問への最も包括的な研究を行った。[34] 彼らは単一の答えを出すことには慎重だったが、選ばれた答えは大学教員というのは現状に疑問を抱き、通説を疑うように訓練を受けているので、自然と改革的な政治思想を持つというものだ。[vii] ノーベル賞を受賞した経済学者のスティグラー（George Stigler）も同様なことを述べている。

大学は既存の道徳的、社会的、政治的制度への不満を生み出しそれらを作り変えるためにつくられた組織である。他の時代や場所に存在する組織について学ぶことを奨励され、社会と物質的な世界の新しい理解を鼓舞され、大学は本質的に何かを破壊していく性格を持つ。[35]

リベラルが優勢になるもう一つの理由が、ほどんどの大学で教員の中に、ユダヤ人、最近では女性と非白人が増えているが、彼らが一貫して平均以上に民主党支持者だからだということである。この意見は一つの説明だが、アメリカ人の教員はユダヤ人と女性が大学教員の中で増えるのよりずっと以前からリベラルの傾向があるから、すべてを説明できるわけではない。さらに、この二つのグループの民主党支持の傾向は、今日の大学での政治的不均衡をすべて説明できるほど有力とは思われない。

リベラル優勢の、より問題がある説明が、大学教員は採用人事のときに保守派を排除するような採用判断をするので、リベラル教員が増えるというものである。著名な高等教育研究者のトロー（Martin Trow）は「教員は同じような仲間に囲まれているのが心地よい。彼らは自分たちの歪んだ見方が意見を異にする人に対する差別を生みだしていることに気がついていない」と述べたといわれている。[36] この意見はトロー以外にも賛同者がいる。最近の教員対象の調査で、「教員は社会的・政治的にリベラルな意見の持ち主を好むか」という質問に全体で四三・四％、自分が保守だという教員の八一％、リベラルだという教員のほぼ三分の一が肯定した。[37]

この説明ではなぜ最初に大学教員がリベラルになったのかが明らかでない。さらに、教員採用での偏りは教員全体での偏りを説明する重要な要因にはなりにくい。政治的思想が自然科学での教員採用で重視されることはないが、自然科学教員の中でもリベラルが保守よりも優勢である。自然科学では四五・二％の教員が自分をリベラルだと考えており、人文学（五二・二％）や社会科学（五八・二％）ほどではないが、リベラルの傾向がある。[38] 同様に、調査によれば、保守は自然科学では七・八％のみで、人文学の三・六％や社会科学の四・九％より少し多いだけである。[39]

他の二人の学者は、リベラル不均衡は教員採用のプロセスでの政治的偏りよりも根が深い理由があると考えて

（vii）しかしながら、興味深いことに一九七〇年代に非保守派が優勢になったときに、大学教員の間でリベラル主流派に批判的になるというシフトは起こらなかった。

いる。マシュー・ウーズナー（Matthew Woessner）とケリー・ウーズナー（April Kelly-Woessner）は大学教員になることに興味のある学生の政治的嗜好について調査した[40]。大学四年生対象にした全米調査では、自分がリベラルと思っている学生の一九％、自分が「もっと左」だと思っている学生の二四％が博士号取得に関心があり、保守だと思っている学生では九％のみがそうだった。この差異はキャンパスでの経験〔学生生活が楽しかった学生がそのまま大学に残り大学院に行くという理由〕によるものではない。自分が保守だと答えた学生も、平均的な同級生以上に学生生活を楽しみ、成績も良く、教員との関係も平均的同級生と同じくらい良好である。さらに、学部生活を始める前でさえ、一五％の右寄りの新入生は博士号取得を考えているが、左寄りの新入生の三三％がそう思っている。この調査によれば、この初期での差異は、保守派の新入生はリベラルな同級生よりも、早く生計を立てることと家族を持とうとすることに関心が強いためであろう。

二人の他の学者、ロスマン（Stanley Rothman）とリヒター（Robert Lichter）は学術的能力と政治的偏向がリベラルと保守の教員で出世の程度にどの程度、影響があるか明らかにすることによって、大学教員でリベラルが多いことを説明しようとした[41]。彼らの結論は、業績が昇進の最も重要な決定要因だということであった。しかし、政治的偏向もいくらかの影響があることも明らかになった。同じ業績の二人の教員を比較すると、リベラル・左派の意見を持つ教員の方が保守的意見の教員よりも、有名大学に任命されやすい。これらの結論は示唆に満ちているが、執筆者はこの方法では政治的イデオロギーが出世の差異のすべてを説明できないと認めている。われわれが説明できない、測定誤差の源を排除できない、何らかの他の要因が職場にはあるかもしれない[42]。

全体的に見て、大学教員が保守派反対に偏っているという主張は証明ができないままである。政治的嗜好は学術的能力や業績に比べると出世の決定要因として重要でない。しかし、政治的嗜好は小さいが目に見える役割を果たしているようでもある。そのような結論は、リベラルの優勢は工学部や自然科学よりも人文学や社会科学で強く、リベラル教員は同じ業績の保守派学者に比べて著名大学の教員に採用されやすい、（自分がリベラルだと思っている教員の三分の一弱も含めて）半数弱の教員が「同僚はリベラル教員を保守派よりも好意的に扱っている」

と感じているなどの結果と整合性がある。

リベラル派の教員が多いことは問題なのか。多くの人々が問題だと思っているようだ。世論調査専門家のイマーウァー（John Immerwahr）によれば、二〇〇七年で四五・七％に人が政治的偏向は高等教育の直面する問題として「たいへん深刻」か「最も深刻」と答えている。(43) そのような懸念の原因は何であろうか。

最もありうる説明が、リベラルが多い教員が学生に社会・政治的問題について一方的な見方のみを提供し学生を教化、洗脳するという懸念である。学生対象の調査もその懸念を部分的に支持している。二〇〇六年に前述の憂慮する大学理事・同窓生協会が委託し、コネチカット大学の調査研究分析センターが行った調査によれば、「自分の大学では何人かの教員は教室で自分の政治的主張を行っているか」という質問に四六％が「強くそう思う」または「ややそう思う」と答えている。(44)「授業で読まされる教材は、議論の的になっている問題の一方の見方のみをカバーしているか」という質問には四二％「ややそう思う」と答え、「強くそう思う」も一二％いた（しかし、「あまりそう思わない」が二六％で、「まったくそう思わない」が二八％もいた）。(45) より問題な結果は、「良い成績をとるためには教員の政治・社会的意見に合わせなければならないか」という質問に、リベラルな学生の二二％、保守派の学生の五二％が肯定していることである。(46)

もちろん、これらの印象は誇張かもしれない。しかし、適切な授業の仕方を知らない教員が多くのキャンパスにいることを示唆している。学問の自由は教員が自分の政治的意見を学生に押し付けたり、論争されている問題における一方的な立場のみを主張することを認めているわけではない。一九一五年の報告書でアメリカ大学教授協会は、「学生が問題の事柄について他の意見を検討する機会を持ったり、自分自身の明確な意見に即して判断する知識を得て成熟する以前に、教員が学生の無知につけこんで自分の意見を押し付けてはならない」と述べている。(47) アメリカ大学協会も二〇〇六年にこのテーマを詳しく検討し「学生は議論の知的水準でのみ成績がつけられる権利を有し、教員の個人的意見に影響されてはならない」と宣言した。(48)

大学の幹部は教員に対して、教育者としての役割を理解し、教員は自分の思ったことを書いたり発言し対する自由を持つが、同時に教室内でのいかなる教化の痕跡も避ける義務がある、ということも認識させるよう努めなければならない。重要な点は教室での教え方の詳細の規則を決めることではない。そのような規則は作るのが難しく、論争の的となっている話題の活発な議論を妨げ、教員の表現の自由への疑念を深めることになる。むしろ、教員の側で学生を教化することを避けることと、論争の的となっている話題では両論を教える必要性を明確に強く理解する忍耐強い努力が求められる。多くのキャンパスでこの種の真剣な努力が行われているという報告はあまり聞かない。

しかしながら、教員が何を発言するか、何をしないかにかかわらず、教員が学生の政治思想に影響があるかどうかは明らかでない。これまでの長い間の調査結果では、教員に責任があるかは証明されていないが、大学生は在学中にリベラルになるとされてきた。しかしながら、一九九三年に全米の学生の学生生活四年間での態度に関する調査で、アスティン（Alexander Astin）は学生はもはやリベラルとは言えず、大学在学中にリベラルになる学生はいるが、同じくらいの数が保守的にもなりバランスが取れていると主張している(49)。他の研究もこの結果を支持している(50)。

とくに不均衡が一番大きい人文学や社会科学で、リベラル・左派の教員に偏ることを懸念するもう一つの理由がある。明確に証明することはできないが、意見の多様性によって特徴づけられた知的環境の下で、学術研究も創造性も最もよく発展することは直感的に支持できる。そのような雰囲気の中で、学者は広い範囲の見解に気づき、同僚によって自分の懐いていた前提を批判され、当然に思っていたことを再考する。リベラル派が支配的ということは、大学が政府と社会の建設的批判者となり、公平な専門知識の源となるという大学の社会的役割に影響を与える。教員が政治的に偏向しているとみなされるようになると、市民が個々の教員が言ったことを信用しなくなる。専門分野での客観的な事柄でも信用されなくなる。

重要な点は学科や教授陣の政治的嗜好が一般市民のそれを反映しなければならないとか、すべての政治的見解が教えられなければならない、ということではない。さらに、多くの教員は公共の政策について新聞を読むなどして、保守派の議論や意見を知っていることも多い。しかし、社会学、政治学、歴史の学科で保守派の学者がいないとき、教員の周りに意見の多様性が失われることになる。政治的不均衡が教員の意見や議論に影響を与えることに加えて、リベラル派が支配的になると分野での研究テーマの選択に偏りが生じて、あるテーマが多すぎ、あるテーマが軽視されてしまう。たとえば、人文学や社会科学のいくつかの分野で人種、階級、性別の問題が非常に重視されることは、このような傾向を反映しているのかもしれない。ただ、これを肯定も否定もするデータはない。

教員自身は保守的な意見の不足が問題を生じていることを認識している。全米で約七〇％の教員が「キャンパスの多様性の目的は［学生や教員の人種・性別での多様性だけでなく］教員の間での意見の多様性を高めることも含むべきだ」と答えている(51)。有効な解決法を見つけるのは難しい。意見のバランスを取るため、保守派（いかなる特定のグループ）に特定の人数を割り当てて採用したり、保守派だからというだけで能力の劣った候補者を採用することは、賢明な人ならば提案しないだろう。加えて、教員になろうという保守派が少ないことが根本的な問題であるならば、右寄りの学者を積極的に採用することは、他のキャンパスでの欠員を引き起こすので、問題をキャンパス間で動かしているにすぎない。

もし大学がイデオロギーの偏りの影響を緩和したいと思うならば、何かできることがあるのか。学部長や他の有力教員が、偏りの大きい社会科学や人文学の学科とこの問題を議論し始めたり、政治的に多様な講師をキャンパスの講演会に招いたり、保守的な学者を客員教員に選んだりする方法を検討できる。それ自体意味のあるテーマであり、保守派学者が多いので、軍事史や国際関係論の講座を新設することも意味がある。博士課程を持つ学科は、保守的な考えを持っていそうな学生を特定し志願について話をするよう勧めることも可能である。このような手段は少なくとも長い年月がたたないと健全な意見の多様性を築くことはできないが、少なくとも短期的にも現在の不均衡の影響を和らげることに多少の貢献はするかもしれない。

研究の環境

問題と批判を強調することによって、この章の議論は読者に大学の思想の自由について現実よりも悪い印象を与えたかもしれない。実際には、多くのキャンパスは多様な意見が活発に議論を戦わせている。筆者が思うに、一九六〇年代末から一九七〇年代初めよりずっと良くなっている。さらに、概して多くの大学、とくにほとんどすべての研究大学は、政治的・宗教的・社会的意見に関係なく、一番資質の高い候補者を教員としてまじめに選んで採用している。

これまでのページが明らかにしようとしてきたことは、今日の多くのキャンパスの創造的思考のための環境は、概して良好だが、依然として理想的ではないということである。一世紀前のように、独断的な学長や理事からの高圧的な介入や、一九四〇年代末から五〇年代初めのように、魔女狩りをしたい議員からの脅威が、大きな問題点として存在しているわけではない。これらの危険は完全になくなったわけでないし、永久に警戒を怠ってはならない。しかし今日、主要な脅威は微妙な形で主に学内に起因する。今日の主要な問題というのは、女性の権利、性的嗜好、人種問題からイスラエルとパレスチナの対立までのさまざまな問題に強い個人的な意見を持つ学生や教員から発せられる。または学科全体の中での政治的意見の偏りや方法論的主流派から生まれる微妙な影響力によるものである。

これらすべての問題が解決できるわけではない。創造的思考に最適な環境というのは定義できない。それぞれの社会的環境の中で個々人は独立した思考を妨げたり歪めたりする微妙な圧力や抑制を経験するが、それらは大学が簡単には取り除けない。にもかかわらず、教員を対象にした調査は、不完全な人間が生みだせるものには限りがあるとはいえ、教員が自分の意見を自由に表現できる権利の保障に確信を持てるように、最も知的に多様な環境を生み出すために大学は多くことができるはずだということを示唆している。そのような雰囲気を維持することに努め、大学は思想を自由に表現できる権利の侵害のいかなる試みからも教員を守ってくれる、と教員から確信してもらえるようにすることは、大学幹部の不可欠な責務である。

小括（Ⅳ）

いかにして、またなぜ、研究大学が研究大学として機能しているかを知るためには、大学について批判的に書かれた文献に描かれる教員の姿と、現実のデータからの実像を比較することは有益である。よくある教員のイメージは好ましいものではない。とても知的だが、自分の選んだ専門分野での研究業績のことばかり考え、学会に飛び回り、大学への忠誠心に乏しく学生を気にかけない[1]。より最近では、教員のイメージは変化して、科学企業家と描かれるようになった。もはや真理を追究するのでなく、企業にコンサルティングして、研究成果を利益の出る特許にして、研究成果を基にバイオテクノロジーのベンチャー企業を設立し、あとで大手製薬会社に企業買収してもらって大金を得る、という姿である。

外部世界はたしかに研究重視を促している。政府省庁の中には、大学からの給与の二〇％増以上の報酬を払うから夏休みに研究をしてもらう制度を設けているところもある。外部からの表彰や賞状（賞金がつくものとつかないものがある）は、研究で目覚ましい成果をあげた教員のところに行く。財団が主催でしばしば景勝地で行われる講演会の依頼も、論文・著作の発表が活発だったり、一般市民向けの論評で人気のある教員のところに集中する。政府高官への助言や企業へのコンサルティングといった興味深い仕事も、業績の多い学者のところに来る。彼らには新たなポジションへの誘い、テレビ出演依頼、出版社からのかなりの額の前払いを伴った執筆依頼も来る。成功した研究者が得るこれらすべての報奨を考えれば、教員が研究に専念するために学生を軽視するというのは理解できよう。

大学自身がしばしば研究業績のあがっている教員を厚遇するのも不思議ではない。研究での評価が、広く読まれている大学ランキングでの順位や、多額の間接費を伴う政府からの研究資金配分に影響する。結果として、多くの大学は採用や昇進で研究業績を重視することで、「研究者の陣容」を立派なものにしようとする。優れた教師よりも優れた研究者の方が一貫して給与は高い。「年間最優秀教員」といった大学が与えるほどほどの教育面での称賛は、優秀な研究者が受ける報奨には比較にならないほど小さい。

大学を経済発展の道具に変えていこうとする政府の努力もまた、教員の誘因を研究の方向に偏らせる。政策担当者は教員に企業との共同研究を促し、教員が研究成果を基に企業を設立したり特許を取得することを後押しすることで、経済発展に貢献する大学を好意的に見ている。大学はこれに対応して、教員の給与や昇進を考慮する際に設立した企業や取得した特許の数を業績として重視するようになっている。

そのような奨励を受けて、コンサルティング、学会出張、講演会、企業設立に多くの時間を費やし学生を軽視し、同僚を無視し、学科での行政の仕事を避ける、大学企業家の典型をキャンパスに見ることができるのは不思議ではない。本当に驚くべきことは、そのような教員が存在することでなく、学内外からの注がれる金銭的誘惑に惑わされない教員が数多くいることである。平均では、研究大学の教員は学期中にはより多くの時間を研究よりも授業とその準備に使っている(2)。全体では、本や論文をたくさん書いている教員は書いてない教員と同じくらい授業も行っている(3)。コンサルティングに積極的な教員は、そうでない教員に比べて、研究出版業績は多く、教育と学内行政では同程度であった(4)。研究大学の教員でさえコンサルティング収入というのは、それほど多くない(i)。

さらに、この数十年で、研究成果の特許化と科学の商業化に注目が集まっているが、多くの大学の科学者が研究を金もうけの可能性が高い応用研究にシフトさせたり、特許を取っている教員は基礎研究で被引用回数の高い論文を書かなくなっているという説得力のあるデータはない。(5)教員が示す学部生教育への関心は減少していない。逆に、近年、その関心は増加しており、研究大学の教員の間で一番、増加が顕著である。(6)多くの教員が利益相反の開示を怠っていることだけが、彼ら自身が取り決めた基準を達成できていない例であり、研究の客観性という評判に妥協を強いることになっている。

それではなぜ教員は社会全体から提供され、大学自身によって増強されている誘因にもっと積極的に応えないのであろうか。識者が想像してしたのよりも、非本質的な物的報酬は本質的な教育や研究での称賛に比べて低く評価されているというのが大きな理由である。教員はお金儲けのために学者になったわけでないので、金銭的誘因が大学教員の行動に限定的な影響しか与えなくても驚くことはない。教員が大学に就職したのは若者を教育したり、新しいテーマを開拓したり、思想を発展させたり、同僚と議論したいからである。彼らはこれらの活動が企業を設立したり企業にコンサルティングすることに多くの時間を費やすことで犠牲になることを嘆く。結局、大学教員を選んだ人とにとって、他のいかなる職業も比較にならない。私の同僚の一人はかつて「大学の他に誰が本を読むことで私に給与を払ってくれるか」と語った。さらに、大学以外の他の誰が、個々人が知的関心をそそられることを追究する自由をこんなに与えてくれるのであろうか。

大学での生活の本質的な満足に不可欠なのが、伝統的な大学の価値観の中に刷り込まれた義務感と抑止力が共有されていることである。これらの価値観は、自分が望むように自由に書く、考える、自分で一番よいと思うように授業を準備する、上司の監督や命令なしに自分の生活やスケジュールを立てる、といった学者生活が与えて

(i) 最近の大規模な教員調査によると、二〇一〇−一一年度で、州立・私立大学の教員の三%足らずが週に八時間(週に一日に相当)以上、コンサルティングをしており、九〇%以上は四時間以下であった。Sylvia Hurtado, Kevin Eagan, John H. Pryor, Hannah Whang, and Serge Tran, *Undergraduate Teaching Faculty: the 2010 HERI Faculty Survey* (2012), p.28 を参照。

くれる恩恵を保持するために必要な相互の責任の共同観念を表す。そのような例外的に見える自主性は、教員がある程度、自分で自分を律して、抑制することを進んで行ってはじめて存在できる。

大学の価値観は外部社会から大いに誘惑されたり、気を散らされたりしても、驚くべきほど頑強であることが明らかになった。理由の一つは、教員が口には出さないが本質的に、学究生活を魅力的にするまさにその特徴を存続させるためにはそのような自制が不可欠だと認識していることの反映である。専門家としての責任を無視すれば、同僚に負担をかけ、教員生活にとってこれも重要な仲間との人間関係を悪化させるという事実が認識されていることも、大学の価値観が生き残ってきた理由の一つである。

しかしながら、皮肉にも、大学の価値観のまさにその強みは、何もしないこととの究極の原因にもつながりうる。相反する誘惑と誘因にもかかわらず大学教員は耐えてきたので、大学幹部は、保持するための意識的な努力なしでも価値観は外部から影響を受けずに守られるという、誤った安心感に陥ってしまうかもしれない。そのような怠慢は、学長や学部長が資金集めや組織運営にますます忙殺され、教員との間に多くの職員階層が入り距離ができ、論争や好ましくない報道につながりうる微妙な問題を取り上げようとしない今日のような時代では簡単に起こりやすい。

大学の価値観を意識して守る重要性を軽視するのは危険である。一旦、浸食が始まったならば、自由を乱用する同僚に何もなされないことを見て、より多くの教員が自分たちで責任ある行動をとらなければならないと感じなくなるので、浸食は力を得る。自発的に抑制する以外には良い対応策がないので、結果はきわめて深刻になる。教員に予定表を埋めて「自由時間をなくして」もらい、割り当てたオフィスアワーをこなしてもらい、外部活動の「週に一日」の規定をもっと明確に定義した上で遵守してもらい、厳密に定義され義務づけられた授業を負担してもらう、といったことは大学教員生活の楽しみを損なう。これらの規則を強力に押しつけようとする努力は教員の満足感をさらに早く壊すであろう。貴重な何かが大学から消えて正確な計算ができないほどの大きな損失を引き起こす。

重要な価値観が磨滅し始めたと懸念される証がある。研究と教育との間の適切なバランスを保つことはリスクにさらされている唯一の責務でない。他のさまざまな大学の価値観と義務感が弱くなっている。教員が自分の大学は学問の自由をしっかりと守ってくれるという確信をだんだん持てなくなっているのに、多くの大学の幹部は進んで対策を講じようとしていない。カーやロソフスキーのような尊敬される識者は、大学で必要な委員会に教員が参加したがらなくなっていることにコメントした(7)。いかなる形でも特定の考えで学生を教化することは避けるべき、という教員の義務についての伝統的な合意は、大学幹部の対応がない中で曖昧になってきた(8)。グーグルやウィキペディアとともに学習する時代に、多くの学生の中でカンニングと剽窃の意味は誤ってとらえられているが、大学幹部も教員も、これらの重大な禁止事項が明確に理解されるよう配慮することができていない。

そのような怠慢は深刻である。強力な大学の価値観と共有された責任感を代替できるものは存在しない。研究だけでなく、大学の生活のすべての面が依存する基本である。大学幹部の地位にあって、これらの暗黙の義務を明確化して維持しようとしない人は、大学という組織体に大きな危機をもたらしている。

第V部
最終収支決算

序論

アメリカの大学についての結論をまとめようとすると、容易に混沌とした状態に陥ってしまう。大学に対してはかなりの数の批判があるが、その中には価値があり重要なのもあれば、誇大なものもあり、ほとんどまたはまったく意味のないものもあるからである。意味のない批判も無視はできない。なぜならば、意味のない批判が注目され議論の的となることで、より重要な議論が行われなくなる恐れがあるからである。本当の弱点を特定する試みの前に、私はこのテーマを論じる際にしばしば登場する、誤った、根拠がない、大きく誇張された批判のいくつかをふるい分けしたい。

いくつかの批判は、多くの証拠とは矛盾するのに繰り返し行われる。たとえば、教員、とくに一流大学の教員は研究に専念するために教育を軽視していると言われる。しかし、いくつかの比較研究によれば、アメリカの教員は他のどの国の教員に比べても、教育に大きな関心を示している。(1) さらに、いくつかの調査は一貫して、アメリカの教員は、一流大学であっても、学期中には研究よりも教育に時間を使っている、(2) と述べている。研究が教育によって妨げられるというのも、同様に証拠とは合わない。研究業績の多い教員とほとんど論文を書いていない教員を比較した多くの調査が、教育の質では差がないことを明らかにしている。(3)

いま一つの実証されていない意見が、(理事会と教授会が)権限を共有する統治は修正が必要というものである。理事や教員出身幹部はこの統治方法はあまりに時間がかかるという。不満のある教員は、大学の意思決定に教員が意味のある参加ができていないと嘆く本を書いている。しかし、調査すると、共同統治システムは大多数の大学でうまく機能している。

さらに、反証する証拠を無視した意見が、大学は保守的で新しいニーズやチャンスに迅速に対応していないというものである。[4] 故クリストル氏(Irving Kristol)はかつて、「大学は第二次大戦後の社会で、おそらく郵便局を除いて、最も発明の才がない(適用力もない)組織である」と述べた。[5] しかし、過去六〇年の皮相的な大学の歴史の回顧でさえ、大学はそのときそのときで大きな変化に対応してきている。第二次大戦後の突然の復員兵の入学、その後の学生数の急増、一九八〇年以降、政府の政策による科学研究の商業化の促進、最近の有料・無料のオンライン授業の急増である。教員は新しく出現した学問をすばやく科目化し、新しい方法や技術を研究に導入した。この記録に光を当てれば、大学や教員が保守的だという意見は、改革への適切な助言となるには大雑把すぎる。識者は大雑把な意見を言うよりは、大学の適用が遅かったニーズやチャンスを特定する必要がある。

他の議論の中には、あまりに混乱してしまって、両サイドとも際限なく議論するが、重要な問題の把握に至らないというものもある。テニュアをめぐる議論がその典型であろう。[6] 長年の議論ののちでも、テニュア支持派は、学問の自由を守るためには、生涯にわたる安定した雇用が不可欠、また最も効果的でさえあるという説得力のある議論を提示できていない。今日、多くのまたこれからますます増える教員がテニュアでない状態になるとき、テニュアなしには自由に執筆、発言ができないのかということになり、上述の議論は主張しづらい。同時に、テニュア反対派の議論にも同じように問題がある。よく聞かれる意見はテニュアの下で大学が生産性の低い教員を高給で雇用し続けることの無駄である。テニュアがあるため、大学が学生の関心の新しい変化や新しい学問分野の機会に柔軟に対応できないという意見は、今日、多くの教員がテニュアを持たず、短期雇用契約で教えていることを無視している。さらに、識者の中には、テニュアを持たない教員が契約延長を得るために学生による授業評価のポイントを上げようと成績評価を甘くしたり、宿題を軽くするかもしれないことに気づいていない人もいる。すべてを考慮すると、テニュアが非効率性と無駄を生じさせているかはわからない。実際、テニュアを廃止したら、大学のコストが上昇し教育の質が低下することは充分に可能性がある。

他の頻繁に聞かれる批判は、しばしば大学自身ではどうしようもないこともある。たとえば、大学のキャンパスではリベラル派が保守派よりも多く、この不均衡は議論の質という面では好ましくないかもしれないということは事実である。(7) 仮にそうであっても、便益よりも弊害が大きくならないように、大学の教員の政治的考え方のバランスをとる方法を考えついた人はいない。同様に、多くの良心的でない法律家や経営者がエリート大学の専門職大学院を出ているが、若い大人の性格を変えることは教育者であろうと誰であろうと難しいので、教員の責任とは言いかねる。一流大学に入学する競争は激しく、大学も優秀な学生を集めるために資金を使って競い合っているのは、不幸なことだ。しかし、このことで大学を責めることはできない。なぜならば、優秀な学生を獲得する競争から一方的に降りてしまったら、競争で不利になるリスクを誰も看過できないし、ときどき提案される大学間で話し合って獲得競争を抑制することは実行が難しいし、現行の独占禁止法の下では違法である。(8)

他の批判の中には核心を突いているものもあるが、誤解を招くような議論になっていたり、証明も反証もできないような議論になっているものもある。大学進学はお金がかかりすぎる、という「十把一絡げ」的議論がその例である。高い授業料はたしかに問題である。しかし、数千もあるアメリカの大学は授業料もさまざまである。それなのに大学はお金がかかりすぎる、と批判することには無理がある。マスコミは「恐ろしい大学進学費用」というタイトルで報道するが、それは最も競争率の高い大学の授業料のことである。(9)［高級車の］キャデラックやベントリーの価格をみて、「自動車は高すぎる」というのと同じである。他のよくみられる議論は、授業料を語るときに奨学金を考慮しないことである。［多くの学生は奨学金を受けているので］ほんの少数の学生しか実際には「表示価格」の授業料を払っていない。

上記のような批判の多くに伴う問題点は、その批判が誤っていることではなく、その批判が注目されることで、本当に修正されるべき、また修正することができる重要な問題点の議論への注目が妨げられてしまうことである。大学と教員は常に改革に抵抗しているわけではないし、教育を軽視しているわけでもない。しかし、しばしば既存の学部教育カリキュラムに必要な変更を加えたり、新しくよりよい教育法を導入することに遅い。テニュアの議論はしばしば説得力に欠けるが、年齢による差別禁止とテニュアが組み合わさると、高齢教授の引退の時期が逸せられ若手の登用の機会が少なくなるという問題が生じる。専門職大学院は学生が「自分が正しい」と思ったことを行う意志を強化することを助けても、学生の性格までは改善することはできないかもしれないが、教員は少なくとも学生に倫理的な問題を認識させ、それが発生したときにいかに解決するか考えさせることはできる。最後に、大学の授業料が高すぎるとか大学の予算規模が大きすぎるかについての一般論は証明(反証)が難しいが、明らかに無駄で削除すべき予算項目はあるはずである[10]。

まとめると、本当の進歩は、存在が特定できず、あまりに広範で、解決するのはもともと無理な問題点と距離を置くことで達成できる。アメリカの高等教育を改善しようという提案に賛成するには、真に問題で、重要な改革をすれば解決できる点を特定し、それらが最も重要で注目されなければならない、と強調することに努力しなければならない。

第18章　本当に懸念すべき問題

これまでの章では、アメリカの大学の達成してきたこと、強みを述べてきた。しかし、多くの問題点やまだ活かしていないチャンスも明らかになった。ここでわれわれは、欠点を改革や改善の提案としてリストアップできるが、そのような要約ではわれわれが直面している今日の困難のなかなか明らかにならない原因や、将来の問題点につながる要因を特定できない。代わって、第一章の終りで述べた高等教育システムの脆弱性を思い起こしてみて、われわれの現在の欠点の要因が何で、将来、その影響力を最小限にするにはどうしたらよいかを考えたい。

外部リスク

どの国でも同様だが、アメリカの高等教育の成果は、大学がほとんど影響力を行使できない外部要因に依存している。一八世紀、一九世紀さらに二〇世紀前半を通して、外部環境は大学にプラスだった。政府、宗教組織、地域のコミュニティは大学の設立を促し、あり余るほどではないにしろ充分な財政支援をしてきた。政治家は大学の自治、カリキュラムには介入しなかった。一方、初等・中等教育の義務化を初期に達成した強力な公立学校システムは国全体で大学に進学する能力のある学生を多数供給した。

第二次大戦は公的支援による高等教育の目覚ましい成長の先駆けとなった。一九五〇年代と六〇年代で、連邦政府は世界最強の基礎研究を生みだすべく公的資金を投入した。州政府は高等教育を受ける人々がエリートからマス、さらにユニバーサルに移行するために財政支援してきた。大学と政府との連携がゆえに、アメリカの大学は世界各国の羨望の的になったのである。

皮肉なことに、これらの成功は新しい緊張と困難につながった。高等教育を普及させることの費用の増大が他の社会的プログラム予算と競合するようになったことで、戦後の連続的な成長と繁栄は終焉を迎えた。最近の数十年、連邦・州政府からの金銭的な支援はより不安定になり、予算は寛大に増加する時期と停滞、さらには減少の時期を経験した。同時に、高等教育の利害関係者への重要性が増し、規制の強化と説明責任の強い要請がなされるようになった。新しい規則や規制が大学のポリシーをコントロールしようとすることはめったにないが、これらを順守するコストは増加し、摩擦はますます頻繁に生じるようになっている。

一方、善良な多くの若者が大学進学をめざすようになると、コミュニティ・カレッジや総合大学では、公立学校システムのよく知られた欠点が、教員が大学で学ぶだけの学力を持っていない多くの学生を苦労して教えなければならないという問題として顕在化した。この重荷を和らげるために大学ができること、すべきこともあるが、大学学士号をめざす若者の増加は、政府の奨学金の増加と受け入れの主力であるコミュニティ・カレッジと総合大学の強化という財政面の投資がなければ不可能である。

新しい世紀も一〇年以上が過ぎ、高等教育がその成功のためにますます政府の方針に依存するようなった一方で、政府もますます大学のことをイノベーションと繁栄の重要な源だとみなすようになった。たとえそうでも、関係は両者にとって難しいものになってきている。一方で、政策担当者は支えてくれる社会への説明責任を充分に果たせず予算の増加ばかり求める大学関係者に苛立っている。他方、大学関係者は政府のことをもはや共に進歩するありがたいパートナーではなく、その支援は不可欠だが、その影響力は高等教育にとって次第に問題を生じさせている巨大な権力機構だと警戒の目で見るようになった。

固有の弱み

この本にとって適切な分析の対象は、大学にとっての外部からの脅威でなく、大学自身に起因する緊張、さまざまな問題、欠点である。これらの弱みを心に留めながら、データを調べることで、われわれは実際に起きた問題を明らかにするだけでなく、そのうちどれが解決可能で、どれが大学の発展経路に深く関わっていてそれを解決しようとしたら便益よりも害が大きくなるものなのか、いくらか洞察できる。

競争の功罪

皮肉なことに、大学の活動にしみ込んで、大学システムのエネルギーと躍動に貢献してきた競争の精神は、多くの問題の原因でもある。競争が生みだす努力と独創力はめざすゴールが明らかに価値があるものであるときは有益である。しかしながら、より疑問のある性格のものをめざして大学が競争するのならば、有益とはいえなくなる。

目標を選択する際に常に困難の要因となるのは、大学幹部は微妙で測定が難しいものよりも目に見える目標を重視する傾向があることである。この傾向は周りの環境によって助長される。*U.S. News & World Report* 誌のような雑誌が教育の質とはあまり関係がないが正確に数字で測定できる尺度に基づいて影響力のあるランキングを出している。多くの州が大学に対して、進学者数や卒業率など、学生が実際にどのくらい学んだかとはあまり関係のない目標での進捗状況の報告書を定期的に出すことを求めている。連邦政府資金も発見の数や専門家による評価などで測定できる科学研究は重視するが、評価が難しい教育法における改善努力や独創性にはわずかしか渡らない。
このプロセスの結果はこの数十年で目立ってきている。入学生のSATの点数や高校時代の順位、寄付金の総額、新しいプログラムの創設、新しい建物の建設など、目に見える進歩の証が教育の質の向上にはきわめて重要だが、目には見えにくいものに比べて、優先されている。重役向けの経営学講座、医師免許更新講座、海外キャンパスから得た収益は、オンライン授業の改善など新しい教育法の開発に使うことができるはずだが、ランキングに直接関係のある活動の強化に使われる。大学は経済的に困窮している学生でなく成績が優秀な学生に奨学金を出して、新入生のレベルを向上させランキングを上げようとしている。研究重視の傾向は主要大学以外にも広まり、研究志向の教員を集めることができれば、彼らと一緒に政府からの研究資金［政府からの研究資金に付随する間接費は大学が自由に使える］や名声もついてきてくれると期待して、多くの大学が多額の資金を使って博士課程を作っている。学術研究の伝統のなかった多くの大学が「出版か死か」という研究業績主義を教員の採用・昇進の条件にして、一回も引用されることのない本や論文が多数生みだされることになっている。

多くの大学の幹部は目に見える目標を通して評判を高めようとしてきたが、多くの教員は今までと同じように教え続けている。大学院のプログラムは依然として学生に研究のための訓練をほどこし、新しい教育法や学習法の知識を与えることを重視しない。有名大学は新しい教育法の試行よりも学生の勧誘や寮の高級化にお金を費やしている。一方、学生は多くの人々がかつて考えていたほどには学んでいないし、勉学に費やす時間も労力も少なくなっている(1)。

目に見える目標に固執することが、いかに授業と学習から資金と労力を奪っているかを理解することは容易である。しかし、どうして、学士号を取得する学生の比率を上げるための努力は少ないのであろうか。卒業率は正確に測定できる。広く公表されるランキングの項目にも入っている。しかし、数世代にわたる学歴の向上はこの三〇年以上にわたって停滞気味で、アメリカは他国に抜かれてしまった。

この残念な結果の理由は、大学卒業率、さらに進学率の変化もやる気のある大学でも何もできない要因によるということである。それは、公立学校の質の低下、犯罪の多い環境、崩壊した家庭など低所得者層に見られるハンディキャップである。これらの問題に加えて、学力が不充分で中退のリスクの大きな学生が多く入学する大学では学生一人当たりの支出が、裕福な学生のいる大学に比べるとはるかに小さく、その結果、中退のリスクの大きな学生に注意を払ったりケアしてあげることが不充分なものになるからである。

この外的要因による説明は正確なものではあるが、同じ能力と資力の学生を持つ大学間の比較で、ある大学は卒業率が高く、他の大学は低いことがわかった(2)。この違いの存在は退学率が高い大学の中には資源が限られていても卒業率を向上させることができることを示唆する。それならば、なぜ多くの大学は高い落ちこぼれ率に苦しみ続けるのだろうか。

この疑問に明確な答えを出す充分な調査は行われていない。しかし、一つの説明として、少なくとも最近まで外部世界からこの問題が注目されなかったことがあげられる。多くの大学の優先順位に影響を与え、論争を呼び起こしている大学ランキングでさえ、退学のリスクが高い学生を多く抱え、実際に退学率も高いコミュニティ・カレッジや四年制総合大学の多くはランク付けしていない。加えて、多くのコミュニティ・カレッジ、いくつかの総合大学は競争を行っておらず、名声をめざして争わない。結果として、これらの大学は、学生の卒業を助けるための努力を促す競争面での動機づけを持っていない。

これらの条件の下、退学しやすい多くの学生の卒業率を上げる努力は、教員個人のやる気、大学幹部と教員の関心度に依存する。いくつかの大学では、努力は非常に大きい。教員や大学幹部は、大学を機会に恵まれない学生にとってのチャンスの飛び石にすることを自らの使命と考えている。しかしながら、競争の強化や外部世界からの認知がないので、このレベルの努力は広まらず、大学間の卒業率の差異につながっている。

高等教育の競争は大学の利害関係者に迎合しすぎることによって、問題のある結果につながる。一見するとこの意見は当惑するもののようだ。商業市場では競争の美徳は、顧客や消費者のニーズや好みをできるだけ効果的に満たそうとする努力である。しかしながら、高等教育では学生は公共の利益はいうまでもなく、自分の利益に対しても最も合うとは限らない選好を示す。そして、競争によって大学が学生に適応しすぎるようになることもありうる。

学生が志願者としてまたは学部生として大学を考えるとき、彼らはしばしば自身の利益について間違った考えを持つ。彼らはどの大学が彼らの学びを最も助けてくれるか、前もって知ることができないので、外観の良さ、課外活動の活発さ、寮の魅力、さらにはスポーツの強さなど、疑問のある理由で大学を選ぶかもしれない。大学に入ってからは、学生は就職だけに関心があり、そのための職業訓練的科目には関心があるが、倫理的な問題を考える能力の向上など新たな知的関心を発展させる他の科目は無視するかもしれない。誘惑されたり気を散らされたりして、彼らは勉強にあまり時間を費やさないので大学の教育が伝えるべき知識の多くを獲得することができない。もし競争がこれら学生の好みを満たすことに大学を向かわせるならば、大学が提供する価値も損なわれるであろう。

彼ら大学の名誉のために言えば、多くの大学の幹部、教員、認証を行う全米大学基準協会は大学生や政策担当者が職業訓練や大学学士号の持つ経済的利得ばかり重視し、他のバランスのとれた大学の授業の価値のある目的を実質的に無視することに抵抗している。しかしながら、いくつかの大学では幹部が問題のある学生の希望に屈してしまっている。多くの大学は少なくとも部分的には職業訓練に過大に集中するという広くみられる衝動に負けている。大学の大部分は勉学にあまり努力したくない学部生からの静かなプレッシャーに圧倒されている。ほとんどどこでも、学生が宿題に費やす時間は少なくなっているが、成績評価は上昇を続けている。

学生の要望に過剰に対応する誘惑に抗することについては、大学に期待できることには限度がある。もし大学の自治と競争を強調する高等教育システムの強みを享受するならば、個々の大学は、寮の高級化にせよ、人気のない一般教育科目を犠牲にして職業訓練科目を過剰に重視することにせよ、最も優秀な学生を勧誘するためにできることは何でもするというマイナス面も受け入れなければならない。しかし、大学は無力なわけではない。新入生に学部教育の目的を説明したり、大学が彼らの将来のために行える複数の貢献を説得することをうまくやれば、学習の衰退をくい止めることができる。大学はまた学生が勉学への関心を高めるより魅力的な教育法を導入することにもっと努力できる。非常勤講師や任期付き教員は学生による授業評価を上げようと宿題を減らしたり成績を甘くつけたりすることになるので、学生の授業評価に頼るのではなく、これらの教員に対して別の評価方法を考案できるはずだ。

ここまで述べた学生の要望に大学が抵抗することに関して、大学を助けることができる利害関係者も存在する。もし企業経営者が、コミュニケーションスキル、分析スキル、倫理的問題の高い理解能力、グローバルや他国のことの広範な理解能力を持った学生を欲しいと本当に思うのならば、彼らはそのことを学生に伝え、採用担当者もその意識を共有するようにすべきだ。学生が卒業さえしていればよいのだという間違った、曖昧な印象を持たないように、経営者は採用の際に成績を重視すべきだ(i)。そうでないと、彼らが求めると主張している資質は大学にも学生にも軽視され、結果はますます悪くなる。

政策担当者は教育はあたかも経済成長と国際競争力に貢献することだけが目的であるかのような発言を辞めることで、事態を改善できる。もし学長、知事、有力な政治家がすべて経済への貢献ばかりで教育を語ったら、どうして学生がバランスのとれた大学教育から得られる便益を広い視野で理解することを期待できるだろうか。

最後だが最も軽視すべきことではない点として、学生の要望に過度に対応する傾向は政府機関、財団、大学幹部が学生の学習を評価する、よりよい方法を開発する努力を支持するもう一つの理由を与える。根本的にはこれ

(i) 明らかに成績はどうでもよいものではない。企業が高卒者の採用において成績を重視していないとしても、成績の良かった人は数カ月の給与が他よりも高かった。James E. Rosenbaum, *Beyond College for All: Career Paths for the Bottom Half*(2001)を参照。さらに、一流大学の卒業生の一五年後までの追跡調査によって、ボーエン(William Bowen)とボック(Derek Bok)は、好成績者が明らかに高い給与を得ていることを明らかにした。*The Shape of the River: Long-Term Consequences of Considering Race in College and University Admissions*(1998)pp.140-41を参照。

まで述べてきた問題の大部分は、大学教育に最も重要なことが軽視されている結果である。もし学生が自分の進歩についてもっとわかるのならば、授業にもっと身を入れるだろう。教員が異なる教育法の学生の勉学に対するさまざまな効果を理解していたら、授業をさらにこれらの方法に適用させようとするであろう。もし大学幹部が多くの学生がいかに少ししか知的に進歩していないかわかったら、ランキングや他の怪しい成功の尺度ではなく教育の質の改善にもっと努めるであろう。

お金の影響力

学生は大学幹部によって過度に迎合される唯一の利害関係者ではない。大学幹部は資金を集めるプレッシャーをますます感じているので、彼らも支持してくれる人々の要求に安易に従ってしまう誘惑にかられる。学長らの名誉ために言えば、寄付者が寄付講座の教授の人選や講座で教える内容について不適切な影響を及ぼすというずうずうしい試みには、大学幹部は一般には抵抗してきた。しかし、あちこちで反対の事例も見うけられる。多くのメディカルスクールは資金を出した企業がプログラムの内容、講師の選択、講義内容に影響を及ぼすにもかかわらず、製薬会社から医師生涯講座〔医師免許更新のための講習〕の寄付を受け取ってきた(3)。ただし、この種の弊害は稀であり、メディカルスクールは生涯講座への企業資金の受け取りの規制を強化し始めている。

大学の意思決定への寄付者の直接の影響力はきわめてよく抑制されているが、グループとして寄付者は間違いなく大学の性格や形に大きな影響力を及ぼしている。有力なビジネススクールやエリート大学のように、富裕な卒業生のいる学部・学科は多くの寄付を得る。ほどほどの給与の仕事・職種に学生を送り込む学科はもっと少なくしか得られない。

大学の幹部はより豊かな学科から貧しい学科に資金を回したり、豊かなスポンサーのいない学科での資金集めを助けたりするなどの方法で、この不均衡の是正を試みることができる。しかし、この種の方法は寄付者の好みの影響を相殺することには程遠い。結果を知るためには、主要大学のキャンパスに行って、ビジネススクールと、教育、神学、建築、社会福祉などの学部の施設とを比較してみればよい。

富裕な寄付者の好みと優先順位は大学の優先順位を決定するには理想的とはいえないかもしれない。しかし、明らかに望ましい資源配分の方法を考案するのも難しい。国から一かたまりの資金が来て、それをどう配分するかは大学が決めてよいというシステムが考えられる。イギリス政府はこの方式を長い間、行ってきた。しかし、大学幹部が資金の優先順位づけを、非営利財団、企業、個人寄付者の混成組織が資金配分を行うアメリカ型よりも上手く、賢明にできるかどうかはわからない。大学には内部の政治力学や好みがあるが、それらは大学の成し遂げることに関心を示すさまざまな利害関係者の正当なニーズをいつも反映しているとは限らない。したがって、実際問題として、複数の資金源を持つアメリカ型システムは、最善の結果を常にもたらすとは限らないが、われわれが希望できる中では最高であるかもしれない。

民間からの寄付に大きく依存することは、同じ大学の中で学科間で予算規模の違いを生みだすだけでなく、大学間でも大きな格差を生みだしている。これはたしかにアメリカであてはまり、数十億ドルの資産を持つ研究大学とかろうじて存続を続けているリベラルアーツ・カレッジや、言うまでもなく学生一人当たりの支出がアイビーリーグ校に比べればはるかに低いコミュニティ・カレッジが共存している。

これは望ましい状態であろうか。この質問はハーバード大学元学長に尋ねて、完全に客観的な答えが得られる性格のものではない。コミュニティ・カレッジと多くの総合大学は適切な質の教育を提供しつつ卒業率を上げるのに必要な資金を得てこなかったことは明らかなようだ。しかし、ヨーロッパでは政府からの資金に完全に依存しているが、アメリカよりも成果を上げているとは言い難い。複数の資金源を持つことを促すことによって、アメリカは他のどの先進国よりも全体として多額の高等教育資金を捻出してきた。

同時に、このシステムから最も多くを得てきた大学は、免税措置と民間寄付の奨励という政府の支援に感謝するだけでなく、ある種の義務も認識する必要がある。これらの義務の中には限られた経済力しかない学生が、もし他の新入生と充分に競争できる学力を持つのならば、入学して卒業するチャンスを与えるよう努めることである。こうして、最も資産豊かな大学は、富と特権のパターンが永続的に継承されるようになるのではなく、すべての才能のある学生に機会を生みだすことによって、富の分配の不平等の影響を和らげることができる。そうすることによって、大学はアメリカを、高貴で最も基本的な理想の一つに近づけることができる。

二〇世紀末に、エリート大学はこの責任を果たすことに充分な働きをしていないのは明らかであった。低所得ながら学力では能力の高い数千人の学生が競争率の高い大学を志願さえしない(4)。それ以来、多くの有力大学はこの問題を認識し、奨学金ポリシーを改定した。しかしながら、多くの他の大学では奨学金を成績基準型のものに回してしまったり、戦略的な授業料値引きを行っており、経済的支援を必要としている学生を助けていない。欠けているのは、資産が豊かで入学倍率の高い大学による低所得者層出身者を入学させようとする確固たる努力である。低所得者層出身の能力の高い学生のほんの一部しか有名大学には出願しない。その大学に通うことを想像もできていないからだ。これらの若者にもっと接近することによって、有力大学は在学生の多様性を広げ、社会の利益にも供する。

寄付の分配面での効果に加えて、民間の寄付を集めること自体が大学の行動を疑問のある方向に向けることがありうる。資金への飽くなき欲求は、多数の資金源の存在と相まって、資金獲得をめざした大学幹部の果てしない努力につながり、高等教育の一つのグループの中での傑出した存在をめざした競争が、この努力をさらに大きなものにする。これらの努力はわれわれの大学の成功に大いに貢献してきたが、問題のある副作用を生じさせた。

お金を求めることは大学の行動のほとんどすべての面に影響を与える。大学学長はしばしば部分的には資金集めの能力に基づいて選ばれている。一旦、彼らが就任したら、教学面のことよりも資金集めに多くの時間を費やし、彼らを助ける多くのスタッフを擁する。数十年前には有力大学はほんの小さな専門の企画課スタッフを持っていた。今日、企画課を補助する寄付金集めの同窓会担当者を含めると、企画課は数百人にもなっている。

資金集めの影響力は大学幹部やその補助職を超えて広がっている。理事は、とくに私立大学の場合、大きな寄付をする能力によって任命される。教員はしばしば国や企業から研究費を獲得できる能力によって採用・昇進が決まる。難関大学を志願する学生は一般に親が大きな寄付ができるほど金持ちならば、または収益をもたらすアメフトやバスケットボールのチームをさらに強くして、大学のスポーツ全体を財政支援するのに貢献できるほどスポーツで有能ならば、合格しやすい。

大学の幹部にとってここで描いた傾向に逆らうことは難しい。成功した資金集めによって得られる有利さは、より多くの奨学金、教員、新しい建物など、目に見えてまた測定可能である。費用は企画課の人件費を除けば、ほとんど目に見えないし測定も不能である。資金集めの能力不足の懸念のゆえにどれだけの優秀な人材が学長になれなかったのか。寄付金集めに時間を取られなかったら、学長は大学にどれだけ知的な貢献ができたのか。このような疑問は推測の域を出ないので、資金集めの目に見える恩恵がますます大学の日々の活動に影響を持つようになるのは驚くことではない。優秀な教員を集め研究や教育を改善するためどの大学も資金集めに奔走する中で、われわれは他に何ができるだろうか。

この多様な影響力を見るに、その付随する利点と費用を考えれば、複数の資金源から資金集めをしなくてはならないことは高等教育の資金調達として最良の方法か否か、いま一度尋ねてみてもよいかもしれない。しかし、他のやり方を思いつくであろうか。その不利な点を考慮したとしても、現行は民主主義と同じで「他のすべての代替案を除けば、一番悪いシステムである［ベストではないが代替案もない］」。とりわけ、アメリカの大学、とくに倍率の高いリベラルアーツ・カレッジや研究大学は国際的にみればはるかに多くの資金を得ている。それらはしばしば、政府からの資金分配の仕方が急変する政治的事件は言うまでもなく、政府予算の変動から距離を置くことができている。全体として、政治家も利益団体の陳情の影響を受けたり、プロジェクトとして問題があっても個人的に重大な意味を持つものに便宜を図ったりするので、政府からの資金にすべて頼ることが高等教育にとって好ましいかどうかは疑わしい。

アメリカの高等教育は他のやり方で現在と同じレベルの資金援助を得られたであろうか。多くの世界レベルの研究大学を擁することができただろうか。他の先進国の政治家はそう思っていないようだ。代わりに彼らは大学を政府支援のみに依存する状態から引き離し、多様な資金源に頼るアメリカのシステムをまねることを大学に促している。

お金の影響力に何らかの制限を課すことは、大学にとってとくに大切な価値観に関わるときには重要であろう。大学に関係する人なら誰でも、寄付者が寄付講座の教授の人選に口を出せば拒絶されることには同意する。入学生の枠をセリにかける［一番多額の寄付をした人の子弟が入学できる］ことにはまともな学部長や学長なら同意しない。そのようなアイディアは大学の根本的な価値観に関わる。これらの価値観を損ねることは、教員や大学に関係するすべての人々からの尊敬の念を失わせる。

この注意すべき点を心にとどめるのならば、私立大学での親が裕福な学生の入学審査を有利にしたり、大規模な大学スポーツで活躍する学生をスカウトするため入学基準を低くしたり簡単な授業・専攻を提供するといった現実の多くの行為に疑問を呈さなくてはならない。(5) 科学的発見を有用な製品に変えるため企業と連携する場合に、大学の価値観に妥協することに関して、多くの大学における関係部署で積極的な是認の動きの兆候もみられる。大学の幹部はライセンス収入を最大化するために排他的ライセンスを過剰に重視したり、収益の出る特許を過度に維持しようとする。収益をあげる現状の機会を守ろうとして、大学幹部は組織的利益相反規制を行うようにという政府からの要請に頑なに抵抗する。(6) 企業からの支援を集めるため、多くの大学が、企業が大学の研究者に研究成果の公表の遅延してもらう期間の上限をはっきり定めていない。スポンサー企業が実験データをコントロールしたり教員の論文のゴーストライターになることに対する規制を緩めている大学もある。

しがって、再び、競争の役割というのは両刃の剣であることが明らかになった。資金面で優位に立とうという競争はライバルの成功した行為をまねる、強力な誘因となっている。このプロセスはその行為が教育の質を上げコストを下げるものならば、大学の行動の成果を向上する。しかし、有効に見えるが不適切な行為が多くの大学で採用されることにもつながる。したがって、裕福な親を持つ学生やスポーツ特待生の入学基準の妥協など多くの怪しい行為が競争のプレッシャーのもとで拡散してしまう。そのような行動がどの程度、大学の評判や、教員、学生、一般市民から集める尊敬の念に影響を与えるかは誰も予想できない。しかし、どのくらいだったら悪影響が出るのかテストしてみようというのは賢明でないし、テストする価値もないことだ。なぜならば、信頼、評判、誇りというのは一旦失われたら取り戻すことは難しい偉大な価値資産だからである。(ii)

指導力の問題

さらにわれわれの高等教育システムの、もう一つの潜在的な問題は現代の大学を統治するという挑戦に見合う学長を見つけることの難しさである。これらの大学を導く人物を選ぶ中で、理事会は教授としての過去の経験を持った候補者を選び、大きな大学を導き、管理しようという才能ややる気のある多くの人を引き付けることに注力しない。小さなプールから選ばれた人が、しばしば管理が非常に難しい組織を統治している。多くの大学は数十億ドルにもなる巨大な予算を抱えている。学内の塀の中で行われている教育と研究は変化が激しく専門的で、学長は何が行われているか理解するのも難しい。教育・研究を行う教員は、本来、独立性が強く大学学長からの行動規制に反発する傾向がある。

仕事の困難さを考えれば、結果は予想よりもかなり良い。アメリカの大学、とくに研究活動と大学院・専門職

(ii) 基本的な大学の価値観に関わらないのならば、資金集め活動の適切な程度は単に判断によるもので、適当な線引きはかえって難しい。何人の資金集め担当者を大学は雇うべきか。寄付者の接待に学長はどれくらい時間をさくべきであろうか。寄付してくれそうな人に大学にもっと関わってもらうための、行事、同窓会会合、豪華なディナーはどれくらい行ったらよいのか。これらの質問に明確な答えはない。この数十年、大学にとって、「資金は集めるだけ集めろ」というのが原則だった。資金集めのための行事の数の上限というのは、新しいものが思いつかなくなったところというものであった。どこかで、大学はこのプロセスの限度を定めることにもっと知恵を絞らなくてはならないだろう。

大学院は世界中から広く憧れられている。これらの成功には多くの人が関わっているが、充分に能力のある指導者の貢献なしにどの程度、達成できたか想像するのは難しい。

アメリカの大学の統治システムもまた有効な指導力を可能にするのに役立つ。海外諸国と比較して、アメリカの学長はより権限が強く、より長く在任し、教員の投票でなく独立した機関が選んでいることがより多くのことを達成できることにつながっている。ジェノバ大学の元学長は「おそらくアメリカと比較してのヨーロッパの弱みは統治・指導力にある」と述べていた。(7) 他国がアメリカモデルに近づくように、学長選出方法と権力のしくみを変えようとしていることは驚くことではない。

他方、現行の学長選出方法は欠点がないわけではない。一九カ国を調査した結果では、アメリカの教員は、「上層部が適切な指導力を発揮している」という点で最も否定的な回答が多かった。(8) 一つの考えられる理由は、学長が資金集め、対外的活動、組織管理業に時間をとられ、教学的な事柄から次第に距離を置くようになったからであろう。(iii) どんな組織の長でも、組織の本来の職務から離れていくことは問題とみなしてよいであろう。教育と研究の推進に積極的に関わっているとみなされていない学長は、独立した教員から構成される大学という組織を引っ張っていくのに必要な、道徳的な権威と教員からの尊敬の念を獲得しにくいであろう。これらの責務を［一流の船長のように］副学長や学部長に任せるのは完全に満足のいく解決方法とは言えない。一等航海士は船を巧みに操舵できるが、機会を活かして大胆に新しいコースに舵を切ったりできないように、単なる適切な経営とは異なる想像的な革新を行うには、一流の指導者でなければならない。

傑出した指導力が生まれる可能性は、大学がますますイメージにとらわれて、実際の成果についての信頼できる情報がないという傾向によって脅かされる。このことによって、学長や学部長は、教員を怒らせたり、マイナスの報道につながり寄付者や卒業生に懸念を生じさせる、教育の質についての議論を避けるようになる。教育の質の向上や大学院教育の改革での確固たる努力といった議論の生じる責務を全うしようというリーダーがほとんどいないことに、驚くことはないであろう。

同じ懸念のもう一つの事例が、基本的な大学の価値観を維持することにおける、学長の間の努力のばらつきである。行動や協力をピラミット型管理ではコントロールできない独立心の強い教員から構成される大学という組織の進歩、内部の一体感、統治の成功には、大学の価値観が不可欠である。結果として、アメリカの教員の約半数、とくに研究大学の教員が、自分の考えを自由に発言する権利が大学当局によって保護されているとは言えないと答えていることは憂慮すべきである。これらの懸念が本当かどうかにかかわらず、大学幹部には、教員に自由に発言、執筆できる権利があると認識させることの責任がある。教室で特定の考えを学生に教え込むことに対する伝統的なガイドラインも曖昧になってきているといわれる（かなりの割合の学部生が好成績をとるために、レポートやテストでは教員と政治的な議論を避けるようにしていると報告していることは懸念材料ではある）[9]。価値観の崩壊のさらなる証拠は、前述した企業の大学の研究への影響力、教員や大学自体の金銭的な利益相反に対する規制の緩和が多くの大学で行われていることである。

これらの問題は決してすべての大学で起きているわけではない。資金集め、入学基準、スポーツなど、本質的な規範が短期的な利益に妥協するリスクが生じるさまざまな活動を規制するポリシーを維持し、過度の商業化に反対し、言論の自由の保護を声高にしっかりと行っている学長もいる。しかし、これらの例は当たり前というより例外的になってきている。幸運にも、大多数の教員の価値観は注目されていないにもかかわらず、しっかりと維持されている。しかし、それらは一旦失ったら回復が難しく、しかも大学の繁栄にとって本質的なものなので、大学幹部がそれを看過しているというい かなる証拠も重大な懸念材料である。

大学の目標を決めることでの学長と理事の役割にも懸念がある。大学幹部（ならびに理事会）の中心的な責任

(iii) 大学学長に、時間配分を尋ねた調査でも、教学的問題というのは六つの選択肢の中で一番軽視されていることが明らかになっている。American Council on Education, "College Presidents Say Planning, Fundraising, Budgeting, and Personnel Issues Occupy Much of Their Time," *Higher Education and National Affairs* (October 9, 2000), p.2 を参照。

は、大学の方向性と優先順位を定めることである。しがって、彼らは通常の大学ランキングの上昇を過度に重視するという、よく見られる傾向に対して説明責任を負う。[10] 時として、そのような努力は適切である。しかし、しばしばそのような努力は、質の悪い研究の促進、不必要な大学院プログラム、経済的に困窮している学生でなくSATの点数が高い学生に回った奨学金など、不適切なお金の利用につながる。

コミュニティ・カレッジや総合大学では指導力の質について異なる理由から懸念がある。これらの大学での重要な挑戦は（教育の質を落とさずに）卒業率をあげることと過去二五年続く国全体での教育達成度の低迷を終わらせることである。これらの大学の名誉のために言えば、これらの多くの大学は、卒業率を上げるためにプログラムを変えつつ、二五歳以上が多く、少なくともパートタイムでは働いていて、公立学校の質の悪さというハンディキャップを抱えている学生のニーズにも応えることで良い仕事をしている。しかしながら、先に述べたように、うまくいっていない大学も多い。学生の学力や出身階層などを同じにして比較しても、卒業率や就職率において、コミュニティ・カレッジと総合大学それぞれの中で、上位と下位の差は大きい。[11] もちろん、どんな有能な学長でもこれらの差のいくらかはどうすることもできない。しかし、調査によれば、上位校のやっていることの多くは、下位校の学長がしっかりと決意と指導力を発揮すれば導入できる。[12]

したがって、全体的に見て、アメリカの高等教育の質は典型的な「コップに半分の水［半分しかないという悪い評価もできるし、半分もあるという良い評価もできる］」という状態である。学長の中には疑わしい目的に傾注し、大学の価値観が損なわれることを看過し、理想的とは言えない現状のカリキュラムや教育法の改善を行わず、必要以上に高い退学率を放置している人もいる。同時に、他の学長は難しい職務で、限られた人材プールから選ばれたにもかかわらず、たいへん素晴らしい仕事をしている。

要約すると、大学幹部の現状には称賛すべき点も批判すべき点も数多く見つけることが可能である。改善の余地は間違いなく存在するが、アメリカの大学の学長制度の抜本的構造改革や、学長の成し遂げることを向上させる選考方法の改善への現実的な提案は存在しない。指導者を選ぶというのは難しい仕事で、常に運任せの部分もある。結果として、評論家はアメリカの学長の指導力についてコップが半分しか満たされていないのか、半分も満たされているのか、というタイプの議論を永遠に続けることになる。

最低限の質の保証

アメリカの高等教育の弱点で最後に述べる点は、質がとても悪い大学が存続してしまっていることである。そのようなリスクは、教育の内容・水準を厳密に規定せず大きな裁量の余地をもって大学が設立できてしまう、アメリカのような大きな高等教育システムでは事実上、不可避である。この問題は、大学進学者が増えるにつれて、不充分な学力とどの大学に進学すべきかについて信頼できるアドバイスも受けずに進学する若者がより多くなる将来にはより深刻になる。

質の保証についてのアメリカの伝統的なメカニズムは、連邦政府からの奨学金の対象となれるためには認証を受けなければならない、という全米大学基準協会によるチェックである。基準協会は大学が教育改革に注意を払うことを促すことに役割を果たしてはいるが、適切な最低基準を強制することはできていない。[13] 多くの大学がとても悪い卒業率と期待にまったく沿わない就職率にもかかわらず、存続できている。

水準以下の、質の悪い教育機関の問題に対処するには二つのよく知られた方法がある。これら二つは排他的ではない［一緒に用いてよい］。一つは、認証制度が示すように、政府やその他の指定された主体が大学を評価して質の悪い大学は強制的に閉鎖することである。もう一つはすべての大学がその成果や経営の状況などの情報をすべて開示し、進学希望の学生が出願について適切な判断ができるようにすることである。あいにく、どちらも深刻な弱みを抱えている。[14]

第一のアプローチでは、当該大学の質が悪く、改善の見込みがないので公的資金を受ける［連邦政府からの奨学金をもらった学生が進学する対象となる］資格を奪うと判断をするのが難しいという問題に直面する。この疑問には明確な答えはなく、主観的な判断次第ということになる。この決定をする省庁は明確な最低基準を決め、大学に対して認証を維持するためには何をすべきか充分に前もって指示しておかなければならない。

評価される大学は規模も性格も大きく異なっているので、最も細心の注意を払う基準協会でさえも、どの大学にも使える基準を設けるのは難しいことが分かる。たとえば、基準協会は時には図書館の最低限の蔵書数を要求することがある。しかし、大規模研究大学、小規模リベラルアーツ・カレッジ、音楽・芸術専攻のみの特殊学校など広範なタイプの大学に共通の基準となる最低蔵書数はどんなものであろうか。

基準はまた偶然がふりかかって、意図せざる障壁になることもある。たとえば、最低蔵書数は一見、適切な基準のように思われるが、蔵書はなくてもインターネットで文献にアクセスできるようになっているオンライン大学に機械的に適用されれば、その革新の芽を摘むことになる。

時には、認証審査の対象となった大学は、政治的圧力や巧みな計略で基準協会のスタッフに自分たちに好意的な人物を送り込んで認証プロセスを取り込んでしまうことがありうる。法律の教授たちがロースクールの認証審査チームを支配し、自分たちに都合のよい認証基準を設定しているという批判もある。この結果、ロースクールは三年課程とし、充分な蔵書を持ち、パートタイム教員の任用は規制されることになり、ロースクールに通うコストが上昇している。(iv) 認証する側は学生が適切な教育を受けられるように基準を設けていると反論している。この論争は適切な質を確保するためのルールと、低価格競争の脅威から既存の利益を守ろうとするルールとの区別が難しいことを明らかにしている。

学生の習熟度を測るのはとても難しいので、最もうまくデザインした認証のルールでさえ、教育プログラムの充分さの測定に機械的に適用することはできない。何らかの判断尺度が依然として必要である。そのようなプロセスでは、底辺校が有利になる。彼らは認証が拒否されて下された閉鎖命令に逆らうことに熱心である一方で、適切な基準から利益を得る人々は散らばっていてその基準の制定を陳情するために組織化されていない。このような状況下では、一般的な基準が個々の大学に適用される場合には、例外が設けられ、一時的な猶予が許され、死刑宣告［大学の閉鎖］は完全に取り消されないまでも執行が長く延期される可能性が大きい。(15)

大学に費用、提供科目、奨学金、最近の就職状況などの関係情報のすべての開示を義務づけるという第二のアプローチもまた、不適切な経営を行い学生を食い物にしようとする大学から学生を守るためには有益であるが、不完全な方法である。有益な情報を特定し、その開示を求めることは簡単である。しかし、ロースクルールがランキングを向上しようとする際に示したように、弱点を隠すためにデータを操作する多くの方法がある。閉鎖の脅威に直面する大学は際限なくさまざまな企みを思いつく。「学生」は〔卒業できず退学してしまう〕リスクの大きなグループを排除して定義できる。「退学」は「休学」の区分を使えば定義を変更できる。最近の卒業生の就職記録も学生がめざして訓練を受けてきたものとは異なった職種への就職も含めれば数値を増やすことができる。たとえ公表された情報は正確でも、進学希望の学生が理解するには難しいように混乱した形で表現される。数百の異なる大学の要求を調査し、データの欠点を明らかにするのに充分なほど深く調査することは政策担当者にとって膨大で費用のかかる仕事である。

これらの理由のため、情報開示の義務づけは有益だが、完全とは言えない。さらに、最も完全な情報を持っても、学生は底辺校への進学を続ける。バーナム（P. T. Barnum）の有名な言葉のように「だまされやすい人は常に生まれてくる」。だまされやすい人は、大学に進学し連邦政府から奨学金やローンを受け、高い退学率を続けローン返済不能に陥り、結果として連邦政府が勘定を支払う。

これらすべての理由のために、より効果的な品質コントロールの方法を課すことの見込みはとくに明るいものではない。基準協会の過去の経験や、認可を得た学校やその他の学校の最低限の基準を維持する努力の記録も、楽観論への証拠を提示しない。最近、教育省は連邦奨学金で入学できる対象の大学であるための最低限の基準を正確に発表することによって、学生を保護する新しい試みを開始した[16]。この試みが成功するかどうかは時間が経

（iv）その結果、司法省はこの件でアメリカ法曹協会を訴え、権限濫用をやめることで和解した。しかし、和解内容を実行することは難しいことが明らかになった。Brain Z. Tamanaha, *Failing Law Schools* (2012)を参照。

ってみないとわからない。しかしながら、この試みは難しいので、アメリカは高い確率で、他の多くの先進国では存在が許されないような多くの大学の存続を許すことになるだろう。

大学新設の厳しい条件を付けた高度に規制された高等教育システムは、学生ローンの返済不能、無駄に長い在学年数、大学に期待したことが裏切られる失望などを減らすであろう。しかし、そのようなプロセスをアメリカに導入するのにはもはや手遅れである。この種の高度に規制されたシステムは、緩く管理されたものほど多様性と革新を生みだすことはなさそうだ。とくに、アメリカの競争的で分権的なシステムに比べると、勤労学生のためのより便利で学生本位の教育プログラムやオンライン授業を生みだすにはかなり時間がかかりそうである。

改革の見込み

これまでの議論が明らかにしたように、高等教育に本源的な問題のすべてが大学の力で解決できるとは限らない。いくつかの例で、改善は大きな社会全体の強固な力で妨げられる。小さいが顕著な目に見える例が大規模な大学スポーツである。終わりなく続く粗末な妥協とつまらないスキャンダルにもかかわらず、アメフトやバスケットボールなどの花形大学スポーツは一般市民から大きくかつ深い関心を集めているので、大学幹部はこれ以上悪化することを妨げる試みや既存ルールの違反を罰する以外には無力である。

高等教育の問題は、よりしばしばシステムそのものの本質的な特徴からの予想できる副産物であるので、取り除いた場合、害悪の方が便益より大きくなる恐れもある。われわれが見てきたように、学務においてそれぞれが大きな裁量権を持つ多くの大学によって特徴づけられる市場の中では、リーダーシップの質は一様では決してないが、疑わしい品質の大学が存続し生き残ることはほとんど確かなことである。同様に（国からだけではなく）多様な資金源からの高等教育支援の伝統は、より多くの資金を生みだすが、豊かな大学と貧しい大学との間でのより大きな違いを生みだす。結果として、多くの最も豊かな大学は世界でも有数だが、コミュニティ・カレッジや総合大学は、大学に学位をめざしてくるが基礎学力は不充分な多数の学生を処理するには足りない政府資金額でやりくりしなくてはならない。そうであっても、すでに指摘したように、思いつく資金調達方法はどれも、解決した問題の数以上に新しい問題を生みだしてしまう。

良い面・悪い面、両方の結果を生みだしているように見える、アメリカのシステムの一つの特徴は、大学間での資金、学生、地位をめぐっての激しい争いである。この競合関係がアメリカの大学の本領を特徴づけるエネルギーと革新の多くの源である。同時に従来からの名声をめざした浪費的な競争、関係者の問題ある欲望を満たさなくてならないという誘惑、道徳的に芳しくなく、不適切なものであっても、競争相手の成功した戦術は取り入れざるを得ないプレッシャーなど、多くのトラブルの傾向が生じている。

競争に勝ち抜く中でのさまざまな過失と行き過ぎを調査すると、大学が新しい知識を得たり若者を教育しようとする中では、あまり競争しないシステムが望ましいと思えるかもしれない。しかし、この種の考えは現実的とは言えない。教授、理事、学部長、学長にかかわらず大学で責任ある地位にある人の心や頭脳から競争という概念を消し去ることは不可能である。良きにしろ悪しきにしろ、一番乗りをめざすのはアメリカの生活の一部で、議会、最高裁判所、その他の一時的な権威によって取り除くことができない改良や革新への本質的な動機づけである。競争を抑えるというような幻想を楽しむよりは、アメリカの高等教育システムを形作る人々にとってよりよい道筋は、ライバルの先に行くために不適切な方法の導入を抑える一方で、競争によって自由になったエネルギーを建設的な目的に向かわせるために自由に人参［誘因］と鞭［規制］を行使できるようにすることであろう。

読者の中には、この議論からアメリカの大学は自分たちの欠点や誤りに対して大きな前進をしていないという印象を持つかもしれない。そのような解釈はわれわれの意図するものではない。各大学の進歩はそれが属するシステム（と、社会に存在するわれわれにはコントロールすることができないより大きな力）の性格によって制限を受けるが、大学はほとんど常に達成度を向上させ弱いところを強化する何らかの建設的なことをしている。どの問題をとっても、いくつかの大学は、同じ環境の他大学よりもきわめて優れた成果を上げていることに気づく。完壁というものは決して得られるものではないかもしれない。しかし、改善のための充分な機会は大学の幹部と教員を近い将来かさらにその先にわたって忙しくするであろう。

幸運にも、改善の見込みは改善の必要性が最も高い分野の一部で大きい。たとえば、いま、政府のリーダーや慈善団体は大学の中退率の高さを憂慮している。オバマ大統領は卒業率の伸び悩みの経済に対する効果に注目し、大胆な改善目標を設定している。連邦政府は低所得者向け奨学金（ペルグラント）を大きく増加させた。いくつかの大きな財団はとくに退学率が高いが注目を浴びないコミュニティ・カレッジにおける退学率を減らすための研究と実験に資金を出すことによって卒業率の改善に積極的な関心を持ち始めた。最近の調査では、総合大学の担当者の九〇％、コミュニティ・カレッジのほぼ九四％が在学率［退学しない率］・卒業率の向上を最も重要だと考えている。[17] このゴールをめざす中で、これらの大学の指導者は、同じような学生を抱えているのに、なぜある大学は他に比べて退学率が低いのか、大学担当者が学生の中途退学を防ぐには何をすればよいのか、についての知識を増やさなくてはならない。

努力が始まったばかりの段階で、卒業率が将来増加するかはまだ不確実である。成功は政策担当者が想定するよりもかなり時間がかかるであろうし、現在の逼迫した財政状況の下で現行の連邦政府の努力が結果が出るまで充分長い間維持できるかはわからない。しかし、少なくとも、希望への足がかりはある。

学部教育の改善にも見込みはある。州政府幹部はこの問題に関心を持つようになった。大学生の知的レベルがわずかながら向上したという最近の研究結果が広く発表されている。[18] 多くの学生が期待されているほど勉強していないことと過酷な授業料の値上げが社会に認識されるにつれ、大学幹部・教員が対策を立てないと大学の存続が危うくなるような、危険な雰囲気が醸成されている。すでに、市民の三五％のみが「大学は教育のことを主に考えてくれ、学生が良い教育機会を持てるようにしている」と考え、六〇％は「大学の収支決算のことを主に気にしている」と考えている。[19] これらの感情が生みだされるにつれて、大学も社会からはっきりした言葉で何かを要求される可能性が大きくなっている。

これまで成果があがらず批判されてきた全米大学基準協会も、長年の忍耐強い努力の末、大学幹部に対して、学生が何を学ぶことを期待されているかを明確にして、学生の在学中の進歩を評価するよう説得することで、何らかの成功を得られるようになった。調査もまた新しい教育法の導入で緩やかだが目に見える進捗が現れていることを示している。[20] 最終的な成功は学部、とくに研究大学の学部が、彼らの眼前の課題を完全に視野に入れ認識するか否かにかかっている。努力は新入生の大きな入門クラスの教え方から、教育法・学習法について次々と蓄積されている新しい知識を使って、将来の教員となる博士課程学生の教える能力の向上を助ける大学院のプログラムの刷新まで含めて、広く行う必要がある。

これらのニーズは、学生の学習到達度の信頼できる尺度の開発が重要であるという証である。尺度なしには、学長も教員も努力が実を結んでいるのかわからないので、改革の勢いを維持できない。尺度のない状態では競争も改善を生みだされない。何よりも、科学研究において、精巧な実験を計画し最新の実験器具を揃えておきながら、実験結果が確認できないのならば、いったい、科学の研究にどれだけの努力が投入され、科学者はどれだけ進歩できるのであろうか。同じ理由で、政策担当者は非常勤講師の多用、オンライン授業の成長、営利大学の急増などの傾向の学生の学習への影響がわからなければ、どの改革を推進してよいかわからない。結果として、学生の進捗状況を評価するよりよい方法を策定する努力は政府や財団が支援において優先すべきものに値する。大学の授業方法における新技術の実験的試行や革新の結果の検証にも力を入れるべきだ。

最後に、進歩のカギとなる材料は、大学幹部が卒業率の上昇と教育の質の改善に集中すると強く決意することと、政府、財団、その他の寄付者が価値の不確かな改革に大金を投ずる前に、ここに述べた研究と実験を支援することである。幸い、国内の他の多くの問題に取り組むプログラムと異なり、学習法・教育法の質の改善努力はあまりお金がかからない。卒業率を上げる努力も同様である。資源の制約のあるいまの時代でも、大きな進歩は手が届かないわけではない。

おわりに

本書で取り上げてきた一連の問題は、読者にアメリカの大学について現実以上に暗いイメージを与えたかもしれない。将来への提言を行おうとする本書のような本では、欠点や弱点の記述が多くなり、このような印象を生みだす。しかし、国内でも海外でも世界最高とみなされているシステムに関する結論としては、これでは疑問がある。アメリカの高等教育の現状について、より完全でバランスのとれた記述をするためには、欠点のみをくよくよ考えるよりも、多様な見地から大学が達成してきたことを考察しなくてはならない。アメリカの大学の現状は過去と比較してどうなのか。海外と比べてどうなのか。問題点のうち、どれが非常に深刻で国にとって早急に取り組む必要があるのか。どの問題が現実に存在し注目には値するが、市民に切迫した重大な影響を与えるものではないのか。

本書で述べてきた問題点のうち、二つだけが早急の改善が必要である。第一は若いアメリカ人の中で学士号取得者比率を高めることである。大学卒業率［人口に対する大卒者の比率］はここ数十年伸び悩み、アメリカは先進国の中でトップではなくなった。アメリカの大学卒業率が前の世代のように上昇に転じないのならば、所得分配の不平等は拡大を続けるであろう。経済そのものの成長は鈍化するであろう。能力と意欲からみればその資格のある多くの学生が、成功の機会を否定される。第二の優先的課題は学生が受ける教育の質の改善と学生の勉学努力の減退の阻止である。学生がいかに教えられ、どのくらい学ぶかの両方での改善なしには、多くの若者は、彼らが望む仕事を得るため、主体的で啓蒙された市民になるため、生き生きと価値のある生活をおくる助けになる洞察力と知的好奇心を得るために、それぞれ必要な知識とスキルを身につけることなしに、大学を卒業してしまう。

教育の質を高めつつ、学歴も高度にするのは高等教育が次の一〇年で受ける重要なテストである。それは、急な丘を登るように困難な試練である。しかし、その試練は、目的を果たすための資金が不足しそうなときはなお一層、大きなものとなる。もし、学長、教員、政策担当者が充分なスキルと取り組み意欲をもって行動しないのならば、教育の質の低下は増大する財政赤字や卒業率の低迷よりも測定が難しく、低下が放置されやすいので、結末は教育の質の悪化ということになる。

アメリカの高等教育の他の欠点は、この二つに比べれば大きなものではない。専門職大学院は卓越し、世界の羨望の的である。欠点がないわけではないが、その多くは深刻ではなく、また教員がコントロールできない外的な環境要因によるものである。

メディカルスクールは教育プログラムで未解決な問題に直面するが、それらは教育者ならば定期的に直面するもので、時間とともに満足のいく解決策が生まれるであろう。卒業後研修にはいくつか問題があるが、インターン医師や医局員の研修は研修病院と専門審議会が担当しており、メディカルスクールが改善することは難しい。ロースクールは徐々に改善に向って取り組んでいるが、長期的な問題を抱えている。最近の深刻な問題は授業料の高さと卒業生の就職難である。すでに限られた雇用機会しかない労働市場に新たに法律家を送り込むのは学生にも学校にとっても心苦しい行為である。しかし、ロースクールはこのことを改善するには限定的な力しかない。最も求められる救済策は、ロースクールのコントロールは及ばないことだが、法律家養成の期間を短くし、費用がかからないようにして、今までは弁護士を雇うことができないでいた低・中所得者も簡単に雇えるようにして、仕事を増やすという、法曹界による根本的な改革を待つしかない。
三つの専門職大学院のうち、ビジネススクールが最も深刻な問題を抱えている。なぜならば、ビジネススクールは卒業生に、いくつかの専門的仕事を除くと仕事に有利になるスキルや知識を明確に与えるプログラムをまだ作っていないからである。この問題を解決することは難しいだろう。依然として、一流のアメリカのビジネススクールは海外に比べて劣っていることはない。教員は彼らに対するまともな批判に取り組む方法を積極的に求め続ける一方で、ビジネススクールは生き残り、繁栄すらするであろう。(i)

大学における研究もまた当面の間はそれほど深刻な問題はなさそうである。アメリカの科学者・学者の実績は比類なきものであり続けている。アメリカは依然として、世界中の優秀な若者が先進的な訓練を受けるために集まる場所である。よく報道される科学者の就職難にもかかわらず、大学院の学科長たちは有能な院生を集めていると信じている。アジアの国々が目覚ましいスピードで科学者やエンジニアを増やす一方で、論文発表数も増加させているのは事実である。まもなく、アメリカにいるこれらの国出身の研究者を呼び戻そうとするかもしれない。そのような流出が起きたならば、アメリカはアメリカ人の科学者を増やすために積極的な方策をとる必要があろう。しかし、そのような日が来るのはまだ遠い将来で、アメリカの科学の傑出した地位を維持することに対して、切迫した脅威が起こっているわけではない。

(i) 識者の中には教育学部をアメリカの抱える問題として考える人もいる。初等・中等教育の現状を改善するためには有効な教育法が不可欠だからである。この問題を詳細に分析することは本書の範囲を超える。しかしながら、乏しいアメリカの教育成果をさらによく説明できる大きな社会問題への関心に適切な注意を払うことから逃げようとして、教育学部の役割に対して過剰な期待がかけられる傾向がある。アメリカの公立学校での教育の質にばらつきがある理由は、教員が教育学部の学生時代に受けた教育法の授業の内容に問題があるというよりは、教員という職業が有能な若者から魅力的な職業としてみなされていないことによる面が大きい。公立学校の質は、教育法の悪さよりも家庭、環境、貧困によるところが大きい。

アメリカの高等教育の完全で公平な評価にたどりつくには、今日の大学は、その欠点が何であろうと、五〇年前の大学よりも多くの点で優れていることに気づくことも重要である。一九六〇年代初めに比べれば、教員は女性や非白人に門戸を開いている。学生の構成はもっと多様になり、アメリカの全人口のより多くの部分を含んでいる。インターネットの事業化と世界のさまざまな場所のさまざまな年齢の人からの教育需要への対応で、アメリカの大学教員は前の世代では想像できないほど、国内外で新しい学生と接触し始めている。

われわれの大学が最近進歩してきたという事実は、将来も進歩が続くことを保証してはいない。高等教育にとって外部の要因からもたらされるリスクは、今日の方が過去よりもはるかに大きい。政府の財政難と他の支出先との予算獲得競争のため公的な財政支援は減少するかもしれない。政策担当者は、卒業率を上げ、大学の費用増加を抑制し、学費ローンの返済不能を防ぎ、教育の質を向上させるために、充分な検討をせずに、大学に損害をもたらすような施策を強制してくるかもしれない。

これらの危険性は事実だが、大学には進歩への非常に大きな機会も開かれている。大学がカバーする学生というのは、世界中の非常に多くの人々までも含むようになった。この事実だけからでも、多くの異なる学生の中で大学は誰を重視するのか、それぞれにどのような内容をどのように教えるのか、営利ベースか非営利か、授業料はどのくらいか、教育を提供する条件をどうするのかなど、教育の役割をあらためて考え、定義し直すという大いにわくわくするような機会が生まれている。

一方、技術や認知科学の進歩は大学が伝統的な教育法を改善するための斬新な機会を提供してくれる。有望な新しい教育法はすでに開発されている。一旦、それらが広まったならば、在籍学生だけでなく、大学に新たに入ってくるより多くの多様な若い学生にも有効であろう。

最後に次のことを指摘しておきたい。新しい知識・発見の重要性が増してきて、政策担当者や資金を出す省庁が支援する研究テーマを国の重要問題の解決に役立つものにシフトさせている。そのような外部の強力な組織は［有用性を基準に資金援助するので］大学の他の微妙な目的や価値観を軽視する危険性を生みだすが、［現実の問題解決には学際的アプローチが不可欠なので」長い間築かれていた学問分野間の壁を破り、教員たちが長い間うまくいっていないと認めていた学際的分野の研究ができるようにもなる。一方、研究者は強力なコンピュータによってこれまで想像もできなかった規模のデータベースを構築して分析できるようになり、他の国や他の大陸にいる研究者とも共同作業するためコミュニケーションがとれるようになった。

活発で成功している大学がこれらの新しい機会をどれくらい活かせるかは予想できない。しかし、企業家的な熱意や革新の潜在的能力には陰りはみられない。反対に、最近の学際的研究の成長、MOOCの試み、アジアや中東での新しいキャンパスの建設、徐々にではあるが新しい教育法の広がりなどは、新しいことを試す意欲の現れである。実際、アメリカの大学で起きている変化の一覧は、驚くべき数の発明と実験を示している。これらの試みがわれわれをどこまで遠くに連れて行くのかはいまは予想できない。しかし、大学のこれらの活動に伴う快活さは、次の二五年は一九〇〇年前後の数十年と第二次大戦後の二五年と並んで、アメリカの高等教育で最も創造的な期間になることを期待するのに充分な理由となる。

訳者あとがき

本書はデレック・ボックによる *Higher Education in America*（Princeton University Press, 2013）の全訳である。ボックは一九三〇年生まれ、スタンフォード大学卒業後、ハーバード大学のロースクールを修了し、同大学教授、学院長を経て、ハーバード大学学長を一九七一年から九一年まで務めた。さらに、教授会の反発を受けて辞任したローレンス・サマーズ学長の後継者選びの間、二〇〇六年から〇七年まで学長代理を務めた。

本書は単なる学長の回顧録ではなく、豊富な参考文献を引用し、ハーバード大学以外も含めたアメリカの高等教育の包括的な研究書である。わが国では何かとアメリカのトップクラスの大学にならう形で大学改革が議論されるが、実は超一流のハーバード大学やスタンフォード大学は学生・教員・資産のレベルがわが国の多くの大学とは異なりすぎていて、あまり参考にならないことも多い。しかし、本書は底辺校も含めたアメリカの高等教育の全体像を分析しているので、わが国の諸兄姉にもご紹介したく、翻訳を思い立った。訳者は以前にやはりボックの『商業化する大学』（玉川大学出版部、二〇〇四年）を上梓した。同書ではスポーツ、産学連携、教育における利潤の期待のもたらす弊害が議論されていた。今回、ほぼ一〇年経って、単に時間の経過に合わせて改訂したのでなく、名門大学だけでない州立大学やコミュニティ・カレッジも含めた学部教育、大学統治、大学院教育、専門職大学院など、より広範な分析が行われている。

本書の特徴は、高等教育を包括的に分析しているが、どの点が最も深刻な問題なのかも明らかにしていることである。ボックによれば、アメリカの高等教育では、研究、専門職大学院、大学統治には問題がないわけではないが、一番の問題は学部教育の量と質の改善である。アメリカは高等教育の大衆化を進めてきたのだが、現在では他の先進国に大卒者の比率で追い抜かれてしまった。インターネットによって大卒者のエンジニアリングや専門職の職務も海外に外注されるオフショアリングの時代ではあるが、大卒者の所得は高卒者に比べて大きな差がある。高度な知識を持った人材への需要に供給が追いついていないのである。高度情報社会の中で大学に広いアクセスが確保されることが、経済発展とともに所得分配の格差是正にも重要なのである。低所得者層出身者に高等教育のアクセスを拡大することが重要であるが、彼らは高校で充分な教育を受けていない場合も多い。また、アメリカでも全体的に大学生は勉強しなくなっている。低学力でやる気にも問題のある学生をいかに教育するかは重要な課題なのである。

アメリカの大学は一九八〇年代初めに一八歳人口の減少に直面し、生き残り策として社会人学生を積極的に受け入れた。高校を卒業したばかりの「伝統的学生」に対して、社会人で仕事を持ちながら大学に通う「非伝統的学生」はアメリカの大学の救世主であるが、彼らへの高等教育の提供もアメリカの課題であり続けている。

本書のもう一つの特徴は、データ、実証分析の重視を繰り返し強調していることである。厳密な数式での証明ができない場合、理屈の上ではどちらとも言える場合がある。そのときにはデータに基づいた議論を行うしかない。新しいことの導入、改革を始める際に、改革派が懐疑派、反対派、守旧派と対峙した場合、「…すべき」という観念論では説得は難しい。相手も必ず対論を出してくる。データを用いての説得が必要である。理性的な大学人ならばデータに基づく議論には応じるはずであるというのがボックの考え方である。一方、データの裏付けがないのに収益性の期待に惑わされ、大規模に事を起こすことも戒めている。

さらにボックは、データに基づいた適切な目標への進捗状況を把握するための適切な尺度の開発を重視している。競争の激しさはアメリカの高等教育の優れた点であるが、測定しやすい不適切な尺度に基づく競争は資源の無駄であるとともに、大学の保つべき価値観を損なうという弊害をもたらす。

経済学者である訳者が、このような自由な仕事ができるのはフルタイムの職場があるからである。最初の勤務先を紹介してくださった山下博先生（大阪大学・大阪産業大学名誉教授）と高橋哲雄先生（甲南大学・大阪商業大学名誉教授）に御礼申し上げる。勤務先の関西学院大学国際学部では伊藤正一前学部長と杉山直人学部長の効率的な行政手腕のおかげで、訳者は両先生の下で副学部長を務めながらも（おそらく手を抜いていた部分もあるのであろう）この仕事を仕上げることができた。同学部の高田真衣さんには入力でお手伝いいただき、細川桃子さん、大石翔子さん、山根彬渡君には草稿のチェックをしていただいた。

玉川大学出版部の成田隆昌さんは、本書の出版を前に退職してしまわれたが、企画の段階で随分とお世話になった。感謝申し上げる。引き継いで完成させるという面倒な仕事をして頂いた森貴志さんと相馬さやかさんにも御礼申し上げたい。なお、翻訳の上で"They"を「彼ら」としたり、アフリカ系アメリカ人というべきところを「黒人」と訳したところもあるが、他意はない。

最後に、勉学の機会を与えてくれた両親と、妻・琴と息子・圭に本書を捧げることをお許し願いたい。とくに、前回の『商業化する大学』のときはよちよち歩きだった圭が中学受験を迎え勉強していたので、父親としてもテレビを観ながらくつろいでいるわけにいかず、部屋にこもって仕事をするプレッシャーを受けた。おかげで翻訳の作業が進んだ。感謝したい。

二〇一五年　夏

宮田由紀夫

事項索引

（n は傍注）

［さ行］

［た行］

[な行]

[は行]

[ま行]

[や行]

[ら行]

[わ行]

[欧文]

人名索引

（n は傍注）

ストウムカ（Sztompka, Piotr） 416
スペリングス（Spellings, Margaret） 257
スペンス（Spence, David） 116
スミス（Smith, Page） 399
スラン（Thrun, Sebastian） 263
セルバン＝シュベール（Servan-Schreiber, Jean-Jacques） 351

［タ行］

ダーウィン（Darwin, Charles） 443
ダイナスキ（Dynarski, Susan） 169n
タレーラン（de Talleyrand, Charles-Maurice） 264
チンゴス（Chingos, Matthew） 128
ツウィッグ（Twigg, Carol） 237
ティント（Tinto, Vincent） 118
デスロチャーズ（Desrochers, Donna） 107, 206
デューイ（Dewey, John） 444
デューダースタット（Duderstadt, James） 188
テレンジニ（Terenzini, Patrick） 163n, 207, 210, 217, 217n, 218, 252
トライズマン（Treisman, Uri） 242, 261
トライブ（Tribe, Lawrence） 374
ドラッカー（Drucker, Peter） 183
トロー（Trow, Martin） 449

［ナ行］

ニクソン（Nixon, Richard） 447
ニューハウス（Newhouse, Joseph） 315n
ネットルス（Nettles, Michael） 287

［ハ行］

バーナム（Barnum, P. T.） 487
ハーパー（Harper, William） 67
ハウエル（Howell, James） 349
パスカレラ（Pascarella, Ernest） 163n, 207, 210, 217, 217n, 218, 252
ハチンス（Hutchins, Robert） 58, 161
ハッカー（Hacker, Andrew） 106, 107
パットナム（Putnum, Robert） 108
バトラー（Butler, Nicholas） 348
バブコック（Babcock, Philip） 223
ハロウン（Halloun, Ibrahim） 229, 230, 242
ピータース（Peters, Thomas） 351
ピアソン（Pierson, Frank） 349
ヒトラー（Hitler, Adolf） 38
フィンケルスタイン（Finkelstein, Martin） 80, 81, 276
フェルドマン（Feldman, Kenneth） 401, 402
フェンドリッヒ（Fendrich, Laurie） 239n
フォスター（Forster, Greg） 109
ブッシュ（Bush, George W.） 257, 416
プフェッファー（Pfeffer, Jeffrey） 375
ブラックストン（Braxton, John） 241
フリードマン（Friedman, Milton） 363, 364
フレクスナー（Flexner, Abraham） 348, 350
ブレナン（Brennan, William） 434
ベーコン（Bacon, Francis） 442
ベイコウ（Bacow, Lawrence） 187
ヘイズ（Hayes, Robert） 351
ベイリー（Bailey, Martha J.） 169n
ヘステネス（Hestenes, David） 229, 230, 242
ベル（Bell, Daniel） 405
ボーエン（Bowen, William） 128, 162, 237, 284, 475n
ボースキー（Boesky, Ivan） 352
ポーター（Porter, Michael） 181, 187
ポーター（Porter, Noah） 203
ボック（Bok, Derek） 475n
ホックスビィ（Hoxby, Caroline） 121n, 166, 167n
ボツタイン（Botstein, Leon） 445n
ホフスタッター（Hofstadter, Richard） 448
ホワイト（White, Andrew） 67

［マ行］

マークス（Marks, Mindy） 223
マーチ（March, James） 67, 93
マートン（Merton, Robert） 421
マクファーソン（McPherson, Michael） 128
マッカーデル（McCardell, John） 158
マッコーヒー（McCaughey, Robert） 402

マラマド（Malamud, Ofer） 224
ミューレイ（Murray, Charles） 109
ミルケン（Milken, Michael） 352
ミレット（Millett, Catherine） 287
メイザー（Mazur, Eric） 229, 232, 234, 261
メイヨー（Mayo, Elton） 349

［ラ行］

ラーンド（Learned, Edmund） 349
ラッド（Ladd, Everett） 448
ラングデル（Langdell, Christopher） 336, 343, 376
リーディングス（Readings, Bill） 45, 48
リード（Read, Joel） 67
リービット（Leavitt, Harold） 359n
リチャードソン（Richardson, Elliot） 447
リヒター（Lichter, Robert） 450
リプセット（Lipset, Seymour Martin） 448
ルデンスタイン（Rudenstine, Neil） 284
レスリスバーガー（Roethlisberger, Fritz） 349
ローゼンツワイグ（Rosenzweig, Robert） 70
ローゼンバウム（Rosenbaum, James） 115
ロスマン（Rothman, Stanley） 450
ロソフスキー（Rosovsky, Henry） 75, 77, 461

注

はじめに

（1） Ben Wildavsky, *The Great Brain Race: How Global Universities Are Reshaping the World*（2010）, pp.70-99.

（2） R.D. Sheldon and P. Foland, "The Race for the World Leadership of Science and Technology: Status and Forecasts"（paper presented at the 12th International Conference on Scientometrics and Informetrics, Rio de Janeiro, Brazil, July14-17, 2009）.

（3） 同上、p. 22. "The Almanac, 2012-13," *Chronicle of Higher Education*（August 31, 2012）, p. 59.

第I部　背景

序論

（1） Christopher Jencks and David Riesman, *The Academic Revolution*（1968）.

第１章 アメリカの高等教育システム

（1） Samuel E. Morrison, *Three Centuries of Harvard, 1636-1936*（1964）, pp. 7-10.

（2） Clark Kerr, *The Uses of the University*（1963）は影響力の大きい研究大学の描写である。次も参照されたし。Roger L. Geiger, *Knowledge and Money: Research Universities and the Paradox of the Marketplace*（2004）, and Hugh D. Graham and Nancy Diamond, *The Rise of American Research Universities*（1997）.

（3） 都市大学については次を参照されたし。Daniel M. Johnson and David A. Bell（eds.）, *Metropolitan Universities: An Emerging Model of American Higher Education*（1995）.

（4） リベラルアーツ・カレッジについては次を参照されたし。David Breneman, *Liberal Arts Colleges: Thriving Surviving or Endangered*（1994）; Samuel Schuman, *Old Main: Small Colleges in Twenty-First Century America*（2005）.

（5） 次を参照。Alice W. Brown et al., *Cautionary Tales: Strategy Lessons from Struggling Colleges, Avoiding Closures*（2011）.

（6） コミュニティ・カレッジについては以下を参照されたし。Kevin Dougherty, *The Contradictory College: The Conflicting Origins, Impacts and Futures of the Community College*（1994）; W. Norton Grubb and Associates, *Honored but Invisible: An Inside Look at Teaching in Community Colleges*（1999）; Arthur M. Cohen and Florence B. Brawer, *The American Community College*（5th ed., 2008）; Paul Osterman, "The Promise, Performance, and Politics of Community Colleges," in Ben Wildavsky, Andrew P. Kelly, and Kevin Carey（eds.）, *Reinvesting Higher Education: The Promise of Higher Education*（2011）, p. 129.

（7） Paul Osterman, 前掲（6）, pp. 120, 140-41.

（8） たとえば以下を比較されたし。Cecilia E. Rouse, "Democratization or Diversion: The

Effect of Community Colleges on Educational Attainment," 13 *Journal of Business and Economic Statistics* (1995), p. 217, with Steven Brin and Jerome Karabel, *The Diverted Dream: Community Colleges and the Promise of Economic Opportunity, 1900-1985* (1989), and Mariana Alfonso, "The Impact of Community College Attendance on Baccalaureate Attainment," 47 *Research in Higher Education* (2006), p. 873.

(9) National Center for Education Statistics, *Digest of Education Statistics* (2010), table 275 (2011). 営利大学の研究については以下を参照されたし。David W. Breneman, Brian Pausser, and Sarah E. Turner (eds.), *Earnings from Learnings: The Rise of For-Profit Universities* (2006); David J. Deming, Claudia Goldin, and Lawrence F. Katz, *The For-Profit Postsecondary School Sector: Nimble Citters or Agile Predators?* National Bureau of Economic Research, Working Paper No.17710 (December 2011); Guilbert C. Hentschke, "For-Profit Sector Innovations in Business Models and Organizational Cultures." in Ben Wildavsky, Andrew P. Kelly, and Wiliam G. Tierney (eds.), note 6, p.159; Guilbert C. Hentsche, Vincent M. Lechuga, and William G. Tierney (eds.), *For Profit Universities: Their Markets, Regulation, Performance, and Place in Higher Education* (2010).

(10) Tamar Lewin, "University of Pheonix to Shutter 115 Locations," New York Times (October 17, 2012), p. A22; "Almanac, 2012-13," *Chronicle of Higher Education* (August 31, 2012), p. 46.

(11) David J. Deming, Claudia Goldin, and Lawrence F. Katz, 前掲 (9), p. 10. Guilbert C. Hentschke, 前掲 (9), p. 165.

(12) Government Accountability Office, Statement of Gregory D. Katz, "For Profit Colleges: Undercover Testing Finds Colleges Encouraged Fraud and Engaged in Deceptive and Questionable Marketing Practices" (August 4, 2010).

(13) David J. Deming, Claudia Goldin, and Lawrence F. Katz, 前掲 (9), p. 15.

(14) 本書 pp. 84-90 を参照。

(15) OECD, *Education at a Glance* (2011), table B2.1.

(16) James Monks and Ronald G. Ehrenberg, *The Impact of "U.S. News & World Report" Rankings on Admission Outcomes and Pricing Policies at Selective Private Institutions*, National Bureau of Economic Research, Working Paper 7227 (1999).

(17) Clifford Adelman, *The Bologna Club: What U.S. Higher Education Can Learn from a Decade of Education Reconstruction* (May 2008), pp. 12, 13.

(18) Ben Wildavsky, *The Great Brain Race: How Global Universities Are Reshaping the World* (2010), pp. 70-99.

(19) ヨーロッパでのアメリカ型モデルへのシフトについては次を参照されたし。David Palfreyman and Ted Tapper (eds.), *Structuring Mass Higher Education: The Role of Elite Institutions* (2009).

(20) Barbara M. Kehm and Ute Lazendorf (eds.), *Reforming University Governance: Changing Conditions for Research in Four European Universities* (2006); Frans A. Van Vught (ed), *Mapping the Higher Education Landscape: Toward a European Classification of Higher Education* (2009).

第2章　目的、目標、成長の限界

(1)　Bill Readings, *The University in Ruins* (1996).

(2)　古典的カリキュラムの説明と南北戦争前の大学の目的に対する支配的な見解については Laurence R. Veysey, *The Emergence of the American University* (1965), chapter 1 を参照。

(3)　Clark Kerr, *The Uses of the University* (1963).

(4)　大学の使命の表明についての詳しい研究は、Barrett J. Taylor and Christopher C. Morphew, *An Analysis of Baccalaureate College Mission Statements* (2010) を参照。

(5)　Gary C. Fethke and Andrew J. Policano, *Public No More: A New Path to Excellence for America's Public Universities* (2012), pp. 26-27.

(6)　David A. Longandecker, *Mission Differentiation vs. Mission Creep: Higher Education's Battle between Creation and Evolution* (November 2008), p. 5.

(7)　Peter D. Eckel, "Mission Diversity and the Tention between Prestige and Effectiveness: An Overview of U.S. Higher Education," 21 *Higher Education Policy* (2008), pp. 175, 185.

(8)　典型的な大学の階層については、David Riesman, *Constraint and Variety in American Education* (1956) を参照。

(9)　Ellen Hazelkorn, "Rankings and the Battle for World Class Excellence: Institutional Strategies and Policy Choices" (paper presented at OECD Institute for Higher Education Management, General Conference, September 2008), Peter D. Eckel and Adrianna Kezar, "Presidents Leading: The Dynamics and Complexities of Campus Leadership," in Philip Altbach, Patricia Gumport, and Robert O. Berdahl (eds.), *American Higher Education in the Twenty-First Century* (3rd ed., 2011), pp. 279, 292 に引用されている。

(10)　たとえば次を参照。Malcolm Gladwell, "The Order of Things," *New Yorker* (February 14, 2011), p. 68.

(11)　James Monks and Ronald G. Ehrenberg, *The Impact of "U.S. News & World Report" Rankings on Admissions Outcomes and Pricing Policies at Selective Private Institutions*, National Bureau of Economic Research, Working Paper 7227 (1999).

(12)　Ellen Hazelkorn, *Rankings and the Reshaping of Higher Education: The Battle for World-Class Status* (2011), pp. 106, 159.

(13)　David L. Kirp, *Shakespeare, Einstein and the Bottom Line: The Marketing of Higher Education* (2002), p. 111 に引用されている。

(14)　一般的には次を参照。James L. Shulman and William G. Bowen, *The Game of Life: College Sports and Educational Values* (2001).

(15)　Rory P. O'Shea, Thomas J. Allen, Arnand Chevalier, and Frank Roche, "Entrepreneurial Orientation, Technology Transfer, and Spinoff Performance of U.S. Universities," 34 *Research Policy* (2003), p. 994; Djordje Djokovic and Vangelis Souitaris, "Spinouts from Academic Institutions: A Literature Review with Suggestions for Further Research," 33 *Journal of Technology Transfer* (2008), p. 225.

(16)　Derek Bok, *Universities in the Marketplace: The Commercialization of Higher Education* (2003), pp. 38-39 ならびにそこでの引用文献を参照。

(17)　Josh Lerner, "Venture Capital and the Commercialization of Academic Technology:

Symbiosis and Paradox," in Lewis Branscomb, Fumio Kodama, and Richard Florida (eds.), *Industrializing Knowledge: University-Industry Linkages in Japan and the United States* (1999).

(18) Gabriel E. Kaplan, "How Academic Ships Actually Navigate," in Ronald G. Ehrenberg (ed.), *Governing Academia: Who is in Charge at the Modern University?* (2004), pp. 165, 196.

第3章 非営利大学の管理

(1) National Commission of the Academic Presidency, *Renewing the Academic Presidency: Stronger Leadership for Tougher Times* (1996), p. 118.

(2) Werner Z. Hirsch and Luc E. Weber (eds.), *Governance in Higher Education: The University in a State of Flux* (2001), p. 86.

(3) Michael D. Cohen and James G. March, *Leadership and Ambiguity* (1986), p. 151.

(4) American Council on Education, "College Presidents Say Planning, Fundraising, Budgeting and Personal Issues Occupy Much of Their Time," *Higher Education and National Affairs* (October 9, 2002), p. 2.

(5) 2005年の調査によれば、学長の83.8%は教育学も含めて何らかの分野で博士号を持っている。"What Presidents Think about Higher Education, Their Jobs, and Their Lives," *Chronicle of Higher Education* (November 24, 2005), pp. A-25, 39.

(6) James J. Duderstadt, "Governing the Twenty-First Century University: A View from the Bridge," in William G. Tierney (ed.), *Competing Conceptions of Academic Governance: Negotiating the Perfect Storm* (2004), pp. 137, 138.

(7) Robert M. Rosenzweig, *The Political University: Policy, Politics, and Presidential Leadership in the American Research University* (1998), p. 121.

(8) たとえば次を参照。Jerry A. Jacobs and Sarah E. Winslow, "Overworked Faculty: Job Stress and Family Demands," 596 *Annals* (November 2004), p. 104.

(9) Philip S. Babcock and Mindy Marks, *The Falling Time Cost of College: Evidence from Half a Century of Time Use Data,* National Bureau of Economic Research, Working Paper 15954 (April 2010).

(10) この調査の詳細な説明は次を参照されたし。Phyllis Keller, *Getting at the Core: Curriculum Reform at Harvard* (1982).

(11) Senator Christopher Dodd in Committee on Banking, Housing, and Urban Affairs, United States Senate, *Federal Reserve's First Monetary Policy Report for* 2005, p. 9に引用されている。

(12) たとえば、Thomas J. Tighe, *Who's in Charge of America's Research Universities?* (2003).

(13) たとえば、James J. Duderstadt, *A University for the 21st Century* (2000), pp. 246-49.

(14) Jack H. Schuster and Martin J. Finkelstein, *The American Faculty: The Restructuring of Academic Work and Careers* (2006), p. 358.

(15) Stanley Rothman, April Kelly-Woessner and Matthew Woessner, *The Still Divided Academy: How Competing Visions of Power, Politics, and Diversity Complicate the Mission of Higher Education* (2011), p. 45.

(16) Gabriel Kaplan, "How Academic Ships Actually Navigate," in Ronald G. Ehrenberg (ed.), *Governing Academia: Who Is in Charge at the Modern University?* (2004), pp. 165, 184.

（17） 同上。
（18） Stanley Rothman, April Kelly-Woessner, and Matthew Woessner, 前掲（15）, p. 45.
（19） Gabriel Kaplan, 前掲（16）, pp. 176, 178, 183.
（20） Stanley Rothman, April Kelly-Woessner, and Matthew Woessner, 前掲（15）, p. 47.
（21） Jack H. Schuster and Martin J. Finkelstein, 前掲注 14, pp. 105, 485.
（22） Gabriel Kaplan, 前掲（16）, p. 200.
（23） 同上、p. 177.
（24） 同上。
（25） 同上。
（26） 同上。
（27） Linda De Angelo Sylvia Hurtado, et al., *The American College Teacher: National Norms for the 2007-2008 HERI Faculty Survey*（2009）, p. 38.
（28） Stanley Rothman, April Kelly-Woessner, and Matthew Woessner, 前掲（15）, p. 51.
（29） Gabriel Kaplan, 前掲（16）, pp. 165, 204.
（30） Donald E. Heller, "State Oversight of Academia," in Ronald G. Ehrenberg（ed.）, 前掲（16）, p. 49.
（31） Donald E. Heller, *The State and Higher Education Policy: Affordability Access and Accountability*（2001）; Aims C. McGuinness, "The States and Higher Education," in Philip G. Altbach, Robert O. Berdahl, and Patrica J. Gumport（eds.）, *American Higher Education in the Twenty–First Century*（2005）, p.198.
（32） Clark Kerr and Martin Gade, *The Guardians. Boards of Trustees of American Colleges and Universities: What They Do and How Well They Do It*（1989）, p. 107.
（33） Katherine C. Lyall and Kathleen R. Sell, *The True Genius of America at Risk: Are We Losing Our Public Universities to De Facto Privatization?*（2006）, pp. 12, 13.
（34） David L. Kirp, *Shakespeare, Einstein, and the Bottom Line*（2003）, p. 130.
（35） James C. Garland, *Saving Alma Mater: A Rescue Plan for America's Public Universities*（2009）.
（36） 大学間競争から生じる問題については本書 pp. 471-476 に要約してある。
（37） バージニア州でのこのアプローチならびに他の州での動向の簡単な紹介は次を参照されたし。William Zumeta and Alicia Kinne, "Accountability Policies: Directions Old and New", in Donald E. Heller（ed.）, *The States and Public Higher Education Policy: Affordability, Access, and Accountability*（2nd ed., 2011）, p. 173.
（38） 本書 pp. 35-37 を参照。

小括（I）

（1） 次を参照。Michael D. Cohen and James G. March, *Leadership and Ambiguity*（1996）.

第II部　学部教育

第４章　大学進学と学士号取得

（1） *New York Times*, "Education Life"（July 24, 2011）, p. 19.

（2） Deborah Wadsworth, "Ready or Not? Where the Public Stands on Higher Education Reform," in Richard H. Hersh and John Merrow（eds.）, *Declining by Degrees: Higher Education at Risk*（2005）, p. 23. パブリック・アジェンダの調査結果については次を参照。John Immerwahr and John Johnson, "Squeeze Play 2010: Continued Public Anxiety on Cost, Harsher Judgments on How Colleges Are Run," *Public Agenda*（February 2010）, p. 4.

（3） William G. Browen, Metthew M. Chingos, and Michael S. McPherson, *Crossing the Finish Line: Completing College at America's Public Universities*（2009）, p. 6.

（4） これらのデータは次に所収。US Department of Education, *College Completion Toolkit*（2011）, p. 8.

（5） Andrew Hacker, "Can We Make America Smarter?" 56 *New York Review of Books*（April 30, 2009）, p. 37.

（6） T. Alan Lacey and Benjamin Wright, "Occupational Employment Projections to 2018," 132 *Monthly Labor Review*（2009）, p. 82. 将来の仕事が求める教育内容についての詳細な議論は次を参照。William Zumeta, David W. Breneman, Patrick M. Callan, and Joni E. Finney, *Financing American Higher Education in the Era of Globalization*（2012）, pp. 33-58.

（7） Anthony P. Carnevale, Nicole Smith, and Jeff Strohl, *Help Wanted–Projections of Jobs and Education Requirements through 2018*（2010）, p. 6.

（8） David Bosel and Eric Fredkind, *College for All? Is There Too Much Emphasis on Getting a Four-Year Degree?*, National Library of Education, US Department of Education（1999）.

（9） Anthony P. Carnevale and Donna M. Desrochers, *Help Wanted... Credentials Required: Community Colleges in the Knowledge Economy*（2001）, p. 69. 雇用主が大学の教育に求めているものは、本当に彼らが必要としているものだ、という結論についてのより広範な分析は次を参照。James Rosebaum, *Beyond College for All: Center Paths for the Bottom Half*（2001）, pp. 108-31.

（10） William G. Browen, Matthew M. Chingos, and Michael S. McPherson, 前掲（3）, p. 5.

（11） Claudia Goldin and Lawrence F. Katz, *The Race between Education and Technology*（2008）.

（12） Paul Osterman, *College for All? The Labor Market for Educated Workers, Center for American Progress*（2008）.

（13） Robert D. Putnam, *Bowling Alone: The Collapse and Revived of American Community*（2000）, p. 213.

（14） Walter M. McMahon, *Higher Learning Greater Good: The Private and Social Benefits of Higher Education*（2009）, p. 119.

（15） 同上。

（16） Charles Murray, *Real Education: Four Simple Truths for Bringing America's Schools Back to Reality*（2008）.

（17） Jay P. Greene and Greg Forster, *Public High School Graduation and College Readiness Rates in the United States*, Education Working Paper, Manhattan Institute（2003）.

（18） Anthony P. Carnevale and Donna M. Desrochers, 前掲（9）, p. 54.

（19） James Rosenbaum, 前掲（9）, p. 57.

（20） Thomas Bailey, "Challenge and Opportunity: Rethinking the Role and Function of Developmental Education in Community College," *New Directions for Community Colleges*,

no. 145 (2009), p. 11. 補習クラスをとっている学生の割合の推定値はさまざまである。教育省は 2007-08 年にコミュニティ・カレッジの学生の 42%、大学の新入生の 36%が 1 科目以上の補習クラスをとっていると示した。Department of Education, *Digest of Educational Statistics* (2011), table 243.

(21) Thomas Bailey, 前掲 (20), p. 13.

(22) たとえば次を参照。Eric P. Bettinger and Bridget Terry Long, "Remediation at the Community College: Student Participation and Outcomes," 129 *New Direction for Community Colleges* (2005), p. 13; Thomas Bailey, 前掲 (20), p. 11.

(23) Ellen C. Lagemann and Harry Lewis (eds.), *What Is College For? The Public Purpose of Higher Education,* (2012), p. 105.

(24) Susan Choy, *College Access and Affordability,* National Center for Education Statistics (1999), p. 5.

(25) 同上。

(26) 同上。

(27) Rethinking Student Aid Study Groups, *Fulfilling the Commitment: Recommendations for Reforming Federal Student Aid* (2008), p. 5.

(28) Anthony P. Carnevale and Jeff Strohl, "How Increasing College Access Is Increasing Inequality and What to Do about It," in Richard T. Kahlenberg (ed.), *Rewarding Strivers: Helping Low-Income Students Succeed in College* (2010), pp. 71, 155.

(29) Melissa Roderick, Jenny Nagaoka, Vanessa Coca, and Eliza Moeller, *From High School to the Future: Making Hard Work Pay Off,* Consortium on Chicago School Research (April 2009).

(30) ターナー (Sarah Turner) によれば、1970 年に 23 歳人口の 51%が何らかの形で大学に在籍したことがあり、23%が卒業した。20 世紀末までに 67%が在籍したことがあるが、たった 24%が卒業した。"Going to College and Finighsing College: Explaining Different Educational Outcomes," in Caroline Hoxby (ed.), *College Choices: The Economics of Where to Go, When to Go, and How to Pay for It* (2004), p. 13.

(31) John A. Douglass, C. Judson King, and Irwin Feller (eds.),*Globalization's Muse: Universities and Higher Education Systems in a Changing World* (2009), p. 177.

(32) Tom Mortenson, "College Completion Rates, 1947-2007," *Postsecondary Education Opportunity* (March 2009).

(33) John Bound, Michael Lovenheim, and Sarah Turner, *Why Have College Completion Rates Declined? An Analysis of Changing Student Preparation and Collegiate Resources,* National Bureau of Economic Research, Working Paper 15566 (2009).

(34) Paul Osterman, "The Promise, Performance, and Policies of Community Colleges," in Ben Wildavsky, Andrew P. Kelley, and Kevin Carey (eds.), *Reinventing Higher Education: The Promise of Innovation* (2011).

(35) Ernest T. Pascarella and Patrick Terenzini, *How College Affects Students,* Vol. 2, *A Third Decade of Research* (2005), pp. 375-82. これらの著者が説明するように、コミュニティ・カレッジに進学することがどの程度、学士号取得の可能性を低下させるかは簡単には判断できない。学士号取得の可能性が低くなることには同意があるが、その程度については分析によって見解が異なる。

(36) Katherine Mangan, "New Tally Counts All Graduates, Even Transfers," *Chronicle of Higher Education* (November 23, 2012), pp. A-1, A-10. 2006年に入学した人の20%が依然として在籍していたが、43.6%の人はもはや在籍していなかった。

(37) Bridget Terry Long, *Grading Higher Education: Giving Consumers the Information They Need* (paper jointly released by the Center for American Progress and the Hamilton Project, December 2010), p. 6.

(38) 上下両院での大統領演説 , February 24, 2009.

(39) Melissa Roderick et al., 前掲 (29), p. 4.

(40) James E. Rosenbaum, Regina Deli-Amen, and Kevin Carey, *After Admission: From College Access to College Success* (2006), p. 69.

(41) 同上。

(42) David Spence, "State College Initiatives and Community Colleges," in Andrea C. Bueschal and Andrea Venezia (eds.), *Policies and practices to Improve Student Preparation and Success* (2009), p. 98.

(43) 次を参照。James Rosenbaum, 前掲 (9), p. 276.

(44) John M. Braxton, Willis A. Jones Amy S. Hirschy, and Harold Hartley, III, "The Role of Active Learning in College Student Persistence," in John M. Braxton (ed.), *The Role of the Classroom in College Student Performance* (2008), p. 70.

(45) これらの手段についての最近の包括的研究は、Vincent Tinto, *Completing College: Rethinking Institutional Action* (2012).

(46) たとえば、Vincent Tinto, "Research and Practice of Student Retention," 8 *Journal of College Student Retention* (2006), p. 1.

(47) Douglas A. Webster and Ronald G. Ehrenberg, *Do Expenditures other than Instructional Expenditures Affect Graduation and Persistence Rates in America Higher Education?* National Bureau of Economic Research, Working Paper 15216 (2009).

(48) たとえば次を参照。Stephen V. Cameron and James J. Heckman, "The Dynamics of Educational Attainment for Black, Hispanic, and White Males," 109 *Journal of Political Economy* (2001), p. 455. しかしながら、大学に行く費用は、学生がどのタイプの大学に行くかに大きな影響を与える。

(49) Tamar Lewin, "College Dropouts Cite Low Money and High Stress," *New York Times* (December 10, 2009), p. A23.

(50) *New York Times* (December 3, 2008), p. A19.

(51) "Survey: Secrets of Success," 376 *Economist* (September 10, 2005), p. 6.

(52) たとえば次を参照。Dan Angel and Terry Connelly, *Riptide: The New Normal for Higher Education* (2011), p. 51. これによれば1990年から2008年に大学の授業料・料金は248%上昇したが、一般生活費は66%のみ上昇した。

(53) US Department of Education, 前掲 (4), p. 15.

(54) College Board, *Trends in College Pricing 2011* (2011), p. 15.

(55) College Board, *Trends in Student Aid 2011* (2011), p. 11.

(56) College Board, *Trends in College Pricing 2011* (2011), p. 15.

(57) 同上。

(58)　同上。

(59)　Michael S. McPherson and Morton O. Schapiro, *The Student Aid Game: Meeting Need and Rewarding Talent in American Higher Education* (1998), p. 39.

(60)　Beckie Supiano, "Rise in Sticker Price at Public Colleges Outpaces That at Private Colleges," *Chronicle of Higher Education* (November 4, 2011), p. A24.

(61)　College Board, *Trends in Student Aid, 2011* (2011), p. 11.

(62)　Tamar Lewin, "Average College Debt Rose to $24,000 in 2009, Robert Finds," *New York Times* (October 22, 2010), p. 45.

(63)　次を参照。William Bowen, *The Economics of the Major Private Universities* (1968).

(64)　一般的には次を参照。Robert B, Archibad and David H. Feldman, *Why Does College Cost So Much* (2011).

(65)　College Board, *Trends in College Pricing, 2009* (2009), p. 16.

(66)　たとえば次を参照。William Zumeta et al., 前掲（6), p. 22.

第５章　大学進学費用の捻出――政策担当者と大学幹部に突きつけられた課題

(1)　Byron G. Auguste, Adam Cota, Kartik Jayaram, and Martha C. Laboissiere, *Winning by Degrees: The Strategies of Highly Productive Higher-Education Institutions* (2010), pp. 7-8.

(2)　同上。

(3)　Michael S. McPherson and Morton O. Schapiro, *The Student Aid Game: Meeting Need and Rewarding Talent in American Higher Education* (1998), p. 39.

(4)　Scott Carlson and Goldie Blumenstyk, "The False Promise of the Education Revolution," *Chronicle of Higher Education* (December 17, 2012), pp. 13, 18.

(5)　The College Board, *Trends in College Pricing 2011* (2011), pp. 13, 18.

(6)　Anthony P. Carnevale and Jeff Strohl, "How Increasing College Access Is Increasing Inequality and What to Do about It," in Richard D. Kahlenberg (ed.), *Rewarding Strives: Helping Low-Incomes Students Suceed in College* (2010), pp. 131-32.

(7)　たとえば次を参照。William Zumeta, David W. Breneman, Patrick M. Callan, and Joni E. Finney, *Financing Higher Education in the Era of Globalization* (2012), p. 21; Frank Newman, Laura Couturier, and Jamie Scurry, *The Future of Higher Education, Rhetoric, Reality, and the Risks of the Market* (2004), p. 10. これによれば、1991 年から 2001 年で州政府が出すメリット基準型奨学金は 18.3％も増加し、ニード基準型奨学金は 3.7％のみ増加した。

(8)　William G. Bowen, Matthew M. Chingos, and Michael S. McPherson, *Crossing the Finish Line: Completing College at America's Public Universities* (2009), p. 110.

(9)　Delta Cost Project, *Trends in College Spending: Where Does the Money Come From? Where Does It Go?* (2009), p. 33.

(10)　Katherine Mangan, "National Tally Counts All Graduates, Even Transfers," *Chronicle of Higher Education* (November 23, 2012), pp.A-1, A-10.

(11)　次を参照。 Byron G. Auguste et al., 前掲（1).

(12)　そのような改革が、模範と思われている大学の一つで導入された詳細は次を参照。Clayton M. Christensen and Henry J. Eyring, *The Innovative University: Changing the*

DNA of Higher Education from the Inside Out（2011）.

(13) 総合大学での 1990 年代の費用削減は卒業率の低下につながったという証拠がある。*Why Have College Completion Rates Declined? An Analysis of Changing Student Preparation and Collegiate Resources*, National Bureau of Economic Research, Working Paper 15566（2009）, pp. 13, 25.

(14) たとえば次を参照。John Braxton, Willis Jones, Amy S. Hirschy, Harold Hartley, III, "The Role of Active Learning in College Student Persistence," in John Braxton（ed.）, *The Role of the Classroom in College Student Performance*（2008）, p. 70.

(15) Barbara Means, Yukie Toyama, Robert Murphy, Marianne Bakia, and Karla Jones, *Evaluation of Evidence-Based Practices in Online learning: A Meta-Analysis and Review of Online Learning Studies*, US Department of Education（2009）.

(16) James E. Rosenbaum, Regina Deli-Amen, and Kevin Carey, *After Admission: From College Access to College Success*（2006）, p. 147.

(17) Tamar Lewin, "Report Finds Low Graduation Rates at For-Profit Colleges," *New York Times*（November 23, 2010）, p. A18.

(18) Mamie Lynch, Jennifer Engle, and Jose L. Cruz., *Subprime Opportunity: The Unfulfilled Promise of For-Profit Colleges and Universities*, The Education Trust（November 2010）, p. 3.

(19) Paul Osterman, "The Promise, Performance, and Policies of Community Colleges," in Ben Wildavsky, Andrew P. Kelley, and Kevin Carey（eds.）, *Reinventing Higher Education: The Promise of Innovation*（2011）, p. 129.

(20) Dan Angel and Terry Connelly, *Riptide: The New Normal for Higher Education*（2011）, p. 94.

(21) Paul Osterman, 前掲（19）, pp. 129, 148.

(22) Byron G. Auguste et al., 前掲（1）.

(23) 政府の政策の詳細で注意深い分析は次を参照。William Zumeta et al., 前掲（7）, とくに pp. 155-91.

(24) Public Agenda Study, March 3, 2010, HigherEdMorning.com（わずか 40%のみが大学が予算を削れば教育の質が低下すると考えている）. 次も参照。John Immerwahr, Jean Johnson, and Paul Gasbarra, *The Iron Triangle College Presidents Talk about Cost, Access, and Quality*, National Center for Public Policy and Higher Education and Public Agenda（October 2008）は学長と市民とで認識が異なることを詳説している。

(25) たとえば次を参照。Richard Vedder, *Going Broke by Degree: Why College Costs Too Much*（2004）.

(26) 同上。

(27) 同上、p. 44.

(28) たとえば次を参照。Kevin Kiley, "Where Universities Can be Cut," *Inside Higher Ed*, http://www.insidehighered.com/

(29) William K. Balzer, *Lean Higher Education: Increasing the Value and Performance of University Processes*（2010）.

(30) 次を参照。Clayton M. Christensen and Henry J. Eyring, 前掲（12）, p. 214. 次も参照。Daniel L. Sullivan, "The Hidden Costs of Low Four-Year Graduation Rates," *Liberal Education*

(Summer 2010), p. 24.
(31) William G. Bowen and Kelly A. Lack, "Current Status of Research on Online Learning in Postsecondary Education" (unpublished paper, April 27, 2012).
(32) William G. Bowen, Matthew M. Chingos, and Michael S. McPherson, 前掲 (8), p. 231.
(33) Byron G. Auguste et al., 前掲 (1).
(34) William G. Bowen and Derek Bok, *The Shape of the River: Long-Term Consequences of Considering Race in College and University Admissions* (1998), pp. 72-90; Douglas S. Massey, Camille Z. Charles, Garvey F. Lundy, and Mary J. Fischer, *The Social Origins of Freshmen at America's Selective Colleges and Universities* (2003); Camille Z. Charles, Mary J. Fischer, Margaret A. Mooney, and Douglas S. Massey, *Taming the River: Negotiating the Academic, Financial, and Social Currents in Selective Colleges and Universities* (2009).
(35) Eric P. Bettinger and Rachel Baker, "The Effects of Student Coaching: An Evaluation of a Randomized Experiment in Student Mentorning" (unpublished paper, March 7, 2011).
(36) College Board, *Trends in College Pricing* (2009), p. 16.

第6章　適切な大学への進学

(1) Anthony P. Carnevale and Jeff Strohl, "How Increasing College Access Is Increasing Inequality, and What To Do about It," in Richard D. Kahlenberg (ed.), *Rewarding Strivers: Helping Low-Income Students Succeed in College* (2010), p. 146.
(2) たとえば次を参照。Jerome Karabel, *The Hidden History of Exclusion at Harvard, Yale, and Princeton* (2005); Daniel Golden, *The Price of Admission: How America's Ruling Class Buys Its Way into Elite Colleges–and Who Gets Left outside the Gates* (2006); Peter Sacks, *Tearing Down the Gates: Confronting the Class Divide in American Education* (2007).
(3) たとえば次を参照。William G. Bowen, Matthew M. Chingos, and Michael S. McPherson, *Crossing the Finish Line: Completing College at America's Public Universities* (2009), pp. 228-35.
(4) Ernest T. Pascarella and Patrick T. Terenzini, *How College Affects Students*, Vol.2, *A Third Decade of Research* (2005), pp. 267-76. より最近の研究としては次を参照。 Stacy B. Dale and Alan B. Krunger, "Estimating the Payoff to Attending a More Selective College: An Application of Selection on Observables," 117 *Quarterly Journal of Economics* (2002), p. 1491では、難関大学に行った学生と難関大学に入学を許可されたがやさしい大学を選んで進学した学生の、後々の収入を比較した。両者に差はなかった。例外として、低所得者層出身学生は難関大学に行くことで収入が増えた。これに対して、最近の2つの調査によれば、難関大学に進学する方が所得が顕著に増加する。Mark Hoekstra, "The Effect of Attending the Flagship State University on Earnings: A Discontinuity-Based Approach," 91 *Review of Economics and Statistics* (2009), p. 717, ; Dan A. Black and Jeffrey A Smith, "Estimating the Returns to College Quality with Multiple Proxies for Quality," 24 *Journal of Labor Economics* (2006), p. 701.
(5) Ernest T. Pascarella and Patrik T. Terenzini, 前掲 (4), p. 473.
(6) 同上、p. 469
(7) 同上。
(8) Caroline M. Hoxby, "The Changing Selectivity of American Colleges," 23 *Journal of*

Economic Perspectives (2009), pp. 95, 111-14.

(9) Elizabeth A. Duffy and Idana Goldberg, *Crafting a Class: College Admissions and Financial Aid, 1955-1994* (1998).

(10) William G. Bowen, Martin A. Kurzweil, and Eugene M. Tobin, *Equity and Excellence in American Higher Education* (2005), p. 169 に引用されている。

(11) Daniel Golden, 前掲 (2); Peter Sacks, 前掲 (2).

(12) "Public Views on Higher Education: A Sampling," *Chronicle of Higher Education* (May 7, 2004).

(13) William G. Bowen, Martin A. Kurzweil, and Eugene M. Tobin, 前掲 (10), p. 71.

(14) Thomas J. Espenshade, Chang Y. Chung, and Joan L. Walling, "Admissions Preferences for Minority Students, Athletes, and Legacies at Elite Universities," 85 *Social Science Quarterly* (2004), pp. 1426, 1431.

(15) Richard D. Kahlenberg (ed.), *Affirmative Action for the Rich* (2010), pp. 8-9.

(16) James L. Shulman and William G. Bowen, *The Game of Life: College Sports and Educational Values* (2001), pp. 40-50.

(17) 同上、pp. 261-62.

(18) 同上。Andrew Zimbalist, *Unpaid Professionals: Commercialism and Conflict in Big-Time College Sports* (1999).

(19) James L. Shulaman and William G. Bowen, 前掲 (16), pp. 199-204.

(20) たとえば次を参照。Paul M. Sniderman and Thomas Pizza, *The Scar of Race* (1995).

(21) *Grutter v. Bollinger et al.*, 539 US. 306 (2003).

(22) 同上。

(23) William G. Bowen and Derek Bok, *The Shape of the River: Long-Term Consequences of Considering Race in College and University Admissions* (1998), pp. 218-55.

(24) 同上、p. 225.

(25) 同上、p. 281.

(26) 同上、pp. 256-74.

(27) 同上、pp. 72-90.

(28) Sandy Baum and Jennifer Ma, *Education Pays: The Benefits of Higher Education for Individuals and Society* (2007), p. 35 (上位3分の1の所得階層出身で数学の点がよく1992年に高校を卒業した人の74%は2000年までに大学を卒業していた。下位3分の1の所得階層出身者は数学の点がよくても29%のみが大学を出ていた). 次も参照。Susan P. Choy, *The Condition of Education, 1998: College Access and Affordability* (1999), p. 10 (1992年の高校最終学年で、成績が最上位4分の1の学生で、親の収入も最上位4分の1の学生は、86%が2年以内に4年制の大学に入学していたが、親の収入が最下位4分の1の学生は58%のみが2年以内に4年制の大学に進学した).

(29) Christopher Avery and Charoline Hoxby, *The Missing "One-Offs": The Hidden Supply of Low-Income, High Achieving Students for Selective Colleges* (2009).

(30) William G. Bowen, Matthew M. Chingos, and Michael S. McPherson, 前掲 (3), pp. 228-29, 233-35.

(31) ConnectEDU については次を参照。Kevin Carey, "The End of College Admissions As

We Know It: Everything You've Heard about Getting in Is About to Go Out the Window, 43 *Washington Monthly* (September/October 2011), p. 22.

(32) この提言は次の著作で説得力を持ってなされている。William G. Bowen, Martin A. Kurzweil, and Eugene M. Tobin, 前掲 (10).

(33) William G. Bowen, Matthew M. Chingos, and Michael S. McPherson, 前掲 (3), p. 226.

(34) 同上。

(35) いくつかの大学は低所得者層出身学生の学費負担を大幅に軽減したが、超難関大学における低所得者層出身者の数は4年後に減っているとの報告もある。Richard K. Kahlenberg, introduction to Richard D. Kahlenberg (ed.), 前掲 (1), p. 3.

(36) 次を参照。Michael S. McPherson and Morton O. Schapiro, *The Student Aid Game: Meeting Need and Reviewing Talent in American Higher Education* (1998).

(37) William G. Bowen, Matthew M. Chingos, and Michael S. McPherson, 前掲 (3), p. 191.

(38) Jerry Sheehan Davis, *Unintended Consequences of Tuition Discounting, Lumina Foundation* (2003). 同様に、マクファーソン (Mcihael McPherson) は4つの大学によるメリット基準型奨学金による学生勧誘合戦の結果を次のように述べている。「結局、これらの大学は合計で教育と学習の改善に使えたはずの160万ドルを費やし、平均で新入生のSATの点数を597点から598点に1点だけあげた」。*Washington Post* (May 7, 2005), p. A08.

第7章　高等教育の対象の拡大

(1) たとえば次を参照。Elaine Allen and Jeff Seaman, *Online Nation: Five Years of Growth in Online Learning* (2007).

(2) たとえば次を参照。Amanda Ripley, "College Is Dead Long Live College! Can a New Breed of Online Megacourses Finally Offer a College Education to More People for Less Money?" *Time* (October 29, 2012), p. 33.

(3) 遠隔教育については多数文献がある。たとえば次を参照。M. F. Cleveland-Innes and D. R. Garrison (eds.), *An Introduction to Distance Education: Understanding Teaching and Learning in a New Era* (2010).

(4) Peter Drucker. Robert Lenzner and Stephen S. Johnson, "Seeing Things as They Really Are," *Forbes* (March 10, 1997), p. 127 に引用。

(5) Edward Glaeser, *Triumph of the City: How our Greatest Invention Makes Us Richer, Smarter, Greener, Healthier, and Happier* (2011).

(6) WGUの成長については次を参照。John Gravois, "The College For-Profits Should Fear," *Washington Monthly* (September-October 2011), p. 38.

(7) たとえば次を参照。Jeffrey R. Young, "Dozens of Plagiarism Incidents Are Reported in Coursera's Free Online Courses," *Chronicle of Higher Education* (August 16, 2012), http://chronicle.com/article/Dozens-of -Plagiarism-Incidents/133697/.

(8) Lawrence S. Bacow et al., *Barriers to Adoption of Online Learning System in U.S. Higher Education* (May 1, 2012), p. 25.

(9) James J. Duderstadt, *Current Global Trends in Higher Education and Research: Their Impact on Europe, Dies Amiens Address, University of Vienna* (March 12, 2009).

(10) Charles M. Vest, *The American Research University from World War II to World Wide Web* (2007), pp. 91-109; Taylor Walsh, *Unlocking the Gates: How and Why Leading Universities Are Opening Up Access to Their Courses* (2011).

(11) Government Accountability Office, Statement of Gregory D. Katz, *For-Profit Colleges Undercover Testing Finds Colleges Encouraged Fraud and Engaged in Deceptive and Questionable Marketing Practices* (August 4, 2010).

(12) David Noble, *Digital Diploma Mills: The Automation of Higher Education* (2001).

(13) 海外キャンパスが質の低い教育を提供していることについては報告がすでに散見される。たとえば D. D. Guttenplan, "An Albanian College, Relying on U.S. Cachet," *New York Times* (March 20, 2012), p. A8.

第8章　何を学ぶべきか

(1) 古典的カリキュラムについての詳細は次を参照。Laurence R. Veysey, *The Emergence of the American University* (Phoenix ed., 1970), pp. 22-50.

(2) Noah Porter, *The American Colleges and the American Public* (2nd ed., 1878), p. 36.

(3) William F. Allen, *Essays and Monographs* (1890), p. 141.

(4) Sylvia Hurtado, Kevin Eagan, John H. Pryor, Hannah Whang, and Serge Tran, *Undergraduate Teaching Faculty: The 2010-2011 HERI Faculty Survey* (2012), p. 26.

(5) Time-Carnegie survey, *Time* (October 29, 2012), p. 40.

(6) Louis Menand, "Live and Learn: Why We Have Colleges," *New Yorker* (June 6, 2011).

(7) Anthony P. Carnevale and Donna M. Derochers, *Help Wanted... Credentials Required: Community Colleges in the Knowledge Economy* (2011).

(8) Association of American Colleges and Universities, *The LEAP Vision for Learning: Outcomes, Practices, Impact, and Employers' Views* (2009), pp. 23-27; Diana G. Oblinger and Anne-Lee Verville, *What Business Wants from Higher Education* (1998); Michael Useem, *Liberal Education and the Corporation: The Hiring and Advancement of College Graduates* (1989).

(9) Ernest T. Pascarella and Patrick T. Terenzini, *How College Affects Students,* Vol. 2, *A Third Decade of Research* (2005), pp. 282-83.

(10) 外国語を必修科目にすることの是非についての広範な議論は次を参照。Derek Bok, *Our Underachieving Colleges: A Look at How Much Students Learn and Why They Should Be Learning More* (2006), pp. 233-35.

(11) Alexander Astin, *What Matters in College: Four Critical Years Revisited* (1993), pp. 236-41, 302-10, 370-72.

(12) Ernest T. Pascarella and Patrick T. Terenzini, *How College Affects Students: Findings and Insights from Twenty Years of Research* (1991), pp. 65-66, 614.

(13) National Survey of Student Engagement, *Examining Engagement by Field of Study: Annual Results, 2010* (2010), p.34.

(14) Derek Bok, 前掲 (10), pp. 257-72.

(15) たとえば、*Report on Yale College Education, College of Arts and Sciences Curriculum Initiative as Amended by the FAS Faculty* (April 11, 2005), p. 14.

(16) たとえば次を参照。William J. Bennett, *To Reclaim a Legacy: A Report on the Humanities*

in Higher Education（1984）; Lynne V. Cheney, *50 Hours: A Core Curriculum for College Students*（1989）.
（17） Richard J. Light, *Making the Most of College: Students Speak Their Minds*（2001）, p. 8.
（18） Rebekah Nathan, *My Freshman Year: What a Professor Learned by Becoming a Student*（2005）, p. 101.
（19） Ashley Finley（Association of American Colleges and Universities）, *Making Progress? What We Know about the Achievement of Liberal Education Outcomes*（2012）, p. 6.
（20） 同上。
（21） Patricia M. King and Karen S. Kitchener, *Developing Reflective Judgment: Understanding and Promoting Intellectual Growth and Critical Thinking in Adolescents and Adults*（1994）, pp. 224-25.
（22） Earnest T. Pascarella and Patrick T. Terenzini, 前掲（9）, p. 580.
（23） Ashley Finley, 前掲（19）, p. 14. 同様に他の研究でも、大学４年生の 50%、コミュニティ・カレッジの２年生の 75%は新聞の論説を理解できなかったり、学校への親の関与についてのアンケート調査の結果を要約できなかったことが明らかになっている。Justin Bear, Andrea L. Cook, and Stephanie Baldi, *The Literacy of America's College Students, American Institutes for Research*（2006）.
（24） P. Barton and A. La Pointe, *Learning by Degrees Indicators of Performance in Higher Education*（1995）.
（25） The Conference Board, *Are They Really Ready to Work? Employers Perspectives on the Basic Knowledge and Applied Skills of New Entrants to the 21st Century Work Force*（2006）.
（26） Association of American Colleges and Universities, *How Should Colleges Assess and Improve Student Learning?*（2008）, p. 4.
（27） たとえば次を参照。Mary Grigsby, *College Life through the Eyes of Students*（2009）; Rebekah Nathan, 前掲（18）.

第９章　いかに教えるか

（1） Rebekah Nathan, *My Freshman Year: What a Professor Learned by Becoming a Student*（2005）, p. 100.
（2） 最近の学部生の生活に関する別の調査も同様の結論である。Mary Grigsby, *College Life through the Eyes of Students*（2009）.
（3） Rebekah Nathan, 前掲（1）, p. 102.
（4） Frederick Rudolph, *Curriculum: A History of the American Course of Study since 1636*（1997）, p. 12.
（5） Page Smith, *Killing the Spirit: Higher Education in America*（1990）, p. 73 に引用。
（6） Philip S. Babcock and Mindy Marks, *The Falling Time Cost of College: Evidence from Half a Century of Time Use Data*, National Bureau of Economic Research, Working Paper 15954（April 2010）.
（7） Ofer Malamud, "The Structure of European Higher Education in the Wake of the Bologna Reforms," in Charles T. Clotfelter（ed.）, *American Universities in a Global Market*（2010）, pp. 205, 212.

（8） Steven Brint and Allison M. Cantwell, "Undergraduate Time Use and Academic Outcomes: Results from the University of California Undergraduate Experience Survey," 112 *Teachers College Record* (2010), p. 2441; Josipa Roksa and Richard Arum, "The State of Undergraduate Learning," *Change* (March/April 2011), pp. 35, 36.

（9） Frank Newman, Lara Couturier, and Jamie Scurrie, *The Future of Higher Education: Rhetoric, Reality, and the Rise of the Market* (2004), pp. 100-101. 1985年から2000年で、日常的に授業が退屈だと答えた新入生の比率は26%から40%に増加した。Amy Liu, Jessica Sharkness, and John H. Pryor, *HERI Findings from the 2007 Administration of Your First College Year (YFCY) National Aggregates* (2008), p. 9によれば、授業が「しばしば」退屈だと答えた新入生は37.1%であった。

（10） Steven Brint and Allison M. Cantwell, 前掲（8）, pp. 2442, 2445（勉強時間の成績に対する影響は他の変数の2倍以上であった）.

（11） Philip S. Babcock and Mindy Marks, 前掲（6）, pp. 1, 3.

（12） Kenneth C. Green, *The 2011-12 Inside Higher Ed Survey of College and University Chief Academic Officers* (2012), p. 12.

（13） National Survey of Student Engagement, *Assessment for Improvement: Tracking Student Engagement over Time* (2009), p. 34.

（14） 同上。

（15） Kenneth C. Green, 前掲（12）, p. 12.

（16） 同上。

（17） Jack H. Schuster and Martin J. Finkelstein, *The American Faculty: The Restructuring of Academic Work and Careers* (2006), p. 89.

（18） Peter J. Bentley and Svein Kyvila, "Academic Work from a Comparative Perspective: A Survey of Faculty Work-Time across 13 Countries," *69 Higher Education* (2012), pp. 529, 537（アメリカの教員は研究を教育より重視するという傾向は弱い）; Martin Finkelstein and William Cummings, "The Global View: American Faculty and Their Institutions," *Change* (May-June 2012), pp. 48, 51. 次も参照されたし。Ernest L. Boyer, Philip G. Altbach, and Mary Jen Whitelaw, *The Academic Profession: International Perspective* (1994), p. 81.

（19） *Chronicle of Higher Education* (November 9, 2012), p. A6; Jack H. Schuster and Martin J. Finkelstein, 前掲（17）, pp. 194, 356.

（20） Linda De Angelo, Sylvia Hurtado, et al., *The American College Teacher: National Norms for the 2007-2008 HERI Faculty Survey* (2009), p.1.

（21） Lion F. Gardiner, *Redesigning Higher Education: Producing Dramatic Gains in Student Learning* (1994), p. 2（より最近の調査によれば、99.9%の教員が批判的思考力は「たいへん重要」または「不可欠」と答え、大学教育の目的として最上位だった）. Linda De Angelo, Sylvia Hurtado, et al., 前掲（20）, p. 1.

（22） National Survey of Student Engagement, 前掲（13）.

（23） Ernest T. Pascarella and Patrick T. Terenzini, *How College Affects Students*, Vol. 2, *A Third Decade of Research* (2005), p. 101.

（24） たとえば次を参照。Lion F. Gardiner, 前掲（21）, pp. 46-50.

（25） John Biggs and Catherine Tang, *Teaching for Quality Leaning at University* (3rd ed., 2007),

p. 109.

(26) Bob Boice, "Classroom Incivilities," 37 *Research in Higher Education* (1996), pp. 453, 462.

(27) Donald A. Bligh, *What's the Use of Lectures?* (2000), p. 20.

(28) Ibrahim A. Halloun and David Hestenes, " The Initial Knowledge State of College Physics Students" and "Common Sense Concepts about Motion," both published in 53 *American Journal of Physics* (1985), pp. 1043, 1056.

(29) たとえば次を参照。John Biggs and Catherine Tang, 前掲 (25); Carl Wieman, "A Scientific Approach to Science Education–Reducing Cognitive Load" (March3, 2009), http://www.science20.com/carl_wieman/scientific_approach_science_education_reducing_cognitive_load.

(30) Linda J. Sax, Alexander W. Astin, William S. Korn, and Shannon K. Gilmartin, *The American College Teacher: National Norms for the 1989-1999 HERI Faculty Survey* (1999), p. 36. より最近の調査によれば、教員は次第に講義ばかりするのでなく、能動的な学習方法の導入に移りつつある。Sylvia Hurtado, Kevin Eagan, John H. Pryor, Hannah Whang, and Serge Tran, *Undergraduate Teaching Faculty: the 2010-2011 HERI Faculty Survey* (2012), p. 25 (ほとんどの授業時間が講義という教員の比率は20年前の調査時に比べて54.2%から47.4%に減少したことを示している). Eric L. Dey, Claudia E. Ramirez, William S. Korn, and Alexander W. Astin, *The American College Teacher: National Norms for the 1992-93 HERI Faculty Survey* (1993), p. 36.

(31) Richard J. Light, "Ask the Studnts : A Good Way to Enhance Their Success," in Michael S. McPherson and Morton O. Schapiro (eds.), *College Success: What It Means and How to Make It Happen* (2008), pp. 173, 176-77.

(32) この記述の多くは、スペンサー (Spencer) 財団とティーグル (Teagle) 財団の資金で行われている教育法改善プロジェクトのスペンサー財団に提出された報告書からとった。以下を参照。Arlene Diaz, Joan Middendorf, David Pace, and Leah Shopkow, "The History Leaning Project: A Department 'Decords' Its Students," *Journal of American History* (March 2008), p. 1211.

(33) Eric Mazur, *Peer Instruction: A User's Manual* (1997); Catherine H. Crouch and Eric Mazur, "Peer Instruction: Ten Years of Experience and Results," 69 *American Journal of Physics* (2001), p. 970.

(34) Heather Kannke and Charmaine Brooks, "Distance Education in a Post-Fordist Time," in M. F. Cleveland-Innes and D.R. Garrrison (eds.), *Understanding Teaching and Learning in a New Era* (2010), p. 69.

(35) Barbara Means, Yukie Toyama, Robert Murphy, Marianne Bakia, and Karla Jones, *Evaluation of Evidence-Based Practices in Online Learning: A Meta-Analysis and Review of Online Learning Studies*, US Department of Education (2009).

(36) Robert M. Bernard, Philip C. Abram, et al., "How Does Distance Education Compare with Classroom Instruction? A Meta-Analysis of the Empirical Literature," 74 *Review of Educational Research* (2004), pp. 397, 406.

(37) Marsha Lovett, Oded Meyer, and Candace Thille, *The Open Learning Initiative: Measuring*

the Effectiveness of the OLI Statistics Course in Accelerating Student Learning, jime.open.ac.uk/jime/article/download/2008-14/352 (2008); Candace Thille, "Building Open Learning as a Community-Based Research Activity," in Tour Iiyoshi and M. S. Vijay Kumar (eds.), *Opening Up Education: The Collective Advancement of Education through Open Technology, Open Content, and Open Knowledge* (2008), p. 165.

(38) William G. Bowen, Matthew M. Chingos, Kelly A. Lack, and Thomas I. Nygren, *Interactive Learning Online at Public Universities: Evidence from Randomized Trials* (May 2012).

(39) Carol A. Twigg, "New Models for Online Learning: Improving Learning and Reducing Costs," *Educause* (September-October 2003), p. 28.

(40) 同上。

(41) William G. Bowen and Kelly A. Lack, *Current Status of Research on Online Learning in Postsecondary Education* (April 10, 2012).

(42) CLA テストに関するより詳細な説明は以下を参照。Richard J. Shavelson, *Measuring College Learning Responsibly: Accountability in a New Era* (2010), pp. 44-70.

(43) John M. Braxton, "Selectivity and Rigor in Research Universities," 64 *Journal of Higher Education* (1985), p. 538.

(44) Leon Neyfakh, "What to Test Instead: A New Wave of Test Designers Believe They Can Measure Creativity Problem Solving, and Collaboration–That a Smarter Exam Could Change Education," *Boston Globe,* Ideas (September 16, 2012), p. 4.

(45) Uri Treisman, "Studying Students Studying Calculus: A Look at the Livers of Minority Mathematics Students in College," *College Mathematics Journal* (1992), p. 362.

第 10 章　改革の展望

(1) この表現はデューク大学元学長とその著作からとっている。Nannerl Keohane, *Higher Ground: Ethics and Leadership in the Modern University* (2005), p. 118.

(2) Francis M. Cornford, *Microcosmographia Academia* (1908), reprinted in Gordon Johnson, *University Politics: F. M. Cornford's Cambridge and His Advice to the Young Academic Politician* (1994), p. 105.

(3) Martin Finkelstein and William Cummings, "The Global View: American Faculty and Their Institutions," *Change* (May-June 2012), pp. 48, 51; Ernest L. Boyer, Philip G. Altbach, and Mary Jen Whitelaw, *The Academic Profession: International Perspective* (1994), p. 81.

(4) Ernest T. Pascarella and Patrick T. Terenzini, *How Colleges Affects Students,* Vol. 2, *A Third Decade of Research* (2005), p. 580.

(5) Richard Arum and Josipa Roksa, *Academically Adrift: Limited Learning on College Campus* (2011), p. 81.

(6) 同上、pp. 79-80.

(7) Alexander Astin, *What Matters in College: Four Critical Years Revisited* (1993), pp. 236-41, 302-10, 370-72.

(8) 次を参照。Association of American Colleges and Universities, *The LEAP Vision for Learning: Outcomes, Practices, and Employers' Views* (2011), pp. 23-27.

(9) 次を参照。National Governors Association, *A Time for Results* (1986).

(10) 州政府の予算と成果指標を用いた改革努力の説明は次を参照。Donald E. Heller (ed.), *The States and Public Education: Affordability, Access, and Accountability* (2000); Joseph C. Burke and Associates, *Achieving Accountability in Higher Education: Balancing Public, Academic, and Market Demands* (2003).

(11) Joseph C. Burke and Associates, 前掲 (10), p. 236. 最近の成果主義予算の影響力に関する報告書では、成果主義予算配分の卒業率への影響を測った467大学と、研究費への影響を測った166大学で、重大な影響は見られなかった。Jung Cheol Sing, "Impacts of Performance-Based Accountability on Institutional Performance in the U.S.," 60 *Higher Education* (2010), p. 47.

(12) たとえば次を参照。Vickie Schray, *Assuring Quality in Higher Education: Recommendations for Improving Accreditation*, Issue Paper released at the request of Charles Miller, Chairman of the Secretary of Educations' Commission on the Future of Higher Education (2006).

(13) たとえば次を参照。Philip I. Kramer, "Assessment and the Fear of Punishment: How the Protection of Anonymity Positively Influenced the Design and Outcomes of Postsecondary Assessment," 31 *Assessment and Evaluation in Higher Education* (2006), p. 597.

(14) Center of Educational Policy, *Instructional Time in Elementary Schools: A Closer Look at Changes for Specific Subjects* (February 2008).

(15) 一般的には次を参照。Peter T. Ewell, *Assessment, Accountability, and Improvement, National Institute for Learning Outcomes Assessment*, Occasional Paper No. 1 (2009).

(16) Staci Provezis, National Institute for Learning Outcomes Assessment, *Regional Accreditation and Student Learning Outcomes: Mapping the Territory* (2010), p. 13. 教員の参加が求められているにもかかわらず、すべての地方基準協会はたしかな教員参加が行われているかを認証する点で弱い。次も参照されたし。George Kuh and Stanley Ikenberry, *More Than You Think, Less Than We Need: Learning Outcomes Assessment in American Higher Education* (2009). 1518大学を調査したこの著者たちは、いくつかの評価方法が広く使われているが、改革を引き起こすために測定結果を利用することはほとんど行われていないことを明らかにした。主な原因は教員の抵抗である。

(17) Charles Blaich and Kathleen Wise, *From Gathering to Using Assessment Results: Lessons from the Wabash National Study*, National Institute for Learning Outcomes Assessment, Occasional Paper No. 8 (2011), p. 11.

(18) 最初の年に、NSSE調査は270大学で行われた。10年後の2010年までに、毎年600大学以上が参加するようになった。

(19) たとえば次を参照。Peggy L. Maki (ed.), *Coming to Terms with Student Outcomes' Assessment: Faculty and Administrators' Journeys to Integrating Assessment in Their Work and Institutional Culture* (2010).

(20) たとえば次を参照。Thayer E. Reed, Jason Levin, and Geri Malandra, "Closing the Assessment Loop by Design," *Change* (September/October 2011), p. 44.

(21) Candace Thille, "Building Open Learning as a Community-Based Research Activity," in Toru Iiyoshi and M. S. Vijay Kumar (eds.), *Opening Up Education: The Collective Advancement of Education through Open Technology, Open Content, and Open Knowledge* (2008), p. 165; William G. Bowen, Matthew M. Chingos, Kelly A. Lack, and Thomas I.

Nygren, *Interactive Learning Online at Public Universities: Evidence from Randomized Trials* (2012). 次も参照されたし。 Carol A. Twigg, *Increasing Success for Underserved Students: Redesigning Introductory Courses, National Center for Academic Transformation* (2009), とくに pp. 11-13.

(22) Katherine Mangan, "MOOC Mania: It's Raising Big Questions about the Future of Higher Education," *Chronicle of Higher Education: Online Learning* (October 5, 2012), p. B4. 次も参照されたし。Marc Parry, "5 Ways that edX Could Change Education," *Chronicle of Higher Education: Online Learning* (October 5, 2012), p. B6.

(23) National Survey of Student Engagement, *Major Differences: Examining Student Engagement by Field of Study, Annual Results* (2010), p. 7.

(24) Richard J. Shavelson, *Measuring College Learning Responsibly: Accountability in a New Era* (2010), pp. 44-70.

(25) Richard Arum and Josipa Roksa, 前掲 (5).

(26) たとえば次を参照。Trudy W. Banta and Charles Blaich, "Closing the Assessment Loop," *Change* (January–February 2011), pp. 22, 25 (教員と学生による評価への抵抗は、評価を義務づける努力が学外者からもたらされるとより一層激しくなる).

小括（Ⅱ）

(1) Ray Uhalde and Jeff Strohl, *America in the Global Economy: A Background Paper for the New Commission on the Skills of the American Workforce* (2006).

(2) 大学で大切なことについての学生の意見に関する現場の声は次を参照。Mary Grigsby, *College Life through the Eyes of Students* (2009); Rebekah Nathan, *My Freshmen Year: What a Professor Learned by Becoming a Student* (2005).

(3) 一般的には次を参照。John M. Braxton (ed.), *The Role of the Classroom in College Student Persistence* (2008).

(4) National Survey of Student Engagement, *Promoting Student Learning and Institutional Improvement: Lessons from NSSE at 13* (2012), p. 10.

第 11 章　大学院教育

(1) Michael T. Nettles and Catherine M. Millett, *Three Magic Letters: Getting to PhD* (2006), p. 14.

(2) National Science Foundation, D*octorate Recipients from U.S. Universities, 2011* (2012). 次も参照されたし。Stacey Patton, "Doctoral Degrees Rose in 2011, but Career Options Weren't So Rosy," *Chronicle of Higher Education* (December 14, 2012), p. A17.

(3) たとえば次を参照。Maresi Nerad and Joseph Carny, "From Rumors to Facts: Career Outcomes of English PhDs, Council of Graduate Schools," 32 *Communication* (1999).

(4) 同上。

(5) Jack H. Schuster and Martin J. Finkelstein, *The American Faculty: The Restructuring of Academic Work and Careers* (2006), pp. 287-319.

(6) 同上、p. 293.

(7) OECD, *Education at a Glance* (2009), OECD Indicators, table A-35.

(8)　たとえば、*Rising above the Gathering Storm: Energizing and Employing America for a Brighter Economic Future*, report prepared for the National Academy of Science, the National Academy of Engineering, and the Institute of Medicine (2007).
(9)　Elaine Seymour and Nancy M. Hewitt, *Talking about Leaving: Why Undergraduates Leave the Sciences* (1997), p. 33.
(10)　Richard B. Freeman and Daniel L. Goroff (eds.), *Science and Engineering Careers in the United States: An Analysis of Markets and Employment* (2010); David Cyranoski, Natasha Gilbert, Heidi Ledford, Anjali Nayar, and Mohammed Yahia, "The PhD Faculty: The World Is Producing More PhDs Than Ever Before: Is It Time to Stop?" 472 *Nature* (2011), pp. 276, 277-78; Daniel Teitelbaum, "Do We Need More Scientists?" *The Public Interest* (Fall 2003), p. 40.
(11)　Homer Neal, Tobin L. Smith, and Jennifer B. McCormick, *Beyond Spuntnik: U.S. Science Policy in the Twenty-First Century* (2008), p. 288.
(12)　Daniel Teitelbaum, 前掲 (10), p. 49 に引用されている。
(13)　David Dill and Frans van Vught (eds.), *National Innovation and the Academic Research Perspective: Public Policy in a Global Perspective* (2010), p. 428.
(14)　Charles T. Clotfelter (ed.), *American Universities in a Global Market* (2010), p. 96.
(15)　同上、p. 95.
(16)　Yu Xie and Alexandra A. Killewald, *Is American Science in Decline?* (2012), p. 96.
(17)　同上、pp. 56-57.
(18)　Dongbin Kim, Charles A. S. Blankart, and Laura Isdell, "International Doctorates: Trends Analysis on Their Decision to Stay in US," 62 *Higher Education* (2011), p. 141.
(19)　Ronald G. Ehrenberg, Harriet Zuckerman, Jeffrey A. Groen, and Sharon M. Brucker, *Educating Scholars: Doctoral Education in the Humanities* (2010), pp. 194-96.
(20)　同上。
(21)　Council on Graduate Scholars, *PhD Completion and Attrition: Findings from Exit Surveys of PhD Completes* (2009).
(22)　Barbara E. Lovitts, *Leaving the Ivory Tower: The Causes and Consequences of Departure from Doctoral Study* (2001).
(23)　William G. Bowen and Neil L. Rudenstine, *In Pursuit of the PhD* (1992), p. 144.
(24)　Barbara E. Lovitts, 前掲 (22), p. 6.
(25)　同上、p. 26.
(26)　同上、p. 6.
(27)　同上、p. 270.
(28)　Jeffrey A. Groen, George H. Jakubson, Ronald G. Ehrenberg, Scott Condie, and Albert B. Liu, "Program Design and Student Outcomes in Graduate Education," 27 *Economics of Education Review* (2008), p. 211.
(29)　「学生は博士課程に進学する際に、博士課程での勉学が必要とする時間、費用、明確な目的意識、忍耐強さなどをよくわからず進学したと報告している」。Chris M. Golde and Timothy M. Dore, *At Cross Purposes: What the Experiences of Today's Graduate Students Reveal about Doctoral Education* (2001), pp. 29, 31.

(30) 同上、p. 41.
(31) Michael T. Nettles and Catherine M. Millett, 前掲 (1), p. 95.
(32) Barbara E. Lovitts, 前掲 (22).
(33) GREの点数による大学院での成功の予測が当たらないことは、たとえば次を参照されたし。Robert J. Sternberg and Wendy Williams, "Does the Grade Record Examination Predict Meaningful Success in the Graduate Training of Psychologist?" 52 *American Psychologist* (1997), p. 630.
(34) Barbara E. Lovitts, 前掲 (22), p. 6.
(35) Debra W. Stewart (president of the Council of Graduate Schools), "Important If True': Graduate Education Will Drive America's Future Prosperity," *Change* (January-February 2010), pp. 36, 40.
(36) Jack H. Schuster and Martin J. Finkelstein, 前掲 (5), pp. 89-92.
(37) Chris M. Golde and Timothy M. Dore, 前掲 (29), p. 9.
(38) Melissa S. Anderson (ed.), *The Experience of Being in Graduate School: An Exploration* (1998), p. 6.
(39) Chris M. Golde and Timothy M. Dore, 前掲 (29).
(40) 同上、p. 22.
(41) 同上、p. 27.
(42) 教員が神経生物学の進歩から何を学べるかについての有益な要約は、次を参照されたし。Michael J. Friedlander et al., "What Can Medical Education Learn from the Neurobiology of Learning," 86 *Academic Medicine* (2011), p. 415.
(43) Chris M. Golde and Timothy M. Dore, 前掲 (29), p. 24. 大学教員向けの訓練を受けた教員の学生への授業面での影響はまだあまり研究されていない。2004年に発表されたイギリスの例では、1年間のコースをとった教員は学生の学びを向上させ、教師中心型から学生中心型への移行の中心人物になっている。Graham Gibbs and Martin Coffey, "The Impact of Training of University Teachers in Their Students," 5 *Active Learning in Higher Education* (2004), p. 87; Ann Stes, Liesje Coertjens, and Peter Van Petegem, "Instructional Development for Teachers in Higher Education: Impact on Teaching Approach," 60 *Higher Education* (2010), p. 187 によれば、ヨーロッパの調査は、教育方法は学生中心に向かっているが学生は変化に気がついていないことを明らかにしている。この調査は学生の教育への影響力を測定しようとはしていない。
(44) George E. Walker, Chris M. Golde, Laura Jones, Andrea Bueschle, and Pat Hutchings, *The Formation of Scholars: Rethinking Graduate Education for the Twenty First Century* (2008), p. 69.
(45) Philip S. Babcock and Mindy Marks, *The Falling Time Cost of College: Evidence from Half a Century of Time Use Data*, National Bureau of Economic Research, Working Paper 15954 (April 2010).
(46) Teagle Foundation: Teagle Foundation Grants in Higher Education (March/May 2010), コロンビア、コーネル、ハーバード、ノースウェスタン、プリンストン、スタンフォード、カリフォルニア(バークレー)の各大学での革新的試行プログラムへの資金提供を発表した。

第Ⅲ部　専門職大学院

序論

(1)　Graduate Management Admissions Council, 2011, *Women and Graduate Management Education* (2011).

(2)　First Year and Total J. D. Enrollment by Gender (2011), http://www.americanbar.org/content/dam/aba/administrative/legal_education_and_admissions_to_the_bar/statistics/jd_enrollment_lyr_total_gender.authcheckdam.pdf.

(3)　Graduate Management Admissions Council, 2011, 前掲 (1); First Year and Total J. D. Enrollment by Gender, 前掲 (2); Association of American Medical Colleges, *U.S. Medical School Applications and Students 1982-83 to 2010-2011* (2012).

(4)　Association of American Medical Colleges, *Diversity in Medical Education: Facts and Figures* (2008), p. 72.

(5)　Tamar Lewin, "Law School Admissions Lag among Minorities," *New York Times* (January 6, 2010), p. A22.

(6)　Alison Go, "Business Schools Look for Different Kinds of Students: Admissions Offices Are Pursing More Women and Minority Candidates," *U.S. News &World Report* (April 22, 2009), p. 62.

(7)　Eli Y. Adashi and Philip A. Gruppuso, "The Unsustainable Cost of Undergraduate Medical Education: An Overlooked Element in U.S. Health Care Reform," 85 *Academic Medicine* (2010), p. 763.

(8)　法学教育の費用の急上昇、学費ローンの増加、ローンの返済の苦しみなどについての詳細な議論は次を参照されたし。Brian Z. Tamanaha, *Falling Law Schools* (2012), pp. 126-59.

(9)　Scott Turow, *One L: The Turbulent True Story of a First Year at Harvard Law School* (1977); Charles LeBaron, *Gentle Vengeance: An Account of the First year at Harvard Medical School* (1981).

第12章　メディカルスクール

(1)　たとえば次を参照。Perri Klass, *A Not Entirely Benign Procedure* (1987); Melvin Konner, *Becoming a Doctor: A Journal of Initiation in Medical School* (1987).

(2)　Robert D. Richardson, *William James: In the Maelstrom of American Modernism* (2006), p. 61.

(3)　Charles M. Wiener, Patrick A. Thomas, Elizabeth Goodspeed, David Valle, and David G. Nicols, "Genes to Society'–the Logic and Process of the New Curriculum for the Johns Hopkins University School of Medicines," 85 *Academic Medicine* (2010), pp. 498-506.

(4)　同上、p. 505.

(5)　同上、p. 498.

(6)　たとえば、Derek Bok, *The Politics of Happiness: What Governments Can Learn from the New Research on Well-Being* (2010), pp. 127-28.

(7) Philip S. Wang, Gregory Simon, and Ronald C. Kessler, "The Economic Burden of Depression and the Cost-Effectiveness of Treatment," 12 *International Journal of Methods in Psychiatric Research* (2003), p. 22; David Mechanic, *Mental Health and Social Policy* (3rd ed, 1989), p. 147.

(8) たとえば次を参照。American Medical Association, *Initiative to Transform Medical Education, Phase 3: Program Implementation; Recommendations for Optimizing the Medical Education Learning Environment* (2007), p. 14.

(9) J. R. Agrawal, J. Huebner, J. Hedgecock, J. Sehgal, P. Jung, and S.R. Simon, "Medical Students' Knowledge of the U.S. Health Care System and Their Preference for Curricular Change," 80 *Academic Medicine* (2005), p. 484.

(10) 同上。

(11) 医師の間の人為的ミスについての注目される説明は次を参照されたし。Marty Makary, "How to Stop Hospitals from Killing Us," *Wall Street Journal* (September 22-23, 2012), pp. C1, C2（筆者はボルティモアにあるジョンズ・ホプキンス大学病院の外科医であり、医療ミスは病院側の説明責任や透明性の欠如によるもので、単に医師の訓練不足に帰せられるものではない、と述べている).

(12) メディカルスクール修了後の大学院医師教育への、昔から続く非難とそれが改善されない理由についての簡潔で優れた説明は次を参照されたし。Kenneth Ludmerer, "The History of Calls for Reform in Graduate Medical Education and Why We Are Still Waiting for the Right Kind of Change," 87 *Academic Medicine* (2012), p. 34. 修了後の研修医の自己申告での調査によれば、現在の訓練は完璧とは言えないが、公表されている数々の報告書が示唆するよりは良いもののようである。たとえば次を参照。David Blumenthal, Manjusha Ghokale, Eric G. Campbell, and Joel S. Weissman, "Preparedness for Clinical Practice: Reports of Graduating Residents at Academic Health Centers," 286 *Journal of the American Medical Association* (September 5, 2001), p. 1027.

(13) De Witt C. Baldwin, Steven R. Daugherty, and D. Rowley, "Unethical and Unprofessional Conduct Observed by Residents during Their First Year of Training," 73 *Academic Medicine* (1998), p. 1195.

(14) Chris Feudtner, Dmitri A. Christakis, and Nicholas A. Christakis, "Do Clinical Clerks Suffer Ethical Erosion? Student Perceptions of Their Ethical Environment and Personal Development," 69 *Academic Medicine* (1994), p. 670.

(15) Delise Wear and Janet Bickel, *Educating for Professionalism: Creating a Culture of Humanism in Medical Education* (2000), p. 185.

(16) Eric G. Campbell et al., "Professionalism in Medicine: Results of a National Survey of Physicians," 147 *Annals of Internal Medicine* (2007), pp. 795, 799.

(17) 同上。

(18) 同上、p. 800.

(19) たとえば次を参照。Grace Huang, Bobby Reynolds, and Chris Candler, "Virtual Patient Simulations at U.S. and Canadian Medical Schools," 82 *Academic Medicine* (2007), p. 446.

(20) Vimla L. Patel and David R. Kaufman, "Medical Education Isn't Just about Solving Problems," 47 *Chronicle of Higher Education* (February 2, 2001), p. B-12.

(21) Vimla L. Patel, Guy J. Groen, and Geoffrey R. Norman, "Effects of Conventional and Problem-Based Medical Curricula on Problem Solving," 66 *Academic Medicine* (1991), p. 380.

(22) たとえば、Linda Distlehorst, Randall S. Robbs, and Howard S. Barrows, "Problem-Based Learning Outcomes: The Glass Half Full," 80 *Academic Medicine* (2005), p. 294. 次も参照されたし。 Geoffrey R. Norman and Henk G. Schmidt, "The Psychological Basis of Problem-Based Learning: A Review of the Evidence," 67 *Academic Medicine* (1992), p. 557.

(23) たとえば次を参照。Jerome Groopman, *How Doctors Think* (2007); "Diagnosis: What Doctors Are Missing," *New York Review of Books* (November 5, 2009), p. 26.

(24) たとえば、Eric S. Holmboe et al., "Faculty Developtment in Assessment: The Missing Link in Competency-Based Medical Education," 86 *Academic Medicine* (2011), p. 460; David R. Lambert et al., "Standardizing and Personalizing Science in Medical Education," 85 *Academic Medicine* (2010), p. 181.

(25) 第2次大戦前の研修病院を要約した描写と戦後の変化の議論についての多くは、次の優れた著作に負っている。Kenneth M. Ludmerer, *Time to Heal: American Medical Education from the True of the Century to the Era of Managed Care* (1999).

(26) Jane Gross, "A Fast Growing Specially Helps Patients and Cuts Cost," *New York Times* (May 27, 2010), pp. A-13, 16.

(27) Robert Steinbrook, "Medical Student Debt: Is There a Limit?" *New England Journal of Medicine* (2008), p. 2629.

(28) たとえば次を参照。American Medical Association, 前掲 (8), p. 14; Mohammadreza Hojat et al., "The Devil Is in the Third Year: A Longitudinal Study of Erosion of Empathy in Medical School," 84 *Academic Medicine* (2009), p. 1182.

(29) たとえば次を参照。The Blue Ridge Academic Health Group, *Reforming Medical Education: Urgent Priority for the Academic Health Center in the New Century* (2003); Report of the Ad Hoc Committee of Deans, *Educating Doctors to Provide High Quality Medical Care: A Vision for Medical Education in the United States* (July 2004).

(30) Judy Shea, Arlene Weissman, Sean McKinney, Jeffrey S. Silver, and Kevin G. Volpp, "Internal Medicine Trainees' Views of Training Adequacy and Duty Hours Restrictions in 2009," 87 *Academic Medicine* (2012), p. 889.

(31) 次を参照。 Kenneth Ludmerer, 前掲 (12), pp. 36-37.

(32) ハーバードの病院実習については次を参照。Sigall K. Bell, Edward Krupat, Sara Fazio, David H. Roberts, and Richard M. Schwartzstein, "Longitudinal Pedagogy: A Successful Response to the Fragmentation of the Thirsd-Year Medical Student Clerkship," 83 *Academic Medicine* (2005), p. 467; Barbara Ogur and David Hirsh, "Learning through Longitudinal Patient Care–Narratives from the Harvard Medical School-Cambridge Integrated Clerkship," 84 *Academic Medicine* (2009), p. 844; David Hirsh et al., "Educational Outcomes of the Harvard Medical School–Cambridge Integrated Clerkships: A Way Forward for Medical Education," 87 *Academic Medicine* (2012), p. 643.

(33) メディカルスクールの教育の改革や改善についての、院長や教員による多くの報告書は、メディカルスクールは現状で自己満足していてはいけないと示唆して

いる。たとえば次を参照。The Blue Ridge Academic Health Group, 前掲 (29); Report of the Ad Hoc Committee of Deans, 前掲 (29).

第13章　ロースクール

(1)　医学と法学の教育の興味深い比較については次を参照されたし。Roger C. Crampton, "Professional Education in Medicine and Law: Structual Differences, Common Failings, Possible Opportunities," 34 *Cleveland State Law Review* (1986), p. 349.

(2)　Robert Granfiled, *Making Elite Lawyers: Vision of Law at Harvard* (1992).

(3)　John P. Heinz, Robert R. Nelson, Rebecca L. Sandefur, and Edward R. Laumann, *Urban Lawyers: The New Social Structure of the Bar* (2005), pp. 57-60.

(4)　Bureau of Labor Statistics, *Employment by Occupation, 2008-2018, Employment Projects* (2010), table 1.2.

(5)　Brian Z. Tamanaha, *Failing Law Schools* (2012), p. 114.

(6)　Bureau of Labor Statistics, 前掲 (4), table 1.2.

(7)　Mitu Gulati, Richard Sander, and Robert Sockloskie, "The Happy Charade: An Empirical Examination of the Third Year of Law School," 51 *Journal of legal Education* (2001), pp. 235, 244-45.

(8)　同上、p. 246.

(9)　Stefan H. Krieger, "The Development of Legal reasoning Skills in Law Studies: An Empirical Study," 56 *Journal of Legal Education* (2006), p. 332.

(10)　たとえば次のいわゆる「カリントン (Carrington) レポート」を参照。Association of American Law Schools, *Training for the Public Profession of the Law* (1971).

(11)　American Bar Association Task Force on Law Schools and the Profession, *Narrowing the Gap: Legal Education and Professional Development–an Educational Continuum* (1992) (Mac Crate Report). 例えば次も参照。Professionalism Committee, American Bar Association, Section on Legal Education and Admission to the Bar, *Teaching and Learning Professionalism* (1996), pp. 3-4.

(12)　American Bar Association Task Force on Law Schools and the Profession, 前掲 (11).

(13)　Margaret M. Barry, Jon C. Dunn, and Peter A. Joy, "Clinical Education for the Millennium: The Third Wave," 7 *Clinical Law Review* (2000), p. 1.

(14)　James R. P. Ogloff, David R. Lyon, Kevin S. Douglas, and V. Gorden Rose, "More Than 'Learning to Think Like a Lawyer': The Empirical Research on Legal Education," 34 *Creighton Law Review* (2000-2001), pp. 73, 218-28.

(15)　たとえば、William M. Sullivan, Ann Colby, Judith W. Wegner, Lloyd Bond, and Lee S. Shulman, *Educating Lawyers: Preparation for the Profession of Law* (2007), p. 30.

(16)　Greg Winter, "Legal Firms Cutting Back on Free Services to Poor," *New York Times* (August 17, 2000), p. A1.

(17)　Professionalism Committee, American Bar Association, Section of Legal Education and Admission to the Bar, 前掲 (11).

(18)　Deborah Rhode, "Ethics by the Pervasive Method," 42 *Journal of Legal Education* (1996), p. 32

(19) たとえば、Maury Landsman and Steven P. McNeel, "Moral Judgment of Law Students across Three Years; Influences of Gender, Political Ideology, and Interest in Altruistic Law Practice," 45 *South Texas Law Review* (2004), p. 801. 一般的には次も参照されたし。William M. Sullivan et al. 前掲 (15), p. 133.

(20) Lawrence S. Krieger, "Human Nature as a New Guiding Philosophy of Legal Education and the Profession," 47 *Washburn Law Review* (2007-8), p. 247.

(21) 同上、p. 248.

(22) Gerald F. Hess, "Heads and Hearts: The Teaching and Learning Environment in Law Schools," 52 *Journal of Legal Education* (2002), p. 75; Lawrence S. Krieger, "The Inseparability of Professionalism and Personal Satisfaction: Perspectives on Values, Integrity, and Happiness," 11 *Clinical Law Review* (2005), p. 425.

(23) Roy Stuckey, *Best Practices for Legal Education* (2007), pp. 72-73; Susan S. Daicoff, *Lawyer, Know Thyself: A Psychological Analysis of Personality Strengths and Weaknesses* (2004).

(24) たとえば次を参照。Ron Aiken, "Four Ways to Better 1L Assessment," 54 *Duke Law Journal* (2004), p. 765.

(25) 一般的には次を参照。Roy Stuckey, 前掲 (23); Michael H. Schwartz, "Teaching Law by Design: How Learning Theory and Instructional Design Can Inform and Reform Law Teaching," 38 *San Diego Law Review* (2001), p. 349; Linda S. Anderson, "Incorporating Adult Learning Theory into Law School Classrooms: Small Steps Leading to Large Results," 5 *Appalachian Journal of Law* (2006), p. 127.

(26) 主要ロースクールの一つでの調査によれば、3分の1程度の3年生だけしか、「教員はすべての学生が成功することを支援しようとしている」という意見を肯定しなかった。Mitu Gulati, Richard Sander, and Robert Sockloskie, 前掲 (7), pp. 235, 249.

(27) たとえば次を参照。John A. Lynch, Jr., "The New Legal Writing Pedagogy: Is Our Pride and Joy a Hobble?" 61 *Journal of Legal Education* (2011), p. 231.

(28) Deborah Zalesne and David Nadvorney, "Why Don't They Get It? Academic Intelligence and the Under-Prepared Student as Other," 61 *Journal of Legal Education* (2011), p. 264.

(29) ロースクールは学部のような教育・学習効果の評価制度をほとんど行っていない。Roy Stuckey, 前掲 (23), pp. 236-39; Anthony S. Niedwiecki, "Lawyers and Learning: A Metacognitive Approach to Legal Education," *Widener Law Review* (2006), p. 33.

(30) Mitu Gulati, Richard Sander and Robert Sockloskie, 前掲 (7), pp. 235, 248.

(31) たとえば次を参照。Michael H. Schwarz, 前掲 (25), p. 349.

(32) American Bar Association, Section on Legal Education and Admission to the Bar, *Standards for Approval of Law Schools and Interpretations* (1996).

(33) Legal Services Corporation, *Documenting the Justice Gap in America: The Current Unmet Civil Legal Needs of Low-Income Americans* (2009) (「ほとんどの推定は、低所得者の法律相談のニーズの5分の4、中所得者の5分の2から5分の3が満たされていないとしている」). Greg Winter, "Legal Firms Cutting Back on Free Services to Poor," *New York Times* (August 17, 2000), p. A-17.

(34) William M. Sullivan et al., 前掲 (15), p. 192.

(35) たとえば次を参照。Elaine McArdle, "Bridging Theory and Practice in Corporate Law,"

Harvard Law Bulletin (Winter 2012), p. 32.

(36) Margaret M. Barry, Jon C. Dunn, and Peter A. Joy, 前掲 (13), pp. 1, 32.

第14章 ビジネススクール

(1) アメリカの経営学の教育の歴史に関する優れた情報豊富な著作として、Rakesh Khurana, *From Higher Aims to Hired Hands: The Social Transformation of American Business Schools and the Unfulfilled Promise of Management as a Professionalism* (2007) を参照。多くの歴史的要約はこの本に拠っている。

(2) Edward D. Jones, "Some Propositions concerning University Instruction in Business Administration," 21 *Journal of Political Economy* (1913), pp. 190, 195.

(3) Rakesh Khurana, 前掲 (1), p. 130 に引用されている。

(4) Melvin T. Copeland, *And Mark an Era: The Story of the Harvard Business School* (1958), p. 17.

(5) Abraham Flexner, *Universities: American, English, German* (reprint, 1994), p. 166.

(6) Frederick Lewis Allen, "The Big Change: American Transforms Itself, 1900-1950" (1952), Rekash Khurana, 前掲 (1), p. 127 に引用されている。

(7) American Association of Collegiate Schools of Business, *Proceeding of the Tenth Annual Meeting* (1928), p. 1.

(8) American Association of Collegiate Schools of Business, *Proceedings of the Sixteenth Annual Meeting* (1934), p. 37.

(9) Fritz Roethlisberger and W. J. Dickson, *Management and the Worker* (1939); Elton Mayo, *The Human Problems of an Industrial Civilization* (1993).

(10) Robert A. Gordon and James E. Howell, *Higher Education for Business* (1959); Frank C. Pierson, *The Education of American Businessmen: A Study of University-College Programs in Business Administration* (1959).

(11) Robert A. Gordon and James E. Howell, 前掲 (10), p. 6. この本は慎重な言葉で「よく知られていることは、ほとんどのビジネススクールは実業界や社会が最も求めている専門職のスキル、人柄、気質を学生が身につけることに失敗している」と批判している。上掲書、pp. 70-71. Rakesh Khurama, 前掲 (1), p. 269 の引用によれば、Pierson はより無遠慮に、ビジネススクールは「特定の求人に学生を備える職業上のスキルを訓練するという、あるべき姿に専念すべきである」と述べている。

(12) Earl F. Cheit, "Business Schools and Their Critics," 27 *California Management Review* (1985), p. 49.

(13) Jean-Jacques Servan-Schreiber, *The American Challenge* (1st English ed., 1968).

(14) Robert H. Hayes and William J. Abernathy, "Managing Our Way to Economic Decline," Harvard Business Review (July-August 1980), p. 66.

(15) Thomas J. Peters and Robert H. Waterman, *In Search of Excellence: Lessons from America's Best-Run Companies* (1982).

(16) Peter Navarro, "The MBA Core Curricula of Top-Ranked U.S. Business Schools: A Study in Failure?" 7 *Academy of management learning and Education* (2008), p. 108.

(17) Philip D. Broughton, *Ahead of the Curve: Two years of Harvard Business School* (2008) は、

イギリス人ジャーナリストで自身がビジネススクールに行くと決めた人物が学生の視点で1年目と2年目について書いたものである。

(18) たとえば次を参照。Frederick G. Crane, "The Teaching of Ethics: An Imperative of Business Schools," 79 *Journal of Education for Business* (2004), p. 149.

(19) Srikant M. Dater, David A. Garvin, and Patrick G. Cullen, *Rethinking the MBA: Business Education at a Crossroads* (2010), pp. 75-107.

(20) Graduate Admissions Council, *Women and Graduate Education* (2011), p. 7. 2006年の調査では、90% 以上のビジネススクール修了生がもしもう一度選択の機会があるのならば、ビジネススクールに進学すると答えている。Graduate Admissions Council, *MBA Alumni Perspective Survey; Comprehensive Data Report* (2006).

(21) Carter A. Daniel, *MBA: The First Century* (1998), p. 286（対象となった調査は1986年に行われた).

(22) Jeffrey Pfeffer and Christine Fong, "The End of Business Schools? Less Success Than Meets the Eye," *Academy of Management Learning and Education* (2002), pp. 78, 81.

(23) Srikant M. Dater, David A. Garvin, and Patrick G. Cullen, 前掲 (19), pp. 30-34.

(24) Peter Navarro, 前掲 (16), pp. 108, 112.

(25) Henry Mintzberg, *Managers Not MBAs: A Hard Look at the Soft Practice of Managing and Management Development* (2004).

(26) たとえば次を参照。Michael C. Jensen and William H. Meckling, "Theory of the Firm: Managerial Behavior, Agency Costs, and Ownership Structure," 3 *Journal of Financial Economics* (1976), p. 303.

(27) たとえば次を参照。Michael C. Jensen and Kevin J. Murphy, "CEO Incentives–It's Not How Much You Pay, but How," *Harvard Business Review* (May–June 1990), p. 138.

(28) 次を参照。Sumantra Ghoshal, "Good Management Theories Are Destroying Good Management Practices," 4 *Academy of Management Learning and Education* (2005), p. 75.

(29) Christine Quinn Trank and Sara L. Rynes, "Who Moved Our Cheese? Reclaiming Professionalism in Business Education," 2 *Academy of Management Learning and Education* (2003), pp. 189, 190.

(30) "Global MBA Rankings 2009," *Financial Times*, http://rankings.ft.com/businessschoolrankings/global-rankings.

(31) 同上。

(32) Milton Friedman, "The Social Responsibility of Business Is to Increase Profits," *New York Times Magazine* (September 13, 1970), p. 32. より厳格な意見表明としては次を参照。Elaine Sternberg, "The Defects of Stakeholder Theory," 5 *Corporate Governance* (1997), p. 3.

(33) たとえば次を参照。Lynn S. Paine, *Value Shift: Why Corporations Must Merge Social and Financial Imperatives to Achieve Superior Performance* (2003).

(34) Joseph L. Bower, Herman B. Leonard, and Lynn S. Paine, *Capitalism at Risk: Rethinking the Role of Business* (2011).

(35) Robert Simons, "The Business of Business Schools: Restoring the Focus on Competing to Win," 8 *Capitalism and Society* (2013), http://ssrn.com/link/Capitalism-Society.html

(36) 次を参照。Srikant M. Dater David A. Garvin, and Patrick G. Cullen, 前掲 (19), pp.

167-319.

(37)　たとえば次を参照。Byron Reeves, Thomas W. Malone, and Tony O'Driscoll, "Leadership Online Labs," *Harvard Business Review* (May 2008), p. 59.

小括（Ⅲ）

(1)　Kenneth M. Ludmerer, *Time to Heal: American Medical Education from the Turn of the Century to the Era of Managed Care* (1999), p. 122.

(2)　"Global MBA Rankings 2011," *Financial Times* (2011), http://rankings.ft.com/exportranking/global-mba-rankings-2011/pdf.

(3)　Srikant M. Dater, David A. Garvin, and Patrick G. Cullen, *Rethinking the MBA: Business Education at a Crossroads* (2010), p. 109.

(4)　たとえば、ニューヨーク大学のグローバル・ロー・プログラムのディレクターのウェイラー（Joseph Weiler）は、2007年のアメリカ国際法学会でのパネルディスカッションで、「私は長年ヨーロッパで教えてきた。アジア、オーストラリア、南アメリカなどで現在、過去に教育経験がある。私の意見では、真剣さ、深遠さ、学生を教え、学生を豊富な知的な努力に取り組ませる方法の多様さ、そしてそのプロ意識において、アメリカのロースクールに勝るものは世界には存在しない」と述べている。*American Society of International Law Proceedings* (2007), pp. 189, 190.

(5)　たとえば次を参照。Michael H. Schwarz, "Teaching Law by Design: How Learning Theory and Instructional Design Can Inform and Reform Law Teaching," 38 *San Diego Law Review* (2001), p. 349.

(6)　Srikant M. Dater, David A. Garvin, and Patrick G. Cullen, 前掲（3）, p. 92.

(7)　たとえば、Richard Posner, "The State of Legal Scholarship Today: A Comment on Schley," 97 *Georgetown Law Journal* (2009), p. 845; Herry T. Edwards, "The Growing Disjunction between Legal Education and the Legal Profession," 91 *University of Michigan Law Review* (1992), p. 34.

(8)　Max Stier, Kelly M. Klaus, Dan L. Bagatell, and Jeffrey J. Rachlinski, "Law Review Usage and Suggestions for Improvement: A Survey of Attorneys, Professors, and Judges," 44 *Stanford Law Review* (1992), p. 1467と、David L. Schwarz and Lee Petherbridge, "The Use of Legal Scholarship by the Federal Courts of Appeals: An Empirical Study," 96 *Cornell Law Review* (2011), p. 96とを比較されたし。

(9)　たとえば、最高裁判事のロバーツによると「私が言える限りでは、大学がやっていることは、概して実際の法務実務を行う誰にとっても興味もないし役にも立たない」。Brian Z. Tamanaha, *Failing Law Schools* (2012), p. 55に引用されている。しかしながら、1900年から10年刻みで三つの主要法学雑誌の論文を集計したところ、大多数の論文は引き続き法理原則についてであり、現在の論文のあまり多くない比率が原則理論でない内容である。Robert W. Gordon, "Lawyers, Scholars, and the 'Middle Ground,'" 91 *Michigan Law Review* (1993), pp. 2075, 2099-2100.

(10)　たとえば、Peter H. Schuck, "Why Don't Law Professors Do More Empirical Research?" 39 *Journal of Legal Education* (1989), p. 323.

(11)　Srikant M. Dater, David A. Garvin, and Patrick G. Cullen, 前掲（3）, pp. 77-78.

(12) Jeffrey Pfeffer and Christina T. Fong, "The End of Business Schools? Less Success Than Meets the Eye," 1 *Academy of Management Learning and Education* (2002), pp. 78, 86-88.

(13) Paul J. H. Schoemarker, "The Future Challenges of Business: Rethinking Management Education," 50 *California Management Review* (2008), p. 119.

(14) 2人の著者は最近、経営学雑誌の累積的にみてごく少数の論文のみが、「実行可能な結論」すなわち経営者の行動を変化させられる結論を与えてくれると述べている。Jone L. Pearce and Laura Huang, "The Decreasing Value of Our Research to Management Behavior," 11 *Academy of Management Learning and Education* (2012), p. 24.

(15) Sumantra Ghoshal, "Bad Management Theories Are Driving Out Good Management Practices," 4 *Academy of Management Learning and Education* (2005), p. 75.

(16) 本書 pp. 356-59 を参照。

(17) 批評家は、医師免許試験における科学問題での学生の成績の低下と、メディカルスクールが基礎科学と臨床医学を4年間全体のなかで統合できていないことを指摘する。"Symposium," 85 *Academic Medicine* (2010), pp. 181, 352-54 を参照。

(18) たとえば次を参照。Melanie Neumann et al., "Empathy Decline and Its Reasons: A Systematic Review of Studies with Medical Students and Residents," 86 *Academic Medicine* (2011), p. 996; Lawrence S. Krieger, "The Inseparability of Professionalism and Personal Satisfaction: Perspectives on Values, Integrity and Happiness," 11 *Clinical law Review* (2005), pp. 425, 434 (学生が修了して法務実務に入ったとき、彼らは入学したときとははっきり異なっている。彼らは意気消沈していて、社会貢献する意志がなく、好ましくない表面的な目的と価値観に傾倒している、とすべての指標が表している); Aspen Institute, *Where Will They Lead: MBA Student Attitude about Business and Society* (2008), p. 10.

(19) この問題を思慮深く分析した著作の中には次のものが含まれる。Kenneth M. Ludmerer, 前掲 (1)。Rakesh Khurana, *From Higher Aims to Hired Hands: The Social Transformation of American Business Schools and the Unfulfilled Promise of Management as a Profession* (2007).

(20) ビジネススクールに講演に来る企業経営者が、学生があこがれるモデルとなる人物とは限らない。たとえば、最近のビジネススクール修了生は自分の経験を振り返って、講演に来た経営者のかなりの数が悲惨な家庭生活を送ってきているようだと結論している。Philip Broughton, *Ahead of the Curve: Two Years of Harvard Business School* (2008), p. 270.

第Ⅳ部　研究

序論

(1) この経済発展論は次の著作に描かれている。David Warsh, *Knowledge and the Wealth of Nations: The Story of Economic Discovery* (2006).

(2) Christine Matthews, *Federal Support for Academic Research, Congressional Research Service* (June 17, 2011), p. 9.

(3) 同上。

(4) 一般的な議論は次を参照されたし。Jonathan R. Cole, *The Great American University:*

Its Rise to Preeminence, Its Indispensable Role, Why It Must Be Protected（2009）.

（5） Loet Leydesdorff and Caroline Wagner, "Is the United States Losing Ground in Science? A Global Perspective on the World Science System," 78 *Scientometrics*（2009）, p. 23. 主要数学者、物理学者、微生物学者に占めるアメリカの研究者の比率は次を参照。Jamese Duderstadt and Luc Weber（eds.）, *The Globalization of Higher Education*（2008）, p. 68.

（6） Loet Leydesdorff and Caroline Wagner, 前掲（5）, p. 29.

（7） Yu Xie and Alexandra Killewald, *Is American Science in Decline?*（2012）, p. 35.

（8） Derek Hill, Alan I. Rapoport, Rolf F. Lehming, and Robert K. Bell, *Changing U.S. Output of Scientific Articles: 1998-2003*, National Science Foundation（2007）, http://www.nsf.gov/statistics/nsf07320/.

（9） R. D. Shelton and Geoffrey M. Holdridge, "The US-EU Race for Leadership of Science and Technology: Quantitative Indicators," 60 *Scientometrics*（2004）, p. 353.

（10） R.D. Shelton and P. Foland, "The Race for World Leadership of Science and Technology: Status and Forecasts"（paper presented at the 12th International Conference on Scientometrics and Informetrics, Rio de Janeiro, Brazil July 14-17, 2009）.

（11） 同上。

（12） 同上。

（13） 同上。

（14） 同上。

（15） Sara Rockwell, "The FDP Faculty Burden Survey," 16 *Research Management Review*（2009）, p. 29.

（16） たとえば、Martin Kenney, *Biotechnology: The University-Industrial Complex*（1986）.

第15章 「出版か死か」

（1） Lindsay Waters, *Enemies of Promise: Publishing, Persisting, and the Eclipse of Scholarship*（2004）, p. 7.

（2） 数字はアメリカ大学出版部協会（Association of American University Presses）から2011年10月24日に得た。

（3） たとえば次を参照。Colin Steele, "Scholarly Monograph, Publishing in the 21st Century: The Future More Than Ever Should Be an Open Book," 11 *Journal of Electronic Publishing*, http://quod.lib.umich.edu/j/jp/3336451.0011.201?rgn=main;view=fulltext.

（4） Michael Mabe, Research Information, http://www.researchinformation.info/ridecjan06profile.html; Deborah L. Rhode, *In Pursuit of Knowledge: Scholars, Status, and Academic Culture*（2006）, p. 29.

（5） Jack H. Schuster and Martin J. Finkelstein, *The American Faculty: The Restructuring of Academic Work and Careers*（2006）, p. 490.

（6） *Report of the MLA Task Force on Evaluating Scholarship for Tenure and Promotion*（2007）, p. 10.

（7） Jack H. Schuster and Martin J. Finkelstein, 前掲（5）, p. 476. 2010年の数字は次からとった。Sylvia Hurtado, Kevin Eagan, John H. Pryor, Hannah Whang, and Serge Tran, *Undergraduates Teaching Faculty: The 2010-2011 HERI Faculty Survey*（2012）, p. 24.

(8) James S. Fairweather, "Beyond the Rhetoric: Trends in the Relative Value of Teaching and Research in Faculty Salaries," 76 *Journal of Higher Education* (2005), p. 401.

(9) Carnegie Foundation for the Advencement of Teaching, *International Survey of the Academic Profession* (1992).

(10) Lindsay Waters, 前掲 (1), p. 7.

(11) Page Smith, *Killing the Spirit: Higher Education in America* (1990), p. 7.

(12) Martin J. Finkelstein, Robert K. Seal, and Jack H. Schuster, *The New Academic Generation: A Profession in Transformation* (1998), p. 60. これらの著者によると、広範な調査で、わずか48.5%の回答者が自分の分野の進歩に追い付くための時間を「充分に」または「ある程度」確保できていると答えた。

(13) Lynne V. Cheney, "Melange: Foolish and Insignificant Research in the Humanities," *Chronicle of Higher Education* (July 17, 1991), p. B2.

(14) David P. Hamilton, "Who's Uncited Now?" 251 *Science* (1991), p. 25.

(15) Jonathan R. Cole and Stephen Cole, "The Ortega Hupothesis: Citation Analysis Suggests That Only a Few Scientists Contribute to Scientific Progress," 178 *Science* (October 1972), p. 308. 同様の現象として、わずか200の大学が、大学の取得する特許の95%以上を占めている。Christine M. Matthews, *Federal Support for Academic Research, Congressional Research Service* (June 17, 2011).

(16) たとえば、Henry H. Crimmel, "The Myth of the Teacher-Scholar," 70 *Liberal Education* (1984), p. 183.

(17) たとえば次を参照。Richard A. Posner, "The Deprofessionalization of Legal Teaching and Scholarship," 91 *Michigan Law Review* (1993), p. 1921.

(18) たとえば次を参照。James Axtell, *The Pleasures of Academe: A Celebration and Defense of Higher Education* (1987).

(19) たとえば次を参照。J. H. Hexter, "Publish or Perish–a Defense," *The Public Interest* (Fall 1968), p. 60.

(20) Kenneth A. Feldman, "Research Productivity and Scholarly Accomplishment of College Teachers as Related to Their Instructional Effectiveness," 26 *Research in Higher Education* (1987), p. 227.

(21) Deborah Olsen and Ada Simmons, "The Research versus Teaching Debate: Untangling the Relationships," in John M. Braxton (ed.), *Faculty Teaching and Research: Is There a Conflict?* (1996), p. 31.

(22) Anne V. S. Sullivan, "Teaching Norms and Publication Productivity," in John M. Braxton (ed.), 前掲 (21), p. 18.

(23) Robert M. Johnson, "Faculty Productivity and the Complexity of Student Exam Questions," in John M. Braxton (ed.), 前掲 (21), p. 76.

(24) Robert M. McCaughey, *Scholars and Teachers: The Faculties of Select Liberal Arts Colleges and Their Place in American Higher Learning* (1994).

(25) Kenneth A. Feldman, 前掲 (20), pp. 242, 244.

(26) Jeffrey F. Milem, Joseph B. Berger, and Eric L. Dey, "Faculty Time Allocation: A Study of Change over Twenty Years," 71 *Journal of Higher Education* (2000), p. 454.

(27)　Sylvia Hurtado et al., 前掲（7）, pp. 26-27 と、Eric L. Dey, Claudia E. Ramirez, William S. Korn, and Alexander W. Astin, *The American College Teacher: National Norms for the 1992-1993 HERI Faculty Survey*（1993）, p. 31 を比較されたし。

(28)　Linda De Angelo, Sylvia Hurtado, et al., *The American College Teacher: National Norms for the 2007-2008 HERI Faculty Survey*（2009）, p. 133; Jerry A. Jacobs and Sarah E. Winslow, "Overworked Faculty: Job Stress and Family Demands," 596 *Annals*（November 2004）, p. 104, p. 127 では、筆者は調査の結論として「大学教員の生活は忙しくなってきた、仕事で成功しつつ、責任ある子供思いの親として子育てすることは難しくなっている」と述べている。

(29)　Daniel S. Greenberg, *Science for Sale: The Perils, Rewards, and Delutions of Campus Capitalism*（2007）, p. 148 に引用されている。

(30)　この引用は Daniel Bell 氏との会話による。

(31)　Peter J. Bentley and Svein Kyvik, "Academic Work from a Comparative Perspective: A Survey of Faculty Working Time across 13 Countries," 63 *Higher Education*（2012）, pp. 529, 536.

(32)　Jack H. Schuster and Martin J. Finkelstein, 前掲（5）, p. 466.

(33)　同上、p. 488.

(34)　たとえば次を参照。Ted I. K. Youn and Tanya M. Price, "Learning from the Experience of Others: The Evolution of Tenure and Promotion Rules in Comprehensive Institutions," 80 *Journal of Higher Education*（2009）, p. 220.

(35)　たとえば次を参照。Gordon C. Winston, "The Decline in Undergraduate Teaching," 26 *Change*（September–October 1994）, p. 8.

(36)　Jack H. Schuster and Martin J. Finkelstein, 前掲（5）, pp. 484-85.

(37)　たとえば、Jerry A. Jacobs and Sarah E. Winslow, 前掲（28）, p. 104.

(38)　たとえば次を参照。Linda De Angelo, Sylvia Hurtado, et al., 前掲（28）, p. 133; Carnegie Foundation for the Advancement of Teaching, *The Condition of the Professoriate: Attitudes and Trends*（1989）, p. 82; Jack H. Schuster and Martin J. Finkelstein, 前掲（5）, p. 152.

第16章　科学研究の性格の変化

(1)　Michael Gibbons, Camille Limoges, Helga Nowotny, Simon Schwartzman, Peter Scott, and Martin Trow, *The New Production of Knowledge: The Dynamics of Science and Research in Contemporary Societies*（1994）; Helga Nowotny, Peter Scott, and Michael Gibbons, *Re-Thinking Science: Knowledge and the Public in an Age of Uncertainty*（2001）; John Ziman, *Real Science: What It Is and What It Means*（2000）.

(2)　Jonne Kotz, "Chemical Biology at the Broad Institute," 3 *Nature Chemical Biology*（2007）, p. 199.

(3)　Kim A. McDonald, "Too Many Co-Authors? Proliferation of Papers Written by 100 or More Researchers Tests Limits of Scholarship," *Chronicle of Higher Education*（April 28, 1995）, p. A35.

(4)　Roger L. Geiger and Creso M. Sá, *Tapping the Riches of Science: Universities and the Promise*

of Economic Growth (2008), p. 210.

(5) Piotr Sztompka, "Trust in Science: Robert K. Merton's Inspiration," 7 *Journal of Classical Sociology* (2007), pp. 211, 219.

(6) 研究大学による学生研究を行いやすくしようという努力については次を参照されたし。Holden Thorp and Buck Goldstein, *Engines of Innovation: The Entrepreneurial University in the Twenty-First Century* (2010); Association of American Universities, *Report of the Interdisciplinary Task Force* (2005).

(7) Roger L. Geiger and Creso M. Sá, 前掲 (4), pp. 172-73.

(8) バイ・ドール法が実際に大学による特許取得を推進したか否かは議論がある。たとえば次を参照されたし。Bhaven Sampat, "Patenting and US Academic Research in the 20th Century: The World before and after Bayh-Dole," 35 *Research Policy* (2006), p. 772.

(9) たとえば次を参照。Jerry G. Thursby and Marie C. Thursby, "University Licensing," 23 *Oxford Review of Economic Policy* (2007), pp. 620, 630-31.

(10) Derek Bok, *Universities in the Marketplace: The Commercialization of Higher Education* (2003).

(11) Robert Merton, *The Sociology of Science; Theoretical and Empirical Investigations* (1973).

(12) Piotr Sztompka, 前掲 (5), p. 211; Mark P. Jones, "Entrepreneurial Science: The Rules of the Game," 39 *Social Studies of Science* (2009), p. 821.

(13) Eric G. Campbell and Eran Bendavid, "Data-Sharing and Data-Withholding in Genetics and the Life Sciences; Results of a National Survey of Technology Transfer Officers," 6 *Journal of Health Care Law and Policy* (2002-3), pp. 241-254.

(14) Mildred K. Cho, Ryo Shohara, Anna Schissel, and Drummond Rennie, "Policies on Faculuty Conflicts of Interest at US Universities," 284 *Journal of the American Medical Association* (November 1, 2000), pp. 2203, 2206.

(15) Eric G. Campbell and Eran Bendavid, 前掲 (13), p. 241.

(16) たとえば次を参照。Kevin C. Elliott, "Scientific Judgment and the Limit of Conflict-of-Interest," 15 *Accountability in Research* (2008), pp. 1,8; Justin E. Bekelman, Yan Li, and Cary P. Gross, "Scope and Impact of Financial Conflicts of Interest in Biomedical Research: A Systematic review," 289 *Journal of the American Medical Association* (January 29, 2003), pp. 454, 464.

(17) たとえば次を参照。Kevin C. Elliot, 前掲 (16), pp. 1, 8. Neetika P. Cox, Christopher Heaney, and Robert M. Cook-Deegan, "Conflict between Commercial and Scientific Roles in Academic Health Research," in Thomas H. Murray and Josephine Johnston (eds.), *Trust and Integrity in Biomedical Research: The Case of Financial Conflicts of Interest* (2010), p. 331.

(18) たとえば次を参照。Gardiner Harries and Benedict Carey, "Researchers Fail to Reveal Full Drug Pay," *New York Times* (June 8, 2008), p. 1; Gardiner Harris, "Top Psychiatrist Didn't Report Drug Makers' Pay," *New York Times* (October 4, 2008), p. A1; Gardiner Harris and Janet Roberts, "Doctors' Ties to Drug Makers Are Put on Close View," *New York Times* (March 21, 2007), p. A1.

(19) 一般的には次を参照。Sheila Slaughter, Maryann P. Feldman, and Scott L. Thomas, "U.S. Research Universities' Institutional Conflict of Interest Policies," 4 *Journal of Empirical*

Research on Human Research Ethics: An International Journal (2009), p. 3.

(20) David Korn, "Financial Conflicts of Interest in Medicine: Where They Came, Where They Went," 8 *Indiana University Health Law Review* (2011), pp. 3, 17-18.

(21) たとえば、Martin Kenney, *Biotechnology: The University-Industrial Complex* (1986), p. 246.

(22) たとえば次を参照。Jerry G. Thursby and Marie Thursby, "Has the Bayh-Dole Act Compromised Basic Research?" 40 *Research Policy* (2011), p. 1077; Marie Thursby, Jerry Thursby, and Swasti Gupta-Mukherjee, "Are There Real Effects of Licensing on Academic Research: A Life-Cycle View," 63 *Journal of Economic Behavior and Organization* (2007), p. 577.

(23) Darren E. Zinner, Dragana Bolcic-Jankovic, Brian Clarridge, David Blumenthal, and Eric G. Campbell, "Participation on Academic Scientists in Relationships with Industry," 28 *Health Affairs* (2009), pp. 1814, 1820.

(24) John P. Walsh, Wesley M. Cohen, and Charlene Cho, "Where Excludability Matters: Material versus Intellectual Property in Academic Biochemical Research," 36 *Research Policy* (2007), p. 1184, 1188.

(25) Robert A. Lowe and Claudia Gonzalez-Brambia, "Faculty Entrepreneurs and Research Productivity," 32 *Technology Transfer* (2007), p. 173; Guido Buenstorf, "Is Commercialization Good or Bad for Science? Individual-Level Evidence from the Max-Planck Society," 38 *Research Policy* (2009), p. 281; Sanjay Jain, Gerard George, and Mark Maltarich, "Academics or Entrepreneurs? Investing Role Identity Modification of University Scientists Involved in Commercialization Activity," 38 *Research Policy* (2009), p. 922. しかしながら、次の２人の研究者によれば、自分の研究成果をコンスタントに特許にしている教員の書いた論文の被引用回数はかなり時間がたつと少し減少する傾向がある。Kira P. Fabrizio and Alberto Di Minim, "Commercializing the Laboratory: Faculty Patenting and the Open Science Environment," 37 *Research Policy* (2008), p. 914.

(26) Robert A. Lowe and Claudia Gonzalez-Brambila, 前掲 (25), p. 173.

(27) Pierre Azoulay, Waverly Ding, and Toby Stuart, *The Impact of Academic Patenting on the Rate, Quality and Direction of (Public) Research*, National Bureau of Economic Research, Working Paper 11917 (2006), p. 30.

(28) National Research Council, *Managing University Intellectual Property in the Public Interest* (2010), p. 47.

(29) *Madey v. Duke University*, 307 F.3d 1351 (2003).

(30) Roger L. Geiger and Creso M. Sá, 前掲 (4), pp. 146-49.

(31) たとえば次を参照。David Blumenthal et al., "Data Withholding in Genetics and the Other Life Sciences: Precalences and Predictors," 81 *Academic Medicine* (2006), pp. 137, 142.

(32) John P. Walsh, Wesley M. Cohen, and Charlene Cho, 前掲 (24), pp. 1184, 1189.

(33) 同上、p. 1197.

(34) National Research Council, 前掲 (28), p. 70.

(35) David Blumenthal, Eric G. Campbell, et al., "Withholding Research Results in Academic Life Science," 30 *Journal of the American Medical Association* (April 16, 1997), p. 1224.

(36) Darren E. Zinner et al., 前掲 (23), p. 1820.
(37) 同上。
(38) National Research Council, 前掲 (28), p. 38.
(39) Statement of Read Montague, "The Perspective from Neuroscience, Association of American Medical Colleges," *The Scientific Basis of Influence and Reciprocity: A Symposium* (June 12, 2007), p. 12; George Loewenstein, "The Behavioral Economics Perspective," 同上、p. 23.
(40) Bernard Lo and Marilyn J. Field, *Conflict of Interest in Medical Research, Education, and Practice* (2009), p. 104.
(41) Deborah A. Barnes and Lisa A. Bero, "Why Review Articles on the Health Effects of Passive Smoking Research Reach Different Conclusions," 279 *Journal of the American Medical Association* (May 20, 1998), p. 1566.
(42) たとえば次を参照。George Lowenstein, Daylian M. Cain, and Sunita Sah, "The Limits of Transparency: Pitfalls and Potential of Disclosing Conflicts of Interest," 10 *American Economic Review: Papers and Proceedings* (2011), p. 423.
(43) Neetika P. Cox, Christopher Heaney, and Robert M. Cook-Deegan, "Conflicts between Commercial and Scientific Roles in Academic Health Research," in Thomas H. Murray and Josephine Johnston (eds.), *Trust and Integrity in Biomedical Research: The Case of Interest* (2010), p. 33.
(44) Kevin C. Elliot, "Scientific Judgment and the Limit of Conflict-of-Interest Policies," 15 *Accountability in Research* (2008), p. 1.
(45) Jennifer Washburn, *Big Oil Goes to College: An Analysis of 20 Research Collaboration, Contracts between Leading Energy Companies and Major U.S. Universities* (2010).
(46) たとえば次を参照。Marion Nestle, *Food Politics: How the Food Industry Influences Nutrition and Health* (2002); Cat Warren, "Big Food, Big Agra, and the Research University," *Academe Online* (November-December 2010).
(47) Leemon B. McHenry and Jon N. Jureidini, "Industry-Sponsored Ghost-Writing in Clinical Trial Reporting: A Case Study," 15 *Accountability in Research* (2008), p. 152. 企業が教授の名前を借りて論文を書いて医学雑誌に載せる研究「管理」の方法についての広範な議論は次を参照されたし。Sergio Sismondo, "Ghost in the Machine: Publication Planning in the Medical Sciences," 39 *Social Studies in Science* (2009), p. 171.
(48) Susan Chimonas, Lisa Patterson, Victoria H. Raveis, and David J. Rothman, "Managing Conflicts of Interest in Clinical Care：A National Survey of Policies at U.S. Medical Schools," 86 *Academic Medicine* (2011), p. 293. 企業からの資金がメディカルスクールの研究に及ぼす影響に関するさらなる調査結果は次を参照されたし。Patricia M. Terskerz, Ann B. Henric, Thomas M. Guterbook, and Jonathan D. Moreno, "Prevalence of Industry Support and Its Relation Integrity," 16 *Accountability in Research* (2009), p. 78.
(49) Susan Chimonas et al., 前掲 (48), pp. 293, 297.
(50) Roger L. Geiger, *Knowledge and Money: Research Universities and the Paradox of the Marketplace* (2007), p. 265.

第 17 章　研究の環境

(1)　*Keyishian v. Board of Regents*, 385 U.S. 589, 603 (1967).

(2)　次を参照。Robert Post, "The Structure of Academic Freedom," in Beshara Doumani (ed.), *Academic Freedom after September 11* (2006), p. 61.

(3)　Matthew W. Finkin and Robert C. Post, *For the Common Good: Principles of American Academic Freedom* (2009), p. 51.

(4)　Jack H. Schuster and Martin J. Finkelstein, *The American Faculty: The Restructuring of Work and Careers* (2006), p. 498.

(5)　同上。

(6)　Martin Finkelstein and William Cummings, "The Global View: American Faculty and Their Institutions," *Change* (May-June 2012), pp. 48, 53.

(7)　Neil Gross and Solon Simmons, *The Social and Political View of American Professors*, National Bureau of Economic Research, Working Paper 15954 (2007), p. 70.

(8)　Donald A. Downs, *Restoring Free Speech and Liberty on Campus* (2005), pp. 213-14. 一般的には次も参照されたし。Alan C. Kors and Harvey A. Silverglate, *The Shadow University: The Betrayal of Liberty on America's Campus* (1998).

(9)　Jack H. Schuster and Martin J. Finkelstein, 前掲 (4), p. 497.

(10)　たとえば、*Doe v. University of Michigan*, 721 F. Supp. 852 (1989); T*he VWM Post v. Board of Regents of the University of Wisconsin System*, 774 F. Supp. 1163 (1991), In a contemporaneous Supreme Court case, *R. A. V.v. St. Paul*, 505 U.S. 377 (1992). 最高裁は市が人種、肌の色、信条、宗教、男女差別などで好ましくない意見を表明する発言者だけを特別に禁止することはできないとした。現行の言論の自由の規制基準 (Speech Codes) については次を参照。 J. B. Gould, *Speak No Evil: The Triumph of Hate Speech Regulation* (2005).

(11)　J. B. Gould, 前掲 (10).

(12)　次を参照。Robert M. O'Neil, "Academic Freedom: Past, and Future," in Robert O. Berdahl, Philip G. Altbach, and Patricia J. Gumport (eds.), *American Higher Education in the Twenty-First Century: Social, Political, and Economic Challenges* (3rd ed., 2011), pp. 88, 96-99. 大学での言論の自由の保護の範囲についてのさらなる疑念は最高裁の *Garcetti v. Ceballos*, 547 U.S. 410 (2006) から生じている。その判決では、上司を批判して降格された警察官が敗訴した。判決の多数派意見によると、憲法第 1 条の言論の自由は、公務で求められて行う部下の発言まで保護していないとした。この多数派意見は、大学における研究や教育での発言に拡大適用できるかどうかは判断を保留すると述べている。一般的には次を参照。Lawrence White, "Free Speech Ruling's Impact on Colleges," *Chronicle of Higher Education* (April 27, 2010).

(13)　Jack H. Schuster and Martin J. Finkelstein, 前掲 (4), p. 498.

(14)　反対の意見については次を参照。Matthew W. Finkin, *The Case for Tenure* (1996); Erwin Chemerinsky, "Is Tenure Necessary to Protect Academic Freedom?" 41 *American Behavioral Scientist* (1998), p. 638.

(15)　Jack H. Schuster and Martin J. Finkelstein, 前掲 (4), p. 356.

(16)　Richard P. Chait (ed.), *The Questions of Tenure* (2002), p. 11.

(17) Francis Bacon, *Novum Organum: With Other Parts of the Great Instauration* (Peter Urbach and John Gibson, eds., 1994), p. 44.

(18) Janet Browne, *Charles Darwin: The Power of Place* (2002), pp. 67-68.

(19) Joel Beinin, "The New McCarthyism; Policy Thought about the Middle East," in Beshara Doumani (ed.), 前掲 (2), pp. 237, 252.

(20) 同上、p. 245.

(21) Fred Siegel, "Anti-Rationalism," in Edith Kurzweil and William Philips (eds.), *Our Country, Our Culture: The Politics of Political Correctness* (1994), pp. 258, 259 に引用されている。

(22) Hilton Kramer, "Confronting the Monolith," in Edith Kurzweil and William Philips (eds.), 前掲 (21), p. 72; Marilyn Friedman and Jan Narveson, *Political Correctness: For and Against* (1995); Paul Berman (ed.), *Debating P.C.: The Controversy over Political Correctness on College Campus* (1992).

(23) たとえば、David Horowitz, *Indoctrination U: The Left's War against Academic Freedom* (2007); Dinesh D'Souza, *Illiberal Education: The Politics of Race and Sex on Campus* (1991); Roger Kimball, *Tenure Radicals: How Politics Have Corrupted Our Higher Education* (1990).

(24) 次を参照。Stanley Rothman, April Kelly-Woessner, and Matthew Woessner, *The Still Divided Academy: How Competing Visions of Power, Politics, and Diversity Complicate the Mission of Higher Education* (2011), pp. 65-66; Michael Berubé, *What's Liberal about the Liberal Arts? Classroom Politics and Bias in Liberal Education* (2006), p. 26.

(25) Neil Gross and Solon Simmons, 前掲 (7), p. 26.

(26) 同上、p. 43.

(27) 同上、p. 47.

(28) 同上。

(29) Daniel Klein and Charlotta Stern, "Professors and Their Politics: The Policy Views of Social Scientists," 17 *Critical Review* (2005), p. 257 と、John H. Zipp and Rudy Fenwick, "Is the Academy a Liberal Hegemony? The Political Orientations and Educational Values of Professors," 70 *Public Opinion Quarterly* (2006), p. 304-326 とを比較されたし。

(30) 筆者とリチャードソン長官との会話による。

(31) Arthur Kornhauser, "Attitudes of Economic Groups," 2 *Public Opinion Quarterly* (1938), p. 260.

(32) Richard Hofststadter, *Anti-Intellectualism in American Life* (1963), p. 39; Joseph Schumpeter, *Capitalism, Socialism, and Democracy* (1962), p. 148; Thorstein Veblen, *Essays on Our Changing Social Order* (1934), pp. 226-27.

(33) Everett C. Ladd and Seymour M. Lipset, *The Divided Academy: Professors and Politics* (1975).

(34) 同上、p. 22.

(35) William G. Bowen, *Ever the Teacher* (1988), p.326 に引用されている。

(36) Karl Zinsmeister. "Case Closed: There's No Politically Undiverse Place in America," *The American Enterprise* (January-February 2005), pp. 42, 45 に引用されている。

(37) Neil Gross and Solon Simmons, 前掲 (7), p. 68.

(38)　同上、p. 46.

(39)　同上。

(40)　Matthew Woessner and April Kelly-Woessner, "Left Pipeline: Why Conservatives Don't Get Doctorates," in Robert Maranto, Richard E. Redding, and Frederick M. Hess (eds.), *The Politically Correct University: Problems, Scope, and Reforms* (2009), p. 38.

(41)　Stanley Rothman and S. Robert Licheter, "The Vanishing Conservative–Is There a Glass Ceiling?" in Robert Maranto, Richard E. Redding, and Frederick M. Hess (eds.), 前掲 (40), p. 60.

(42)　同上、p. 75. 興味深いことに、教員のわずか2%のみが政治的理由で差別を受けたことがあると感じており、その比率は民主党支持者も共和党支持者も同じだった。次を参照。Stanley Rothman, April Kelly-Woessner, and Matthew Woessner, 前掲 (24), p. 102.

(43)　John Immerwahr and Jean Johnson, *Squeeze Play: How Parents and the Public Look at Higher Education Today* (May 2007), http://www.highereducation.org/reports/squeeze_play/squeeze_play.pdf.

(44)　*Politics in the Classroom: A Survey of Students at the Top Colleges and Universities*, Center for Survey Research and Analysis, conducted for American Council of Trustees and Alumni (October–November 2004). 調査結果の概要については次を参照。Anne Neal, "Professors Who Preach," *The American Enterprise* (June 2, 2005), p. 30.

(45)　Anne Neal, 前掲 (44), p. 30.

(46)　同上。

(47)　American Association of University Professors, "Declaration of Principles: General Report of the Committee on Academic Freedom and Academic Tenure," 1 *AAUP Bulletin* (December 1915), p. 117.

(48)　"Statement of Board of Directors," Association of American Colleges and Universities, 92 *Liberal Education* (2006), p. 8.

(49)　Alexander Astin, *What Matters in College? Four Critical Years Revisited* (1993); Eric L. Dey, "Undergraduate Political Attitudes: An Examination of Peer, Faculty, and Social Influences," 37 *Research in Higher Education* (1996), p. 535; Ernest T. Pascarella and Patrick T. Terenzini, *How College Affects Students*, Vol. 2, *A Third Decade of Research* (2005), pp. 286-88.

(50)　ニール・グロス教授は、次の中でこれらの結果に言及している。Neil Gross. "The Indoctrination Myth," *New York Times*, Sunday Review (March 4, 2012), p. 12.

(51)　Neil Gross and Solon Simmons, 前掲 (7), pp. 69-70.

小括 (Ⅳ)

(1)　たとえば、Martin Anderson, *Importers in the Temple: American Intellectuals Are Destroying Our Universities and Cheating Our Students of Their Future* (1992); Charles J. Sykes, *Professors and the Demise of Higher Education* (1998).

(2)　Jack H. Schuster and Martin J. Finkelstein, *The American Faculty: The Restructuring of Academic Work and Careers* (2006), p. 489.

(3) Kenneth Feldman, "Research Productivity and Scholarly Accomplishment of College Teachers as Related to Their Instructional Effectiveness," 26 *Research in Higher Education* (1987), p. 227.
(4) David Blumenthal and Eric G. Campbell, "Academic Industry Relationships in Biotechnology, Overview," in Thomas J. Murray and Maxwell J. Mehlman (eds.), *Encyclopedia of Ethical, Legal and Policy Issues in Biotechnology* (2000), pp. 1, 6; Darren E. Zinner, Dragana Bolcic-Jankovic, Brain Clarridge, David Blumenthal, and Eric G. Campbell, "Participation of Academic Scientists in Relationships with Industry," 28 *Health Affairs* (2009), p. 1814; Carl V. Patton, "Consulting by Faculty Members," 66 *Academe* (1980), pp. 181-85.
(5) 本書第 16 章の (25) にあげた研究を参照されたし。
(6) Jack H. Schuster and Martin J. Finkelstein, 前掲 (2), p. 488.
(7) Henry Rosovsky, "No Ivory Tower," in Werner Z. Hirsch and Luc E. Weber (eds.), *As the Walls of Academia Are Tumbling Down* (2002), p. 13. クラーク・カー (カリフォルニア大学元総長) も 1980 年代末に筆者との会話で同じことを指摘していた。次もまた参照されたし。Philip G. Altbach, Robert O. Berdahl, and Patricia J. Gumport, *American Higher Education in the Twenty-First Century* (1999), p. 142.
(8) 次を参照。*Politics in the Classroom: A Survey of Students in the Top Colleges and Universities*, Center for Survey Research and Analysis, conducted for the American Council of Trustees and Alumni (October-November 2004).

第Ⅴ部　最終収支決算

序論

(1) Peter J. Bentley and Svein Kyvik, "Academic Work from a Comparative Perspective: A Survey of Faculty Working Time across 13 Countries," 63 *Higher Education* (2012), pp. 529, 237; Ernest L. Boyer, Philip G. Altbach, and Mary J. Whitelaw, *The Academic Profession: International Perspective* (1994), p. 81.
(2) Jack H. Schuster and Martin J. Finkelstein, *The American Faculty: The Restructuring of Academic Work and Careers* (2006), p. 469.
(3) Kenneth A. Feldman, "Research Productivity and Scholarly Accomplishment of College Teachers as Related to Their Instructional Effectiveness, " 26 *Research in Higher Education* (1987), p. 227.
(4) たとえば、Yehuda Elkana and Hannes Klöpper, *The University in the 21st Century: Teaching the New Enlightenment at the Dawn of the Digital Age* (2012), p. 4.「大学は最も保守的、そうでないのならば最も保守的な組織の一つである」。
(5) Irving Kristol, "A Different Way to Restructure the University," *New York Times Magazine* (December 8, 1968), p. 50.
(6) 本書 pp. 437-42 を参照。
(7) 本書 pp. 446-53 を参照。
(8) 本書 pp. 174-76 を参照。

(9)　たとえば、Tom Morgenthau and Seema Nayyar, "Those Scary College," *Newsweek* (April 29, 1996), p. 208.
(10)　本書 pp. 138-44 を参照。

第18章　本当に懸念すべき問題

(1)　Philip S. Babcock and Mindy Marks, *The Falling Time Cost of College: Evidence from Half a Century of Time Use Data*, National Bureau of Economic Research, Working Paper 15954 (April 2010).
(2)　Frederick M. Hess, Mark Schneider, Kevin Carey and Andrew P. Kelley, *Diplomas and Dropouts: Which Colleges Actually Graduate Their Students (and Which Don't)*, American Enterprise Institute (2009).
(3)　Derek Bok, *Universities in the Marketplace: The Commercialization of Higher Education* (2003), pp. 173-76.
(4)　Richard D. Kahlenberg (ed.), *Rewarding Strivers: Helping Low-Income Students Succeed in College* (2010), pp. 1-2.
(5)　一般的には次を参照されたし。James L. Shulman and William G. Bowen, *The Game of Life: College Sports and Educational Values* (2001); Derek Bok, 前掲 (3), pp. 35-56.
(6)　たとえば次を参照。David Korn, "Financial Conflicts of Interest in Medicine: Whence They Came, Where They Went," 8 *Indiana University Health Law Review* (2011), p. 3, 16-18; Derek Bok, 前掲 (3), pp. 66, 70-71.
(7)　Luc E. Weber, "European Strategy to Promote the Knowledge Society as a Source of Renewed Economic Dynamism and of Social Cohesion," in Luc E. Weber and James J. Duderstadt (eds.), *Universities and Business: Partnering for the Knowledge Society* (2006), p. 15.
(8)　Martin Finkelstein and William Cummings, "The Global View: American Faculty and Their Institutions," *Change* (May-June 2012), pp. 48, 53. この結果は、海外の大学の学長が、少なくとも最近までは、アメリカのように理事会ではなく、教授会によって選ばれてきたという事実によって影響を受けていると考えられる。
(9)　*Politics in the Classroom: A Survey of Students at the Top Colleges and Universities,* Center for Survey Research and Analysis, concluded for the American Council of Trustees and Alumni (October-November 2004).
(10)　本書 pp. 53-57 を参照。
(11)　Frederick M. Hess et al., 前掲 (2).
(12)　Byron G. Auguste, Adam Cota, Kartik Jayaram, and Martha Laboissiere, *Winning by Degrees: The Strategies of Highly Productive Higher Education Institutions* (2010).
(13)　Neil Gross and Solon Simmons, *The Social and Political Views of American Professors,* National Bureau of Economic Research, Working Paper 15954 (2007), p. 70.
(14)　Andrew Gillen, Daniel L. Bennett, and Richard Vedder, *The Inmates Running the Asylum? An Analysis of Higher Education Accreditation*, a Policy Paper from The Center for College Affordability and Productivity (October 2010).
(15)　同上。

(16) 本書 pp. 56-57 を参照。

(17) Kenneth C. Green, *The 2011-12 Inside Higher Ed Survey of College and University Chief Academic Officers* (2012), p. 16.

(18) Richard Arum and Josipa Roksa, *Academically Adrift; Limited Learning on College Campus* (2010).

(19) John Immerwahr and Jean Johnson, "Squeeze Play 2010: Continued Anxiety on Cost, Harsher Judgments on How Colleges Are Run," *Public Agenda* (February 2010), p. 12.

(20) Linda De Angelo, Sylvia Hurtado, et al., *The American College Teacher: National Norms for the 2007-2008 HERI Faculty Survey* (2009), p. 2.

［著者］
デレック・ボック（Derek Bok）
1930年ペンシルバニア州生まれ。スタンフォード大学卒業後、ハーバード大学ロースクール修了、同大学教授。ロースクール院長（1968～71年）、学長（1971～91年）、学長代行（2006～07年）を歴任。現在、ハーバード大学創立300周年記念研究教授。主な著書：*Our Underachieving Colleges*（2005）、*Universities in the Marketplace*（2003［宮田由紀夫訳『商業化する大学』玉川大学出版部、2004］）、*The Shape of the River*（William G. Bowenとの共著、1998）.

［訳者］
宮田由紀夫（みやた・ゆきお）
1960年東京都生まれ。大阪大学経済学部卒業。University of Washington（Seattle）材料工学科卒業、Washington University（St. Louis） 工業政策学科修了、Washington University（St. Louis）経済学研究科修了（経済学Ph.D.）。現在、関西学院大学国際学部教授。専門：アメリカ経済論（とくに産学官連携の研究）。主な著書：『アメリカの産学連携』（東洋経済新報社、2002年）、『日本の産学連携』（共編著、玉川大学出版部、2007年）、『プロパテント政策と大学』（世界思想社、2007年）、『アメリカにおける大学の地域貢献』（中央経済社、2009年）、『米国キャンパス「拝金」報告』（中央公論新社、2012年）、『アメリカの産学連携と学問的誠実性』（玉川大学出版部、2013年）。

高等教育シリーズ168

アメリカの高等《こうとう》教《きょう》育《いく》

2015年7月10日　初版第1刷発行

著　者――――デレック・ボック
訳　者――――宮田由紀夫
発行者――――小原芳明
発行所――――玉川大学出版部
〒194-8610　東京都町田市玉川学園6-1-1
TEL 042-739-8935　FAX 042-739-8940
http://www.tamagawa.jp/up/
振替00180-7-26665
装　幀――――木下弥
印刷・製本――モリモト印刷株式会社

乱丁本・落丁本はお取り替え致します。

ISBN978-4-472-40469-6 C3037 / NDC377